贵阳统计年鉴

STATISTICAL YEARBOOK OF GUIYANG

2 0 0 2

（总第4期）

贵 阳 市 统 计 局　编

中国统计出版社

(京)新登字 041 号

图书在版编目(CIP)数据

贵阳统计年鉴.2002/贵阳市统计局编.—北京：中国统计出版社，2002.7

ISBN 7-5037-3801-4

Ⅰ.贵… Ⅱ.贵… Ⅲ.社会经济统计-统计资料-贵阳市-2002-年鉴 Ⅳ.C832.731-54

中国版本图书馆 CIP 数据核字(2000)第 034181 号

贵阳统计年鉴——2002

作　　者/统计局
责任编辑/蔡启新
E . mail /yearbook@stats.gov.cn
责任校对/集体
彩图设计/刘迅　江卫华
出版发行/中国统计出版社
通信地址/北京市西城区三里河月坛南街 75 号　中国统计出版社
电　　话/(010)63262295
协作单位/兆益文化发展中心
印　　刷/深圳普加彩印务有限公司
经　　销/新华书店
开　　本/ 16 开　毫米/ 889 × 1194
字　　数/70 万字
印　　张/ 33.25
印　　数/1-1000 册
版　　别/2002 年 8 月第 1 版
版　　次/2002 年 8 月第 1 次印刷
书　　号/ISBN　7-5037-3801-4/F.1366
定　　价/190 元

《贵阳统计年鉴—2002》编辑委员会

《贵阳统计年鉴—2002》编辑部

编　辑　说　明

《贵阳统计年鉴——2002》是一部全面反映贵阳市国民经济和社会发展情况的资料性年刊，信息量大，综合性强。本书收录了全市及县（市）区2001年经济和社会各方面的大量统计数据以及历年全市主要统计数据。

二、本年鉴内容包括：行政区划和自然资源，综合，人口与计划生育，从业人员及职工工资，固定资产投资，工业能源消费，工业与建筑业，农业及农村经济，国内外贸易及旅游，交通运输与邮电，财政、金融、保险，科技、教育、文化，卫生、体育、民政，城市公用事业与环境保护，物价、城乡居民生活。

三、本年鉴资料来源于统计年报、抽样调查和部门资料。

四、凡以往数据与本年鉴不一致的，请以本年鉴为准。

五、本年鉴县域经济中各区资料有部分指标是区属口径，使用时请注意。

六、本年鉴在编辑过程中得到有关部门的支持，在此深表感谢。由于时间紧、信息量大和水平有限，书中难免存在不足之处，为了更好地满足社会各界需要，希望广大读者提出宝贵意见和建议。

2002年8月

服务市民 回报社会

贵阳市商业银行是经中国人民银行总行批准、贵州省第一家具有独立法人资格的地方性股份制商业银行，1997年4月18日开业。现有职工2000多人，90个支行和1个营业部，营业网点遍布贵阳市的10个区、市、县。

至2001年12月止，全行总资产达129亿元，是建行之初的4.3倍；各项存款达109亿元，是建行之初的4倍；各项贷款达75亿元，是建行之初的5.3倍。累计实现利润3.2亿元，上缴税金1.9亿元，股东回报1.2亿元。

贵阳市商业银行高举“市民银行”的旗帜，按照“优质服务”、“优良作风”、“优美环境”的要求，培养“市民满意的银行员工”，建设“市民满意的银行”。有2个支行荣获国家级“青年文明号”及国家级“青年文明号信用建设示范单位”称号，20余个支行荣获省、市、区级“文明单位”、“青年文明号”称号。

贵阳市商业银行
GUIYANG COMMERCIAL BANK

贵州省电信公司贵阳运营中心

贵阳电信运营中心面对国家实施西部大开发战略和十五届五中全会提出加快国民经济信息化进程的历史机遇，积极加快发展步伐，通信能力、电信服务水平不断提高。

作为承担着省会--贵阳通信服务的贵阳电信运营中心，秉承了电信体制改革前贵阳市电信局、贵阳市电信分公司的技术实力及服务实力，现有员工1000余人，其中各类专业技术人才500余人，管理人才200余人，固定资产27亿元，服务面积八千余平方公里，所属营业网点、收费网点遍及全市10个区、县。在通信网络、信息技术、人才资源、企业管理等方面均有明显优势。

改革开放20年来，贵阳电信始终坚持“发展才是硬道理”，在省、市电信历任领导的带领下，大胆改革、锐意进取，高起点、超常规、跨越式发展电信事业，现已建成高科技、高速率、多手段、多路由、大容量、宽频带，联通国内外、覆盖全城乡的包括数字程控电话网、骨干传输网、无线接入电话网、IP城域网、智能网、数字数据通信网、无线宽带接入网、多媒体通信网和计算机互联网等多个现代通信网络，并且拥有以

电信管理网为基础的高效、先进的计算机综合支撑系统和完善的业务流程管理体系。实现了交换程控化、传输数字化、业务综合化，通信网络规模、技术水平和服务质量大幅度提高，企业综合实力居全省同行业前列。

至2001年底，贵阳电信电话用户突破60万户、互联网用户10万户；光缆线路总长度近5万芯公里，并且已实现光纤到路边、光纤到大楼；局用交换机总容量100万门；长途交换机总容量达6万路端；互联网拨号业务接入服务器端口2万个，出口总带宽达5G。面向贵阳地区，全面提供本地电话、长途电话、N-ISDN、宽带接入、智能IC卡公用电话、IP电话、交互式会议电话、电视电话会议、多媒体业务、各种卡式电话、800被叫集中付费业务、电报、传真及通信网络元素出租等各类电信业务，以满足不同层次客户需求。

为推动贵阳地区信息化建设进程，迎接宽带网络时代的到来，贵阳电信从1999年开始相继推出“政府上网”、“企业上网”和“家庭上网”工程，我们抓住信息网络化带来的机遇，抓住全社会关心、支持、发展信息化的机遇，充分发挥网络优势、技术优势、管理优势，加大信息技术和网络技术建设力度，建设具有世界先进水平的通信信息平台，广泛服务于经济、科技、国防、教育、文化、法律等部门。

贵阳电信已成为促进地方经济发展、推动贵阳信息化进程的主力军。面对新世纪，贵阳电信将继续本着“用户至上、用心服务”的理念，坚持勇于开拓、一往无前的精神，以创新为动力，以发展为主题，以服务为宗旨，不断壮大综合实力，为贵阳经济腾飞和社会发展作出新的更大的贡献。

贵阳市体育局

在创新中前进

贵阳市体育局是市政府体育行政职能主管部门，内设办公室、群众体育处、竞技体育处、体育经济处，共三处一室。基层事业单位有：贵阳市体校、贵阳市人民体育场、贵阳市体育训练馆、贵阳市枣山路游泳池、贵阳市游泳馆、东山青少年运动场。体育社团两个：贵阳市体育总会和市老年体协。

在中央西部大开发的战略指引下，在市委、市政府领导下，全局干部职工发扬中华体育精神，在创新中前进，使群众体育、竞技体育、体育科研和体育产业始终处于全省前矛。群众身边的全民健身工作网络和激励机制基本建立；群众广泛参与的8个层次的体育活动常年不断，面向大众的体育设施开始建在市民家门。体育人口逐年增加，在普及的基础上，一批群体品牌项目正在成为城市的“名片”。竞技体育连续多年保持了每年参加全省年度比赛项目获前三名的好成绩。坚持以体为本，开发体育产业，创收1100多万元，创税费200多万元，有力补充了体育经费的不足。长年坚持科学选材、科学训练和体育科学应用研究，多篇论文获全国和省优秀论文奖和贵阳市科技进步奖。多年来，我局数次获国家体育总局、省、市表彰，2001年三次获国家人事部、国家体育总局表彰的殊荣，这也是我局干部职工落实“三个代表”的实际行动。

我局现有体育场、馆和将要兴建的大型设施及大量无形资产，蕴藏着巨大的商机，能为经济发展提供广阔的市场，我们热诚欢迎社会各界的朋友们前来投资、开发，我们将提供优质服务。

市委辛维光副书记为我市五十一个全民健身点授旗

2002年5月1日，我局参办贵阳市第三届职工运动会，篮球比赛现场

法人代表：孟晓泉
联系电话（传真）：(0851) 6822942　　6820876
地址：中国．贵州省贵阳市北京路27号
邮编：550004

发行体育彩票，开发体育产业

2001年8月，中国贵阳国际围棋文化节开幕式

2001年8月，我局参办中国贵阳全国龙舟邀请赛现场

贵阳市人事局

团结、求真、务实的局领导班子

全市人事人才工作，坚持以邓小平新时期人才理论为指导，积级适应两个根本性转变的要求，大力推进“两个调整”，努力探索新形势下人才资源开发工作的特点和规律。从适应西部大开发和“入世”的需要出发，紧紧围绕“强市升位”战略目标的实现，认真实施贵阳市“十五”人才规划。继续深化“三百二千”人才工程；组织“专家咨询团”开展献计献策活动；建立“清华大学研究生社会实践贵阳基地”；开展引智活动引进“候鸟式”人才；与省内外高等院校广泛合作，培养急需高层次人才；举办人才交流会，建立“中国贵阳人才网”，增强市场化配置人才资源功能。进一步加强人事干部队伍建设，人事人才工作的开展，为全市经济建设和社会发展提供了有力的人才支撑。先后被评为“全国人事系统‘三五’普法先进集体”、荣获“2001 年全省人事考试考风考纪一等奖”、“2001 年全省干部统计工作二等奖”、“全省 1996 年 2001 年选拔高校毕业生到农村基层工作先进单位”，市政府 2001 年度目标考核先进单位。

与美国奥古兰大学联合办学为我市培养人才

市人事局领导看望有关专家

贵阳市统计局

局党委书记、局长：胡海燕

贵阳市统计局是主管全市统计和国民经济核算工作的市人民政府工作部门 。

主要职责

（一） 执行国家统计标准，贯彻全国和全省统一的基本统计报表制度，拟定全市的统计调查计划，组织领导和综合协调全市各级、各部门的统计工作；执行国家和省的统计体制改革方案，制订我市的实施办法，并组织实施。

（二） 组织实施各项统计调查和重大的国情国力普查；收集、整理、提供全市的基本统计资料，对国民经济、社会发展和科技进步情况进行统计分析、评价、预测和监督，向市委、市政府提供统计信息和决策咨询建议。

（三）统一管理、审核、公布全市性的基本统计资料，定期发布全市国民经济和社会发展情况的统计公报 。

（四）建立健全和管理全市统计信息自动化系统和统计数据库体系，规范各项统计数据库标准和统计数据网络。

（五）负责统计法律、法规的贯彻执行，参与地方统计立法工作，监督检查统计法律、法规的实施，查处统计违法行为，维护统计工作的正常秩序；管理和审批全市的调查方案和统计报表。

（六）管理全市县级以上政府统计行政主管部门的统计事业费，协助管理各区（市、县）统计局长、副局长；管理城市社会经济调查队、农村社会经济调查队以及企业调查队；会同有关部门组织管理全市统计专业技术职务资格考试工作。

（七）组织指导全市统计科学研究、统计教育和干部培训工作，开展统计科学交流与合作，规划和协调全市社会经济统计信息服务业，会同有关部门制订归口管理办法，加快发展统计信息产业。

（八）承办市委、市政府和上级业务部门交办的其他事项。

国家统计局局长：朱之鑫

朱之鑫到市统计局视察

局领导和部分职工

贵阳市云岩区人民政府

在市、区领导陪同下，中宣部常务副部长、中央文明办主任刘云山在云岩区视察社区建设工作。

在区领导的陪同下，省委常委、贵阳市委书记王晓东在参观我区民营企业。

云岩区是贵州省贵阳市中心城区之一，总面积67.5平方公里，辖15个街道办事处、1个镇，总人口52.462万人，其中农业人口2万余人，是全省政治、经济、科技、文化、教育、信息中心。

2001年，云岩区经济建设和社会各项事业都取得了新成就，实现了"十五"计划开门红。

一、综合区力进一步增强。2001年全区完成国内生产总值90.42亿元（区属25.17亿元），比上年增长10%；财政总收入4.13亿元，比上年增长17.85%，其中地方财政收入2.44亿元，比上年增长24.69%。城镇居民人均可支配收入6979元。各街镇完成地方财政收入1.4亿元，占区级财政收入的57.64%，其中市西、北京、环北办事处和黔灵镇地方财政收入过千万元；

二、市场结构进一步优化。整体搬迁了花香村批发市场，建成三桥农副产品中心批发市场，完成了三桥水果批发市场的二期工程建设，进行了市西商业步行街改造，新建了市西小商品城、贵阳云岩怡信科技数码港等专业市场，全区现有各类市场104个，第三产业为财政收入的贡献率达71.87%；

三、工业提速增效。完成了区属企业38个项目的贴息工作，贴息资金1125.29万元，完成工业技改、技措项目17项，科技三项费投入达575万元，占财政一般预算实际支出的2.16%。工业逐步向现代中药、印刷包装、日用品产业集中。切实减轻农民负担，农民人均纯

三桥综合批发市场展现时代风貌

收入达到3402元，比上年增长8%，乡镇企业营业收入83.82亿元，比上年增长25.67%。成功举办了首届中国（贵阳云岩）国际卡丁车锦标赛。全年招商引资项目63个，引进资金6.4亿元，比上年增长137.04%；

省长石秀诗到云岩区居委会视察工作

四、各项改革稳步实施。积极实施区、街两级政府机构改革，全区机关行政编制精简20%。加强社区管理体制改革，将全区241个居委会整合为112个社区居委会，居委会委员由原来的1687人减少为777人，总量减少54%，年轻化、知识化程度大大提高。全区新建社区卫生服务中心16个，努力打造精品社区，普陀社区被评为全国先进社区示范点，北京路街道办事处荣获全国社区体育先进集体。成立非公有制经济发展"两委、两中心"，加强了对非公有制经济的协调、服务工作，全年共受理投诉及有关协调工作30余件，提供办证服务100余起，营造了良好的服务环境、法制环境和投资经营环境。

市委、市政府领导出席三桥水果批发市场开业仪式

五、辖区环境更加美观。完成了贵开路云岩段等3条道路的改造。区机关行政综合大楼、中华北路云岩星力广场等引资建设工程进展顺利。中坝路北段改造工程启动了三桥片区的开发建设。开展绿化、亮化、净化、美化工作。新增绿化面积15.68万平方米，其中群楼屋顶绿化面积41493.5平方米，投入经费3735.66万元。进一步加大对贵开路等重点地段违法建筑的整治拆除力度，共拆除违法建筑3万平方米；配合市政府抓好道路交通综合整治，清退了城基路木材市场等8个马路市场，辖区内主次干道有了较大改观。率先在全省设立了"城管110"应急电话和机动小分队，进一步提高了城市管理执法水平 。

六、社会各项事业全面推进。人口自然增长率3.91‰，计划生育率99.96%。第五次全国人口普查工作取得阶段性成果。教育教学质量显著提高，成为西南地区第一个全国写字教育示范区和全国课改实验区；顺利通过全国科技示范城区复查验收及科技进步考核验收，科技管理工作获得全国表彰。继续加大对食品卫生、公共场所及饮用水卫生的监管力度，组建了现代化餐具消毒公司；全区传染病发病率较去年下降7.75%，并被评为全国计划免疫先进集体。据统计，全年共获国家、省、市表彰143项。进一步整顿和规范市场经济秩序，端掉制假、售假窝点74个，查封或取缔非法经营点117个，清理各类非法音像制品网点47个，收缴假冒伪劣商品总价值689万元，有效地维护了正常的市场经济秩序。2001年初区委、区政府确定办理的6件实事已基本完成。

市、区领导视查云岩区社区医疗服务点

贵阳市南明区人民政府

2001 年在区委、区政府的大力支持下，在各乡、办事处及有关部门的积极配合下，区政府进一步加大招商引资力度，充分调动各方力量，不断营造招商引资环境，取得了显著成绩。全年引进项目 650 个，总投资 169426.6 万元，合同引进资金 143433.4 万元，实际到位资金 130176.4 万元，注册资金 70178.4 万元，为市政府下达实际到位资金目标任务的 432%，其中 500 万元以上项目 32 个，1000 万元的项目 22 个。

今年整顿和规范市场经济秩序正在深入有序的开展，我区应西部大开发之机，顺投资需求之大流，合经济职能部门之力，着重改善投资环境和投资软环境综合整治工作，把招商引资作为我区经济发展的生命线来抓。在香港的招商贸洽会上投入大量的人力物力，先后编写了全方位推介南明区位优势、优惠政策和投资环境的《灵秀南明》投资指南，利用现代的技术手段精心制作了全面系统形象优美地反

金牛汇娱乐城

广州本田润田特约销售服务部

贵阳东方金属材料交易中心

西南国际家具城

上海大众汽车贵州销售服务有限公司

畅销全国的“老干妈”辣椒产品

映我区全貌、突出我区良好投资环境的VCD光盘，并按省、市的要求选编50多个全面反映我区各产业特色的招商引资项目。成功地完成了在香港的招商引资的签约任务，先后签约意向性项目10个，签约总投资金额为3.2亿美元，协议引进资金2.6亿美元，协议金额为五区之首。现正在跟踪落实的项目5个，如香港特兴公司开发的新路口集贸市场，贵州奇凯制药的中药制剂生产线，“老干妈”东南亚地区代理等项目。今年6月和9月分别参加了由省市招商局组织的山东烟台国际贸易招商洽谈会及夏交会，在夏交会上成功地为我区的乡镇企业朝阳钢厂引进福建客商总投资8000万元资金，目前到位1500万元。8月份贵阳市举办2001年贵阳（围棋）投资贸易洽谈会及南明区举办全国（南明）龙舟邀请赛期间，引进项目17个，签约资金88010万元。几次贸洽会不但广交了朋友，宣传了南明，提高了南明区的知名度。我区将继续努力做好优质服务，为我区“强区升位”目标而努力。

贵阳市白云区人民政府

白云区领导班组

白云区位于贵阳市中部，面积272平方千米，全区耕种面积2877公顷，森林面积5248.1公顷。区辖5个乡、4个街道办事处、56个行政村、32个社区居委会。2001年末人口171672人，其中非农业人口105613人，农业人口66059人；少数民族人口32681人，占总人口的19.03%。

2001年，全年国内生产总值35.42亿元，比上年增长11.8%；其中第一产业增加值1.26亿元，比上年增长3.7%；第二产业增加值19.9亿元，比上年增长12.2%；第三产业增加值14.26亿元，比上年增长12.1%。全年财税总收入5.78亿元，比上年增长36.85%；地方财政收入1.89亿元，比上年增长25.85%。城镇居民人均可支配收入6080元，比上年增长13.6%；农民人均纯收入2789元，比上年增长5.2%。

农业产业结构调整取得了新突破。以花卉为重点的种植业结构调整取得突破性进展，种植面积从年初的513亩发展到年底的2800余亩，利丰、东森、山谷、仁都、华众等5家企业列入贵阳市十大龙头花卉企业，其中利丰公司列为全省29家农业产业化龙头企业之一，其培育的丽格海棠，在第五届中国花博会上获银奖。晚蕃茄、破季蔬菜、“双低”油菜、脱毒洋芋等主要经济作物种植面积达到20801亩，比上年增长15%。加强农村扶贫工作，全区共投入改造资金557.23万元，改造茅草房428户，拆除茅草房面积达21273平方米，新建面积为31764.77平方米，户均74.22平方米，人均新房面积19.52平方米。农业基础设施建设和林业生态建设取得显著成效，完成了金甲河道治理和沙田水库一期治理等重点水利工程，新增、改善、恢复灌溉面积7240亩，完成植树造林0.9万亩，封山育林1万亩。

江泽民视察铝厂

基础设施建设日臻完善，城市化进程驶入快车道。全年完成基础设施建设投入5.1亿元，南湖新区建设快速推进，云峰大道全线贯

孙孚凌

白云公园长画

文化广场夜景

通，新区行政中心、南浮宫御园等重点项目已开工建设。全面启动了33万平方米的旧城改造，白云中路、长山路商业步行街等旧城改造项目有序推进。十万吨水厂进入后期建设，并即将投入使用。积极推进城市形象工程建设，拆除违章建筑31户，有效制止乱搭乱建行为，关停了9家污染较严重的企业，新增公共绿地面积8万平方米，城市环境质量和城市生活大为改善。以麦架为代表的小城镇建设取得新成绩，集镇面貌大为改观，城镇功能日趋完善。

对外开放取得新成就。以中国国际风筝会和兰花博览会的成功举办为契机，进一步优化投资环境，招商引资工作迈上新台阶，引进了天津塑力电缆厂等一批规模较大、市场前景较好的企业，全年引进项目195个，实际到位资金4.3亿元，实际利用外资146万美元。

社会各项事业全面发展。大力实施“科技兴区”战略，全年组织实施科技项目8项，验收科技项目32项，发展民营科技企业6家，科技进步考核工作被评为国家级县级标准全省第一，获全国科技先进县称号。全区“两基”水平进一步巩固提高，2001年被评为全国“两基”工作先进县。积极推行农村合作医疗制度，全区共有23个村开展了合作医疗，入保率为24.2%，加强社区医疗卫生服务网络建设，建立了3个社区医疗卫生服务站。整顿规范了食品、医疗药品市场，卫生事业全面发展。人口与计划生育工作进一步加强，计划生育率达98.9%，人口出生率为12‰。

精神文明系列活动蓬勃开展。2月16日-20日，第十一届中国（贵阳）兰花博览会在白云区举行，共有6个国家和18个省、直辖市、自治区和港澳台2000余名兰友，百余兰花品种，3500余盆兰花参加了本届兰花博览会。此届兰博会被中国兰协誉为组织工作最出色、展品最多、展会规模最大、档次最高、影响最大的一届兰博会。2001年4月15日-18日，“贵州移动通信杯”第六届中国国际风筝会、第十一届全国风筝比赛暨白云第十届风筝节在白云区隆重举行，此次风筝会是一次集风筝比赛、文化交流、经贸洽谈、旅游观光为一体的大型国际风筝盛会，共有来自19个国家和地区的66支代表队、141名运动员参加了25个竞赛项目的比赛。“两会”的成功举办，进一步提高了我区群众的素质，扩大了我区知名度。

按照中央、省、市要求，高质量开展了部门、乡、办和村级“三个代表”学教活动，整顿了机关工作作风。自觉接受人大的法律监督和政协的民主监督，办理人大代表建议、批评、意见141件，政协委员提案108件。双拥工作力度进一步加大，民兵预备役部队建设进一步加强，完成了征兵工作任务，实现了20年征兵21次无责任退兵。

王晓东、马长青在农村

文艺表演

南湖大桥

风筝节开幕式

贵阳市乌当区人民政府

2001年8月26日乌当区新行政中心奠基议式。四大班子领导　左起：政协主席欧阳俊、政府区长郭文忠、区委书记王晓光、人大主任黄润昌。

新的乌当区行政中心，座落于新添寨镇顺海燕子冲，毗邻贵阳市云岩区，距离省政府仅8公里，紧靠航天路、贵开路、绕城高速线，交通十分便利；中心位于著名的贵阳环城林带之侧，山水环绕、森林茂盛、空气清新，春看新芽吐绿，夏听松涛萦耳，秋浴层林霞霜，冬赏玉雪覆翠。

行政中心全部占地约18.73公顷，计划总投资2.5亿元，总建筑面积9.08万平方米，由美国VBN建筑设计公司设计，所有建设工程中，绿地率达59%，建筑密度仅为26%；中心由若干不同功能建筑并按其功能分区域组成，体现生态型、园林型办公区特征。中心建筑布局呈扇形展开，尤如大鹏展翼，与背山的巨大太阳光芒造型和前方月形湖相互映衬，取意日月同辉，突出升腾与飞翔的主题，充分展现开放、发展积极向上的乌当精神。中心将建设先进的通讯、办公、信息处理、会务及环保设施，使中心成为理想的现代化办公场所。

整个行政中心的建设分三期完成。一期工程占地约11.29公顷，建筑面积3.25万平方米，2001年8月26日开工，2002年上半年完成主体工程，年底前完成内外装修及设施安装。安装包括区四大班子办公楼及会展中心、武装部、市民广场等设施；二期工程2002年下半年开工，2003年上半年完成。其占地约5.93公顷，建筑面积约4.84万平方米。包括政法公安、财政税务、工农商委、文教卫、城建交通、党群六个功能组团，所有区属机关将搬迁至此进行办公；三期工程2003年下半年开工，2004年上半年竣工。占地约1.51公顷，建筑面积约0.88万平方米。包括培训接待中心、总体环境配套设施建设等。此外，中心区内还将引资建设一座集住宿、会议、商务、娱乐、休闲、购物为一体的四星级以上宾馆。

建成后的乌当区行政中心，是一个布局合理、配套完善、设施先进、环境优美，集中办公楼群、会务中心、信息中心、接待中心的生态型、园林型、开放式、现代化的行政办公区域。行政中心的建设，将大大提高我区城市品味，有力拉动新添片区城市化进程，促进全区经济的发展。

区委领导在贵州省高科技农业示范园调研

新的乌当区行政中心

区委书记王晓光同下坝乡卡堡村民组苗族群众一起学习座谈“七一”讲话，鼓励村民要按照“三个代表”要求，找准发展路子，振兴民族村寨经济　。

高科技农业示范园

贵州省军区贵阳军分区

→贵阳市领导欢送新战士走进绿色军营。

↓贵阳市军分区请缨创建“八一林”。

2001年，贵阳军分区以江主席“三个代表”重要思想为统揽，认真贯彻上级指示精神，身体力行“三个代表”，切实加强部队民兵预备役全面建设，各项工作全面上新台阶，涌现出一批先进集体和个人。军分区分别被成都军分区评为“九五期间人民防空工作先进单位”、被贵州省评为“裁军50万期间军队转业干部安置工作先进单位”、被省军区评为“安全稳定工作先进单位”、获得全国“玉溪杯”第二届全国民兵军事知识竞赛组织奖。息烽县人武部被总部评为“全军武器装备安全管理先进单位”，云岩区人武部被成都军区评为“征兵工作先进单位”，南明区人武部、修文县人武部被省政府、省军区评为“征兵工作先进单位”，白云区人武部被省军区评为“全面建设先进人武部”。军分区政委何洪江、云岩区人武部政委熊国华分别被成都军区、贵州省委评为“裁军50万期间军队转业干部安置工作先进个人”，军分区参谋曹平毅同志被成都军区评为“武器装备安全管理先进个人”。同时，贵阳军分区积极响应市委、市政府“关于帮助农村贫困户消灭茅草房”的号召，共投入改造资金26.4万元，改造茅草房44户。中央电视台2、7频道分别以“和平树下，苗家喜事”为题，在“人民子弟兵”、“国防时空”栏目进行了报道。

地址：沙冲南路17号

邮编：550002 电话：5781610

贵阳军分区组织民兵高炮演练

贵阳市委常委、军分区政委何洪江亲自把温暖送到贫困户手中。

贵阳军分区官兵参加『消灭茅草房』义务劳动。

贵阳市清镇市人民政府

2001年8月朱镕基总理在清镇市芦荻村考察

清镇——营造最适宜投资环境

清镇市是贵州高原上一座美丽富饶的湖滨城市，是贵州西线的旅游、交通枢纽，是贵州省重要的工业、电力、矿产基地和贵阳市饮用水源地、煤气生产地。境内有国有大中型企业20余家，贵黄高等级公路、321国道、滇黔公路穿境而过，国家4A级风景名胜区红枫湖、省级风景名胜区百花湖和东风湖湖光山色优美，民族风情浓郁，是理想的旅游度假胜地，清镇集水、电、路、区位、旅游、矿产等诸多优势为一体，被人们誉为“珠联壁合之地”。

近年来，清镇市委、市政府抢抓国家实施西部大开发的历史机遇，高扬“开拓创新、强市升位”的主旋律，坚持“生态立市、科教兴市、开放强市、依法治市”的发展战略，按照

夜色中的清镇红枫大街

"主攻二产、注入一产、带动三产"的思路，以建设经济强市总揽全局，更新观念，转变作风，招贤纳才，强化干部培养，提高办事效率，树立廉洁、务实、高效、诚信的政府新形象，努力营造良好的投资环境。

随着清镇市房地产业的迅猛发展，旧城改造的快速推进和医药园区建设的正式启动，清镇市食品工业园、站街新材料基地、东郊水厂、污水处理厂、中心广场等重大项目的即将开工建设，必将为清镇市的经济发展带来强大后劲，注入新的活力。

在清镇这块投资开发的热土上，有优质的服务，诚信的政府、和谐的人际关系，公平的竞争环境。热诚欢迎有识之士到清镇投资开发。

最佳人居环境：麒龙城市花园

城区一角

清镇市医药工业园区贵州威康药业有限公司一角

中共清镇市委

贵阳市招商引资局

局长:李新陇

贵阳市招商引资局（贵阳市人民政府便民服务办公室、贵阳市招商引资一站式服务办公室）是中共贵阳委、贵阳市人民政府为转变政府职能，改革行政审批制度，减少审批程序，提高办事效率，改善投资环境，加强招商引资工作，服务市民而成立的为市民、投资者提供政务、投资服务和政策咨询“一条龙”式“窗口”单位。

贵阳市招商引资局是贵阳市人民政府招商引资工作的行政职能部门，履行市人民政府赋予的招商引资和对外经济协作的行政管理职能，研究拟定招商引资和经济协作的政策措施，筛选办理储备重点项目，搞好开放和招商引资的宣传，协调办理投资项目的审批和各种注册登记手续，组织协调我市参与国内国际重大招商引资活动、东西部合作和区域经济协作等重大项目的洽谈签约，跟踪落实和监督检查。

贵阳市人民政府便民服务办公室（贵阳市招商引资一站式服务办公室）是贵阳市人民政府开展便民服务工作的行政服务中心，是中共贵阳市委、贵阳市人民政府对外开放、开展招商引资工作“一站式”的“服务窗口”，集中了贵阳市涉及招商引资及便民服务的55个部门，秉承“高效、廉洁、为民、便民”的服务宗旨，竭诚为市民和外来投资者提供政策咨询、项目审批、核准登记、注册发证、集中收费、跟踪协调、投诉等综合服务。服务内容包括：介绍投资政策和提供业务咨询，接洽及落实投资项目；对投资项目的审批、登记实行全程“一站式”服务；对进入项目进行全程跟踪服务；组织、协调、督促有关部门处理投资者反馈的问题和意见；代办项目申报手续、起草申报资料；

承接翻译、代办国内外通迅、打印、复印业务及其他相关服务。

贵阳市招商引资局成立以来，开拓创新、锐意进取，在实践中逐步摸索出一条适合贵阳实情、具有贵阳特色的招商引资工作新模式：

（一）　建立健全投资项目跟踪、咨询和代办服务机制，协调、跟踪处理项目在投资前期和建设中的各种困难和问题。

（二）　建立行之有效的投诉解决和责任追究机制，畅通投诉受理和办结渠道，保证投资者投诉在所限定的时间内给予明确答复，对于特急或重大事件的投诉，立即处理。

（三）　建立健全重大投资项目协调例会制度，市政府不定期组织召开项目协调会，及时解决投资企业在项目前期和建设中遇到的重大困难问题。

（四）　建立健全招商引资工作年度目标考核制度，将招商引资工作纳入政府年度目标管理，实行主要领导负责制；加大对投资项目扶持、服务力度，真正做到安商促发展。

一流的环境、专业的队伍、三位一体的投资服务新机制，为我市招商引资和便民服务工作的开展奠定了坚实的基础。贵阳市招商引资局及驻“便民办（一站办）”全体工作人员正以饱满的热情，热忱欢迎四海客商，八方宾朋来筑投资，我们将为您提供优质、高效、全程、一流的服务。

贵阳市市政工程公司

党委书记、经理：李贵民

贵阳市市政工程公司是贵州省唯一从事市政工程建设的国有专业施工企业。

公司组建于一九五二年，其时为“贵阳市道路工程队”，一九五八年正式更名为“贵阳市市政工程公司”。公司现下设五个分公司，六个工程处，一个房屋开发公司，一个商品砼拌和站，二个商场。拥有混凝土搅拌运输车、装载机、挖掘机、压路机等大、中型机械300余台，基本实现了机械化施工作业。同时拥有电脑10余台，拥有先进的商品砼搅拌设备，能够生产C_{10}～C_{60}的商品混凝土。

公司成立五十年来，先后优质高速地完成了中华路、瑞金路、花溪大道、贵阳至黄果树高等级公路、贵阳至遵义高等级公路、北京路等高、中级公路400余条；朝阳桥、团坡桥、新桥等桥梁40余座；都司高架路、客车站高架桥、三桥下五里立交桥、花果园立交桥、三桥立交桥、大营坡立交桥等城市高架立交10余座；同时还完成了人行天桥4座、人行地下通道6条、隧道3条、下水管道300公里、城市截污沟30公里、各种水坝15座，并承建了铁路、房屋、供水干渠及各类土石方工程。在把握贵阳市政建设机遇的同时，贵阳市市政工程公司不断开拓跨市、跨省的建设业务，先后外拓承担了贵定县粮食局仓库、安顺市环岛喷泉、安顺市王若飞大道、遵义市外环路、遵义市遵义大道、京沈高速公路牛牧屯引河大桥等工程的施工任务，并赢得了建设单位的一致赞誉。目前，公司正准备开拓国际建设业务，几个项目正在考察之中。

在各个工程的建设施工中，贵阳市市政工程公司注重新技术的总结和应用，始终从占领技术制高点上做文章，积极采用高强、高性能预拌砼施工，水下砼浇注，粗钢筋连接，高效钢筋和后张法预应力张拉，预应力锚索边坡治理，以及门式支架、大型模板、建筑防水材料、钢绞线等施工工艺和建筑材料，1999年施工的三桥立交桥被评为贵州省第一个建筑业“四新”应用示范工程，2000年外拓施工的遵义市外环路工程，贵州省内首家荣获中国市政工程“金杯奖”，公司荣获“贵州省1999-2000年科技进步奖一等奖”。

1999年，贵阳市市政工程公司取得了ISO9002国际质量认证证书。2000年，公司又经国

贵阳市花果园立交桥

贵阳市三桥立交桥

贵阳市中华路

家外经贸部审核批准，获得了对外承包工程及劳务合作经营权，取得了承包境外市政工程及国际招标工程；进行上述境外工程所需设备、材料进口；对外派遣实施上述境外工程所需的劳务人员的资格。公司坚持“以信为本、以质创优、以速取胜”的经营方针，发扬“拚搏、奉献、创一流”的企业精神，严格按照“一次交验合格率百分之百，百分之百兑现承诺”的质量目标，向更高的发展目标迈进。

贵阳市新桥

贵州建工集团第二建筑工程公司

经理：刘华伟

书记：肖庆华

贵州建工集团第二建筑工程公司，始建于一九五二年，属国有部颁房屋建筑工程施工总承包一级企业，现有职工2669人，各类专业技术人员439人，其中高级职称18人，中级职称83人，一级项目经理18人，大中型施工机械设备665台（套），拥有省一级中心试验室，可承担各类型工业与民用建设项目的建筑施工，以及道路、工程装修、玻璃幕墙、市政工程、预应力张拉、预制构件加工、设备安装等工程。

建司以来，公司完成了千余项各类大中型重点建设项目，还承建了赤道几内亚、塞舌尔等国的建设工程。其中承建的贵州税务大楼被评为建设部优质样板工程，贵州啤酒厂办公楼、省供销大厦、贵州虹山轴承厂综合楼、贵州省委党校食堂、贵龙饭店等工程被评为省优质工程，滇黔桂石油勘探住宅工程被评为市优质工程。近五年交竣工面积110余万平方米。

公司以“质量第一，信誉至上”为宗旨，于1999年通过了ISO9002质量体认证，近期又完成ISO9001：2000质量管理体系转版工作。2002年4月，我司顺利通过建设部的房屋建筑施工一级企业资质的审查。

公司自1987年以来连续十五年被贵阳市人民政府、贵州省工商行政管理局评为“重合同，守信用”企业，2000年还获得省级“重合同，守信用”优秀企业称号。

电话：5777790　　地址：贵阳市沙冲北路一号
传真：5772614　　邮编：550002
网址：http：//gceg.yeah.net/

贵阳水泥厂φ/25m熟料库筒，高45.5m，
贵州第一，西南地区仅有两个的大筒体

省级安居工程：虹桥新村

质量体系认证证书
CERTIFICATE
QUALITY SYSTEM CERTIFICATION
质量体系认证获证单位
QAC
质量体系符合
GB/T 19002－1994 idt ISO9002：1994
中质协质量保证中心

贵航集团

贵阳市人民检察院

院党组会议

贵阳市人民检察院于1951年11月成立，现有干警181人。内设政治部、办公室、研究室、批捕处、起诉一处、起诉二处、反贪局、法纪检察处、监所检察处、控告申诉检察处、民事行政检察处、检察技术处、行政装备处、纪检监察处、机关党委办公室、法警支队。下辖10个基层检察院。

2001年，全市检察机关按照全国、省、市社会治安及整顿规范市场经济秩序工作会议的部署和上级检察院的要求，依法履行法律监督职责，全年共批准逮捕各类刑事犯罪嫌疑人6766人，起诉4809件6828人。在打击刑事犯罪活动中，突出重点，严厉打击有组织犯罪、流氓恶势团伙犯罪及杀人、抢劫、爆炸、绑架等严重暴力性犯罪，共批准逮捕上述"三类"重点案件犯罪嫌疑人3614人，起诉3164人。有力地打击了犯罪分子的嚣张气焰。在查办职务犯罪斗争中，全年全市检察机关共受理举报国家工作人员涉嫌贪污贿赂"渎职"侵权犯罪案件线索398件，初查379件，决定立案侦查159件171人，侦查终结155件167人，移送审查152件164件，依法向人民法院提起公诉121件133人。通过办案，为国家挽回经济损失1407.5万元。

市检察院检察长张德葵接待群众来访

检察机关追逃专项行动总结表彰大会

高检院副检察长张穹到贵阳市检察院调研

贵阳市中级人民法院

党组班子

2001年，全市法院努力实践“三个代表”重要思想，牢固树立审判工作为党和国家中心工作服务、为我市“开拓创新，强市升位”奋斗目标服务的指导思想，以开展“一教育三整顿”活动为动力，紧紧围绕“公正与效率”主题，狠抓审判工作、法院改革和队伍建设三件大事，各项工作都有了新的进展。

全市法院积极开展“严打”整治斗争，将有组织犯罪、带黑社会性质的团伙犯罪和流氓恶势力犯罪确定为打击重点。同时严厉打击破坏社会主义市场经济秩序犯罪。全市法院共召开规模较大的宣判会35次，旁听群众达18万人次，依法重判和处决了一批严重刑事犯罪分子。共审结各类一审刑事案件5183件。为国家和集体挽回经济损失6410`.12万元。

通过充分发挥调节经济、化解矛盾、依法保护公民、法人和其他组织合法权益的审判职能作用，认真做好民商事审判工作。全年全市法院共审结一审民商事案件17824件，涉案标的达27.9亿元。

进一步加强行政审判工作，以支持和监督行政机关依法行政，维护公民、法人和其他组织的合法权益。全年全市法院共审结一审行政案件251件 。

充分发挥审判监督职能作用，做好申诉案件的复查和再审案件审理工作，积极探索申诉复查、申请再审听证程序。依法审理减刑案件。全年市中院审监庭共审结各类再审、赔偿案137件。共审结减刑案件2627件。

全市两级法院建立了市中院执行局统一协调和管理的执行工作体制。依法处理好执行与维护社会稳定、促进地方经济发展的关系，在将单一的强制执行方式向多元化执行方式转变的基础上，围绕治理″执行乱″和扭转″执行难″问题，不断拓展执行工作思路。全年全市法院共执结执行案件6289件，执结标的金额7.9亿元。

审判大楼

法律咨询

庄严宣誓

贵阳市民政局

党委书记、局长陈仁贵在全市民政工作会议上作报告。右为省民政厅副厅长陈梅琳

贵阳市民政局是市人民政府主管社会行政事务的工作部门。其主要职责是：贯彻执行国家有关民政工作的法律、法规和方针政策；拟定全市民政事业发展规划和年度工作计划；负责社会团体、民办非企业单位的登记，管理和监督工作；负责拥军优属工作，负责复退军人的转退，接收和安置工作；组织协调救灾救济工作；建立和实施城乡居民最低生活保障制度；指导城乡基层政权建设和基层群众自治组织建设；主管社区建设工作；主管婚姻登记管理和儿童收养工作；主管地名管理和行政区划工作；负责边界管理工作，承办边界争议调处事务；负责社会福利工作；负责殡葬管理；主管城市流浪乞讨人员收容遣送工作；负责社会福利彩票发行工作，管理市级福利资金，

市委书记王晓东、市长孙国强在息烽县为灾区群众捐款

局党委书记、局长陈仁贵慰问农村贫困群众

监督指导全市福利资金的管理使用；负责全市民政事业的计划、财务、统计和民政科技管理工作，指导监督全市民政事业费和各种资金的筹集使用与管理。

贵阳市民政局设办公室、优抚安置处、救灾救济处、基层政权和社区建设处、社会福利和社会事务处、区划地名处、城乡居民最低生活保障处、人事教育处、计划财务处等九个职能处（室）。有市军供站、市殡葬管理所等20个直属单位。

在中共贵阳市委、市人民政府的领导下，全局上下高举邓小平理论伟大旗帜，深入学习贯彻“三个代表”重要思想，紧紧围绕全市改革发展、稳定大局和西部大开发战略部署，以实现我市民政工作排位前移为目的，团结奋斗、努力拼搏，顺利完成了市委、市政府和省民政厅下达的各项目标任务，各项工作取得了显著成绩，为全市经济和社会发展作出了应有的贡献。

2002年3月17日，贵阳市民政局在贵阳市大十字开展扶贫济困送温暖阳光行动，从而拉近了扶贫济困送温暖活动月的帷幕

勘界工作是民政部门一项十分重要的工作。为了做好勘界工作，贵阳市民政局举办了勘界工作培训班

市民政局通过“三讲”教育和“三个代表”重要思想的学习，为全局工作实现跨越式发展奠定了基础

贵阳市儿童福利院一瞥

开阳南江峡谷

贵阳市旅游局

森林之城 贵阳

贵阳，是贵州省的政治、经济、文化和旅游中心，中国优秀旅游城市。她是“公园省”贵州的中心旅游城市和游客集散地，有“森林之城”的美誉。

贵阳境内山环水绕，风光旖旎，文物古迹众多，少数民族风情古朴浓郁，再加上得天独厚四季如春的气候条件，山城贵阳春夏秋冬都是旅游的好地方。经过多年的建设，目前贵阳市已形成了以各公园园林景观为主体的城区旅游区；以花溪山水风光和民族风情为重点的南线旅游区；以开阳峡谷公园、香火岩、香纸沟和鱼洞峡等峡谷风光为特色的东线旅游区；以百花湖、红枫湖水上景区为依托的西线旅游区；以修文阳明洞、息烽集中营旧址、六广河七峡、息烽温泉为主体的北线旅游区。

贵阳境内喀斯特地貌发育典型，绿水绕青山，奇峰藏异洞，形成了雄奇秀丽独具特色的高原自然景观。在市内有泉清树古的黔灵公园，有曲径幽深的森林公园。有洞奇水秀的花溪景区和天河潭景区，有波光粼粼、群岛流翠的百花湖和香纸沟、鱼洞峡、高坡民族风情旅游区等。贵阳市所辖的三县一市，有国家级风景名胜区红枫湖、有开阳峡谷公园、息烽温泉、六广河峡谷、扎佐高尔夫度假中心等景区。

贵阳历史悠久，文物古迹遍布各处。最具代表性的为建于明朝万历二十六年（公元1598年）的甲秀楼，现已成为贵阳山城的象征。它与旁边的翠微园古建筑群构成贵阳城南一大人文胜景；建于明朝万历三十八年（公元1610年）的文昌阁，是中国迄今发现的唯一一幢木结构三层三檐不等边的″九角攒尖顶″古建筑，有较高的工艺水平和研究价值；建于清康熙十一年（公元1672年）的黔灵山弘福寺，被称为贵州佛教第一大丛林；位于修文县龙冈山的阳明洞，是中外驰名的″王学″圣地，是明代哲学家、教育家王阳明读书悟道和讲学之所；此外，还有国家级重点文物保护单位，抗战时期国民党军统设立的″大学级″密监狱--息烽集中营旧址等。

作为贵州省的旅游服务中心，贵阳是通向全省各主要旅游景区的门户。四周分布着8个国家级与24个省级风景名胜区、8个国家级重点文物保护单位、5个国家级自然保护区和两个历史文化名城。西线，有世界著名的黄果树瀑布和龙宫、织金洞、马岭河峡谷；东线，有风光美丽的舞阳河、历史名城镇远和梵净山自然保护区；南线，有荔波樟江风景名胜区、茂兰喀斯特森林；北线，有革命历史名城遵义和赤水风景名胜区。而这些风景名胜区距贵阳空中距离大多在200公里范围内，随着贵阳交通条件的不断改善，亦只需一天即可往返。

贵阳市委、市政府一贯重视旅游事业的发展，2000年11月，为进一步促进旅游业的发展，贵阳市委、市政府专门下发了《关于加快旅游业发展的意见》，意见明确提出，要从“大旅游、大市场、大产业、大发展”的高度深刻认识发展旅游业的重要性，充分发挥政府的主导作用，把贵阳市建设成为功能齐全、设施完善、环境优美的以生态旅游和民族文化旅游为主体的优秀旅游城市。

红枫湖侗傥风雨桥

天河潭

右一为信息产业局局长唐慧荣

右二为副局长彭永祥

右三为副局长张骏

贵阳市信息产业局

市信息产业局是主管全市电子信息产品制造业和软件业，推进全市国民经济和社会信息化的市人民政府工作部门。

主要职责

1　贯彻执行国家和省、市有关信息化工作的方针政策和法律法规；研究拟定社会信息化和信息产业政策、法规、规章及实施办法并组织实施。

2　负责全市国民经济和社会信息化工作，组织编制全市信息化和信息产业发展规划，组织编制信息产业建设中长期规划和年度计划监督实施。

3　负责对信息化专项资金进行管理并监督使用。

4　负责组织、协调和指导全市信息基础设施建设，促进信息基础设施建设与发展信息产业的结合。会同有关部门对信息网络的建设和发展实行统筹规划，合理配置资源，指导、协调全市信息网络的健康发展，大力推进信息资源的开发利用和信息技术应用，积极推动互联互通，资源共享。

5　会同有关部门做好信息技术的创新、成果转化和产业化推广工作，积极推进产、学、研的结合，促进以信息技术为代表的高新技术的发展，用信息化带动工业化，推动产业升级，结构优化。

6　对全市电子信息产品制造业、软件业及信息服务业实行行业管理。依法对全市电子信息产品、软件产品市场进行监管，实行必要的经营许可证制度，进行产品和服务质量监督，负责全市电子信息产品、软件产品及其维修待业的监督管理。

7　组织实施国家电子信息产品制造业、软件业的技术政策、技术标准和规范。根据国家信息化指标测评体系，会同有关部门作好全市信息化指标测评工作和研究拟定信息化建设的安全体系。

8　参与信息化建设项目的组织协调、技术论证、估验收等工作。

9　建立和完善信息服务市场和信息服务管理体制，依法对信息服务市场进行监管。

10　组织、协调和指导信息网络安全工作和计算机病毒防范工作。

11　指导信息产品质量的监督与管理；负责对全市、信息工程建设实施监督。

12　组织，协调和指导信息化工作的宣传、普及教育和信息专业人才培养、引进等工作，促进全市应用信息化能力的逐步提高；负责全市信息产业对外经济技术合作与交流。

13　负责行业统计和信息发布工作，指导全市信息产业社会团体工作。

14　承办市委、市政府和上级业务部门交办的其他事项。

中心机房

贵阳市贸易合作局

局长、党组书记：陈懋南

贵阳市贸易合作局是根据市级机构改革要求于2001年11月组建的主管全市对外贸易、利用外资、国际经济技术合作、社会商品流通和市场规划建设的政府工作部门。

2001年贵阳市外贸进口总额49427.5万美元，比去年同期增长0.9%，外贸出口33114.7万美元，比去年同期增长8.3%；其中，贵阳市属企业外贸进出口总额12520万美元，比去年同期增长16.1%，外贸出口8554.3万美元，比去年同期增长12.3%。全市共批准外商投资企业37家，比去年增长16%，总投资9205万美元，合同外资金额4203万美元，实际利用外资5941万美元（含

间接利用外资1557万美元），实际利用外资比去年增长12.1%。外商投资企业年纳税总额已突破1亿元，从业人数已近2万人。吸引外商投资质量明显提高，美国百胜餐饮集团，日本京瓷株式会社等一批世界知名企业已落户贵阳；如香港排名前十位的上市公司--香港德昌电机公司投资生产电机等一批技术含量高、发展前景好、投资规模大的项目已经实施。

2001年完成社会消费品零售总额121.66亿元，比去年增长12.1%；居民消费价格总水平较上年上涨3.2%，其中消费品价格下降3%，服务项目价格上涨22.6%。制定的《贵阳市专业批发市场规划》在经过反复论证后已获市委、市政府批准。

进一步加强生猪屠宰检查监督力度，严厉打击私屠乱宰，取缔私屠乱宰窝点，同时强化服务意识，不断提高我市屠宰管理和技术人员的工作水平。全年共六次出动120人，端掉22个私屠乱宰窝点，没收已屠宰白条猪18头和未屠宰生猪41头。

2001年成立了贵阳市整顿和规范市场经济秩序领导小组（办公地点设在贵阳市贸易合作局），加大了整顿和规范市场经济秩序的工作力度。同时开展了举报受理工作，在媒体上公布举报电话，并出台了奖励办法，鼓励广大人民群众积极参与整顿和规范工作。全年在整顿和规范市场经济秩序行动中共出动车辆18519车次，参加行动的人员达到64281人次，检查清理市场数1760个，检查的经营户达到162063户（个），端掉制假售假窝点306个，查封或取缔非法经营点3709户（个），抓获犯罪嫌疑人39名，收缴的假冒伪劣商品标值8595.64万元；文化市场上收缴和砸毁搏彩机、机板16722台（块），收缴音响制品43.4万张，盗版软件16.6万张，非法出版物3.5万册；税务部门查补税款、罚款和加收滞纳金6979.87万元 。

会议室

贵阳市烟草专卖局（分公司）

规范管理打基础 改革创新上台阶

贵阳市烟草专卖局（分公司）书记、局长、经理：余安中

2001年，贵阳市烟草行业组织结构进行了调整，成立了贵阳市烟草分公司，与贵阳市烟草专卖局合署办公。市局（分公司）成立近一年来，全体职工紧紧围绕市局（分公司）党委提出的″一年抓整合，二年打基础，三年上台阶″的工作思路，边学习、边整合、边提高，迅速打开工作局面，取得较好的经济效益和社会效益。

2001年全年实现销售收入93148万元，实现税利8214万元，利润3335万元，实现税金4879万元，上缴税金5319万元。

销售卷烟134712箱，完成计划的110.49%，比去年同期增长3.48%；实现毛利7217万元，比去年同期增长19.37%；毛利率8.88%，比去年同期增加1.76个百分点。

烤烟收购16.42万担，上等烟占26.72%，上中等烟96.7%，中等烟69.98%，下低等烟3.3%，收购均价399元/担，比去年同期的369元/担，增加了30元/担，涨幅为7.52%；全市烟农收入达6556万元。已调拨和销售烟叶14.43万担。

去年，我们坚持″内管外打，守土有责″的工作原则，加强队伍建设，完善管理制度，加大查处力度，提高办案水平。全市共查案件1614起（其中查

处假烟案288起、走私烟案117起），同比2000年的1090起增加了524起，罚没金额达278.11万元，同比2000年的238.38万元增加39.73万元，案值在20万元以上的重大案件9起。全年共查处违法经营的卷烟1826.55件、烟叶和复烤烟叶78.06吨；没收假烟228.15件、制假机械2台，制假烟叶72.01吨、假冒标识1万张、走私烟35.51件；打掉地下烟厂（窝点）3个；出动打假打私人员7092人（次）。全年共办理专卖许可证2566个、开具准运证4200份。同时，市局还出台了《贵阳市烟草专卖局专卖管理目标责任考核与奖惩办法》，对各项工作指标量化打分，进行奖惩。全年举办两期专卖管理人员法律知识培训班，261人（次）参加培训，合格率达100%，优良率80%以上。

按照市局（分公司）党委″一年抓整合″的工作思路，重点抓职工队伍的思想建设、作风建设、队伍建设。加强理论学习，提高干部职工的思想素质和政策水平。坚持学习江总书记建党八十周年的重要（讲话）和《中共中央关于加强和改进党的作风建设的决定》，认真开展″三讲″教育″回头看″活动，广大党员、干部进一步端正了思想、坚定了信念，改进了作风。加强纪检监察工作，严禁″吃、拿、卡、要″之风，制定了《贵阳市烟草专卖局〈行政执法廉政监督卡〉制度》。

2002年是市局（分公司）″打基础″的关键年，我们将下大力气抓好卷烟销售网络建设工作、烟叶实用新技术推广工作和专卖管理工作，加强管理，改进作风，夯实基础，努力提升经济运行质量和经济效益，圆满完成上级下达的各项工作任务，以优异的成绩迎接党的十六大的胜利召开。

联系人：胡文
电话：（0851）6782827
地址：贵阳市友谊路25#
邮编：550001

送卷烟到零售户手中的卷烟配送车

规范管理烟叶大田

贵阳市档案馆成立于1960年，建馆当初，条件较为简陋，在市委、市政府的关支持下，新馆于1988年开工建设，1992年开馆启用。馆址位于贵阳市云岩区半边街138号新馆库建筑面积4353m²，安装有较为先进的自动灭火报警系统、管网式通风系统、闭电视监视系统、计算机档案管理风格系统及现代化的档案密集架。

2001年11月，根据市政府筑府办发（2001）87号文件精神，贵阳市档案局与贵市档案馆实行局馆合一体制，为市人民政府直属事业单位，履行全市档案事业行政管理和档案保管利用职能。

截止2001年底，市档案馆共收藏档案170个全宗138471卷档案、资料11315册。这些档案史料较为全面、真实地反映了市情、市多是研究党史和地方史、编史修志、工作查考、进行经济建设和社会主义教育不可缺少的珍贵史料。自馆成立以来，共接待利用者33535次，调阅档案资料151513卷（册），并产生了可观的经济效益。据近五年统计，档案利用实现价值人民币2500多万元。市档案馆还分利用馆藏资料，编辑出版档案史料、编写专题资料、印发档案信息，向社会提供档案信息服务，并多次举办档案图片展览，生动反了贵阳市在各个历史时期取得的巨大变化，取得了良好的社会效益。1998年，市档案馆通过考核，荣获省一级档案馆称号。1999年被委、市政府命名为贵阳市爱国主义教育基地。

在新的世纪，贵阳市档案馆全体干部职工将围绕“开拓创新、强市升位”的总目标，在“三个代表”重要思想的指导下，与时进，奋发有为，不断转变工作作风，拓宽服务领域，提高服务水平，努力把档案馆建成保管党和国家重要档案的基地和爱国主义教育基地、建成为贵阳市改革开放和现代化建设事业提供档案信息服务的中心。

市长孙国强，老同志柴龙为市档案馆爱国主义教育基地揭牌

贵阳市档案馆外景

贵阳市档案馆

贵州人民广播电台正式成立于1950年1月1日。如今的台址位于贵州省省会贵阳市风景绮丽的南明河畔。

半世纪阳光雨露，五十年光荣岁月。贵州人民广播电台在贵州省委、省政府的领导下，紧密配合党和政府在各个历史时期的中心工作，坚持党性原则，发挥喉舌功能，当好桥梁纽带、为贵州的经济建设和社会发展作出了应有的贡献，为共和国大厦添了砖加了瓦 。

50年来，贵州人民广播电台几代广播人艰苦奋斗、努力工作，使广播由最初的1套节目播出发展到今天的4套节目播出。即：卫星广播、经济频道、音乐频道、健康频道；从每天播音几小时、发射功率不足500瓦，发展到今天每天播音81小时，发射功率560千瓦；从最初的靠电缆传输，发展到有线、微波和卫星传输。卫星广播讯号覆盖地球的1/3，东南亚、西欧、北美都可听到贵州台广播，省内拥有1000多万听众；从单声道广播到今天4套节目全部实现立体声广播。

近年来，台里建立了音频工作站自动化播出系统，大大改善了编辑、节目制作和播出条件，提高了播出质量；目前正在建设微机台内局域网，以实现采、编、播无纸化办公；与贵州数据通信局合作，搭建了网上电台直播平台，把广播讯号送入互联网，实现实时广播，于2000年11月29日正式开通网上广播。国内外都能在英特网上清晰的听到贵州人民广播电台的广播。下一步，将利用互联网传输优势和我台雄厚的采编力量，建立贵州广播综合新闻网站。

为适应社会主义市场经济发展需求，稳定队伍，发展事业，进一步做好新闻宣传工作，贵州人民广播电台在做好信息传输业的同时，利用自身优势介入其他产业发展，独资或与他人合作，先后办起了贵州广联建材制品厂、贵阳广通电线电缆厂、健广门诊部、贵州广迅文化旅游传播公司、贵州兴广经济发展有限公司，还开辟了“电台商业一条街”。贵州台的目标是：走产业化、集团化发展之路，获取新闻宣传和经济效益双丰收。

贵州电台贵州兴广经济发展有限公司与仁怀酒源酒厂合作开发“喜上喜”酒，邀请评酒专家及有关单位领导参加“喜上喜”品尝推荐会。

贵州人民广播电台Air2000数字音频工作站及自动播出系统

地址：贵州省贵阳市青云路259号
电话：（0851）5982489　5984036　5981507
传真：（0851）5984983
E-mail：gzbs@telekbird.com.cn

贵州人民广播电台

贵阳市水利局

省水利厅领导检查水土保持小流域综合治理项目

修文县久长镇小型水利工程经营使用权拍卖招标会

贵阳市地处长江流域和珠江流域分水岭地带，境内有大小河流98条，全市多年平均水资源总量为43亿立方米。长江南岸最大支流乌江干流从市域西部、北部环绕而过，猫跳河7级水能梯级开发是全国较早全面开发的流域之一。南明河从市区由西向东纵贯其间，城市傍水而立。“真山真水到处有”是贵阳河川的显著特色。另外，市域境外客水达134亿立方米，水资源开发利用前景广阔。但由于全市水资源时空分布严重不均，且受到岩溶地形地貌的影响，水资源开发利用的难度较大。

在新世纪到来之际，贵阳市水电局先后组织编制完成了《贵阳市城区防洪、供水、河道水环境综合治理规划》、《贵阳市水资源开发利用调查分析报告》，正在编制的《贵阳市水利“十五”计划和2015年远景目标规划》，为新世纪贵阳水利发展描绘出一幅宏伟的蓝图。

在党中央确定的西部大开发战略中，水利资源开发利用和水土保持生态环境建设是开发为重点，这为贵阳市水利建设和发展提供了千载难逢的机遇。市水电局党政领导正带领全市水利系统广大干部职工在市委、市政府的领导下，充分认清形势、明确任务、抢抓机遇、开拓进取，相信通过不懈的努力，水利基础设施建设将为全市新世纪的发展奠定坚实的基础。

花溪大寨拆灌工程

松柏山水库库区一角

贵阳市邮政局

贵阳邮政在改革的大潮中经过不懈地拼搏和努力，基础设施日趋完善，通信能力不断增强，通信质量和服务面发生了根本性的变化，提前实现“三年扭亏”的既定目标，邮政业务不断拓展，经济效益不断提高，取得了巨大的成就。

随着经济建设和社会事业的迅速发展，贵阳邮政以市场为导向，积极开展新业务。同时，根据社会需要和邮政各专业特点，全面推行规范化服务，逐步实行优质化服务，实施了以185物流配送和社区网络建设为主要内容的投递体制改革。实现了贵阳市外环线以内的早报早投，并实行上门收寄邮件、报刊、进行商品配送，增加了投递的深度和广度。拓展了以物流配送为主导的服务产品体系，为客房提供物流配送、信息传输、金融服务、邮政普遍服务等多方位服务。搞好以大用户为重点的社会服务，解决服务中的热点、难点问题，树立良好的企业形象，促进企业社会效益和经济效益同步增长。

《黄果树瀑布群》邮票首发仪式

邮政礼仪服务

邮政工作人员到社区收订报刊

贵阳市环境保护局

党组书记、局长田伟

贵阳市环境保护局是主管环保工作的市政府工作部门，主要职责是贯彻执行国家环境保护方针政策、法律法规和规章，以及国家、省、市颁布的各类环境保护标准，负责行政环境管理、执法、科研、监测、监理、污染源监督控制、自然生态环境保护以及建设项目环境开发建设等行政管理职能，内设办公室（宣传教育处）、人事处、综合计划处、政策法规处、科技处、污染控制处、自然生态保护处、开发建设环境管理处8个处（室）；辖市环境监测中心站、环境监理站、环境保护研究所、酸雨研究治理中心4个事业单位。全局现有职工133人，其中具有各类专业技术职称的人员82人。

近年来，贵阳市的环境保护事业在市委、市政府高度重视下得到长足发展，紧紧围绕经济建设中心，坚持环境保护基本国策，全面实施可持续发展战略，加强了环境、生态、资源保护，优化产业结构、全面配置资源，修编城市总体规划，加快城市基础设施建设，大力开展工业污染治理工作，加大城市环境综合整治力度，在全市经济持续、健康、快速发展以及现代化建设取得巨大成就的同时，环境污染得到有效控制，城市环境质量持续改善，贵阳已经一举摘掉了全国乃至世界“酸雨量严重城市之一”的帽子。

贵阳市已制定的环保〝十五〞目标是：在保持经济持续健康发展的同时，实施环境立市，强市升位，全面开展环境保护，保持经济建设，城乡建设与环境建设同步发展，城市环境质量得到根本改善，生态环境恶化趋势得到有效遏制，工业污染防治取得新进展，进一步加大城市环境基础设施建设，加强环境保护对外合作，建成国家园林城市和森林城市，力争达到国家环境模范城市的标准。

环境保护任重而道远。全体环保职工将竭尽全力认真贯彻执行环境保护法律法规，勤政廉政，依法行政，敬业爱岗，不断开拓进取，为贵阳天更蓝、水更清，生态环境更美好而努力。

联合国开发署〝贵阳市绿色建筑环保战略和管理体系建设〞项目立项团在贵阳考察。图为立项团专家组听取贵阳市环保局工作汇报。

贵阳市环境保护工作会议现场。

贵阳市环境监理人员在对南明河沿岸污染源进行调查。

贵阳市环境监理人员在进行污染源情况分析。

贵阳市民族宗教事务局

二00一年，是进入二十一世纪的第一年，起好头，开好步，是新世纪搞好民族宗教工作，开创民族宗教工作新局面的关键所在。

围绕今年我局与市政府签定的目标任务，在局党组的领导下，全局职工同心同德，高举邓小平理论伟大旗帜，按照“三个代表”的要求，进一步贯彻落实中央和省、市民族宗教工作会议精神，结合目标任务，抓住西部大开发的难得机遇，紧紧围绕市委、市政府的中心工作“开拓创新，强市升位”，扎实工作，多办实事，使全市少数民族和民族地区经济文化等有了较快发展，物质文化生活显著提高，民族团结进步，城乡社会稳定，为新世纪我市民族宗教工作跃上新台阶夯实了基础。

回顾一年工作，在局党组的带领下，全体干部职工紧密团结、分工合作、齐心协力，圆满完成或超额完成了年初制定的各项目标任务。

2002年“四月八”民族团结期间民族服饰游演民族同胞跳起舞蹈，吹起芦笙欢庆民族节日。

省、市民宗委（局）领导到花溪区布依族苗族乡把伙村检查把伙公路的修建。

交通局郎建祥局长、洪副局长到开工前的永温－温泉－永温线视察工作。

交通局郎建祥局长到开工前的双流－花溪线视察

贵阳市交通局

竣工的花孟线

竣工的黔孟线

2001 年在贵阳市召开的村局管理现场会

2001 年贵阳市计生局举办的区乡级计生协工作人员培训班

贵阳市计划生育局

在市委、市政府的正确领导下，通过全市广大计生工作者的艰苦努力，贵阳市的人口与计划生育工作取得一定的成绩。截止2001年底全市总人口3225915人，其中已婚育龄妇女870052人，流动人口40余万人。2001年全市人口出生率为11.02%，低于省计划3.48个千分点，计划生育率为93.77%，高于省计划3.74个百分点，全面完成省下达的年度人口计划连续6年获省人口与计划生育目标考核一等奖第一名，是全省首批实现“三为主”的地区之一。全市基本形成计划生育“村为主”工作格局，经省检查验收，2001年上半年基本实现计划生育“村为主”。2001年获中央宣传部和国家计生委联合颁发的“全国婚育新风进万家活动特别贡献单位”荣誉称号。

各级党政高度重视人口与计划生育工作，切实加强领导。坚持党政一把手亲自抓，负总责，研究解决计生工作中的困难和问题，市、县、乡、村层层签定人口与计划生育目标责任书。市、县、乡、村、组五级都有计生管理网络，基本做到人员、任务、报酬三落实。市、县、乡、村四级有计生技术服务网络，基本能完成规定的宣传、药具发放、节育手术等服务和培训任务，为群众提供就近方便的服务，并按规定规范各类技术人员工作职责、工作程序、手术操作常规及各种技术规范，基本达到规范化管理。全市共有计生协会组织2618个，会员275034人。

义务为群众测血压

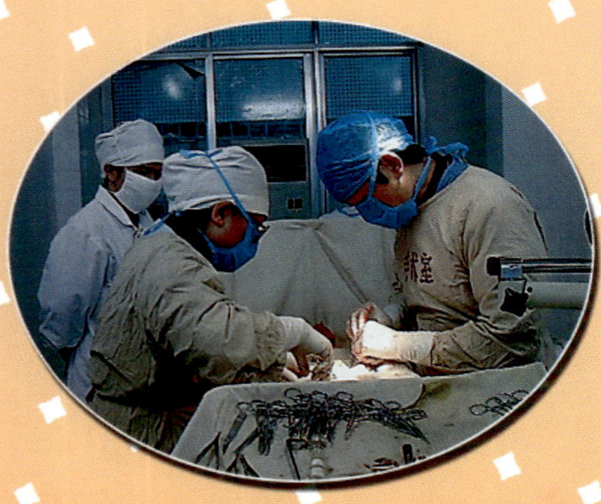

认真为育龄妇女做吻合手术

2002 年 1 月 24 日召开的修文县村级网络现场会

领导班子

贵阳市教育局

2001年，贵阳市共有普通中学274所，按性质分初级中学为140所，高级中学3所，完全中学54所，在校学生人数为191463人，其中普通初中招收57506人，毕业38492人，在校生157216人，小学毕业生升学率为96.6%，普通高中招收14368人，毕业7828人，在校生为34247人。全市职业中学48所，共434班，在校生为20541人，其中职业高中9125人，云岩区、南明区、白云区、小河区初中毕业生进入高中阶段就读比例达85%，基本普及了高中阶段教育；花溪、乌当、清镇、开阳、息烽、修文初中毕业生升入高中阶段的比例平均41.1%，全市高中阶段入学率60.3%。教育质量明显提高，2001年，参加普通高校考试报名10788人，录取8788人，录取率81.46%；参加普通高中考试报名的33212人，录取24314人，升学率73.21%；参加初中考试报名的61889人，入学61352人，入学率99.13%。

全市共有小学1187所，共10374个教学班，小学共招收64368人，毕业生65401人，在校生为367776人，全市学龄儿童入学率为99%。

全市幼儿园有254所，在园幼儿数为75385人，其中学前班幼儿为38231人。年内，普通中学新增校舍面积82808平方米；小学新增校舍面积24533平方米。

全市普通中学教职员工总数为14131人，其中专任教师11614人，专任教师按职称分：高级教师1326人，占专任教师数的11.4%；一级教师3780人，占专任教师数的32.5%；二级教师4300人，占专任教师数的37%；按学历分：本科毕业以上的教师4518人，占专任教师数的38.9%，；专科毕业6223人，占专任教师数的53.58。

全市小学教师共有19810人，其中专任教师18082人，专任教师按职称分：小教高级教师3491人，占专任教师数的19.3%；小学一级教师7920人，占专任教师数的43.8%；小学二级教师3606人，占专任教师数的19.94%。按学历分：专科毕业以上的教师4426人，占专任教师数的24.48%；高中阶段毕业12591人，占专任教师数的69.63%。

地址：贵阳市遵义路
电话 0851-5821434　5869547　5820904

贵阳市中学生第三届军训活动

省教育厅受国家教育部委托对我市基础教育课程改革进行评估

贵阳市科学技术局

贵阳市科技局（原科委），经过2001年机构改革后，现内设5处1室（办公室、人事处、发展计划与政策法规处、工业科技与高新技术发展处、农业科技与社会发展处、科技成果管理与技术市场处）。是主管全市科技工作的市人民政府工作部门。其职责是：贯彻执行党和国家关于科技工作的方针、政策和法律、法规；推进科教兴市战略的实施，协调管理全市各领域的科技工作；组织拟定科技发展、科技进步战略的具体政策、措施和法规草案；研究科技促进经济与社会发展的重大问题；研究确定科技发展的布局和优先领域；推动科技创新体系建设、提高科技创新能力、组织编制全市科学技术发展的中长期规划和年度计划并监督实施。编制和组织实施全市科技攻关计划、新产品试制计划、火炬计划、星火计划、科技成果推广计划、软科学研究计划、科技型中小企业创新基金计划、研究拟定促进高新技术发展的政策措施，负责高新技术研究计划、科技创新工程和社会发展科技计划的制定与实施工作。强化高新技术产业化及应用技术的开发与推广工作；推动科技成果转化；管理市级高新技术重点项目和重点新产品工作。研究拟定全市科技体制改革方案和有关政策、措施，指导全市科技体制改革工作，推动建立适应社会主义市场经济和科技自身发展规律的科技创新体制和机制。会同有关部门研究制定多渠道增加科技投入的措施，优化科技资源配置；归口管理和使用科学事业费、科技“三项费”、科技专项经费等有关经费，并负责经费预、决算工作。负责编制市重大科技项目和科技基地的建设规划与计划；参与或会同有关部门组织专家对先进技术引进、重大技术改造、重要科技工程建设进行前期调研、论证和评估。研究拟定科技人才资源的合理配置、充分发挥科技人员积极性、培育科技人才成长良好环境的相关政策、措施和规划、计划；负责优秀科技人才培养对象的选拔和管理工作。归口管理全市对外科技合作与交流工作。归口管理全市科技成果、科技奖励、民营科技企业、技术市场、科技保密、科技新闻发布、科技档案、与科技相关的知识产权保护等工作；推动科普工作的开展；促进科技咨询、招标、评估等社会中介组织的发展，推进科技服务体系的建立。会同有关部门制定科技进步目标体系，负责科技进步目标责任制的检查、考核、总结和表彰工作，负责全市科技信息、科技统计的管理工作；协同有关部门审核科研机构的组建和调整。指导、协调市直机关各部门、区（县、市）的科技管理工作。

2001年度贵阳市科技局（原科委）共下达科技项目92项，其中：重点科技攻关或高新技术产业化项目19项，新产品开发项目16项，农业科技项目12项，科技成果推广及专利实施项目19项，软科学研究项目26项。项目总投资13838万元，其中：市级科技三项费1650万元，科技贷款4076万元，银行贷款90万元，其它经费196万元，自筹7826万元。安排的科技项目预计可新增产值39836万元，利税9530万元。

2001年共安排市级科技三项费3300万元，其中：贵阳市科技风险投资资金1000万元，安排农业科技示范园专项资金600万元，大学生创业基金50万元，专利资金100万元，科技项目资金1550万元。

2001年贵阳市科技局共组织鉴定、验收项目33项，实际新增总产值5924万元，利税2889万元。当年鉴定验收项目的成果转化率达到45%以上。

共受理申报2000年度贵阳市科技进步奖项目54项。经评审，共评出获奖项目45项。其中：一等奖2项。二等奖10项，三等奖22项，四等奖11项。这些项目共新增产值17123万元，利税2697万元。并报经市政府批准，于9月完成了颁奖及科技成果汇编等工作。

贵阳市人防战备办公室

贵阳市人防战备办公室是市人民政府、贵阳军分区双重领导的主管全市人民防空，交通战备工作的职能部门，内设6个行政处，下设人防法规综合管理处、通信站、火车站地下城管理处及中中、中都、中黔、中园四个地下商场管理处。

"八·五"以来，市人防办抓住旧城改造的机遇，以行政执法带动人防事业的全面发展。结合民用建筑修建大中型人防工程204个，总面积20余万平方米，自建大型公共人防工程火车站地下城及中都、中中、中黔、中园地下工程。正在建设分洪隧道改造人防工程，市人口蔬散基地建设、市人防信息培训中心、黔灵地下停车场等工程。

为贯彻好《人民防空法》，市人防办在全国率先出台《贵阳市人防工程建设管理办法》这部地方性法规，2001年收取人防配套费与90年代初期相比增长约8倍。近几年，共查处各类违章449起，人防执法取得明显成效。

基本完成防空装备预案编制，1999年对全市部分人防音响警报器实行了集中统一控制，并鸣响演练成功。3支专业队伍经过整组通过国家验收。

为认真贯彻第四次全国人防会议精神，2001年成功召开贵阳市人民防空会议。

2001年12月17日，迟浩田副主席视察贵阳市人防办，对贵阳市人防工作给予了充分肯定。2002年5月10日，国家人防办副主任李杨视察贵阳市人防办，对"九·五"以来人防建设取得成绩给予高度评价。

贵阳市信息中心

贵阳市委副书记、市长孙国强（左一），贵阳市人民政府巡视员赵宗哲（右一）到中心视察工作。

为贵阳市的信息化建设而奋斗

贵阳市信息中心是贵阳市人民政府为了加强全市信息系统的建设而成立的专门机构，是全市经济信息处理中心和计算机网络主系统，是贵阳市人民政府网、贵阳市宏观经济决策网、“贵阳通”公众信息网网络中心所在地。是贵阳市在信息化建设中的参谋部门和工作部门。

贵阳市信息中心在市委、市政府的领导下，在建成“贵阳市宏观经济决策网”的基础上，又开通了“贵阳市人民政府网（www.gygov.gov.cn)”，使贵阳市政务信息化建设工作迈向了新阶段。二00一年，在市政府的领导、组织下，贵阳市信息中心承担了贵阳市信息化建设纲领性文件《贵阳市信息化“十五”发展计划（纲要)》的编制，由于对信息化有着较为深刻的认识，在编制过程中借鉴先进经验并结合贵阳的实行情况，使《贵阳市信息化“十五”发展计划（纲要)》受到国家专家评审组的高度评价并得以顺利通过，为贵阳市成为全国信息化试点城市作出了贡献。

根据《贵阳市信息化“十五”发展计划（纲要)》的要求，贵阳市信息中心承担了贵阳市信息化“十五”重点建设工程之一的“贵阳通”公众信息网的设计、制作任务，在时间紧、任务重的情况下，中心职工克服困难、积极工作，高质量地完成了任务，使“贵阳通”公众信息网于二00一年七月二十八日按期开通，“贵阳通”触摸屏查询系统在贵阳市各网点装机57台，二00一年十一月二十九日，“贵阳通”网站（www.gytouch.cn）及“贵阳通”网站英文版同期运行。“贵阳通”公众信息网是贵阳市信息化建设的形象工程和基础工程，它的成功建设，为社会提供全方位、多层次的信息服务，对提高城市品位、树立政府形象、营造我市信息化发展的良好氛围发挥了积极的作用。

二00二年，贵阳市信息中心的工作进入实施《贵阳市信息化“十五”发展计划（纲要)》各项任务的阶段，新增100台“贵阳通”触摸屏查询机已列为贵阳市人民政府要办的十件实事之一，目前贵阳市信息中心已正组织施工，届时，“贵阳通”触摸屏查询系统将遍布贵阳市各公众场地，使贵阳市的公众信息系统再上一个新台阶。

贵阳市信息中心根据《贵阳市信息化“十五”发展计划（纲要)》的部署进行了网络办公自动化应用软件的开发；与贵州工业大学及市属相关部门共同完成了《贵阳市“十五”企业信息化工程专业规划》的编制工作，该《编制》成为贵阳市企业信息化建设的重要指导性文件；与有关部门、高等院校合作完成了《贵阳市地理信息系统建设工程项目建议书》的编写，整体工程将按《建议书》的方案分期实施；按期完成《贵州电脑商情》、《信息天地》等刊物的出版，为领导及社会各界提供及时有效的参考信息，取得了良好的社会效益。

贵阳市成为国家信息化试点城市后，贵阳市信息中心承担着越来越多、越来越重要的工作，全体职工正以高昂的情绪努力工作，决心在贵阳市的信息化建设中作出更多、更大的贡献。

欲知贵阳事、请点“贵阳通”，“贵阳通”公众信息网触摸查询系统

地址：贵阳市瑞金中路50号
传真：(0851) 5285237
电话：(0851) 5285237
邮编：550003

贵阳市蔬菜工作办公室

按照市委、市政府抢抓机遇，开拓创新，强市升位的总体部署，贵阳市蔬菜办通过狠抓市场建设、结构调整、科技进步、产业化经营四大重点，着重实施蔬菜中心批发市场建设、蔬菜科技示范中心建设、无公害蔬菜开发、野菜特菜开发等重点项目，蔬菜产业取得了长足发展。2001年蔬菜总产量70.4万吨，产值实现92707万元（现价）。

初步构建了以五里冲蔬菜中心批发市场为龙头，产地批发市场（72个）为骨架，农贸市场（64个）为基础的市场体系。2001年招商引资2000余万元扩建的贵阳五里冲蔬菜中心批发市场，规模5万余平方米，年吞吐量8亿多公斤，跻身于“国家级”市场。扶持建设的永乐无公害果蔬批发市场、摆茅晚番茄批发市场、扎佐萝卜市场及百宜扩耳根辣椒批发市场等，初步起到了建一个市场，带动一个产业，致富一方农民的产业化经营的龙头作用。

培育了以贵阳蔬菜科技示范中心为龙头，各层次示范（育苗）基地（园）为辐射，农民科技示范户和龙头企业科技队伍为基础的蔬菜科技创新体系。引导农民、农业科技人员和农业企业成为结构调整的主体。引进、试验、示范、推广国内外名特优新蔬菜品种樱桃番茄、彩色辣椒、大顶黄瓜、以色列番茄、翠香黄瓜、荠菜、土人参、紫背天葵、蒌蒿等山野菜。中心建成露地电脑控制高架式自动化水肥药三位一体的喷灌系统，多茬次西芹高效栽培，高温寡日照气候条件下棚室番茄栽培等50余类200余种；新设施新材料50余种；引进、消化、创新技术20余项，中心开发高档反季节豌豆苗、芫荽等销往香港等地，售价为贵阳的3-5倍，市场反响良好。

建设了一批各具特色的专业化商品蔬菜基地，推进了布局区域化、生产专业化、产品优质化。全市建商品蔬菜基地10万余亩，其中永乐无公害茄果、小碧莲藕、南极秋白菜、摆茅晚番茄、养龙司莴笋等在省内外小有名气，形成了一定规模，2001年全市蔬菜外销2.6万吨，销售额达2868万元。1998年启动了无公害蔬菜工作，2001年示范面积2万余亩，播面4万余亩，通过发布通告，清理农药市场，培训教育农户、制定规程、推广无公害生产技术及配套农资，对基地土、水、菜进行定性定量检测监测等，示范区内上市蔬菜农药残留超标率由示范初期40%下降到目前的10%左右。

总之，贵阳蔬菜业将以市场为导向，以建设质量标准体系和提高产品竞争为突破口，充分发挥地理优势，出口突破，外销带动，主攻质量，形成规模，打造品牌，转型升级，奋力实现贵阳特色蔬菜产业跨越式发展和农民增收。

贵阳市农业办公室

贵阳市农业办公室（贵阳市扶贫开发办公室、贵阳市农业综合开发办公室）是市委、市政府议事协调机构的常设办事机构。其主要职责包括：贯彻执行党和国家关于农业、农村经济、扶贫开发和农业综合开发工作的方针、政策和法律法规，加强对涉农部门的联系，为市委、市人民政府提供农业和农村经济运行情况，对全市农村经济发展提出建议，参与研究全市农村经济发展战略、总体部局和产业政策，参与编制全市农村经济发展规划和年度计划，协调指导全市农村经济运行情况，编制扶贫开发规划、农业综合开发规划和年度计划并组织实施；对农业、农村工作重大问题开展调查研究等。

引进的新品种

村寨道路硬化

贵阳市药品监督管理局

局长：李世华

贵阳市药品监督管理局于2001年9月11日成立，新组建的贵阳市药监局，由李世华同志任局长、党组成员，杨学艳同志任党组书记、副局长，安亚丽同志任副局长。在贵阳市委、市政府的大力支持和领导下，按照中央和省委、省政府关于药品监督管理体制改革的一系列文件精神，抓紧做好市局内部机构和区、县药监机构的组建工作，认真履行法律赋予的药品监督管理职能，为贵阳市的经济社会发展作出应有的贡献，保证全市人民用上放心药。

贵阳市劳动监察大队

贵阳市劳动监察大队成立于1998年底，是市委、市政府为了贯彻执行《中华人民共和国劳动法》及相关劳动法律法规，加大劳动执法力度，维护用人单位和劳动者双方的合法权益而设立，由贵阳市劳动和社会保障局领导的一支劳动执法队伍。大队成立以来，坚持我党全心全意为人民服务的宗旨，以江泽民总书记的“三个代表”重要思想为指导，狠抓制度建设，队伍建设，制定了劳动监察廉正建设规定，劳动检查工作制度，案件回访制度，错案追究制度，干部轮岗制度等一系列规章制度，为大队工作的开展打下了坚实的基础。

2001年市劳动监察大队共受理各类劳动争议投诉案件657件，处理结案625件，结案率达95%以上，为求职者追回拖欠工资、押金等共计197.6万元。为了加强劳动监察年审工作，规范企业用工行为，制定了《贵阳市劳动监察年度审查实施细则》，全年年审各类企、事业单位共计1030户，年审合格率达到98%，并督促100多户企业补缴了社会保险费128640元，补签劳动合同9814份，同时对民办劳动力职介市场进行了大规模的整顿，端掉了16家违法经营的职介机构，对3家违法职介机构进行了行政处罚。开展了“煤炭行业用工及安全生产管理”、“禁止使用童工”、“社会保险费扩面征缴”等专项执法大检查，规范了企业劳动用工制度，增强了企业和劳动者的劳动法律意识。大队全年及时处理并制止突发劳动纠纷事件18起，涉及劳动者人数800余人，维护了社会的稳定和劳动者合法权益。

总之，我们将不辱使命，不断加强执法力度，继续深入贯彻《中华人民共和国劳动法》，夯实基础，规范管理，将市劳动监察大队建设成一支高素质的执法队伍，使劳动监察工作在新的一年迈上一个新的台阶。

监察大队正在对用人单位进行年检

监察员正在接受劳动者的投诉

贵州省人民政府云岩宾馆

云岩宾馆于3月28日举行，荣膺三星级宾馆通过ISO9001-2000国际质量体系认证，及建馆45周年揭牌领证庆典大会。图为深圳质量认证中心给宾馆受牌。

云岩宾馆是贵州省最早的涉外接待宾馆，也是省政府主要的接待基地。始建于1956年，1957年开业，从小规模的内事任务接待，历经四十五年的发展，从单一的接待型宾馆逐步面向市场并参与市场的竞争，在竞争中求发展，经过不断的改造、更新已于2001年12月17日通过了国家三星级评定，并于2001年11月7日通过贵州省首家ISO9001-2000版国际质量认证体系。固定资产由当初的47万元增至目前的1532万元，年收入逐年递增，目前已突破1500万元大关。建筑面积从仅有的484.8平方米扩展到1751平方米。宾馆地处贵阳市北京路繁华地段，交通便利，拥有各类客房90间（套）、大小会议室4间及可供500余人同时就餐的大餐厅和宴会厅共10间，馆内设有商场、商务中心、大歌厅、室外游泳池、健身房、美容美发室等休闲娱乐设施。

宾馆建筑独具风格、环境优雅，是您旅游、休闲及商务洽谈的好去处。

云岩宾馆

中国人民银行贵阳中心支行

人民银行贵阳中心支行行长会议

2001年，我行以"三个代表"重要思想和党的十五届六中全会精神为指导，认真执行稳健的货币政策，突出金融监管，强化金融服务管理职能，加强党的建设，严格内部管理，各项工作任务完成较好。

一、认真贯彻执行稳健的货币信贷政策，积极引导信贷投向，促进地方经济持续增长。

1、加大信贷支持力度，有效增加信贷投入。认真贯彻执行《国务院关于实施西部大开发若干政策措施的通知》精神和各项货币信贷政策措施，加大信贷的合理投放，有效增加货币供应量。截止12月末，全市金融机构各项存款645.22亿元，比年初增加115.16亿元，增长21.7%，同比多增22.47亿元。储蓄存款呈稳定增长趋势。截止12月末，全市金融机构各项贷款余额486.31亿元，比年初增加81.44亿元，增长20.1%在增加贷款投放的同时，信贷结构进一步优化，贷款结构变化明显。基本建设贷款、中期流动资金贷款、农业贷款、消费贷款、票据融资成为信贷中新的增长点。全市金融机构中长期贷款比年初增加64.81亿元，同比多增17.86亿元。中长期货款中，基本建设贷款比年初增加44.66亿元，同比多增21.04亿元。

2、加强窗口指导，用好货币政策工具。在中小企业资金供应量不足的情况下，我行对商业银行发放7.5亿元用于中小企业再贷款。通过加强信贷管理和窗口指导，促进我省经济结构的调整，加大对重点行业、"三有一不"企业和农业的信贷支持力度，进一步改善对中小企业和非公有制经济的信贷服务。

二、切实加强和改进金融监管，确保辖内金融业安全稳健运行

1、切实加强金融监管，维护了一方金融平安。2001年，我行认真贯彻落实总行监管工作会议精神，调整监管职责，转变监管观念，突出监管重点。在监管对象上，突出对中小金融机构的监管；在监管内容上，突出对金融机构高级管理人员及不良贷款比例下降的监管；在监管方式上，坚持非现场监管与现场检查相结合，适当加大现场检查力度。在严格按有关规定和程序办事的同时，尽力提高对金融机构服务效率，实行限期办结制；在认真进行金融政策、市场营销和业务发展论证基础上，积极支持金融机构开办手机银行、网上银行、银证通、外汇业务、代客外汇买卖算新业务。

2、　加强外汇监督和管理。认真审核证券经营机构和境内居民B股入市资格，严格监督各外汇银行为其开立保证金帐户；进一步加强和规范外汇收支管

行领导到全国双文明单位人民银行修文县支行检查指导工作。

人行贵阳中心支行重视精神文明建设，为丰富职工精神文化生活，陶冶高尚情操而举办的围棋比赛。

理，对各旅行社帐户进行了检查清理，有效防止了旅游中的套购外汇行为；加强对居民个人外汇大额现钞的管理，加大打击逃骗汇和黑市交易力度，防止外汇资金流失。

3、初步完成创建金融安全区的规划和测评工作。在贵阳创建金融安全区领导小组的领导下，贵阳中支有关部门完成了创建金融安全区指标测评工作，完善了创建规划和实施意见，结合贵阳辖内金融运行的现状和特点，提出了创建标准和原则以及应采取的措施，2001年11月份全面进入正式实施阶段。

4、完成了贵州省银行业协会的筹备工作。由人民银行贵阳中心支行牵头，四家国有独资商业银行贵州省分行作为发起人，组建贵州省银行业协会，已报经贵州省民政厅批准，完成了组建贵州省银行业协会的各项筹备工作。

三、继续做好全省人民银行金融服务工作，切实提高服务水平

全省人民银行金融服务工作围绕保资金、库款安全和提高服务效率的目标，按照统一标准、统一内容、统一检查、统一考核的原则，纳入目标管理考核，金融服务工作水平、工作质量、工作效率都有较大提高。一是加快中央银行会计统一核算管理试点的步伐，建立健全了统一共享的金融信息系统和电子联行到县的现代化清算系统；二是进一步落实国库会计综合核算系统的运行管理和"国库单一帐户"的模拟运行；三是加强发行基金的调运和管理，保证了现金供应；四是加快了"银行卡"联网通用的步伐；五是加强金融统计分析工作，保证了全科目指标的及时上报和数据的真实性、可靠性；六是加大安全保卫技防力度，提高了应付突发事件的能力。

四、加强党风廉政建设，深入开展反腐败斗争，维护行风清廉

一是切实抓好领导干部廉洁自律。坚决贯彻执行中纪委、中央金融工委、总行和分行党委提出的各项廉政自律规定，对超标小汽车、通讯工具配置、公款配置电脑、公款支付上网费、领导干部收受礼金、礼品及代币券（卡）、领导干部持有信用卡、处级以上干部配偶、子女经商办企业或在外商独资企业、中外合资企业任职情况、领导干部因私出国（境）情况等进行了专项清理，未发现违纪违规问题。各级领导干部严格遵守重大事项报告，礼品（礼金）登记上交、收入申报制度，共计主动上交礼金10000余元，主动退回礼金10000余元，主动上交和拒收了数千元的各类礼品。

为增强人民群众与制贩假币犯罪斗争的意识，提高人民群众对假币的防伪能力，人行贵阳中心支行的职工上街开展反假币宣传活动。

二是加强了行风监督。聘请了行风监督员，采取召开行风廉政座谈会、评议会和问卷调查的形式，开展行风评议，征求服务对象的意见，在督促人民银行监管和服务部门依法履行职责，改进服务态度，提高监管水平和服务水平方面发挥了积极作用。

三是狠抓反腐倡廉教育，建立健全监督制约机制，抓好从源头预防和治理腐败工作。在进一步健全和完善内控制度的同时，规范工作程序，严格按章办事，加强检查督促，实行责任追究制度，有效地加大了从源头上预防和治理腐败的力度。

贵阳市宝山北路2号　　行长：彭士学
电话：5650800　　5650570

中国人民保险公司

贵阳分公司

中国人民保险公司贵阳分公司是目前国内最大的财产保险公司，贵阳分公司是其在贵阳市的分支机构。从1980年恢复国内保险业务以来，人保贵阳分公司始终致力于市场开拓和竭诚为社会公众提供各种财产保险服务，一直努力实践“忠诚服务、笃守信誉”的经营理念，不断改进服务手段，提高服务水平，并积极构建“以人为本”的企业文化，有效地参与和支持区域经济的发展，为社会各界、企、事业单位提供有力的保险保障，赢得了广大客户的赞誉。

目前人保贵阳分公司的市场份额已占全市财产保险市场的80%，为全市400多亿元人民币的社会财产提供了风险保障，成为企、事业单位解除后顾之忧，致力发展的坚强后盾。

人保贵阳分公司下辖12家支公司和17个分理处，拥有正式在职员工271人，其中研究生1人，大学本科43人，大专130人，持有专业资格证书的员工232人，有80人获中级以上职称，另有100多人的兼业代理、营销队伍。高素质的人才队伍，丰富的从业经验，遍布城乡的营业网点，是人保贵阳分公司立足市场，服务于民的基础和保证。目前，我公司开办的险种有：机动车辆保险、企业财产保险、货物运输保险、各类责任险、建筑安装工程保险、家庭财产保险、个人抵押贷款房屋保险、航空保险、出口信用保险、个体工商户财产保险等几十个险种随着市场需求的变化，我公司还将陆续推出适应社会需要的新险种，提供更多的保险服务。

2000年7月1日，为进一步加强人保公司的服务功能，我们开通了全国统一的24小时保险服务专线电话--95518，在任何地方，只要拨打95518即可与当地中国人民保险公司的分支机构联系，获得保险指南、投保建议、出险报案、预约投保、索赔咨询、紧急救援、投诉举报、险种介绍、条款解释等服务。我公司为保证95518服务专线的正常运转，专门配备了13台服务快车、10台紧急救援车、昼夜值班、有求必应。我公司承保了占全市机动车辆总数72%的车辆，为了及时进行车辆出险的现场查勘，保证受损车辆的及时救援和修复，建立了一支技术较强、素质较高、机动灵活的查勘定损队伍。目前，为了更好地为客户服务，进一步走稳健经营的道路，我公司正在筹备客户服务中心、业务处理中心、财务处理中心的建设，并以此为契机，力争把我公司建设成为贵阳市业务量最大、服务最好、员工素质最高的现代化的保险公司。

值此国家实施西部大开发战略之际，人保贵阳分公司将以优质、广泛的服务，抢抓机遇，迎接挑战，为富民兴筑，为贵阳市保险业的发展贡献出自己的力量。

总经理：胡石泉

左起：经委书记：李勇　副总经理：沈家华　副总经理：马绥成
党委书记、总经理：胡石泉　副总经理：肖健康　总经理助理：王珉强

中国人寿保险贵州省分公司营业管理部召开全辖办公会议，邓永治总经理在会上发言。

中国人寿保险公司

贵州省分公司营业管理部

中国人寿保险公司是国有独资的全国性商业寿险公司，隶属国务院领导，其前身是创立于1949年10月的原中国人民保险公司和分设于1996年2月的中保人寿保险有限公司。1999年1月，经国务院批准，注册变更为现名，总公司设在北京。

迄今已有50多年经营历史的中国人寿保险公司，资金实力雄厚，机构网络齐全。与国际保险界尤其是寿险业建立了广泛的合作关系。在我国民族寿险业中发挥着主渠道作用，得到了社会的广泛赞誉。

中国人寿保险公司贵州省分公司营业管理部系中国人寿保险公司设在贵阳的分支机构，营业网点遍布全市各地，拥有近千人的专业人员和代理代办人员。1996年实行分业经营以来，保费收入每年递增，2001年全市系统保费收入达2.19亿元。

中国人寿保险公司贵州省分公司营业管理部主要经营以人的寿命和身体为标的人寿保险、健康保险和意外伤害保险三大类保险业务。继历年来推出的简易人身保险、个人养老保险、养老金还本保险、子女教育金保险（A、B型）、99鸿福终身保险、康宁终身保险、康宁定期保险、人身意外保险等百余个品种后，2001年又推出了“国寿团体年金（企业补充养老型）保险”和以“国寿千禧理财分红保险”、“国寿鸿福相伴两全分红保险”、“国寿鸿泰两全分红保险”等为代表的一批分红保险。目前保险服务已涉及到人的生老病死、投资理财、教育、婚嫁、医疗、意外伤害等领域。

中国人寿保险公司贵州省分公司营业管理部一贯坚持“忠诚服务，笃守信誉”的公司宗旨和“创新、奋进、务实、高效”的企业精神，本着“主动、迅速、合理、准确”的给（赔）付原则，竭诚为客户提供满意的保险服务,随着中国人寿保险公司95519全国客户服务专用电话在贵阳市的开通，客户在保险咨询、查询、投诉、挂失、报案等方面更为方便、快捷。目前，全市各级公司正以崭新的姿态和饱满的热情，内强管理、外树形象，满怀信心地迎接“入世”挑战。

地址：贵阳市省府路6号
电话：95519（全国热线）
邮编：550001

中国人寿保险公司贵州省分公司营业管理部开办国寿千禧两全保险（分红型）市民咨询的热闹场景。

上街咨询

中国人寿保险贵州省分公司营业部保险大楼

中国农业发展银行
贵州省分行营业部

档案达标

中国农业发展银行贵州省分行营业部是根据党的十四届三中全会和国务院关于金融体制改革的决定精神，于1997年成立的我市唯一农业政策性银行。成立五年来，该行致力于推动贵阳市农业和农村经济发展服务，认真贯彻国家农业产业政策和区域发展政策，增加对农业的信贷资金投入，尤其是通过支持粮棉油等大宗农产品收购，为促进区域农业发展，维护农村社会稳定，做出了积极的努力，发挥了不可替代的重要作用。

中国农业发展银行贵州省分行营业部现有职工134人，下设南明区支行、白云区支行、修文县支行、开阳县支行、息烽县支行和机关营业室六个营业机构，主要办理由国务院确定、中国人银行安排资金并由财政予以贴息和粮食、油料等主要农副产品的国家专项储备贷款；办理粮棉油等农副产品的收购贷款及粮油调销贷款；为各级政府设立的粮食风险基金开立专户并代理拨付；办理业务范围内开户企事业单位的存款等国务院和中国人民银行批准的其他业务。

农业发展银行贵州省分行营业部“女职工业务知识竞赛” 2001.11

貴州大學

2002年3月31日，李岚清副总理到贵州大学视察，李岚清左为贵州大学党委书记刘朝政，右为贵州大学校长陈叔平。

贵州大学是一所多学科的省属重点综合大学，主校园座落在贵州著名风景区——贵阳市花溪河畔。

贵州大学历史悠久。1902年创建贵州大学堂。1926年建立省立贵州大学。1941年成立国立贵州农工学院，1942年6月，在国立贵州农工学院基础上扩建成立国立贵州大学。新中国成立后，1951年毛泽东同志题赠校名。在我国高等教育管理体制改革和布局结构调整的新形势下，1997年8月，原贵州大学、贵州农学院、贵州艺术高等专科学校、贵州省农业管理干部学院合并组建新的贵州大学。成为贵州省唯一按国家“211工程”框架重点建设和国家教育部在西部省（区）进行重点扶持的大学之一。

学校占地面积（五个校区）约3227亩，其中校园面积2057亩，教学实验场1170亩。校舍面积47万平方米。校图书馆藏书196万册。“中国教育与科研计算机网”（Cernet）贵州主节点建在贵大，已建成一校五区的校园网。

学校现设有人文学院、理工学院、农学院、生物技术学院、艺术学院、职业技术学院、人民武装学院和成人教育学院等8个学院、34个系，56个本科专业，学科专业涵盖哲学、经济学、法学、文学、历史学、理学、工学、农学、管理学等9个学科门类。有40个硕士学位授权点，2个博士学位授权点，11个省级重点学科，3个省级重点实验室。截止2001年9月，全校教职工2788人。教学科研人员1210人，其中教授133人，副教授380余人。有各类学生21442人，其中普通本、专科生13224人，研究生423人。

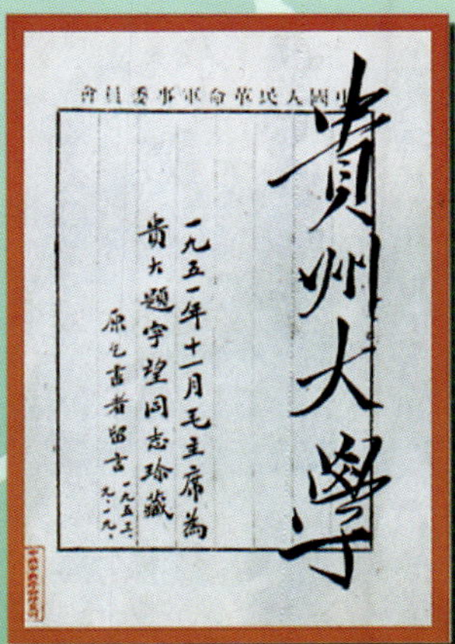

毛泽东主席题写的校名

学校发挥多学科交叉的综合优势，不断加强科学研究和科技产业开发。现有37个科研所（室），1995年以来共承担国家自然科学基金、社会科学基金、863计划、国家重大科技攻关课题和省（部）级课题350余项，横向科研项目近300项，其中获奖123项，获发明专利5项。出版学术专著和编写教材300多部。创办了安顺农药厂，开发了超高效、广谱、无公害的吡虫啉等新型农药系列产品。建立中试基地，成功试制了银杏萜内酯等系列产品。组织实施了粮食、玉米和烤烟3个“百万亩工程”，取得了良好的经济效益和社会效益。

学校积极扩大对外学术交流与合作，努力提高国际化水平。改革开放以来，先后与美国、英国、澳大利亚、新西兰、泰国等国家和地区的近20所高等院校及科研机构建立了不同层次的交流与合作关系。接受美、英、日、韩等国家的留学生到校学习，联合培养研究生。我校还是“亚洲及太平洋地区大学联盟”主席单位。

面对新世纪的机遇和挑战，学校制定了“十五”建设计划和2010年发展规划，力争用10年左右的时间，努力把贵州大学建设成为“规模、质量、结构、效益”协调发展，并有贵州地方特色和自身学科优势的重点地方综合大学，为贵州经济建设、科技进步和社会发展做出更大的贡献 。

教育部部长陈至立浏览贵州大学主页

贵州大学当选为亚太大学联盟主席单位

贵州師範大學

校门

贵州师范大学创建于1941年，(原名贵阳师范学院)，经过60年的发展，学校已由单纯的师范学院发展成目前科类齐全，教育层次多元化的综合性、师范型、开放式省属重点大学 。

贵州师范大学占地面积680亩，校舍建设面积25万平方米。现有15个系，两个教学部，40个本专科专业，15个学科具有硕士学位授予权。学校具有函授、夜大、自学考试等多种类型的成人教育。现有教职工1300余人，(不含附属单位)，学生包括研究生、本科生10000余人，成教生5000余人。2001年开始对海外招收留学生。目前设有全国外语水平考试贵州考试中心；教育部信息中心“信息技术与应用”贵州培训基地、省大学生文化素质教育基地等。省高校师资培训中心挂靠我校。

学校十分重视教学质量和科研水平的提高，现设有历史、地理、生物、教育科学等10个校属研究所和12个系属研究所（室），近年承担了省级以上科研项目200多项，有60多项科研成果获部级奖励。学校出版有《贵州师范大学学报》（社科版和自然科学版）和《贵州师大》校报。

(摄影:罗延林)

文科大楼

地址：贵阳市宝山北路116号
电话：6702011

办公楼广场

文化广场

贵阳市第九中学

贵阳市田家炳中学是以爱国港商田家炳先生名字命名的学校，其前身是贵阳市第九中学。始建1957年，1980年成为省级重点中学，2000年被确定为贵州省现代教育技术实验学校。2001年被评为省级示范高中。

学校位于贵阳市新华路南明河畔，占地28285平方米。现有教学班44个，在校学生2500余人。教师本科以上学历占教师总数的82.2%（其中硕士2人）；在职特级教师2人，高、中级以上职称的教师占80.3%。

学校拥有CMNS-2000多媒体宽带校园网络系统、多媒体计算机网络教室、大屏幕多功能电教室、语音教室、电子备课室、校园闭路电视网络等教学设施；拥有室内篮、排球场、艺术体操房、游泳池、300米跑道田径场，生物温室、中学生气象实验站等各类活动场馆。

学校全面贯彻党的教育的教育方针，以“学会做人、学会求知、学会健身、学会办事”为校训，全面实施素质教育，为高校和社会输送了数以万计的合格人才。学校曾多次荣获贵阳市教育质量评比一等奖和教育教学课题奖。

学校在开展青少年科技教育、绿色环保教育、心理健康教育方面颇具特色。2000年被评为“全国创建绿色学校先进单位”；2001年被命名为“贵州省绿色学校”、“贵州省青少年科技教育特色学校”。《中国教育报》、中央电视台科技教育频道、《贵州日报》、贵州电视台、贵阳电视台、《贵阳日报》等多家新闻媒体对学校做过多次报道和评论，肯定了学校的办学特色。

竞赛特等奖

校领导成员

贵阳市

贵阳省首批现

市委书记：王晓东视察贵阳七中校园网总控室

贵阳七中电子阅览室——学生阅读课

贵阳七中座落在繁华的贵阳市中华北路中段，有着悠久的办学历史，从1996年办学体制改革以来，曾一度沉寂的她又以崭新的形象屹立在人们面前：学校活力增强，各项工作迅速崛起办学水平大幅度上升，得到社会充分肯定，跻身于贵阳市同类学校前列…… ……，贵阳七中又重新燃放出她充满青春活力的生机勃勃的光辉，成为贵阳市市属中学中一道亮丽的风景线。七中学子常说一句话"今天，我以七中为荣；明天，七中以我为荣"。

是的，我们都以七中为荣，她象太阳给予了我们光和热，点燃了我们的生命，她既古老而又年轻，在新世纪的浪潮里，我们一起搏击风浪，我们一同成长。

是的，明天，七中将以我为荣，因为正是我们辛勤的汗水、孜孜不倦的不懈努力，才成就了她的辉煌，我们荣辱与共，相互依存。

校训：团结求实、奋发向上
崇尚一流、追求卓越

播种行动，收获习惯；播种习惯，收获性格；

第七中学

代教育技术实验学校

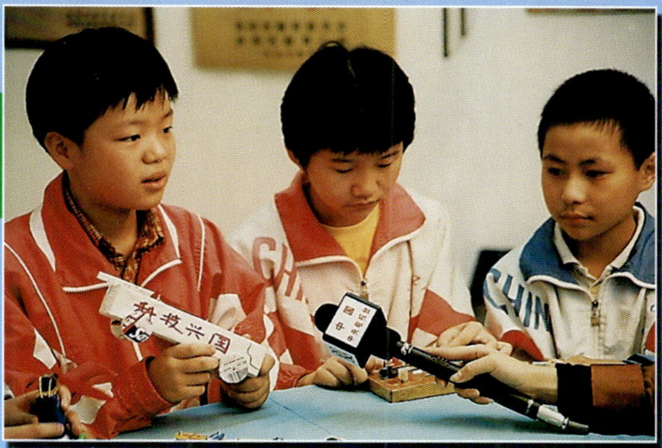

贵阳七中多次荣获省市科技活动先进集体，中央电视台在七中采访。

艺术节上学生自编自演的文艺节目

这是一所顽强崛起的学校。
这是一所古老而又年轻的学校。
这里是一片撒满阳光的地带。
这里是播种知识的田野。
这里是收获未来的园地。
我们将以崭新的姿态迎接新的挑战！

校长：郭子仪
副校长：郑重
校址：贵阳市中华北路 118 号
电话：6829791 或 6833844
　　　转 8020（或 8006）
邮编：550001

外籍教师与七中学生亲切交谈

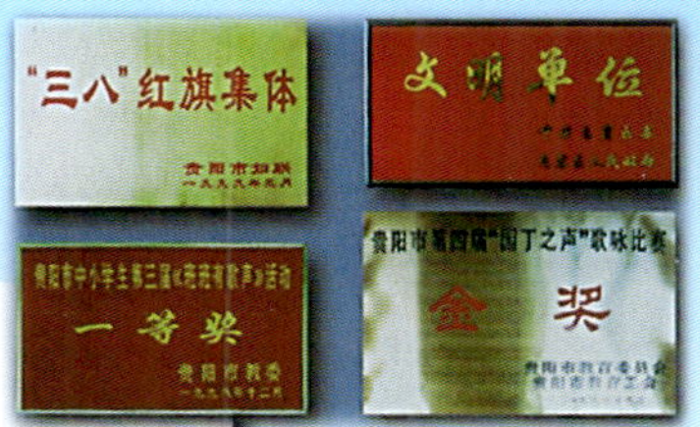

贵阳七中学校运动会

播种性格，收获人生；播种人生，收获命运。

贵阳铁路分局
贵阳铁路职工子弟第一中学

学校党组成员

贵阳铁路分局职工子弟第一中学地处贵州省贵阳市风景秀丽的黔灵山南麓，是一所闻名职工子弟学校。

贵阳铁路一中创建于1960年，至今已有42年的历史。该校师资力量较强，现有教职员工100多名，其中高、中级职称70多名；并有一定数量的在职研究生。学校现有25个教学班、1200多名学生，其教学水平和教育质量在地方及铁路系统享有较好的声誉。

解剖实验

学校教学设备完善，住宿、食堂、体育场、理化生实验室、图书室、音乐室、多媒体语音室、微机室（两间各60台微机）、多功能电教室、电脑备课室等一应俱全。

1984年初，学校被命名为成都铁路局示范中学（保持至今），1997年被贵阳市评估为“优秀”等级称号；连续16年获“成都铁路局全面提高教育质量奖”，1984年以来被评为成都局和贵阳市文明单位（今年又被评为市级红旗文明单位），连续10年高考升学率均超过了70%，（今年达93.78%）。成绩突出，在贵阳市和成都铁路局产生了较大影响。

“百年育人，桃李天下”，贵铁一中依靠高水平、高教育质量的教学方式，创出了一条独特的道路，相信：贵铁一中的未来将会更加美好。

学校广泛开展体育运动
（这是广播体操运动）。

教学大楼

贵阳市南明区甲秀小学

甲秀小学创办于1940年，坐落于风景秀丽的南明河畔，因毗邻象征"科甲挺秀"的甲秀楼而得名。学校占地4580平方米，现有29个教学班，1798名学生，91名教师，是全国现代教育技术实验学校、全国写字教学实验学校、贵州省红领巾示范学校、贵州省体育传统项目学校、贵阳市整体改革实验学校。现任市委副书记、市长孙国强，市委副书记辛维光曾就读于我校。

多年来，学校教育教学质量一直处于全省领先地位。近年来，学校加快了教育改革步伐，学校参加了全国新课程改革实验、中央电教馆"十五"课题"信息技术与课程整合的理论与实践研究"、中央教科所的"创新教育"课题实验、贵阳市教委牵头的"开发多元智取"课题实验，还参加了联合国教科文组织中国教育交流中心的"21世纪学校优质教育研究"课题实验。

1998年8月学校被批准为全国一千所现代教育技术实验学校之一，学校在现代教育技术方面的软硬件建设有了明显的变化和提高，形成了现代教育技术研究实验的良好氛围，全校教师运用现代教育手段授课的积极性高涨。学校加大现代教育技术软硬件的投入，投入专项经费120万余元，"三机一幕一电"于1998年进入教室，目前学校有微机室两间（各型计算机共70台）、60座语音室一间、主控室一间、播音录像室一间、电子读物阅览室、教师备课室一间，多功能教室一间（含有电脑白板、液晶投影仪、实物展示平台等），多媒体计算机教室从Windows95升级到Windows98，并上了Internet网。几年来我校先后购置系统软件及教学课件累计投入5万余元。2002年由北京中关村数据科技有限公司捐赠、区教育局和学校匹配资金建成学校校园网，实现了教育资源共享。

晨读

团结进取的学校领导班子。左三：校长张玲，左二：党支部书记、副校长陈雪蓉，右一：副校长陈建祥，右二：教导主任唐波　左一：总务主任赵永顺

贵阳市第二十中学校（市体校）

贵阳市第二十中学校是1994年根据运动训练的需要，由1987年经市委、市政府批准成立的贵阳市体育中学和贵阳市体育中专班合并组建的一所体育特色的综合性学校。它以培养和输送体育后备人才为主，文化教学和体育训练师资力量雄厚，拥有完善的体育设施和体育场地。2001年，在市政府和贵州师范大学的共同努力下，并报经省教育厅批准，该校与贵州师大联办体育教育五年制专科班，由贵州师范大学进行统一教学、学籍等方面的管理，并按规定享受师范院校在校生助学金，学生毕业由贵州师范大学颁发毕业证书，教学点设在该校。学校现在大专、中专和中学三个教学部。

学校位于宝山北路111号贵阳市东山青少年运动场内，现有教职工81名，其中具有高级专业技术职务的9人，中级专业技术职务的54人，初级专业技术职务的15人。教职工中有市、区人大代表各1名，省、市、区政协委员各1名（其中市政协常委1名）。学校设有田径、体操、游泳、羽毛球、乒乓球、足球、击剑、射击、射箭、拳击等10个体育专项。现有在校生344名，业余体育训练生460名。

贵阳市体校训练馆

学校自成立以来，多次组队代表省、市参加全国及省级各类体育比赛，并取得优异成绩。

建校以来，先后向国家和省体工大队输送50余名优秀运动员，为社会培养和输送体育骨干、中小学体育教师600余名，为贵阳市精神文明建设作出了突出贡献。

贵阳市体校田径场

贵阳汽车客运有限公司

董事长：黄兴才

←省领导王正富、姜延虎在公司董事长黄兴才的陪同下视察春运工作

贵州省贵阳汽车客运有限公司前身是贵阳客车站，是贵州专营汽车客运的省厅属国有中型企业，始建于1953年，1981年与贵州省汽车一场合并，1994年省政府确定成建制划转贵阳市交通局管辖，1997年4月以优势企业兼并贵阳市运输公司。2001年经贵阳市人民政府批准，依法整体改制为贵州省贵阳汽车客运有限公司，于5月31日正式挂牌成立，将原国有独资公司改组为国有资本相对控股的产权多元的有限责任公司。

改制后企业主要组织机构有：客运总站、营运分公司、维修分公司、创业中心四大实体和有限公司机关，投资控股四个子公司，参股一个子公司。

贵阳客运总站是部级文明车站，一级客运车站，站务服务通过了ISO9002质量认证。经营管理大、中、小型高、中、低档客车700余辆，经营线路120余条，日发班次440余班，日输送旅客万余人次，辐射全省各地及沿海城市和周边省市。

贵阳旅游客运中心车站是贵州省唯一的旅游客运中心车站，地处集贸易、吃、住、娱乐、旅游、休闲的多功能区域，位于贵阳市北京路268号（黔灵公园对面），开通全省各旅游景点的班线，如：黄果树瀑布、龙宫、红枫湖、天河潭等，承接团队包车和零散旅客的售票服务，咨询电话：（0851）6509704、6509810。

←贵州省贵阳汽车客运有限公司副董事长、总经理马凤萍在控股子公司贵阳黔桂快捷旅游客运有限公司贵阳至成都、南宁、北海班线开通剪彩仪式上讲话。

整装待发的豪华跨省班线客车→

贵州仁信会计师事务所

法人代表、主任会计师：刘显

贵州仁信会计事务所是依据《中华人民共和国注册会计师法》和财政部财会协字（1998）第22号、55号文件的规定，由具有中国注册会计师、注册资产评估师资格的人员共同出资，经贵州省财政厅以黔财注字（1998）第19号文批准设立的有限责任制会计师事务所。本所经贵州省工商行政管理局核准，正式取得法人资格。注册号：5200002205348（2-1）。

本所的宗旨是充分发挥注册会计师、注册资产评估师、经济师、工程造价师、工程监理师、律师、工程师等人员在社会经济活动中的鉴证服务作用，通过独立、客观、公正执业，维护社会公共利益和投资者、债权人的合法权益，为促进社会主义市场经济的健康发展作贡献。

本所的经营范围：

一、查帐验证：

1、审查企事业单位会计报表，出具审计报告；

2、审查金融企业会计报表，出具审计报告；

3、债转股评估、审计；

4、验证注册资本，出具验资报告；

5、办理企业合并、分离、清算事宜中的审计业务，出具有关报告；

6、审查基建施工预、决算，出具鉴证报告；

7、经济案件、经济纠纷鉴证、出具鉴证报告；

8、其他审计业务。

二、资产评估业务：国有资产和非国有资产以及土地评估。

三、财务会计咨询业务：

1、设计会计制度、核算办法；

2、代理建帐、记帐、纳税申报；

3、培训财会人员：

本所的发展战略是：以人为本、追求质量、追求信誉、追求一流……

本所接受财政、审计、工商、税务部门和各级注册会计师协会、资产评估协会的监督指导。

本所地址：贵阳市宝山南路564号省治金厅办公楼三楼、四楼。

邮编：550005　　传真：（0851）5510429

电话：（0851）5502411　5521944　5510429

副所长陈蓉、余传利组织有关人员商讨债转股审计有关问题。

贵州仁信会计师事务所部分人员合影

贵阳新太乙房地产开发有限公司

“在水一方花园”说明

贵阳新太乙房地产开发有限公司成立于一九九八年六月，属中外合资股份有限公司，以房地产开发、销售、物业管理为主，企业本着″塑造精品，追求卓越″的理念，将致力于引领房地产的发展方向，引领人居发展的方向，与岁月同辉。曾经举办过″保护母亲河宣言″、″理想家居征文″、″中国唐宋名篇交响音乐朗诵会″等活动。

位于南明区市南路南明河畔，无噪音，污染低，可观水面景观（含小区水景）15000㎡，是贵阳市一线水景园林高尚住宅社区。西面与省委隔河相望，北面为观风台，南侧近邻市南路，东面为省委讲师团住宅小区。

小区设计依据整体布局及景观特点，形成一高二低三组建筑，以东南角建筑为最高，分别为26层与30层，东北角及西南角为12-18层，建筑群体形成了高低错落的变化。小区建筑风格采用古典与现代相结合的手法，在建筑群体构图，建筑立面段落划分上，吸取了欧洲古典传统建筑的要素，而在立面细部构件、建筑色彩上，则突出了现代建筑轻盈明快的特点。立面处理以浅粉色墙面、灰白色构架、灰蓝色玻璃三种元素相结合，设宽敞的阳台、凸窗及部分弧形落地玻璃窗，底层墙面则镶贴石材。另外，东南角高层楼宇设置了观光电梯、空中花园及顶层观光休闲厅，更显示了小区的尊贵典雅和气度不凡。

小区采用全封闭式管理，由人、机模式相结合的智能化监控。该小区的智能化程度已高达90%以上，达到三星级标准

1、教育体系：

同期工程：南浦小学。

小区周边有新世纪幼儿园

2、生活设施：

项目同期工程：地下大型超市。

医院：脑科医院、市二医、南明区医院、贵阳市眼科医院、贵阳口腔医院等。

银行：有工商银行、中行、交通银行和农业银行、商业银行等。

邮局：有市南路邮政所、邮政储蓄所。

电信局：有邮电大楼

菜市场：位于小区门外，步行只需2分钟。

加油站：大成加油站，只需车程1分钟。

维修中心：天利汽配翻新、申鹏汽修、中虹汽修，只需车程1分钟。

3、区内配套设施：

配套设施及面积：地下超市面积：3，045平方米；运动场地面积：3980平方米；地下会所面积：1，916平方米；地下车库面积：17，351平方米；地下泳池面积：538平方米。

小区共配有15部客梯、1部观光客梯、

2部自动扶梯、15部客用楼梯。

地下车位共420个，户均比例1：0.8，车库设自动喷淋系统。

主题会所：有全景观会所、健身俱乐部、美容美发中心、保健中心（女士私家保健中心）、网球场、棋牌室、桌球室、茶艺室、酒吧、红酒廊、女士桑那浴室、室内恒温泳池。

邮政服务中心、银行储蓄所、家政服务中心。

三、中心庭园介绍：

1、目前贵阳市最大的私家水景休闲园林，面积达12000平米。

2、中心庭园和滨河路两侧的花卉及栽培花卉的泥土全部来自昆明世博园。

3、小区通道，彻底人车分流。环绕小区的业主私家通道滨河路宽6米，由我们出资数百万元与政府共同修建。

4、庭园中的网球场按国际标准修建，铺设澳网公开赛专用草坪，灯光系统一流。

5、十大景点，兼观赏性、实用性为一体：

御水而行：独有宽阔台阶和自动扶梯，先进的水循环系统，水流拾阶而下，两侧的瀑布墙制造自然的瀑布效果。有汉白玉雕琢的海豚8千元/只，庭园门口的110岁加拿大海枣树从澳洲移植。

南洋风情园：优质榉木铺就的长廊保证其色质历久不腐，38棵非洲椰树全部原装进口。

夏威夷天幕：从广州番禺空运而来的白色海沙，让您足不出户就能享受真正的夏威夷渡假生活。

音乐喷泉广场：宽阔的喷泉广场，效果迷人的室外音响系统，这里是小区的社交中心。

叠水瀑布泳池：由中央美院执笔打造的假山只为您的感觉。

水晶吧：玻璃钢的水晶吧就在有银色沙滩的夏威夷天幕的旁边，晶莹与清澈让您的生活轻松浪漫、与众不同。

叠翠缓跑径：铺就小区路面的石块，共1200吨，全部由福建武夷山引进。

四季花城：花卉全部由昆明世博园带土购置，可践踏草坪全部由澳洲进口，是澳网公开赛的专用草坪，一年四季，春意融融。

娃娃宫：从芬兰原装进口的世界上最安全的儿童游乐设施，让儿童玩的开心，让家长放心。

贵州北极熊实业有限公司

贵州北极熊实业有限公司成立于1995年5月，目前拥有资产4000万元，职工近400人，主要产品有“北极熊”商品饮用水（纯净水、薄荷水、矿泉水）“北极熊”香辣酱、“北极熊”果汁饮料。

贵州北极熊实业有限公司总部设在贵阳市商业繁华地带喷水池驰宇大厦18楼。“北极熊”公司水厂座落在贵阳市近郊林东、厂区松林成荫，鸟语花香，是一个环境优雅的花园式工厂。贵州北极熊实业有限公司是省内饮料行业一家知名企业，公司先后获得“贵州省旅游商品定点生产企业”、“贵州省消费者协会诚信单位”、“全国食品行业质量效益型先进企业”、“全国食品工业科技进步优秀企业”、“中国食品工业协会推荐产品”等多项荣誉称号。

贵州北极熊实业有限公司自成立以来，坚持贯彻“品牌至尊、质量第一、客户至上”的经营思想。以市场为导向，狠抓质量管理，重视科技进步，诚心为客户提供优质服务，积极推行品牌战略，先后从美国引进了世界最先进的R.O膜制水生产线，三合一小瓶装全自动灌装线，全自动五加仑灌装线，实现了生产手段的现代化，使公司得到快速发展。公司把产品质量视为企业的生命，对生产实行全过程的质量控制，从原材料采购到各生产工序严格把好质量关，建立完善生产岗位质量责任制，不断加强对员工进行技术培训，提高员工的技术技能水平，确保了产品质量稳定和提高，经省、市技术监督和卫生部门的监测，″北极熊″系列商品饮用水的质量优于国家标准。一九九七年″北极熊″系列饮用水荣获贵州省名牌产品称号，这是当时省内饮料行业第一个也是唯一个名牌产品。

“北极熊”人的目标的：在本世纪初使公司的经济实力快速增长，争取组建股份制上市公司。

贵州华城房地产开发有限公司

华城集团公司始建于1993年7月18日，时至今日，华城公司取得了长足的发展，已经实现了以房地产开发为龙头的多元化发展的实业公司，逐步向酒店、物业、科技等行业渗透。华城集团公司也由当初仅有50万元注册资金的小公司发展为固定资产总额为5500万元的股份制企业。到目前为止，华城集团公司下设十三个子公司，员工共有520人。

华城房地产开发有限公司是整个华城集团公司的基业，近年来，华城房地产开发有限公司先后开发了“华玉小区”、“延西红楼”、“华城大厦”、“华城凯旋门”等项目。“华城凯旋门”是华城房地产开发有限公司的心血之作，因其外观酷似法国巴黎的凯旋门而得名，在设施和结构上，“华城凯旋门”寻求满足未来人民对生活质量、生存空间等的需求。从安全及消防系统、供水系统、能源系统、电子网络系统到物业服务及管理系统等，“华城凯旋门”无一不在对未来的人民需要尝试着加以满足；从大楼骨干千兆网，城域网高速光纤接入，每户独享100Mbps高速宽带，到24小时提供的托婴、幼及托老服务；从把24小时供应的卫生热水送至每一个用户的用水终端，到24小时节能中央空调制造的四季如春的小气候；从摒弃传统的家用饮水设备把矿化活性水入户，到提供全程的宴会、会议策划、组织服务等。

秉承“贵州华城、做事做人”的企业经营理念，再加上华城人勇于创新的敬业精神，我们相信我们可以做的更好。

董事长法人代表　李芳贵

贵阳方源房地产开发有限公司

贵阳方源房地产开发有限公司，是在经营20多年的建筑安装工程公司的基础上，于1995年开始经营房地产开发、销售的国家二级资质的企业法人，有注册资金2000多万元，实行独立核算，具有民事法律责任和义务的经济实体。

数年来，在总经理李芳贵同志的领导下，本着务实求精，不断开拓进取，已发展成为贵阳市实力雄厚、信誉良好的AA（一级）信用企业，荣获贵阳市2000--2001年销售〞放心房〞企业荣誉称号，连续两年荣获贵阳市〞重合同、守信用〞企业。

公司以房地产开发为龙头，集物业管理、建筑安装、装饰装璜施工和砼构件生产为一体的一条龙的生产、服务综合型企业。公司拥有雄厚的建筑施工技术力量和经济实力，质量检测仪器设备齐备。工程技术、财经管理等各类专业技术职称人员齐全，高、中级专业技术职称人员占职工人数的46%，各类专业技术和经济管理人员具有较长建筑资历，理论与实际知识扎实。

法定代表人李芳贵董事长兼总经理从事工程管理组织领导工作20多年，是一位具有远见卓识，开拓进取，善于管理，务实求精，重视科技知识和先进技术的女企业家。连续5年被评为优秀经济工作管理者，1995年被全国建协和省建协分别授予国家和省建筑企业〞优秀集体企业家〞称号，在社会上享有较高的信誉。

企业遵循开拓创新，务实求精，以人为本，安居乐业的理念。坚持质量第一，信誉至上，为业主着想，对社会负责，创品牌的经营宗旨。近年来开发建设的商住房20多万平方米，工程质量100%合格，优良率为60%。

公司开发建设的项目有：1、黄河路拆迁安置楼2万多平方米；2、中坝农贸市场经济适用房5万多平方米；3、玉田坝茶花新村经济适用房6万多平方米；4、香江花园住宅小区12万多平方米；5、兴河商业街5万平方米。

公司地址：贵阳市小河区香江路8号
联系电话：3834772　　3834547
传真：3834547

贵州丰和房地产开发有限责任公司

清華山莊
QINGHUA GARDEN

总经理：唐志贵

贵州丰和房地产开发有限责任公司是由贵州工商集团联合体有限责任总公司房开公司更名的，本公司于九八年六月二日成立，在三年多时间里，先后成功开发了以下工程：

1、98.6-99.7 开发竣工了徐家冲商住楼4栋，建筑面积17866.95平方米。同年，12月连续开发竣工了徐家冲办公楼1栋和3栋亮化棚市场，建筑面积2000多平方米。全部属于合格工程 。

2、2000.3筹建“清华山庄”开发项目，到六月底清华山庄（原花溪酒厂）30多亩的旧房拆迁安置完毕，现正在加紧施工。清华山庄总占地面积21244.38平方米，建筑总面积47000平方米（包括地下室），绿化面积8573平方米，绿化率占总面积的百分之四十。本项目工程预计2001.12全部竣工，并交付使用。

3、2001.6已动工为花溪清华二中修建教学楼一栋，预计2001.10完工，该楼建筑面积为540平方米。

本公司在这三年多时间里，严格以信誉为本，质量第一，真诚待人，公司管理制度严密，公私分明，赢得了社会各界的好评和高度信任，99年至2000年分别被政府和老龄委评为优秀企业，为国家和人民做出了重大的贡献。

清华山庄简介

清华山庄位于花溪风景名胜区的花溪河畔，大将山足下，三面环山，一面临水。毗邻花溪公园，距花溪公共车站、邮局、区医院仅咫尺之遥，区内有贵大、农院、民院等众多高校，区位优越、配套齐全、交通便捷、空气清新，是社会品位极高、环境优美、山与水完美结合的绿色生态智能化住宅小区。

清华山庄是贵州省建筑设计研究院知名专家、建筑设计师们尊崇“以人为本”的设计理念，以创新文化居住社区，改善人居环境、满足住宅的舒适性、安全性、耐久性为宗旨、精心设计。共20多种户型，为尽量满足现代家庭不同层次的人选择和需要，而集体创作的住宅设计精品。

清华山庄总占地面积21244.38平方米，其中建筑用地6635.03平方米，绿化面积8573平方米，绿化率40%，从小区总平面图布置看，设计师们独运匠心，根据原有坡地地形，依山就势，采取四院一中心的总体布局，结合地形，用环行路网把四片院落组织起来，使小区建筑单体、道路、中心广场、绿地、花园小品布局，融入自然。采用新颖、精巧手法、设计出标准层、跃式、复式等多种户型，豪华大开间、落地式铝合金窗，配上墨绿色的铸铁雕花栏杆，充分显示舒适、典雅和气派。

智能化的现代物业管理，设施先进，停车场、托儿所、医院、家政服务中心、商务中心、菜场等一应俱全。为小区住户提供现代化的全新享受和生活方式，营造出高尚、优雅舒适、安全的生活空间。

清华山庄是天成的世内桃源，居家的龙头宝地。

公司地址：花溪徐家冲

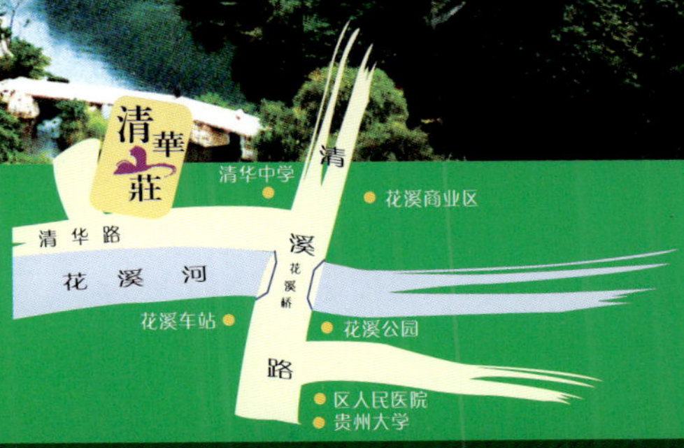

别人都这么说 不是我说 山水间 我家就在 好不自在 看山听水 住在清华山庄 谁不留恋 好山好水 空气好 山青水秀 好景色 都说花溪

开发商：贵州丰和房地产开发有限公司　售楼热线：（0851）3865943 3859135

铁道部第十七工程局
株六复线项目部

向寿志指挥长（右一）陪同十七局瞿观颖董事长（中）检查工作。

精雕细琢出精品

中铁十七局负责承建株六复线乌速龙至黄铜区间K113+400至K120+500长7.1公里线下工程及贵阳枢纽工程C标段K8+400至DⅢ12+500段线下工程。指挥部本着“全线创部优，重点工程出精品”的质量目标，精雕细琢，取得优良的成绩。尤其以K116+096至+268长172米的锚杆挡墙和K114+835至K115+590长775米的挡墙，内实外美，分外醒目。

乌速龙车站边坡整治

贵阳枢纽防护工程

中铁十七局承建的株六复线K116+096+268锚杆挡墙被株六建指评为“精品工程”。

贵州海马房地产开发有限公司

《宏福景苑》

●宏福景苑位于贵阳市延安西路，头桥路口海马冲内，占地150余亩，紧邻黔灵公园的弘福寺。

●宏福景苑整个小区周围青山绿树环抱、环境幽静、空气清新、绿色家园、天然″氧吧″。即避开了身居市中心的喧嚣，又免除了郊区置业的奔波之苦。

●宏福景苑交通便利，有61、104、108、22、78、87路等多路中巴车直达小区大门。

●小区内设有大型综合农茂、百货市场、邮局、银行、中学、幼儿园，并紧邻贵阳铁中、铁小。

●小区一期工程已完成或在建工程65000平方米住宅，由于小区以低价位、高品位的欧陆风格、低台凸窗、全方位的物业管理、优美的自然环境，深得广大购房者的青睐。

●宏福景苑可根据购房人士不同的需求，提供从65-78-86-92-110-126平方米不同户型供您选择。

●“黔山秀水、宏福景苑”海马房开公司热忱欢迎各位的光临

地址：双峰路55号　　电话：6501851　6501846

项目介绍

宏福景苑地处贵阳市主干道头桥路上的支路海马冲路旁，与市中心相距咫尺，既避开了身居市中心的喧嚣，又免除了郊区置业的奔波之苦。已竣工的一期65000平方米住宅自推出以来，深受购房者青睐。开发商贵州海马房开有限公司此次推出的宏福景苑二期，用地45000平方米，共将建设约90000平方米住宅。二期工程沿袭了一期经济实用的开发方针，同时更加注重了小区的环境建设。二期工程中同时引入便民的超市，邮电局，银行及托幼设施，将为您的生活更添便利。

社会的日新月异，作为生活中最重要的场所，个人所赖以栖身的住宅，自然也应该随着生活的发展而改变。从单身贵族的自由空间，到二人世界的爱情小屋，以至三口之家的幸福之家，生活的不同阶段的不同内容对于住宅也提出了不同的要求。所以我们提出了可演变的户型设计，让户型可以根据你的需求而改变，以满足不同购房人士，不同生活阶段的不同需求。

贵阳和禧地产评估事务有限公司

董事长、法人代表：陈喜

贵阳和禧地产评估事务有限公司（以下简称公司）是贵州省首家集地产评估和资产评估为一体的多方位服务型企业，为海内外广大客户提供土地评估、资产评估；农用地开发整治；代办用地、征地、登记、抵押手续等多方面的服务（其中农用地开发1000亩）。

2000年8月1日，公司由原贵州省贵阳市国土局土地估价所经脱钩改制成立，现任董事长、法人代表即原贵阳市国土局副局长陈喜同志。经过近一年的努力，公司由初始的8个职员，44平方米的简陋办公室发展成为拥有五个部门：土地评估部、资产评估部、综合开发部、开发整治部、咨询服务部及办公室的现代化新型企业。公司现有职工20人中93%具有大学专科以上学历，另有土地估价师2人，资产估价师3人，工程师3人，经济师1人，会计师1人，紧密团结，共同奠定了公司坚实的技术基础。

为实现更好的社会、经济效益，公司参照国有企业的福利保障制度和外资企业的先进管理制度，科学地制定和完善了自己的管理体制，实行经理领导下的部门负责制，责、权、利明确，力争在健康发展之路上更有效地实现公司的整体优势。

自公司成立以来近一年的时间内，我们以优质的服务、良好的信誉赢得了客户的信赖。“和禧”公司将本着“诚实信用，和气生财，公平竞争，平等互利”的原则结交商业伙伴。与“和禧”公司为伍，您将在融洽之中赢得宝贵的时间、财富。

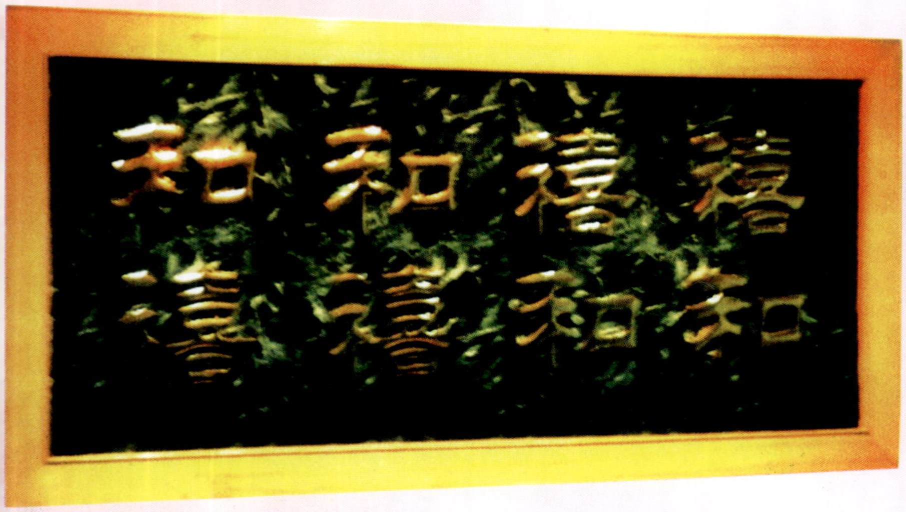

公司地址：贵阳市中山东路55号中东大厦九楼
法人代表：陈喜
电话：5877789　5866151　13628505885
传真：5831165

贵州贵龙饭店

位于贵阳市科技一条街的贵龙饭店是由贵州省电力公司投资兴建的四星级现代化旅游涉外饭店，主楼高19层，拥有各种标准的客房共计168间（套），并设有中央空调、中央音响系统、客房因待网电脑接口、直拨程控电话、闭路电视和安全报警系统等现代化服务功能。

贵龙饭店服务功能完善、装饰一流，是旅游、商务、会议等各类宾客外出的首选居所，也是各界人士品尝美味佳肴的理想饭店。

贵龙饭店竭诚为各界人士提供优质服务，并使之能体现人与人之间所需的真诚、互助和温情，这也是我们所追求的服务目标。

贵龙饭店全体员工衷心欢迎并恭候中外宾客的光临！

贵州瑞福房地产开发公司成立于1997年，已建设项目有：位于市西路的商住楼“瑞福商厦”，建筑面积1万平方米；位于延安中路的高级写字楼“世贸大厦”（振华科技大厦），建筑面积3万平方米；位于喷水池的大型百货商场“国贸广场”，建筑面积1.5万平方米和位于中华北路的豪华公寓的“瑞福花园”，建筑面积1万平方米。正在开发建设中的项目有：位于艺校立交桥城的“百瑞雅居”小区，建筑面积6万平方米。

我公司十分珍惜西部大开发的机遇，将乘着改革开放的春风，在积极参加贵阳市的城市开发建设中不断壮大、成长，为家乡的发展多作贡献。

贵州瑞福房地产开发有限公司

贵阳市森林公园

森林公园正大门

距贵阳市仅2.5公里的森林公园，是全国距城区最近的城市森林公园，它位于市区东南隅，北临湘黔公路，接壤于龙洞堡机场及湖南、广西高等级公路，总占地面积523公顷，其中森林覆盖面积90%。作为供给贵阳市大量新鲜氧气的“巨肺”在改善市民生活环境质量、调节区域气候等方面有着重要意义。森林里有国家一级重点保护的珙桐以及松、杉、樟、柚、栎、檀、银杏等珍贵树种上千种，还培植有山茶、桂花、杜鹃等有名的稀少花木；画眉、猫头鹰、野鸡、松鼠、穿山甲、刺猬、獐、野兔、黄鼠狼、泥猪等野生动物生活其间，园内山深路幽，林涛如潮，整个公园呈现出山岭秀迤、林木蓊郁、珍禽出没、蝉鸣鸟语、芳草馨香的雅趣。

公园景区有：蒙古包风情渡假村、紫薇苑、小别墅、生态园、兰花园、樱花园、矿泉游泳池等。

森林公园这颗贵阳市人民引以自豪的“筑城翡翠”，正向人们伸出热情的双手，欢迎人们理解绿色、理解阳光、理解生命。

戏猴

森林公园中山纪念堂

清香、幽静的兰花园

贵阳市小河区统计局

局领导班子成员

国家贵阳经济技术开发区（小河区）发展计划局与统计局（物价局）是开发区（小河区）的综合经济职能部门，同时，也是一个富有朝气和创新精神的部门。全局现有干部13人，平均年龄32岁，其中具有大专以上学历的有11人，是一支精干、高效，充满了生机与活力的队伍。在区委、区政府的领导下，承担了全区发展计划局、统计局、物价局的工作职能，遵循开发区“小机构、大政府”的指导思想，克服了人员少、工作繁、任务重等困难，根据小河区的发展定位编制了小河区国民经济与社会发展“十五”计划，加强了经济运行的分析和预测。建立了全区域国民经济和社会发展统计体系，统计范围涉及全区各个行业，大力宣传统计法规，完成了基本单位普查等大型统计调查和10余项专项统计调查任务，充分发挥了统计工作的服务职能，为区委、区政府决策提供了全面、准确的依据。2001年被评为全省统计执法大检查先进单位。作为全区物价部门，为整顿和规范全区的市场经济秩序，制定和完善市场规则，加强市场监管提供了基础信息，紧紧围绕促进需求增长和结构调整的指导思想，结合全区实际，积极发挥价格杠杆作用，进一步清费、治乱、减负、加强价格法制宣传，加大价格监督检查力度，规范了价格行为、整顿了价格秩序，为促进全区经济发展，规范市场秩序起到了积极作用。

海信工业园奠基

召开全区统计工作会议

兴隆城市花园一景

贵州利美康保健有限公司

LIMEIKANGBAOJIANYOUXIANGONGSI

利美康董事长骆刚向所有爱美人士致辞

董事长：骆刚

尊敬的女士们、先生们及所有爱美人士：

首先，感谢您对我利美康企业的支持与关心！我谨代表利美康董事会，祝您及家人健康、长寿、漂亮！

经过十年的发展，在您的帮助下，几百名利美康人通过拼搏与努力，终于换来了今日的一点成绩：

利美康发展至今，不仅在原有的数十项荣誉的基础上，换来了人们的信任，社会的认可；而且被卫生部评为“全国八大样版美容企业”、中国消协首批为“全国放心美容医院”，被国家工商局连续两年评为全国民营百家“光彩之星”。如今，我们又顺利地通过ISO9001：2000质量管理体系的认证……这些都离不开党和政府，社会各界及您的关怀，因此，我们发展到现在，从创业的2000多元，几个员工发展到如今的有形无形资产近8千多万元资产，300多名员工，8家下属分支机构（贵阳利美康美容医院、贵阳利美康综合医院、贵州美容职业学院、贵阳利美康美容职业技术学校、贵州光彩职业技术学校、贵州利美康.美琪美发职业技术学校、贵阳利美康科技发展有限公司、贵州圣康药业有限公司）；独创了“潜行发系列美容手术”、“骨膜下隆鼻技术”、“不拆线去眼袋术”、“一次性换眉术”等系列美容手术；先后成为江西宜春学院、医学院、遵义医学院、重庆江卫校等国内大中专院校的医学美容临床教学基地。在历年来的国内、国际美容美发、化妆大赛上利美康人屡获大奖，成绩斐然。每年为国家培训就业人才上万名，历年来累计为扶贫事业，公益事业捐款捐物200多万元，最早成立的党团工会组织也年年获奖……

利美康的荣誉、成功、光环，意味着过去；利美康的发展永远只有起点；利美康人将以自己的才智，用真情回报社会，让利在国家，美在人间，康在百姓，成为我们利美康永恒的主题。

中国普天

CHINA PUTIAN

总经理兼党委书记 王炜

企业概览

贵阳普天万向物流技术股份有限公司是中国普天信息产业集团的控股公司，主要从事邮政通信机械和物流设备系统的研制与生产。生产基地位于贵阳市西郊国家高新技术开发区内的金阳产业园内，占地面积18万平方米，建筑面积5万余平方米，资产总额为1.2亿元人民币。现有职工约500人，企业共有职能部室14个，事业部制单位2个，控股公司2个，参股公司2个。多年来，企业在中国邮政的腾飞里程中，扮演了一个积极的角色，为社会的前进做出卓有意义的贡献。在建厂32年的岁月里，贵阳普天的物流设备已经悄然地为中国民众生活的方便提供了强大的技术支持。

我们积极开展对外合作，与德国西格林、意大利山特维克、日本松下、北京邮电大学、浙江大学、哈工大、重庆大学等20多家企业或大学建立了有关物流研究的强强合作关系。

我们依靠雄厚的技术力量和先进的机电加工制造能力，为用户提供优质的产品及服务，市场分布遍布全国各省市自治区。我们建立了包括咨询、设计、定货、培训、安装、调试、开通及维护等售前、售中、售后服务网络，同时，建立了层层把关的质量保证体系，企业在1999年通过了国家ISO9001质量认证体系，并在2001年顺利通过2000版的换版工作。

以市场为导向，紧跟世界先进水平，不断的研究高新技术，开发适销对路的新产品是企业的指导方针。一九九二年以来共取得国家级新产品7项，部科级成果奖4项，国家专利10项，2000年被评为贵州省高新技术企业，在国内物流通信产品行业始终处于领先地位。企业已完全有能力依靠自己的力量为各类物流处理中心提供不同的光机电一体化解决方案和产品，最大限度满足客户要求，现有推式悬挂系统、容器传输系统、物件分拣系统、鳞片传输系统、重型链板分拣系统、皮带传输系统、专用汽车等各类物流传输设备近二十类品种40个系列产品。近五年来，企业销售收入持续、稳定、高速增长，年均增长速度高达38%以上，特别是近三年来，产值和销售收入连续翻了两番，2000年被中国农业银行贵州分行评为AAA级信誉，企业2001年实现销售收入逾亿元。面对中国物流建设高潮的兴起，我们致力于不断的技术与服务品牌的提升，我们将以邮政行业为基础，逐渐向商业、民航、图书、食品、烟草、铁路等行业扩展，立足国内市场，不断开拓国际市场，为振兴民族物流工业而不懈努力。

(贵阳)普天万向物流技术股份有限公司

GUIYANG PUTIAN WANXIANG LOGISTICS TECHNOLIGY CO.LTD

(原贵阳普天通信机械厂)

中共贵阳市委党校
贵阳行政学院

远程教学网教室

校园内景致

青干班军事队列训练

贵州香江娱乐有限公司

总经理：况德恩

香江于1993年经贵州省经贸厅、贵州省对外经济贸易委员会、贵州省对外经济协作办公室、贵州省工商行政管理局、贵阳市公安局的批准，获得了营业执照并准予开业。

公司经营项目有夜总会演艺大厅、休闲KTV包房、芬兰浴、蒸气浴、淋浴、国际泳联标准双冲浪大池、健身推拿、桑拿药浴、足疗、康体按摩、美容、棋牌娱乐室、音乐茶厅、乒乓球大厅等。集娱乐体育为一体的多元化企业。

贵州香江娱乐有限公司的一切经营活动均严格遵守中国的法律、法令及有关规定，受到中国法律的保护并享受到中国政府对外资企业的有关优惠政策。公司积极按照税法规定依法纳税，有较显著的创税业绩。继续开拓发展遵纪守法的新型娱乐、建立健康的企业形象，是香江人永远追求的目标。

为此，公司引进国外先进的娱乐设施和科学的经营管理方法。首家配备了USA高级梦幻音响系统，丰富了贵阳市的文化娱乐市场。

香江多次为姜昆、唐杰忠、温淑萍等中国著名表演艺术家举办过大型文艺表演晚会。积极配合贵州省、市各级政府、行政事业、企业、教育等单位举办各类体育比赛活动，为发展贵州的文化体育事业添砖加瓦，取得了较好的社会效益。

目前，香江公司正积极配合贵阳市体育局进行较大规模的改造，增设健身、健美、棋牌、球类、飞镖等体育项目，努力探索一条浴体育、娱乐为一体的企业发展之路，为贵阳市的"健康娱乐"作出贡献！

香江娱乐有限公司芬兰浴冲浪池

香江娱乐有限公司外景

香江夜总会

贵阳市第一生产资料批发市场，92年经市区、政府批准开业。位于贵阳沙冲北路145号，贵阳市火车站旁，市场面积1.2万平方米，有营业间133个，货场8000平方米。经营品种以钢材、钣材、管材、建筑材料为主，批发经营，现货交易。入市场经营的国有企业32家，集体企业83家，股份制企业18家。有成都钢铁厂、水城钢铁厂、昆明钢铁厂、邯钢、樊钢等省内外83个各类厂家进场直销。每日成交各种钢材上千吨，进出车辆上百辆，1993年成交额3.5亿元，1995年达6.4亿元，1997年达10亿元，1999年成交额8亿元。

云集各类钢材
欢迎四海宾朋

贵阳市第一生产资料批发市场

贵阳长佳电器成套厂

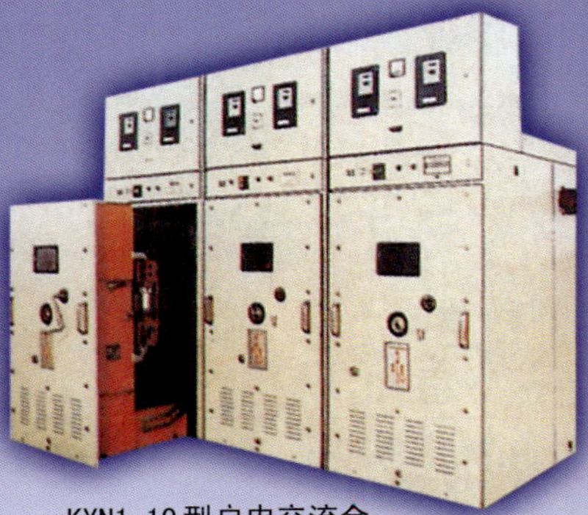

KYN1-10型户内交流金属铠装移开式开并设备

GCS型低压抽出式开关柜

贵阳长佳电器成套厂是生产高低压成套电力设备的专业厂家。长佳企业本着″敬业、创新、求实″的企业精神，依靠产品质量和技术进步参与市场竞争，为顾客提供满意的产品和服务是长佳企业永恒的宗旨。二零零零年被国家经贸委指定为第三批《全国城乡电网建设与改造所需主要设备产品及生产企业推荐目录》的单位。现拥有冲、剪、金加工设备以及各类测试设备百余台，年生产高低压成套设备千余台。企业先后被评为中国银行特级（AAA）资信企业，贵州省、市″重合同、守信用″单位，贵阳市云岩区″十强企业″。二零零一年底一次性能过美国国际管理体系认证委员会（IMS）颁发的ISO9001：2000版质量体系认证证书。

借此机会，竭诚欢迎省内外各界人士光临惠顾，携手合作，共创未来。

地址：贵阳市黄山冲路2号

电话：0851-6774050　0851-6764825　传真：0851-6764046

贵阳市国家税务局

市国税局朱正木局长在宣传一线解答问题

贵阳市国税局主要负责贵阳市行政区域内的中央税及中央地方共享税的征收管理工作。征管的主要税种有：增值税、消费税、金融企业营业税（属于中央收入部份）、企业所得税（中央企业及新办企业）、外国投资和外国企业所得税、储蓄存款利息个人所得税、车辆购置税及出口退税管理。

贵阳市国税系统现辖5个直属局，6个区局和4个县（市）局。其中5个直属局分别为：贵阳市国家税务局征收局（负责云岩、南明两城区范围各类企业的税务登记、税款征收、会计核算）；贵阳市国家税务局重点税源管理局(负责城区范围内重点税源企业的管理)；贵阳市国家税务局涉外税收管理局（负责所属范围内涉外企业的管理）;贵阳市国家税务局稽查局（负责系统稽查管理和城区范围内的税务检查）;贵阳市国家税务局国家新技术开发区分局（负责国家级贵阳高新技术开发区范围内的税收征管）。

6个区局，除云岩、南明两个区局为专业的管理局负责本辖区范围内的税收管理外，小河、花溪、乌当、白云4个区局，清镇市局和开阳、息峰、修文3个县局均为全职能局负责所辖范围的全部税收征收管理工作。

地址：贵阳市中华北路67号
电话：6900007
邮编：550001

市局领导与区、县局领导签订目标责任书

市国税局组织“诚信纳税、利国利民”宣传活动

目　　录

五、固定资产投资

六、工业能源消费

七、工业与建筑业

八、农业及农村经济

九、国内外贸易及旅游

十、交通、运输、邮电

十一、财政、金融、证券、保险和税务

十二、科技、教育、文化、广播

十三、卫生、体育、民政

十四、城市公用事业

十五、物价

十六、人民生活

十七、县域经济

十八、全国省会城市主要指标

十九、全省地(州、市)信息资料

二十、主要年份经济指标

贵　阳　概　况

一、贵阳概况

◆"贵阳"的由来　中国古代以山北为阴，山南为阳。"贵阳"因城区位于境内贵山之南而得名。古代贵阳盛产竹子，许多地方以竹命名，因"竹"与"筑"谐音，故贵阳简称"筑"。

◆地理位置　贵阳市位于中国西南云贵高原东部，是贵州省省会，全省政治、经济和文化中心。地处东经106°07′——107°17′，北纬26°11′——27°22′。全市总面积8034平方公里，最高海拔为1762米，最低海拔为506米，市中心平均海拔为1000米。低纬度、高海拔、地形多样是贵阳地理的显著特征。

◆历史沿革　贵阳作为行政区域名称，始自明隆三年(1569年)，当时将设在现今贵阳的程番府改为贵阳府。自此，贵阳之名一直延用至今，已有400多年历史。

1913年，贵阳被定为贵州省省会。1941年贵阳正式设市。

◆行政设置　贵阳市现辖云岩区、南明区、花溪区、乌当区、白云区、小河区、清镇市、开阳县、修文县、息烽县。

◆人口民族　2001年末，全市总人口335.81万人，其中非农业人口156.56万人，占总人口的46.62%。

贵阳是一个以汉族为主的多民族聚居的城市。据第五次人口普查资料统计，汉族人口占总人口的84.57%，少数民族人口占15.43%。

贵阳少数民族共有50个，其中以布依族、苗族的人口为多，二者合计占少数民族人口总数的70.0%。

◆宜人气候　贵阳属亚热带湿润温和型气候。夏无酷暑，冬无严寒，阳光充足，雨水充沛。空气不干燥，四季无风沙，年平均气温在15.3℃左右。其中，最热的七月下旬，平均气温为24℃；最冷的一月上旬，平均气温是4.6℃。

宜人的气候是贵阳的骄傲，博得了"上有天堂，下有苏杭，气候宜人数贵阳"之誉。

◆市花市树　1987年贵阳市确定的市花为：兰花、紫薇。市树为：樟树、竹子。

◆森林之城　贵阳市被称为"森林之城"，贵阳市行政区域现有林地面积275万亩，森林覆盖率为34.79%。此外，市区四周群山环抱、林木苍翠，宽1至7公里，长逾70公里的环城林带，为贵阳市提供了绿色生态屏障。目前，投资1.1亿元人民币，总长223公里，面积43万亩的新环城林带正在建设中，2010年前，人均环城林带面积将达到207平方米。

◆荣誉称号　贵阳拥有全国科教兴市先进城市、全国"双拥"模范城市、全国卫生城市、全国园林绿化先进城市、中国环境合作示范城市、中国优秀旅游城市等称号。

二、自然资源

◆矿藏 贵州中部地区是全国矿产资源最为富集的地区之一，贵阳则位于这个地区的中心，贵阳蕴藏有丰富的铝、磷、煤、铁、镁、硅、重晶石、白云石、石灰石、大理石、高岭土等2种矿产资源。其中铝土矿保有储量3.3亿吨，占全国的五分之一；磷矿4.28亿吨，是全国的三大基地之一，贵阳的矿产资源具有储量大、品位高、矿点集中、交通方便、易于开采等特点。

◆能源 贵阳能源资源充足。境内有大小河流98条，水资源总量为46.79亿立方米。其中地表水35亿立方米，地下水11.79亿立方米，地下水水质好，流量稳定，具有较高的开发利用价值。全市水能资源理论藏量为130.7万千瓦，可开发量为87.3万千瓦，水电站装机容量近100万千瓦，是全国十大水电基地之一。

贵阳煤炭储量为8.3亿吨，具有品种多、埋藏浅、易开发等特点。2001年发电量为91.41亿千瓦时。

丰富的水能与煤炭资源，有利于建设成水电与火电并举的能源基地。

◆生物 贵阳地处亚热带常绿阔叶林带，温和湿润的气候使贵阳拥有种类繁多的生物资源。全市有维管束植物177属1300余种。国家重点保护的植物有香果树、鹅掌楸、乐东拟单性本兰、青檀、青钱柳、银杏、杜仲、天麻、厚朴等。国家重点保护的动物有大鲵(娃娃鱼)、白冠长尾雉、云豹、白鹇、猕猴、林麝、苏门羚、穿山甲、鸳鸯等。

三、基础设施

◆航空 1992年9月，贵阳航空口岸正式开通，贵阳市成为一类口岸城市。

1997年5月，距市中心12公里、车程15分钟的4D级现代化机场——贵阳龙洞堡机场投入空运。该机场占地6000余亩，机场跑道长3200米、宽60米，具有先进的导航系统和设施。候机楼建筑面积34000平方米，有设备先进的国际、国内候机厅，可满足年旅客吞吐量500万人次、高峰小时2000人(次)进出港需要。目前已开辟32条航线，每周航班467架次，航线辐射北京、上海、广州、海口、成都、昆明等全国大中城市及香港特别行政区。

◆铁路 贵阳是中国西南重要的铁路交通枢纽，川黔、贵昆、湘黔、黔桂4条铁路干线交汇于此，其中川黔、贵昆、湘黔3条铁路干线已实现电气化。电气化程度居全国之首。

贵阳火车南站，是铁路干线货运列车的汇集点，它既是省内最大的物资集散地，也是中国西南最大的铁路枢纽编组站，设计日编组能力为8000辆，建有一个国际集装箱货场，年设计货运能力为40万吨。

贵阳火车站是全省铁路客运中心，目前日到发客车50多列。同时，每天还有旅游列车分别往返于贵阳——昆明以及省内部分旅游胜地。

◆公路与公共交通 贵阳有8条出境公路，321和210国道经过贵阳。目前已形成以市区为中心，呈放射状分布的公路网络，四通八达，进出方便。公路通车里程达1800余公里，公路密度居全省之冠。

1997年11月，继全长137公里的贵（阳）黄（果树）高等级公路建成通车后，全长155公里、总投资18亿的贵阳至历史名城遵义的贵遵高等级公路投入使用。目前，我省修建里程最长、投资最多、工程量最大的贵阳至新寨和贵阳至毕节高等级公路已先后开工。贵新、贵毕高等级公路的建设，将沟通西南腹地与沿海城市的联系，促进西南地区经济的发展。

1994年以来，贵阳城区以道路、桥梁为主的城市建设步伐加快。1994年到1998年，共建设和改造道路59条，总长50公里。建造功能不一、造型各异的立交桥、平交桥、高架桥及人行天桥20座。如今已形成东西三横、南北三纵的现代立体交通网络。目前，投资19个亿、总长32公里的贵阳中心环线建设项目已开工，它将使贵阳以更加矫健的步伐跨入新世纪。

贵阳拥有公交汽车1921多辆，出租汽车2199辆。开辟公交线路73条，线路遍及贵阳市区及三郊区。目前市内公共汽车已在全国率先全面实行无人售票并启用“TM”卡自动收费系统。

◆**城市建设**　以金阳新区建设、老城区改造、小城镇建设为突破口，三轮驱动，提高城市化水平。

金阳新区位于市区西北部，距市中心12公里，是集行政办公、文教科研、高新技术和居住于一体的园林式、生态型、可持续发展的现代化新城区。2005年前，将进行新区的水、电、路及污水处理等城市基础设施建设。建成市级行政中心，进行科教园区及高新技术园区建设。2010年完成建城区面积17平方公里，人口18万；2030年完成建成区面积40平方公里，人口40万。形成老城区和金阳新区相结合的双中心组团式结构。

◆**供水**　贵阳现有南郊、东郊、中曹等5个水厂，日供水量为50万吨，供水普及率达98.5%。建立了具有现代水质检测设备的国家水质监测网贵阳监测站和“微机调度三遥系统”。2003年前，日供水量为10万吨的北郊水厂和日供水量为40万吨的西郊水厂建成后，将实现贵阳供水史上新的飞跃。

◆**供电**　贵阳市现有市南、市北两个供电局。电网覆盖面积12400多平方公里，管辖变电站40座，主变68台，总容量280.79万千伏安，安全生产及经济技术指标已达到部颁标准。2001年供电量116.65亿千瓦时。目前全市已推广IC电卡表，营业和配电自动化系统广泛投入使用，并实现村村通电供电网络。

◆**供气**　已形成以煤气为主，石油液化气和电炊作为补充的供气体系。建成供气45万方煤气气源厂和输配系统。“中日环境合作示范城”项目建设中，将对现有煤气气源厂和输配系统进行扩建。扩建后，煤气日供气量将增至60万方。目前城市煤气用户达19.87万户；石油液化气17万户；电炊6.4万户；城市气化率达到96.2%。

◆**环保**　贵阳市环境保护工作已形成较为完整的管理体系和地方性环境法规体系。近几年来，由于对已有污染源的治理和新污染源的控制，以及城市环境的综合治理，二氧化硫和酸雨污染的状况得到较大的改善，地面水特别是饮用水源得了有效的保护，城市环境质量逐年提高。投资20多亿人民币的“中日环境合作示范城”项目和已开始建设和重点基础设施项目建成后，将大大减少各类污染的排放，彻底治理大气环境、水环境和固体废弃物的污染，贵阳市的环境质量将得到根本性的改善。

◆绿化 园林绿化集观赏、游览、休闲、科普为一体，城区绿化走上了“绿化、美化、彩化”协调发展的道路，形成了以公园、市区主干道、滨河、广场绿化及环城绿带为主体，各次干道绿化及机关、学校、企业、住宅区庭院绿化为补充的点、线、面相结合的园林绿化体系，达到了“三季有花、四季常绿”的绿化标准，我市建成区园林绿化总面积达3442公顷，环城林带面积8666公顷，绿化覆盖率33.3%，人均公共绿地面积为12.4平方米，步入了全国园林绿化先进城市行列，被国家建设部评为“全国园林绿化先进城市”。

◆电信通信 贵阳拥有九十年代国际水平的通信设备，开办了市内电话、长途电话、移动电话、IC卡和磁卡电话、无线寻呼、数据通信等业务。长途、市内电话实现了交换程控化、传输数字化。电话号码由六位升为七位。建成了由公用分组交换数据网、公用数字数据网、公用计算机互联网构成的能满足计算机通信等多种用途的中国公用数据通信网。

全市电话交换机容量已达88.35万门，固定电话用户达61.11万户，全市电话普及率为每百人39部。长途交换机容量3万路端，电话用户可直拨国内400多个城市和世界190多个国家和地区。移动电话系统容量突破21万门，用户67.67万户，移动电话自动漫游全国300多个大中城市，并可任意拨打世界30多个国家。此外，市内主要繁华地段，各大宾馆、商场、火车站、机场等公共场所还设有IC卡、磁卡电话。

市内无线寻呼目前已开通126台、988台、199台等若干台。其中199台为全国寻呼台，采用世界上最先进的FLEXTM编码技术，全国统一网号，异地用户传递信息无须拨打长途电话，全国漫游无须改号，1998年底开通全国100多个大中城市，并与香港联网。

贵阳169多媒体通信的开通，标志着贵阳通向国内外的信息高速公路的建成。贵阳电信进入了可满足多层次、多类型信息需求阶段。

◆邮政通信 贵阳市邮政局拥有目前国内外先进的邮件处理和运输设备。计算机技术广泛应用于生产、经营和管理等各个方面。目前能与全国各地及世界145个国家和地区直接通邮。

邮政部门除了办理一般业务外，还开办了特快专递、储蓄、电子信函、国际汇兑等业务，特快专递可通达国内近2000多个城市及世界200多个国家和地区。储蓄已实现与全国300多个城市联网运行，通存通取。电子信函已与国内560多个城市开办此项业务。国际汇兑已与美国、日本、意大利、丹麦、奥地利等15个国家达成国际汇票业务协议。

行政区划和自然资源

1

1—1 贵阳市区、市、县及乡（镇）名称

区、市、县名称	乡镇（办事处）名称
南明区	遵义路办事处 中华南路办事处 西湖路办事处 河滨办事处 市府路办事处 兴关路办事处 花果园办事处 沙冲路办事处 太慈桥办事处 新华路办事处 大南门办事处 油榨街办事处 中曹司办事处 龙洞堡办事处 二戈寨办事处 后巢乡 云关乡
云岩区	市西办事处 北京办事处 中北办事处 中中办事处 中西办事处 中东办事处 环北办事处 延中办事处 普陀办事处 贵乌办事处 威清办事处 黔东办事处 三桥办事处 宅吉办事处 头桥办事处 黔灵镇
花溪区	花溪镇 青岩镇 石板镇 花溪乡 党武乡 孟关乡 小碧乡 黔陶乡 燕楼乡 马铃乡 高坡乡 麦坪乡 久安乡 湖潮乡
乌当区	新添寨镇 东风镇 水田镇 羊昌镇 朱昌镇 金华镇 永乐乡 偏坡乡 下坝乡 新堡乡 新场乡 百宜乡 野鸭乡
白云区	龚家寨办事处 大山洞办事处 艳山红办事处 都拉营办事处 艳山乡 都拉乡 沙文乡 牛场乡 麦架乡
小河区	锦江社区 清水江社区 松花江社区 长江社区 盘江社区 金溪社区 黄河社区 漓江社区 红林社区 华阳社区 金农社区 浦江社区 中曹社区 王山社区 北门社区
清镇市	红枫湖镇 卫城镇 新店镇 站街镇 百花湖乡 流长苗族乡 暗流乡 犁倭乡 麦格苗族布依族乡 王庄布依族乡
修文县	龙场镇 扎佐镇 久长镇 六广镇 谷堡乡 六屯乡 小箐乡 洒坪乡 大石布依族乡 六桶乡
息烽县	永靖镇 温泉镇 九庄镇 小寨坝镇 青山苗族乡 西山乡 养龙司乡 石硐乡 鹿窝乡 流长乡
开阳县	城关镇 双流镇 金中镇 冯三镇 马场镇 永温乡 南龙乡 宅吉乡 龙岗镇 花梨乡 龙水乡 米坪乡 禾丰乡 哨上乡 高寨乡 毛云乡

1—2 行 政 区 划

单位:个

名称	乡	#民族乡	镇	街道办事处	居民委员会	村民委员会
贵阳市	**53**	**19**	**28**	**34**	**439**	**1171**
南明区	2			15	136	11
云岩区			1	15	113	13
花溪区	11	7	3		19	165
乌当区	7	2	6		37	119
白云区	5	2		4	32	56
小河区					15	17
清镇市	6	3	4		43	299
修文县	6	1	4		12	217
息烽县	6	1	4		9	161
开阳县	10	3	6		23	113

1—3 自 然 资 源

指标	单位	数量	指标	单位	数量
一、土 地			森林覆盖率	%	34.77
国土面积	平方公里	8034	**四、水 利**		
市区面积	平方公里	2403	10公里以上河流	条	98
建成区	平方公里	107	年径流量	亿M^3	41.93
耕地面积	千公顷	107	水能理设蕴藏量	万千瓦	130.7
二、气 候			水能可开发量	万千瓦	87.3
平均温度	℃	14.5	大中型水库总容量	亿M^3	11.62
极值高温	℃	32.7	(不包括乌江水库和东风水库)		
极值低温	℃	—2.1	**五、矿 产**		
年降水量	毫米	942.3	铝	亿吨	3.3
三、森 林			磷	亿吨	4.28
森林面积	平方公里	2092	煤	亿吨	8.3

1—4 贵阳市气象情况

(2001年)

指　　标	单　位	年	一　月	二　月	三　月	四　月	五　月	六　月
平均气温	℃	14.5	4.9	6.7	12.1	14.4	17.4	20.2
平均最高气温	℃	19.2	9.0	11.3	17.0	20.2	22.2	24.4
极值高温	℃/日	32.7	19.6	25.0	26.5	30.5	29.1	30.3
平均最低气温	℃	11.3	2.5	4.0	8.9	10.9	13.7	17.3
极值低温	℃/日	—2.1	—1.5	—0.7	2.9	2.3	9.1	13.3
总降水量	mm	942.3	19.2	12.6	26.9	117.7	128.6	188.8
一日最大降水量	mm	51.9	3.3	2.4	7.8	28.9	26.1	28.8
最长连续降水日数	天	11	6	5	6	7	4	5
最长连续无降水日数	天	23	3	6	7	8	8	4
雨　日	天	223	21	17	18	24	19	23
雾	天	17	0	1	0	0	0	1
露	天	103	6	5	4	3	8	10
雷　暴	天	40	0	2	4	10	3	7
下　雪	天	7	3	3	0	0	0	0
结　冰	天	14	5	1	0	0	0	0
霜	天	13	2	2	0	0	0	0
气　压(月平均)	0.1hpa	8780	8793	8797	8782	8764	8765	8725
平均相对温度	%	81	85	78	75	82	77	85
平均总云量	成	8.0	9.0	8.6	7.9	8.4	8.5	8.5

1—4续表

指　　标	单　位	七　月	八　月	九　月	十　月	十一月	十二月
平均气温	℃	23.2	26.6	20.6	16.3	11.4	4.7
平均最高气温	℃	28.4	26.5	26.1	19.8	16.4	8.9
极值高温	℃/日	32.7	31.5	32.8	27.3	20.2	21.1
平均最低气温	℃	19.8	18.4	16.9	14.0	7.7	1.9
极值低温	℃/日	17.8	16.0	12.6	9.7	2.5	−2.1
总降水量	mm	192.8	56.2	6.5	138.6	35.1	19.3
一日最大降水量	mm	43.9	22.7	2.0	51.9	22.1	2.9
最长连续降水日数	天	5	3	3	4	6	11
最长连续无降水日数	天	8	5	7	8	11	23
雨　日	天	19	18	9	23	12	20
雾	天	4	1	1	2	5	2
露	天	17	14	11	5	14	6
雷　暴	天	8	4	1	1	0	0
下　雪	天	0	0	0	0	0	1
结　冰	天	0	0	0	0	0	8
霜	天	0	0	0	0	4	5
气　压(月平均)	0.1hpa	8721	8751	8778	8809	8830	8842
平均相对温度	%	82	81	74	87	74	86
平均总云量	成	7.0	7.8	7.4	9.2	5.8	8.4

主要统计指标解释

自然资源 指人类可以直接从自然界获得，并用于生产和生活的物质资源。自然资源一般可以分成可再生资源和非再生资源两大类。可再生资源指在较短时间内可以再生、可以循环利用的资源，包括土地资源、水资源、气候资源、生物资源和海洋资源等。非再生资源指在使用后不能再生的资源，包括矿产资源和地热能源。

耕地面积 指种植各种农作物的土地面积，包括灌溉水田、望天田、水浇地、旱地、菜地等。

森林面积 指由乔木树种构成，郁闭度0.2以上(含0.2)的林地或冠幅宽度10米以上的林带的面积，即有林地面积。森林面积包括天然起源和人工起源的针叶林面积、阔叶林面积、针阔混交林面积和竹林面积，不包括灌木林地面积和疏林地面积。

森林覆盖 指一个国家或地区森林面积占土地面积的百分比。在计算森林覆盖率时，森林面积包括郁闭度0.2以上的乔木林地面积和竹林地面积，国家特别规定的灌木林地面积、农田林网以及四旁(村旁、路旁、水旁、宅旁)林木的覆盖面积。森林覆盖率是反映森林资源的丰富程度和生态平衡状况的重要指标。计算公式为：

$$森林覆盖率(\%)=\frac{森林面积}{土地总面积}\times 100\%$$

气温 指空气的温度，我国一般以摄氏度(℃)为单位表示。气象观测的温度表是放在离地面约1.5米处通风良好的百叶箱里测量的，因此，通常说的气温指的是离地面1.5米处百叶箱中的温度。其统计计算方法为：

月平均气温是将全月各日的平均气温相加，除以该月的天数而得。

年平均气温是将12个月的月平均气温累加后除以12而得。

相对湿度 指空气中实际水气压与当时气温下的饱合水气压之比。其统计方法与气温相同。

降水量 指从天空中降落到地面的液态或固态(经融化后)水，未经蒸发、渗透、流失而在地面上积聚的深度。其统计计算方法为：

月降水量是将全月各日的降水量累加而得。

年降水量是将12个月的月降水量累加而得。

综　合

2

国内生产总值

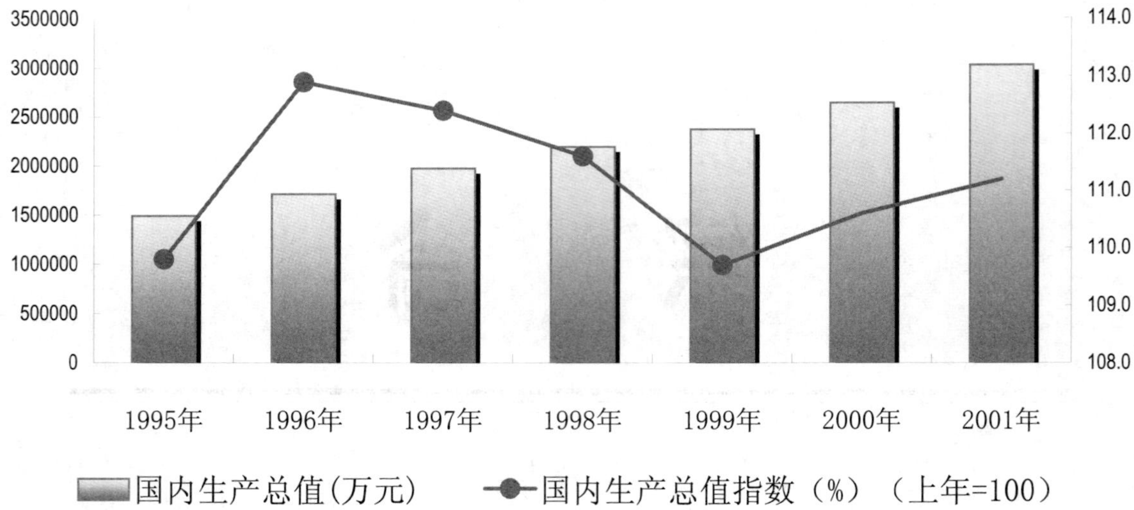

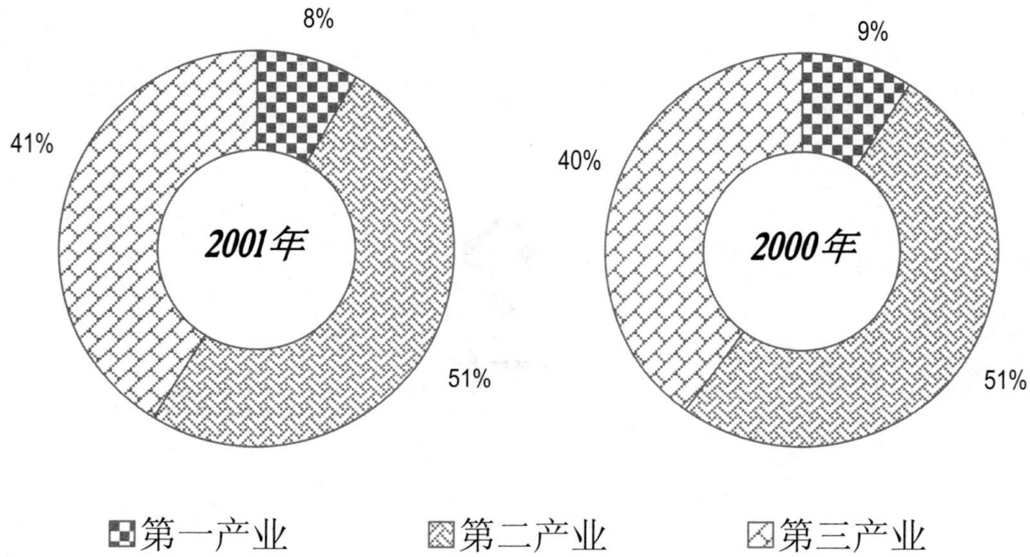

人均国内生产总值(元)

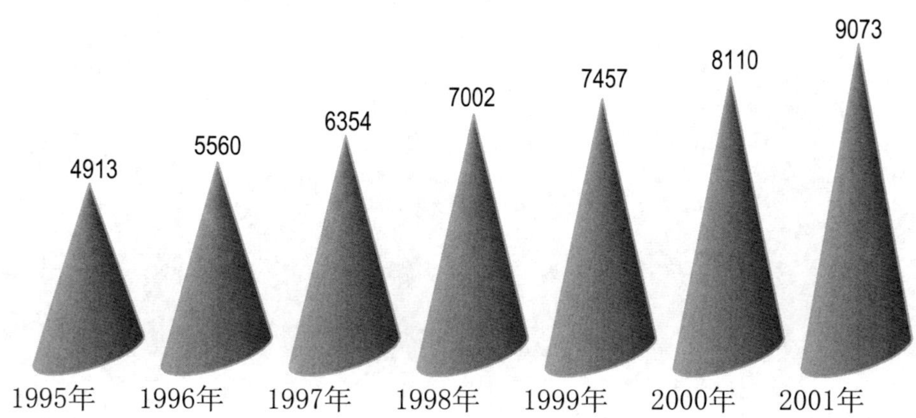

2—1 国民经济主要指标及增长速度

指　　标	单　位	2001年	2000年	2001年比2000年增长（%）
年末总人口	万人	335.81	331.57	1.3
人口密度	人/平方公里	418	413	1.2
人口出生率	‰	11.37	14.59	—3.22(千分点)
人口死亡率	‰	5.11	6.59	—1.48(千分点)
人口自然增长率	‰	6.26	8.00	—1.74(千分点)
国内生产总值(现价)	万元	3027470	2648110	11.2
人均国内生产总值	元	9073	8110	8.8
规模以上工业总产值(现价)	万元	2588494	2496275	10.1
农业总产值(现价)	万元	389659	369939	4.1
全社会固定资产投资	万元	1554183	1136510	36.8
社会消费品零售总额	万元	1216556	1085266	12.1
建筑业总产值	万元	1120553	748574	49.7
财政总收入	万元	635145	565137	12.4
地方财政预算收入	万元	279687	241483	15.8
#工商税收	万元	167385	151656	10.3
乡镇企业总产值(现价)	万元	3472436	2853576	—
乡镇企业总产值(90价)	万元	3392914	2716108	24.9
乡镇企业营业收入	万元	4934006	3885652	27.0

注:本表绝对数按当年价格计算,增长速度按可比价格和可比口径计算。

2—2 国民经济主要指标比例关系

单位:%

指 标	1998年	1999年	2000年	2001年
国内生产总值经济类型	**100**	**100**	**100**	**100**
公有制经济	77.3	70.2	67.8	65.4
非公有制经济	22.7	29.8	32.2	34.6
国内生产总值三次产业	**100**	**100**	**100**	**100**
第一产业	11.3	9.9	9.1	8.3
第二产业	51.2	51.1	50.9	50.4
第三产业	37.5	39.0	40.0	41.3
农林牧渔业总产值比例(现价)	**100**	**100**	**100**	**100**
农 业	61.4	60.2	62.4	60.9
林 业	2.5	2.4	2.2	1.7
牧 业	33.8	35.1	33.4	35.4
渔 业	2.3	2.3	2.0	2.0
工业总产值中轻重工业比例(现价)	**100**	**100**	**100**	**100**
轻工业	34.7	35.8	35.1	34.9
重工业	65.3	64.2	64.9	65.1
工业总产值经济类型结构(现价)		**100**	**100**	**100**
规模企业中:国有经济		45.6	42.7	40.0
集体经济		8.8	9.5	5.2
股份合作企业		1.3	1.3	0.6
联营企业		1.1	0.9	0.5
有限责任公司		27.6	27.4	31.6
股份有限公司		8.5	11.9	11.5
私营企业		3.0	3.6	7.0
港澳台投资企业		1.6	1.1	1.6
外商投资企业		2.5	1.6	2.0

2—3 国民经济主要指标占全省的比重

单位:%

指　　标	1998年	1999年	2000年	2001年
土地面积		4.56	4.56	4.56
年末人口	8.63	8.67	8.98	8.98
国内生产总值	26.04	26.06	26.66	27.98
第一产业增加值	8.61	8.83	8.95	9.15
第二产业增加值	34.99	34.81	34.92	36.21
#工业增加值	35.34	35.78	36.34	36.67
第三产业增加值	32.94	31.32	31.40	32.35
固定资产投资	24.7	25.9	29.89	29.12
社会消费品零售总额	30.88	30.93	31.59	32.18
财政总收入	36.27	37.65	35.98	35.91
地方财政收入	25.87	26.75	28.41	28.04
外贸进出口总额	73.34	75.54	74.24	76.00
年末固定电话用户	34.56	34.60	31.83	27.60
金融机构存款余额	43.3	45.83	47.89	48.11
金融机构贷款余额	28.9	38.58	37.98	40.12
高校在校学生	70.18	73.31	70.07	70.70
成人高校在校学生		79.38	88.23	84.35
卫生技术人员	28.85	23.60	23.54	23.69

2—4 全市基本情况

（2001年）

指　　标	单位	全　市	市辖区
一、人口、劳动力及土地面积			
年末总人口	万人	335.81	191.05
#非农业人口	万人	156.56	134.12
年平均人口	万人	333.69	188.98
暂住人口(一个月以上)	万人	31.14	29.84
年出生人口	人	37944	18181
年死亡人口	人	17038	8697
年末总户数	万户	87.03	50.12
年末单位从业人员数	万人	53.8	45.62
第一产业(农、林、牧、渔业)	万人	0.61	0.35
第二产业	万人	26.8	22.66
采掘业	万人	1.24	0.61
制造业	万人	14.82	12.47
电力、煤气及水的生产和供应业	万人	1.29	0.65
建筑业	万人	9.45	8.93
第三产业	万人	26.39	22.61
地质勘查业、水利管理业	万人	0.3	0.21
交通运输、仓储及邮电通信业	万人	1.41	1.33
批发和零售贸易、餐饮业	万人	3.48	3.03
金融、保险业	万人	1.48	1.32
房地产业	万人	3.21	3.2
社会服务业	万人	2.65	2.6
卫生、体育和社会福利业	万人	1.74	1.4
教育、文化艺术和广播电影电视业	万人	5.51	3.98
科学研究和综合技术服务业	万人	1.11	1.11
国家机关、政党机关和社会团体	万人	4.59	3.54
其他行业	万人	0.91	0.89
城镇个体从业人员	人	104696	92267
年末城镇登记失业人员数	人	31331	26269

2—4续表1

指　　标	单 位	全 市	市辖区
行政区域土地面积	平方公里	8034	2403
#建成区面积	平方公里		107
居住用地面积	平方公里		25
公共设施用地面积	平方公里		15
工业用地面积	平方公里		28
二、综合经济			
(一)国内生产总值(当年价格)	万元	3027470	2490027
第一产业增加值	万元	250919	108344
第二产业增加值	万元	1526873	1278457
#工业增加值	万元	1228304	1045052
第三产业增加值	万元	1249678	1103226
国内生产总值(2000年价格)	万元	2943478	2410331
(二)财政、金融、保险			
中央财政预算内收入	万元	316169	290774
地方财政预算内收入	万元	279687	246106
地方财政预算内支出	万元	361699	299372
#科学事业费支出	万元	1311	1066
教育事业费支出	万元	47303	31780
年末金融机构存款余额	万元	6452190	6108483
#城乡居民储蓄年末余额	万元	2401281	2193291
年末金融机构各项贷款余额	万元	4863088	4618416
承保额	万元	10795300	10653010
保　费	万元	95221	89260
已决赔款	万元	18887	17239
三、农　业			
年末实有耕地面积	千公顷	107	27
蔬菜产量	吨	704129	473478
水果产量	吨	37962	20273
肉类总产量	吨	126966	47606

2—4续表2

指　　标	单 位	全 市	市辖区
奶类产量	吨	15932	15071
水产品产量	吨	8810	2378
四、工　业			
国有及500万元以上非国有工业企业主要经济指标			
工业企业数	个	587	469
内资企业	个	546	432
港、澳、台商投资企业	个	24	22
外商投资企业	个	17	15
工业总产值(当年价)	万元	2588494	2079492
内资企业	万元	2494669	1992480
港、澳、台商投资企业	万元	41319	38154
外商投资企业	万元	52506	48858
从业人员年平均人数	万人	23.47	19.11
流动资产年平均余额	万元	2524093	2133889
固定资产净值年平均余额	万元	2311970	1602657
产品销售收入	万元	2427146	1961047
#产品销售税金及附加	万元	159207	156027
本年应交增值税	万元	160893	139303
利润总额	万元	56872	36619
500万元以下非国有工业企业主要经济指标			
(限额以下)工业企业数	个	19014	10762
(限额以下)工业总产值(当年价)	万元	617937	404502
五、交通运输、邮电通信、能源电力			
铁路客运量	万人	641.54	
铁路货运量	万吨	902	
境内铁路里程	公里	299	
民用汽车拥有量	辆	64552	
#私人汽车拥有量	辆	20260	
公路客运量	万人	16555	

2—4续表3

指　　标	单 位	全 市	市辖区
公路货运量	万吨	3978	
境内公路里程	公里	2203	
水运客运量	万人	62.2	
水运货运量	万吨	4	
民用航空货邮运量	吨	8625	
民用航空客运量	人	754725	
年末邮电局(所)数	处	386	
邮政业务总量	万元	15015	12899
电信业务总量	万元	154562	147535
本地电话用户数	万户	61.11	53.3
年末移动电话用户数	户	676707	625559
国际互联网用户数	户	89599	89303
能源消费量	万吨		
全年用电量	万千瓦时	1166478	833719
#工业用电	万千瓦时	980747	667008
城乡居民生活用电	万千瓦时	86193	68463
六、贸易、外经、旅游			
批发零售贸易业商品销售总额	万元	2973973	2852676
社会消费品零售额	万元	1216556	1089337
限额以上批发零售贸易企业数	个	99	89
其中零售业:按经营方式分组			
1.连锁商店	个	9	9
2.非连锁商店	个	24	21
按零售业态分组			
1.百货商店	个	9	9
2.超级市场	个	6	5
限额以上餐饮企业数	个	31	31
外国和港澳台地区在华直接投资:			
当年新签项目(合同)个数	个	37	33

2—4续表4

指　　标	单 位	全 市	市辖区
当年合同外资金额	万美元	4203	4045
当年实际使用外资金额	万美元	5941	5916
已投产(营业)企业数	个	156	155
从业人员数	人	10330	10300
国际旅游者人数	人	59501	
外国人	人	20825	
港、澳、台同胞	人	38676	
国际旅游收入	万美元	1633	
外贸进出口总额	万美元	49427	
进口额	万美元	16313	
出口额	万美元	33114	
七、固定资产投资			
固定资产投资完成额	万元	1467685	1331253
#住　宅	万元	292016	282124
房地产开发投资完成额	万元	433327	425389
#住　宅	万元	259024	253866
全年新增固定资产	万元	867272	763111
本年施工住宅面积	万平方米	659.44	620.23
本年竣工住宅面积	万平方米	255.19	238.73
商品房屋销售面积	万平方米	198.39	191.21
#销售给个人	万平方米	176.16	170.34
商品房屋空置面积	万平方米	24.87	24.16
商品房屋销售额	万元	305317	299549
#销售给个人	万元	274039	270251
八、教育、科技、文化、卫生			
学校数:高等学校	所	13	13
中等专业学校	所	41	40
普通中学	所	274	175
小　学	所	1187	507

2—4续表5

指　　标	单 位	全 市	市辖区
专任教师数:高等学校	人	5586	5586
中等专业学校	人	2410	2298
普通中学	人	11614	7414
小　学	人	18082	10442
在校学生数:高等学校	人	76514	76514
中等专业学校	人	51313	50002
普通中学	万人	19.15	10.73
小　学	万人	36.78	19.26
成人高等教育学校	人	26352	26352
各类专业技术人员数	万人	14.47	12.79
#中级技术职称以上人员数	万人	3.78	3.53
从事科技活动人员数	人	13102	12357
剧场、影剧院数	个	14	6
公共图书馆图书藏量	千册、件	3053	2934
医院、卫生院数	个	177	108
医院、卫生院床位数	张	12710	10610
医生数	人	5571	4466
九、人民生活			
住宅建筑面积	万平方米		2824.75
住宅使用面积	万平方米		2119.1
居住人口(与使用面积口径一致)	万人		134.12
在岗职工平均人数	万人	49.49	41.2
在岗职工工资总额	万元	525095	438633
居民人均可支配收入	元		6909
居民人均消费支出	元		5776
#食品	元		2168
衣着用品	元		522
家庭设备、用品及服务	元		643
医疗保健	元		383

2—4续表6

指 标	单 位	全 市	市辖区
交通和通讯	元		495
娱乐、教育、文化服务	元		821
居 住	元		545
每百户拥有空调机	台		8
每百户拥有电冰箱	台		94.5
每百户拥有家用电脑	台		13
每百户拥有电话机数	台		85
居民消费价格指数(上年为100)	%		103.2
年末离休、退休、退职人员数	万人	19.92	18.79
离休、退休、退职人员保险福利费用总额	万元	190973	182752
基本养老保险参保职工	人	249600	221986
基本医疗保险参保人数	人	58508	46926
失业保险参保人数	人	287809	259493
社会福利院数	个	68	32
社会福利院床位数	张	1820	1413
社区服务设施数	个	1206	1087
居民最低生活保障人数	人	66052	57041
十、社会治安			
交通事故件数	件	1138	672
交通事故死亡人数	人	313	240
刑事案件立案数	件	28164	23088
犯罪人数	人	7672	6159

2—5 国内生产总值

指标	2001年		2000年		2001年比2000年增长(%)
	绝对数(万元)	构成(%)	绝对数(万元)	构成(%)	
国内生产总值	**3027470**	**100.0**	**2648113**	**100.0**	**11.2**
第一产业	250919	8.3	241762	9.1	3.8
农业	167510	5.5	165334	6.2	2.3
第二产业	1526873	50.4	1346890	50.9	11.7
工业	1228304	40.6	1121151	42.3	8.6
建筑业	298569	9.9	225739	8.5	27.5
第三产业	1249678	41.3	1059461	40.0	12.1
农林牧渔服务业	3187	0.1	2723	0.1	6.5
地质勘查业、水利管理业	17699	0.6	14898	0.6	8.1
交通运输、仓储及邮电通信业	224471	7.4	182533	6.9	12.0
批发和零售贸易、餐饮业	344576	11.4	314779	11.9	11.7
金融保险业	149781	4.9	141229	5.3	3.3
房地产业	95449	3.2	74292	2.8	20.0
社会服务业	86098	2.8	71025	2.7	10.3
卫生、体育、社会福利业	61926	2.0	49602	1.9	13.6
教育、文艺及广播电影电视业	97361	3.2	77372	2.9	14.5
科学研究和综合技术服务业	30951	1.0	25078	0.9	12.3
国家机关、政党机关和社会团体	83608	2.8	65135	2.5	16.8
其他行业	54571	1.8	40795	1.5	22.6
人均国内生产总值(元)	**8921**	—	**7920**	—	**9.5**

注：1.表中人均国内生产总值按省人口变动抽样调查常住人口计算。

2.表中绝对数按当年价格计算，增长速度按可比价格计算。

2—6　按支出法计算的国内生产总值

单位:万元

指　　标	2001年	2000年	2001年比2000年增长(%)
一、绝对数			
按支出法计算的国内生产总值	3027470	2648113	11.2
最终消费	1752162	1575159	9.7
居民消费	1498681	1371794	9.4
农村居民	174027	158331	8.3
城镇居民	1324654	1213463	9.5
政府消费	253481	203365	11.9
资本形成总额	1306019	1118828	12.0
固定资本形成总额	1011915	850858	12.8
存货增加	294104	267970	9.4
货物和服务净出口	—30711	—45874	—18.8
出　口	496160	443568	11.3
进　口	526871	489442	8.5

2—7　最　终　消　费

单位:万元

指　　标	2001年	结构(%)	2000年	结构(%)
最终消费	**1752162**	**100.0**	**1575159**	**100.0**
一、居民消费	**1498681**	**85.5**	**1371794**	**87.1**
1.农村居民	174027	9.9	158331	10.1
自给性消费	57313	3.3	50332	3.2
商品性消费	73248	4.2	70123	4.5
文化生活服务性消费	22115	1.3	19324	1.2
住房及水电消费	21351	1.2	18552	1.2
#住房消费	15863	0.9	15769	1.0
2.城镇居民	1324654	75.6	1213463	77.0
商品性消费	1124696	64.2	1030293	65.4
文化生活服务性消费	43944	2.5	40255	2.6
住房及水电消费	156014	8.9	142915	9.1
#住房消费	129100	7.4	118273	7.5
二、政府消费	**253481**	**14.5**	**203365**	**12.9**

注:本表按当年价格计算。

2—8 按行业划分的资本形成总额

单位:万元

指　　标	2001年	结构(%)	2000年	结构(%)
固定资本形成总额	**1011915**	**100.0**	**850858**	**100.0**
第一产业	23411	2.3	19647	2.3
农林牧渔业	23411	2.3	19647	2.3
第二产业	313041	30.9	273114	32.1
采掘业	322	0.0	273	0.0
制造业	87256	8.6	73740	8.7
电力、煤气及水的生产和供应业	54192	5.4	49160	5.8
建筑业	171271	16.9	149941	17.6
第三产业	675463	66.8	558097	65.6
交通运输、仓储及邮电通信业	267275	26.4	205380	24.1
批发和零售贸易、餐饮业	41550	4.1	32369	3.8
金融保险业	6364	0.6	5469	0.6
房地产业	5118	0.5	2399	0.3
其它行业	355156	35.1	312480	36.7
存货增加	**294104**	**100.0**	**267970**	**100.0**
第一产业	8848	3.0	9224	3.4
农业牧渔业	8848	3.0	9224	3.4
第二产业	193897	65.9	182686	68.2
工　业	95982	32.6	96963	36.2
建筑业	97915	33.3	85723	32.0
第三产业	91359	31.1	76060	28.4
交通运输、仓储及邮电通信业	35630	12.1	31185	11.6
批发零售和贸易、餐饮业	13703	4.7	11257	4.2
其它行业	42026	14.3	33618	12.5

主要统计指标解释

可比价格　指计算各种总量指标所采用的扣除了价格变动因素的价格，可进行不同时期总量指标的对比。按可比价格计算总量指标有两种方法：一种是直接用产品产量乘某一年的不变价格计算；另一种是用价格指数进行缩减。

不变价格　指以同类产品某年的平均价格作为固定价格，用于计算各年的产品价值。按不变价格计算的产品价值消除了价格变动因素，不同时期对比可以反映生产的发展速度。新中国成立后，随着工农业产品价格水平的变化，国家统计局先后五次制定了全国统一的工业产品不变价格和农业产品不变价格。从1952年到1957年使用年工（农）业产品不变价格，从1957年到1970年使用年不变价格，从1971年到1980年使用1970年不变价格，从1981年至1990年使用1980年不变价格，从1991年开始使用1990年不变价格。

企业（单位）登记注册类型　是以在工商行政管理机关登记注册的各类企业为划分对象，以工商行政管理部门对企业登记注册的类型为依据，将企业登记注册类型分为内资企业、港澳台商投资企业和外商投资企业三大类。内资企业包括国有企业、集体企股份合作企业、联营企业、有限责任公司、股份有限公司、私营公司和其他企业；港澳台商投资企业和外商投资企业分别包括合资经营企业、合作经营企业、独资经营企业和股份有限公司。对不在工商行政管理部门进行登记注册行政机关、事业单位和社会团体，主要按其经费来源和管理方式进行划分。

国有企业　指企业全部资产归国家所有，并按《中华人民共和国企业法人登记管理条例》规定登记注册的非公司制的经济组织。不包括有限责任公司中的国有独资公司。

集体企业　指企业资产归集体所有，并按《中华人民共和国企业法人登记管理条例》规定登记注册的经济组织。

股份合作企业　指以合作制为基础，由企业职工共同出资入股，吸收一定比例的社会资产投资组建，实行自主经营，自负盈亏，共同劳动民主管理，按劳分配与按股分红相结合的一种集体经济组织。

联营企业　指两个及两个以上相同或不同所有制性质的企业法人或事业单位法人，按自愿、平等、互利的原则，共同投资组成的经济组织。联营企业包括国有联营企业、集体联营企业、国有与集体联营企业和其他联营企业。

有限责任公司　指根据《中华人民共和国公司登记管理条例》规定登记注册，由两个以上、五十个以下的股东共同出资，每个股东以其所认缴的出资额外负担对公司承担有限责任，公司以其全部资产对其债务承担责任的经济组织。有限责任公司包括国有独资公司以及其他有限责任公司。

股份有限公司　指根据《中华人民共和国公司登记管理条例》规定登记注册，其全部注册资本由等额股份构成并通过发行股票筹集资本，股东以其认购的股份对公司承担有限责任，公司以其全部资产对其债务承担责任的经济组织。

私营企业　指由自然人投资设立或由自然人控股，以雇佣劳动为基础的营利性经济组织。包括按照《公司法》、《合伙企业法》、《私营企业暂行条例》规定登记注册的私营有限责任公司、私营股份有限公司、私营合伙企业和私营独资公司。

其他内资企业 指上述企业之外的其他内资经济组织。

与港澳台商合作经营企业 指港澳台地区投资者与内地企业依照《中华人民共和国中外合作经营企业法》及有关法律规定，按合同规定的比例投资设立、分享利润和分担风险的企业。

与港澳台商合作经营企业 指依照《中华人民共和国外资企业法》及有关法律的规定，在内地由港澳台地区投资者全额投资设立的企业。

港澳台商投资股份有限公司 指根据国家有关规定，经外经贸部依法批准设立，其中港、澳、台商的股本占公司注册资本的比例达25%以上的股份有限公司。凡其中港、澳、台商的股本占公司注册资本的比例小于25%的，属于内资企业中的股份有限公司。

中外合资经营企业 指外国企业或外国人与中国内地企业依照《中华人民共和国中外合资经营企业法》及有关法律的规定，按合同规定的比例投资设立、分享利润和分担风险的企业。

中外合作经营企业 指外国企业或外国人与中国内地企业依照《中华人民共和国中外合作经营企业法》及有关法律的规定，依照合作合同的约定进行投资或提供条件设立、分配利润和分担风险。

外资企业 指依照《中华人民共和国外资企业法》及有关法律的规定，在中国内地由外国投资者全额投资设立的企业。

外商投资股份有限公司 指根据国家有关规定，经外经贸部依法批准设立，其中外资的股本占公司注册资本的比例达25%以上的股份有限公司。凡其中外资股本占公司注册资本的比例小于25%的，属于内资企业中的股份有限公司。

行政机关、事业单位和社会团体 参照企业登记注册类型，主要按其经费来源和管理方式划分。具体规定如下：

1.行政机关：包括国家机关和政党机关，原则上均列为“国有”。但有特殊规定的，如供销社等，则列为“集体”

2.事业单位：包括经国家机构编制部门和有关业务主管部门批准成立的各类事业单位，不包括实行企业化管理的事业单位。事业单位的划分办法如下：

(1)由国家财政预算拨款式或列入财政预算外资金管理以及经费主要来源于国有主管部门或国有上级单位的事业单位，列为“国有”。

(2)经费主要来源于集体单位的事业单位，列为“集体”。

(3)公民个人(或个人合伙)开办的事业单位，列为“私营”。

(4)上述以外的其他事业单位，如果其经费来源不明确，按管理方式进行归类。

3.社会团体：包括经民政部门批准成立以及未纳入社会团体管理条例范围的工会、妇联等各类社会团体。社会团体的划分办法如下：

(1)未纳入民政部社会团体管理条例范围的工会、妇联、共青团、青联、工商联、科协、侨联等社会团体，国家拨款设立的基金会或基金管理组织友及经费主要来源于车有业务主管部门或国有上级单位的社会团体，列为“国有”。

(2)经费主要来源于集体单位的社会团体，列为“集体”。

(3)公民个人(或个人合伙)开办的社会团体,划为“私营”。

(4)上述以外的其他事业单位,如果其经费来源不明确,按管理方式进行归类。

国内生产总值(GDP) 指一个国家(或地区)所有常住单位在一定时期内生产活动的最终成果。国内生产总值有三种表现形态,即价值形态、收入形态和产品形态。从价值形态看,它是所有常住单位在一定时期内生产的全部货物和服务价值超过同期中间投入的全部非固定资产货物和服务价值的差额,即所有常住单位的增加值之和;从收入形态看,它是所有常住单位在一定时期内创造并分配给常住单位和非常住单位的初次收入分配之和;从产品形态看,它是所有常住单位在一定时期内最终终使用的货物和服务价值与货物和服务净出口价值之和。在实际核算中,国内征税总值有三种计算方法,即生产法、收入法和支出法。三种方法分别从不同的方面反映国内生产总值及其构成。

三次产业 是根据社会生产活动历史发展的顺序对产业结构的划分,产品直接取自自然界的部门称为第一产业,对初级产品进行再加工的部门称为第二产业,为生产和消费提供各种服务的部门称为第三产业。它是世界上较为通用的产业结构分类,但各国的划分不尽一致。

我国的第三次产业划分是:

第一产业:农业(包括种植业、林业、牧业和渔业)。

第二产业:工业(包括采掘业,制造业,电力、煤气及水的生产和供应业)和建筑业。

第三产业:除第一、第二产业以外的其他各业。由于第三产业包括的行业多、范围广,根据我国的实际情况,第三产业可分为两大部分;一是流通部门,二是服务部门。

最终消费 指常住单位一定时期内对于货物和服务的全部最终消费支出,也就是常住单位为满足物质、文化和精神生活的需要,从本国经济领土和国外购买的货物和服务的支出;不包括非常住单位在本国经济领土内的消费支出。最终消费分为居民消费和政府消费。

居民消费 指常住住户对货物和服务的全部最终消费支出。居民消费按市场价格计算,即按居民支付的购买者价格计算。购买者价格是购买者取得货物所支付的价格,包括购买者支付的运输和商业费用。居民消费除了直接以货币形式购买货物和服务的消费之外,还包括以其他方式获得的货物和服务的消费支出,即所为的虚拟消费支出。居民虚拟消费支出包括以下几种类型:单位以实物报酬及实物转移的形式提供给劳动者的货物和服务;住户生产并由本住户消费了的货物和服务,其中的服务仅指住户的自有住房服务;金融机构提供的金融媒介服务;保险公司提供的保险服务。

政府消费 指政府部门为全社会提供公共服务的消费支出和免费或以较低价格向住户提供的货物和服务的净支出。前者等于政府服务的产出价值减去政府单位所获得的经营收入的价值,政府服务的产出价值等于它的经常性业务支出加上固定资产折旧;后者等于政府部门免费或以较低价格向住户提供的货物和服务的市场价值减去向住户收取的价值。

人口与计划生育

3

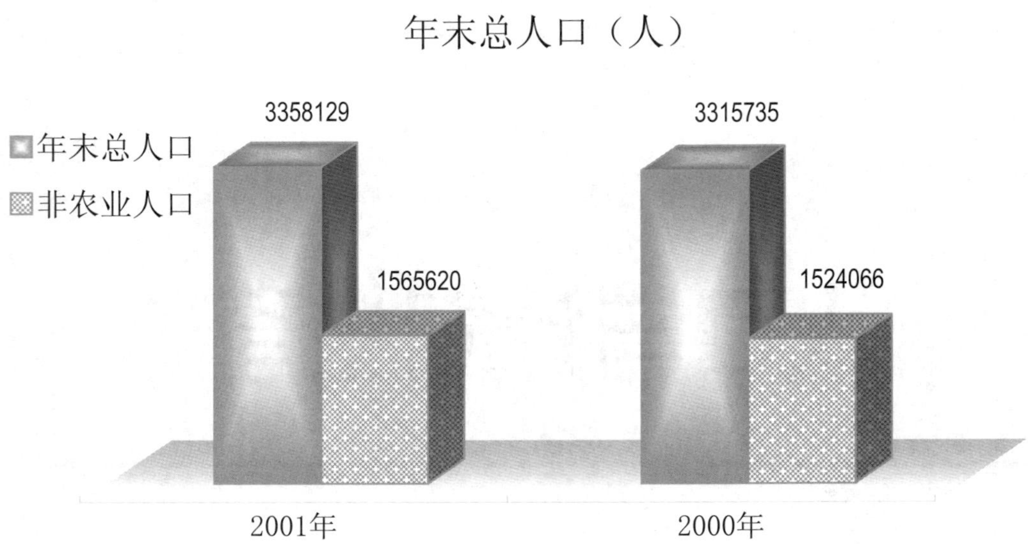
年末总人口（人）
年末总人口
非农业人口
3358129
1565620
3315735
1524066
2001年
2000年

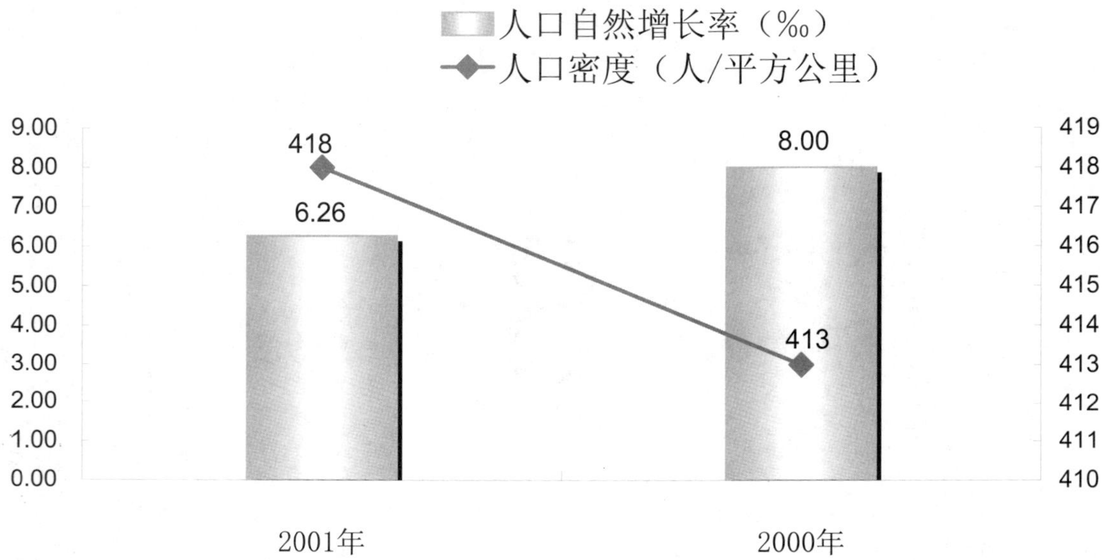
人口自然增长率（‰）
人口密度（人/平方公里）
9.00
8.00
7.00
6.00
5.00
4.00
3.00
2.00
1.00
0.00
419
418
417
416
415
414
413
412
411
410
418
6.26
8.00
413
2001年
2000年

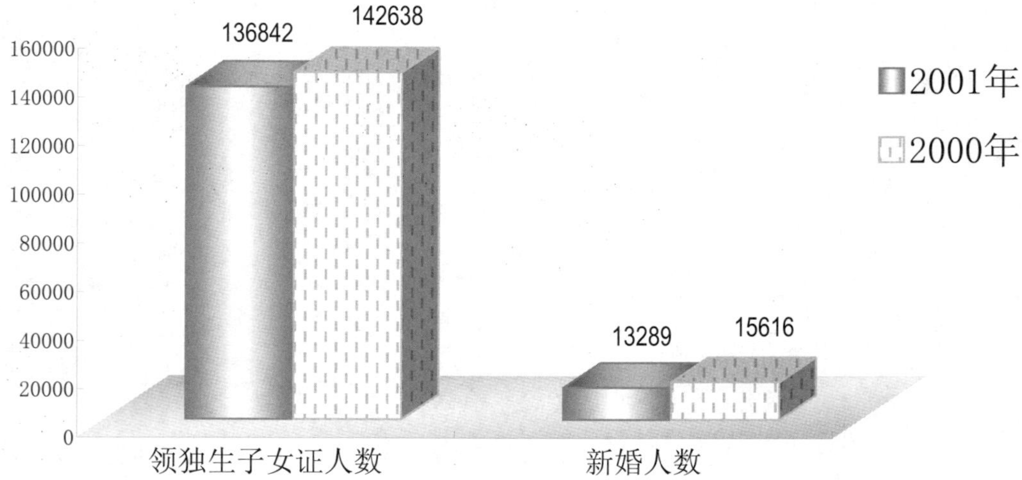
160000
140000
120000
100000
80000
60000
40000
20000
0
136842
142638
13289
15616
2001年
2000年
领独生子女证人数
新婚人数

3—1 人口增长情况

（2001年）

名称	年平均人口（人）	年末总人口（人）	比上年增长（%）	人口密度（人/平方公里）	人口自然增长率（‰）
贵阳市	**3336932**	**3358129**	**1.28**	**418**	**6.26**
南明区	480003	485037	2.12	5444	3.24
云岩区	534627	540605	2.26	8009	1.53
花溪区	310956	314250	2.14	327	5.19
乌当区	289273	289502	0.16	300	7.43
白云区	167140	171672	5.57	661	15.08
小河区	107845	109462	3.05	1734	7.66
清镇市	501447	502623	0.47	337	14.95
息烽县	241100	241637	0.45	233	4.68
修文县	289750	289983	0.16	269	4.64
开阳县	414794	413358	—0.69	204	3.51
市区	1889842	1910528	2.21	795	4.49

3—2 各区、市、县人口及其变动情况

(2001年)

单位:人

地区别	年末数						1月1日至12月31日人口变动		
	总户口	总人口			总人口中		出生		
		合计	男	女	非农业人口	未落常住户口的人员	合计	男	女
合计	**870273**	**3358129**	**1734292**	**1623837**	**1565620**	**32392**	**37944**	**19457**	**18487**
云岩区	142537	540605	273043	267562	516077	416	3688	1908	1780
南明区	131092	485037	253051	231986	456537	4275	3748	1911	1837
花溪区	67699	314250	162003	152247	86107	7023	3278	1678	1600
乌当区	78289	289502	149625	139877	88311	2140	3130	1635	1495
白云区	45662	171672	91294	80378	105613	2128	3166	1650	1516
小河区	35943	109462	56973	52489	88598		1171	624	547
清镇市	126678	502623	259739	242884	111043	9628	10764	5303	5461
修文县	71734	289983	148411	141572	36267	2959	2822	1484	1338
开阳县	106090	413358	214401	198957	50527	2016	3662	1930	1732
息烽县	64549	241637	125752	115885	26540	1807	2515	1334	1181
市区合计	**501222**	**1910528**	**985989**	**924539**	**1341243**	**15982**	**17181**	**9406**	**8775**

3—2续表

单位:人

地区别	1月1日至12月31日人口变动								
	出生合计中未落常住户口小孩		死亡			迁入		迁出	
	计	其中:本年生	合计	男	女	省内迁入	省外迁入	迁往省内	迁往省外
合计	**9594**	**6351**	**17038**	**10147**	**6891**	**104915**	**12302**	**75831**	**10361**
云岩区			2868	1715	1153	34717	2779	24208	2020
南明区	48	43	2193	1362	831	29802	4576	21837	4053
花溪区	2252	1891	1665	982	683	9191	1634	5221	672
乌当区	577	255	980	588	392	3206	566	2874	796
白云区	159	159	646	414	232	9179	1471	3743	363
小河区			345	215	130	3432	516	1188	354
清镇市	4213	2422	3269	1870	1399	8960	300	8572	714
修文县	1194	796	1479	880	599	1983	156	3142	427
开阳县			2207	1297	910	2559	124	2852	589
息烽县	1151	785	1386	824	562	1886	180	2194	373
市区合计	**3036**	**2348**	**8697**	**5276**	**3421**	**89527**	**11542**	**59071**	**8258**

3—3 市辖镇人口状况

（2001年）

地区别	总户数（户）	总人口（人）			平均每户人数	性别比（女=100）	非农业人口（人）		农业人口（人）	
		合计	男	女			人数	占总人口（%）	人数	占总人口（%）
合计	**172437**	**673684**	**350839**	**322845**	**3.91**	**108.67**	**273544**	**40.60**	**400140**	**59.40**
云岩黔灵镇	**9431**	**37336**	**17552**	**19784**	**3.96**	**88.72**	**14090**	**37.74**	**23246**	**62.26**
乌当区	**50299**	**181284**	**95234**	**86050**	**3.60**	**110.67**	**78019**	**43.04**	**103265**	**56.96**
新添镇	18314	57134	30126	27008	3.12	111.54	44819	78.45	12315	21.55
东风镇	6217	26402	14824	11578	4.25	128.04	6272	23.76	20130	76.24
水田镇	3455	15158	7821	7337	4.39	106.60	491	3.24	14667	96.76
羊昌镇	3450	14771	7816	6955	4.28	112.37	426	2.88	14345	97.12
朱昌镇	6054	24822	12466	12356	4.10	100.89	4509	18.17	20313	81.83
金华镇	12809	42997	22181	20816	3.36	106.56	21502	50.01	21495	49.99
花溪区	**25804**	**123564**	**65957**	**57607**	**4.79**	**114.49**	**73918**	**59.82**	**49646**	**40.18**
花溪镇	13075	70327	38928	31399	5.38	123.98	65476	93.10	4851	6.90
石板镇	5361	22974	11982	10992	4.00	109.01	5228	22.76	17746	77.24
青岩镇	7368	30263	15047	15216	4.11	98.89	3214	10.62	27049	89.38
清镇市	**86903**	**331500**	**172096**	**159404**	**3.81**	**107.96**	**107517**	**32.43**	**223983**	**67.57**
红枫湖镇	38595	136093	71866	64227	3.53	111.89	80501	59.15	55592	40.85
站街镇	21119	83835	43497	40338	3.97	107.83	20245	24.15	63590	75.85
卫城镇	15354	60306	30508	29798	3.93	102.38	3496	5.80	56810	94.20
新店镇	11835	51266	26225	25041	4.33	104.73	3275	6.39	47991	93.61

3—4 县辖镇人口状况

(2001年)

地区别	年末数					
	总户口	总人口(人)			总人口中	
		合计	男	女	非农业人口	未落常住户口的人员
合计	142593	539319	276990	262329	103746	4177
修文县	43301	169280	85701	83579	33805	1264
龙场镇	17292	65652	33054	32598	18318	123
扎佐镇	11605	42989	21510	21479	11628	692
久长镇	7890	31992	16246	15746	2668	188
六广镇	6514	28647	14891	13756	1191	261
息烽县	37035	131772	68258	63514	23476	897
永靖镇	14578	47518	24394	23124	13596	251
温泉镇	6069	22746	12033	10713	4816	367
小寨坝镇	8856	30863	15883	14980	3621	137
九庄镇	7532	30645	15948	14697	1443	142
开阳县	62257	238267	123031	115236	46465	2016
城关镇	15391	56143	28381	27762	20223	
双流镇	8425	35257	18210	17047	4841	
冯三镇	9636	38202	19943	18259	1197	
金中镇	9549	31610	16709	14901	16556	2016
马场镇	9749	38868	20266	18602	1464	
龙岗镇	9507	38187	19522	18665	2184	

3—5 出生及新婚情况

（2001年）

单位：人

地区别	年初人口	年末人口	合计					一孩				
			小计	计划内		计划外		小计	计划内		计划外	
				男	女	男	女		男	女	男	女
合　计	**3252285**	**3269073**	**33947**	**16718**	**15080**	**1234**	**915**	**26329**	**13414**	**12670**	**123**	**122**
南明区	483130	485171	4232	2248	1982	2	0	3720	1964	1756	0	0
云岩区	455030	457033	4462	2353	2107	1	1	3929	2073	1856	0	0
白云区	167100	168382	2145	1138	992	10	5	1754	926	827	0	1
花溪区	287676	289271	3130	1519	1433	101	77	2256	1109	1122	13	12
乌当区	230006	231306	2603	1319	1171	66	47	1955	1002	918	13	22
小河区	119647	120321	1227	677	543	5	2	1055	592	461	2	0
开阳县	414557	416340	4340	2037	1850	255	198	3033	1530	1479	14	10
息烽县	244607	246170	2906	1357	1243	170	136	2046	994	1028	14	10
修文县	296146	297697	3146	1481	1296	215	154	2266	1130	1074	34	28
清镇市	490238	492791	5098	2250	2170	393	285	3819	1838	1917	28	36
高新区	64148	64591	658	339	293	16	10	496	256	232	5	3

注：本表资料来源于计生部门（下表同）。

3—5续表

单位：人

地区别	二孩					多孩					死亡	新婚	早婚	晚婚
	小计	计划内		计划外		小计	计划内		计划外					
		男	女	男	女		男	女	男	女				
合　计	**6796**	**3285**	**2375**	**637**	**499**	**822**	**19**	**35**	**474**	**294**	**17159**	**13289**	**190**	**7854**
南明区	506	283	221	2	0	6	1	5	0	0	2191	1227	0	1036
云岩区	531	279	250	1	1	2	1	1	0	0	2459	1657	0	1522
白云区	387	212	163	9	3	4	0	2	1	1	863	945	0	596
花溪区	812	407	308	56	41	62	3	3	32	24	1535	929	22	629
乌当区	619	315	249	35	20	29	2	4	18	5	1303	1169	0	674
小河区	171	84	82	3	2	1	1	0	0	0	553	604	0	493
开阳县	1087	505	365	112	105	220	2	6	129	83	2557	1636	17	655
息烽县	767	360	207	103	97	93	3	8	53	29	1343	1282	8	621
修文县	722	350	220	85	67	158	1	2	96	59	1595	1325	18	465
清镇市	1039	407	250	224	158	240	5	3	141	91	2545	2123	125	936
高新区	155	83	60	7	5	7	0	1	4	2	215	392	0	227

3—6　节育及领独生子女证情况

（2001年）

单位：人

地区别	育龄妇女	已婚育龄妇女					采取措施的已婚育龄妇女	领证人数
		小计	无孩	一孩	二孩	多孩		
合计	**870052**	**669468**	**34890**	**341386**	**185381**	**107811**	**612250**	**136842**
南明区	144958	108363	7079	78929	18594	3761	98605	34628
云岩区	148289	111054	7366	80446	20020	3222	103205	55734
白云区	48303	38467	2340	22373	9302	4452	35382	11484
花溪区	79555	58560	2251	25562	20047	10700	53322	1832
乌当区	55541	46102	2138	22428	15263	6273	41764	6415
小河区	33544	27055	2099	17374	6013	1569	23157	8900
开阳县	99620	80010	2943	25872	31488	19707	73365	4267
息烽县	62742	49386	2168	19145	17848	10225	45672	3585
修文县	68187	51511	2188	16664	17390	15269	47043	5568
清镇市	115671	87963	3827	28133	25338	30665	80717	4005
高新区	13642	10997	491	4460	4078	1968	10018	424

主要统计指标解释

人口数 指一定时点、一定地区范围内的有生命的个人的总和。年度统计的年末人口数指每年12月31日24时的人口数。

市镇总人口和乡村总人口

其定义有两种口径：

第一种口径（按行政建制）

市人口：市管辖区域内的全部人口（含市辖镇，不含市辖区县）；

镇人口：县辖镇的全部人口（不含市辖镇）；

县人口：县辖乡人口。

第二种口径（按常住人口划分）

市人口：设区的市的区人口和不设区的市所辖的街道人口；

镇人口：不设区的市所辖镇的居民委员会人口和县辖镇的居民委员会人口；

县人口：除上述两种人口以外的全部人口。

出生率（又称粗出生率） 指在一定时期内（通常为一年）平均每千人所出生的人数的比率，一般用千分率表示。计算公式为：

出生率＝年出生人数/年平均人数×1000‰

式中：出生人数指活产婴儿，即胎儿脱离母体时（不管怀孕月数），有过呼吸或其他生命现象。年平均人数指年初、年底人口数的平均数，也可用年中人口数代替。

死亡率（又称粗死亡率） 指在一定时期内（通常为一年）一定地区的死亡人数与同期平均人数（或期中人数）之比，一般用千分率表示。计算公式为：

死亡率＝年死亡人数/年平均人数×1000‰

人口自然增长率 指在一定时期内（通常为一年）人口自然增加数（出生人数减死亡人数）与该时期内平均人数（或期中人数）之比，一般用千分率表示。计算公式为：

人口自然增长率＝（本年出生人数－本年死亡人数）/年平均人数×1000‰＝人口出生率－人口死亡率

从业人员及职工工资

4

在岗职工年末人数（万人）

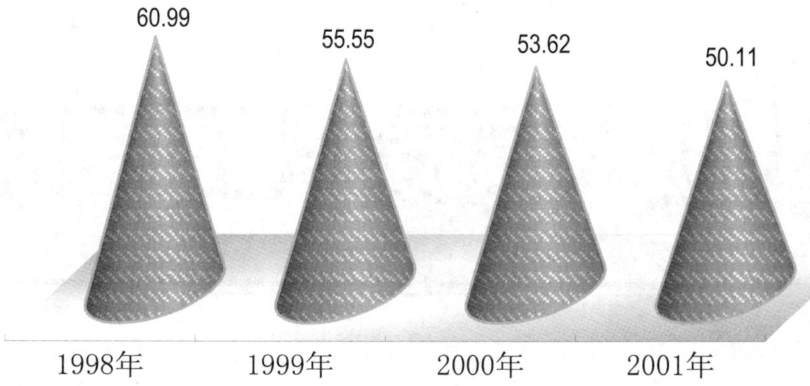

在岗职工人数按经济类型分（万人）

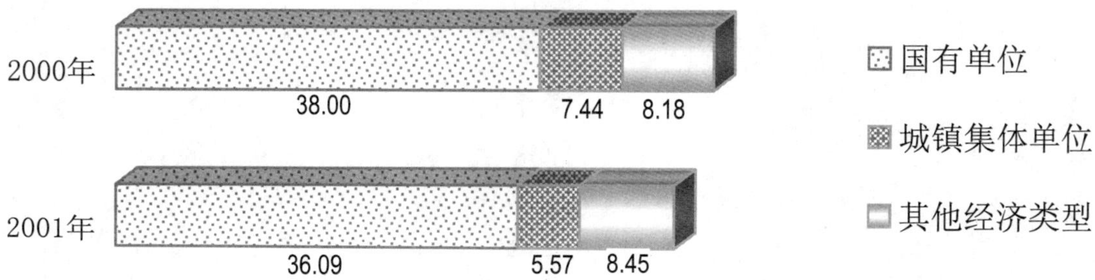

在岗职工平均工资（元）

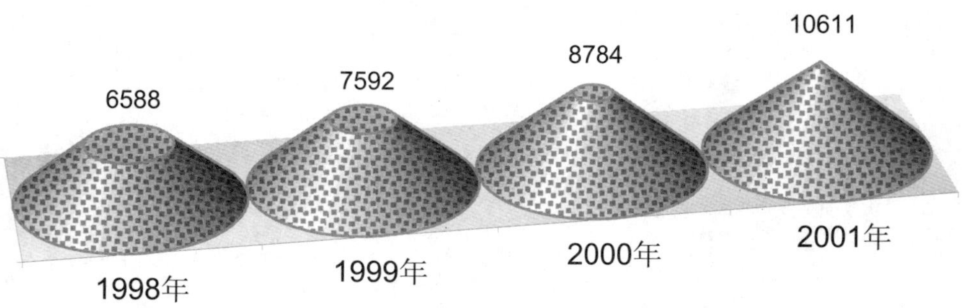

4—1　按国民经济行业分组的在岗职工人数

（2001年）

指　　标	在岗职工年末人数（人）			
	合　计	国有单位	城镇集体单位	其他经济类型
全 市 总 计	**501112**	**360860**	**55736**	**84516**
一、按企事业、机关分组				
企　业	358146	221064	52597	84485
事　业	97795	94625	3139	31
机　关	45171	45171		
二、按国民经济行业分组				
农、林、牧、渔业	6043	6001	42	
采掘业	12360	11585	21	754
制造业	146569	74367	20250	51952
电力、煤气及水的生产和供应业	12815	12655	73	87
建筑业	82147	57252	17396	7499
地质勘查业、水利管理业	2975	2958	17	
交通运输业、仓储及邮电通讯业	13341	8417	1368	3556
批发和零售贸易、餐饮业	33714	17397	7298	9019
金融、保险业	14395	9993	877	3525
房地产业	16338	11242	1189	3907
社会服务业	25298	16355	4995	3948
卫生、体育和社会福利业	16534	16144	345	45
教育、文化艺术和广播电影电视业	54278	53105	1107	66
科学研究和综合技术服务业	10452	10187	138	127
国家机关、政党机关和社会团体	45234	45234		
其他行业	8619	7968	620	31

4—2 按国民经济行业分组的在岗职工构成

(2001年)

指 标	构成(%) (以在岗职工总计为100)			
	合 计	国有单位	城镇集体单 位	其他经济类 型
全 市 总 计	**100**	**100**	**100**	**100**
一、按企事业、机关分组				
企 业	71.5	61.3	94.4	100.0
事 业	19.5	26.2	5.6	
机 关	9.0	12.5		
二、按国民经济行业分组				
农、林、牧、渔业	1.2	1.7	0.1	
采掘业	2.5	3.2	0.1	0.9
制造业	29.2	20.6	36.3	61.4
电力、煤气及水的生产和供应业	2.6	3.5	0.1	0.1
建筑业	16.4	15.9	31.2	8.8
地质勘查业、水利管理业	0.6	0.8		
交通运输业、仓储及邮电通讯业	2.7	2.3	2.5	4.2
批发和零售贸易、餐饮业	6.7	4.8	13.1	10.6
金融、保险业	2.9	2.8	1.6	4.2
房地产业	3.3	3.1	2.1	4.6
社会服务业	5.0	4.5	9.0	4.7
卫生、体育和社会福利业	3.3	4.5	0.6	0.1
教育、文化艺术和广播电影电视业	10.8	14.7	2.0	0.1
科学研究和综合技术服务业	2.1	2.8	0.2	0.2
国家机关、政党机关和社会团体	9.0	12.6		
其他行业	1.7	2.2	1.1	0.1

4—3 按国民经济行业分组的在岗职工工资总额

（2001年）

指　　　　标	在岗职工工资总额（万元）			
	合　　计	国有单位	城镇集体单　　位	其他经济类　　型
全　市　总　计	**525095**	**404655**	**39109**	**81331**
一、按企事业、机关分组				
企　业	364048	245642	37129	81277
事　业	109821	107787	1980	54
机　关	51226	51226		
二、按国民经济行业分组				
农、林、牧、渔业	5361	5329	32	
采掘业	12524	11783	19	722
制造业	145581	82935	13940	48706
电力、煤气及水的生产和供应业	25913	25790	25	98
建筑业	75844	56176	12394	7274
地质勘查业、水利管理业	2395	2385	10	
交通运输业、仓储及邮电通讯业	16339	11190	891	4258
批发和零售贸易、餐饮业	25937	14223	4977	6737
金融、保险业	20856	14729	806	5321
房地产业	13526	9182	1084	3260
社会服务业	24689	16642	3350	4697
卫生、体育和社会福利业	22193	21872	281	40
教育、文化艺术和广播电影电视业	59771	58945	772	54
科学研究和综合技术服务业	15157	14933	114	110
国家机关、政党机关和社会团体	51363	51363		
其他行业	7646	7178	414	54

4－3续表

指标	2001年比2000年增长（%）			
	合计	国有单位	城镇集体单位	其他经济类型
全市总计	**10.9**	**15.2**	**－16.4**	**7.6**
一、按企事业、机关分组				
企业	3.5	6.3	－17.6	7.6
事业	30.2	30.5	14.6	11.8
机关	36.0	36.0		
二、按国民经济行业分组				
农、林、牧、渔业	63.1	64.2	－23.9	
采掘业	－14.9	－16.2	46.2	11.8
制造业	5.3	16.6	－15.9	3.7
电力、煤气及水的生产和供应业	23.9	24.0	－67.0	1.1倍
建筑业	－12.9	－18.4	－8.8	59.4
地质勘查业、水利管理业	－7.5	－7.9		
交通运输业、仓储及邮电通讯业	38.0	23.2	9.3	1.2倍
批发和零售贸易、餐饮业	－6.0	4.3	－44.6	35.5
金融、保险业	2.6	4.8	22.1	－5.3
房地产业	1.1倍	3倍	34.9	2.5
社会服务业	13.6	13.9	0.9	23.4
卫生、体育和社会福利业	35.2	35.3	33.6	3.9
教育、文化艺术和广播电影电视业	30.6	30.1	96.9	37.1
科学研究和综合技术服务业	10.4	10.0	2.0	1.7倍
国家机关、政党机关和社会团体	35.5	35.5		
其他行业	46.9	81.8	－65.5	－2.5

4—4 按国民经济行业分组的在岗职工平均工资

（2001年）

指　　标	在岗职工平均工资（元）			
	合　计	国有单位	城镇集体单位	其他经济类型
全　市　总　计	**10611**	**11313**	**7270**	**9755**
一、按企事业、机关分组				
企　业	10275	11156	7312	9752
事　业	11391	11545	6553	18586
机　关	11605	11605		
二、按国民经济行业分组				
农、林、牧、渔业	8730	8737	7643	
采掘业	9528	9610	9550	8364
制造业	9957	11178	6972	9363
电力、煤气及水的生产和供应业	20097	20230	3397	13397
建筑业	9831	10277	7831	10926
地质勘查业、水利管理业	7773	7771	8083	
交通运输业、仓储及邮电通讯业	12542	13481	7167	12222
批发和零售贸易、餐饮业	7792	8164	7013	7684
金融、保险业	14484	14690	9153	15238
房地产业	7637	7407	7229	8542
社会服务业	9878	10375	6675	11934
卫生、体育和社会福利业	13605	13745	8043	7960
教育、文化艺术和广播电影电视业	11156	11244	7059	8603
科学研究和综合技术服务业	14622	14743	10071	8855
国家机关、政党机关和社会团体	11601	11601		
其他行业	9224	9292	7776	18586

4—4续表

指　　标	2001年比2000年增长(%)			
	合　计	国有单位	城镇集体单　位	其他经济类　型
全　市　总　计	**20.8**	**23.5**	**13.7**	**6.5**
一、按企事业、机关分组				
企　业	16.0	18.1	13.4	6.4
事　业	33.5	33.5	25.3	1.5倍
机　关	33.9	33.9		
二、按国民经济行业分组				
农、林、牧、渔业	38.9	39.5	7.4	
采掘业	6.2	5.7	76.3	17.9
制造业	16.7	21.6	17.0	5.2
电力、煤气及水的生产和供应业	24.2	23.2	—13.4	99.8
建筑业	17.4	18.9	7.9	31.5
地质勘查业、水利管理业	—6.3	—6.3		
交通运输业、仓储及邮电通讯业	31.0	52.6	7.4	—45.2
批发和零售贸易、餐饮业	18.0	15.2	13.7	23.2
金融、保险业	2.9	12.7	10.4	22.1
房地产业	—6.9	—9.8	—0.9	0.8
社会服务业	17.8	18.7	15.0	9.7
卫生、体育和社会福利业	37.5	37.8	27.4	2.8
教育、文化艺术和广播电影电视业	34.0	35.0	—15.4	4.8
科学研究和综合技术服务业	30.3	31.1	19.5	38.5
国家机关、政党机关和社会团体	33.8	33.8		
其他行业	3.9	—10.7	30.6	71.1

4—5　按国民经济行业分组的其他从业人员人数及报酬

（2001年）

指　　标	年末人数（人）			劳动报酬（万元）		
	其他从业人员	#聘用的离退休人员	#聘用的港澳台和外籍人员	其他从业人员劳动报酬	#聘用的离退休人员劳动报酬	#聘用的港澳台和外籍人员劳动报酬
全　市　总　计	**36841**	**2187**	**75**	**29693**	**1458**	**527**
一、按企事业、机关分组						
企　业	33784	1610	53	28018	1158	472
事　业	2391	483	22	1338	264	55
机　关	666	94		337	36	
二、按国民经济行业分组						
农、林、牧、渔业	38	3		26	2	
采掘业	24	11		31	23	
制造业	1603	567	18	1431	319	356
电力、煤气及水的生产和供应业	61	14		56	19	
建筑业	12378	216		7839	159	
地质勘查业、水利管理业	36	1		10		
交通运输业、仓储及邮电通讯业	734	22		356	20	
批发和零售贸易、餐饮业	1048	182		619	77	
金融、保险业	828	63		602	35	
房地产业	15730	286	18	15745	338	39
社会服务业	1223	236	16	1066	132	74
卫生、体育和社会福利业	899	153		443	62	
教育、文化艺术和广播电影电视业	831	99	22	364	53	55
科学研究和综合技术服务业	608	190	1	527	160	3
国家机关、政党机关和社会团体	648	90		348	37	
其他行业	152	54		230	22	

4—6 按国民经济行业分组的离开本单位仍保留劳动关系职工人数及生活费

（2001年）

指标	离开本单位仍保留劳动关系的职工（人）			
	合计	国有单位	城镇集体单位	其他经济类型
全市总计	**82305**	**62557**	**9698**	**10050**
一、按企事业、机关分组				
企业	80158	60487	9621	10050
事业	1920	1843	77	
机关	227	227		
二、按国民经济行业分组				
农、林、牧、渔业	460	460		
采掘业	5436	5193	60	183
制造业	37609	25271	4594	7744
电力、煤气及水的生产和供应业	573	532	35	6
建筑业	9991	8982	960	49
地质勘查业、水利管理业	746	746		
交通运输业、仓储及邮电通讯业	3466	2789	252	425
批发和零售贸易、餐饮业	11081	7835	2399	847
金融、保险业	628	498	9	121
房地产业	6781	5776	464	541
社会服务业	3754	2768	852	134
卫生、体育和社会福利业	285	285		
教育、文化艺术和广播电影电视业	442	400	42	
科学研究和综合技术服务业	295	295		
国家机关、政党机关和社会团体	231	231		
其他行业	527	496	31	

4—6续表

指标	离开本单位仍保留劳动关系职工生活费(万元)			
	合计	国有单位	城镇集体单位	其他经济类型
全市总计	**19331**	**15736**	**1080**	**2515**
一、按企事业、机关分组				
企业	18597	15012	1070	2515
事业	621	611	10	
机关	113	113		
二、按国民经济行业分组				
农、林、牧、渔业	47	47		
采掘业	1634	1584		50
制造业	9009	6592	518	1899
电力、煤气及水的生产和供应业	512	501	8	3
建筑业	1990	1916	69	5
地质勘查业、水利管理业	238	238		
交通运输业、仓储及邮电通讯业	654	599	35	20
批发和零售贸易、餐饮业	2105	1693	294	118
金融、保险业	610	501	5	104
房地产业	1220	916	44	260
社会服务业	641	488	97	56
卫生、体育和社会福利业	101	101		
教育、文化艺术和广播电影电视业	129	123	6	
科学研究和综合技术服务业	186	186		
国家机关、政党机关和社会团体	118	118		
其他行业	137	133	4	

4—7 城镇劳动力供给与配置情况

(2001年)

单位:人

指　　标	合　计	指　　标	合　计
本年城镇劳动力供给总数	**55695**	**本年城镇劳动力配置总数**	**24364**
大、中专、技校毕业生	7442	国有单位	5893
复员、转业军人	1484	城镇集体单位	4939
城镇职业学校毕业生		其他单位	5962
未能升学的高中毕业生	6820	城镇私营企业和个体劳动者	7111
直接从农村招收的人员	3023	其　他	459
农转非人员中的劳动力	3018	其他原因减少的失业人员	
就业转失业人员	6139	**年末失业人员**	**31331**
上年末失业人员	27769	#女　性	14550

注:表中资料来源于贵阳市劳动局(下表同)。

4—8 农村劳动力流动就业情况

(2001年)

单位:人

区(市、县)名称	本期外出就业人数	#女　性	本期外来就业人数	#女　性	劳动部门有组织输出人数	#跨省输出人数	期末在外就业人数
总　计	**18363**	**9928**	**16547**	**6507**	**3739**	**1043**	**42560**
南明区							
云岩区			3763	1081			
花溪区	2058	817	1205	361	418	20	5988
乌当区	476	152	168	13	147		3638
白云区	200	30	100	10	200	89	200
小河区	379	139	554	260	38	38	587
清镇市	5924	3754	2871	1416	679		7183
开阳县	5763	3843	2871	897	857	533	6786
息烽县	2412	663	206	43	817		13477
修文县	1080	490	380	190	560	340	4630
市本级	71	40	4429	2236	23	23	71

4—9 离休、退休、退职人员人数及保险福利费用构成情况

（2001年）

单位：人

	离休、退休、退职人员年末人数				
	合　计	#女　性	离休人员	退休人员	领取定期生活费的退职人员
总　　计	**199156**	**86358**	**7353**	**190497**	**1306**
一、企　业	**142674**	**64639**	**3162**	**138490**	**1022**
#地　方	115090	55429	2450	111741	899
按隶属关系分组					
中　央	27584	9210	712	26749	123
省　属	37893	13135	1137	36318	438
地区属	71647	39423	1216	70011	420
县及县以下	5550	2871	97	5412	41
按登记注册类型分组					
内资企业	142660	64631	3162	138476	1022
国有企业	123625	53319	2990	119688	947
集体企业	16456	9802	142	16248	66
其他企业	2579	1510	30	2540	9
港、澳、台商投资企业	2			2	
外商投资企业	12	8		12	
二、事　业	**37602**	**16317**	**1690**	**35826**	**86**
#地　方	34740	15555	1597	33070	73
三、机　关	**18880**	**5402**	**2501**	**16181**	**198**
#地　方	18589	5343	2459	15932	198

4—9续表

单位:千元

	保险福利费用构成					
	合　计	离休金	退休金	退　职 生活费	医　疗 卫生费	其　他
总　　计	**1909733**	**126188**	**1390401**	**5107**	**290356**	**97681**
一、企　业	**1100103**	**47823**	**835335**	**3815**	**164488**	**48642**
#地　方	770760	35691	596998	2863	111687	23521
按隶属关系分组						
中　央	329343	12132	238337	952	52801	25121
省　属	317445	16066	239832	1676	50672	9199
地区属	425992	18531	334973	1086	58560	12842
县及县以下	27323	1094	22193	101	2455	1480
按登记注册类型分组						
内资企业	1099848	47823	835263	3815	164307	48640
国有企业	1016783	45787	765296	3376	156355	45969
集体企业	68616	1496	58041	422	6173	2484
其他企业	14449	540	11926	17	1779	187
港、澳、台商投资企业	1		1			
外商投资企业	254		71		181	2
二、事　业	**528133**	**32171**	**383029**	**353**	**81366**	**31214**
#地　方	481764	30553	354395	298	70325	26193
三、机　关	**281497**	**46194**	**172037**	**939**	**44502**	**17825**
#地　方	274630	45392	168551	939	43362	16386

4—10 企业下岗职工情况

(2001年)

单位:人

	上年末结转下岗职工人数	本年减少下岗职工人数	年末实有下岗职工人数	#女性	#再就业服务中心实有下岗职工	#足额领基本生活费人数	#足额代缴社会保险费人数
总　计	**26618**	**6955**	**19861**	**7578**	**14530**	**14530**	**14530**
一、国有企业	**20766**	**6236**	**14530**	**6546**	**14530**	**14530**	**14530**
#地区属	20568	6223	14345	6464	14345	14345	14345
县　属	198	13	185	82	185	185	185
按行业分组							
采掘业	37		37	11	37	37	37
制造业	19903	5919	13984	6306	13984	13984	13984
交通运输仓储及邮电	153	36	117	51	117	117	117
批发和零售贸易业	635	28	354	178	354	354	354
其　它	38		38		38	38	38
二、城镇集体企业	**5789**	**701**	**5286**	**1015**			
三、其他经济类型企业	**63**	**18**	**45**	**17**			

注:本表资料不含中央、省属企业。

主要统计指标解释

职工 指在国有经济、城镇集体经济、联营经济、股份制经济、外商和港、澳、台投资经济、其他经济单位及其附属机构工作，并由其支付工资的各类人员，不包括返聘的离退休人员、民办教师、在国有经济单位工作的外方人员和港、澳、台人员（1998年以后的数据均为在岗职工数据，其他相关指标如职工工资总额，职工平均工资等指标在也从1998年按此口径进行了相应调整）。

国有单位职工 指在国有经济单位及其附属机构工作，并由其支付工资的各类人员。

城镇集体单位职工 指在城镇集体经济单位及其管理部门工作，并由其支付工资的各类人员。

其他单位职工 指在联营经济、股份制经济、外商投资经济、港、澳、台投资经济单位工作，并由其支付工资的各类人员。

在岗职工 指在本单位工作并由单位支付工资的人员，以及有工作岗位，但由于学习、病伤产假等原因暂未工作，仍由单位支付工资的人员。

职工工资总额 指各单位在一定时期内直接支付给本单位全部职工的劳动报酬总额。工资总额的计算原则应以直接支付给职工的全部劳动报酬为根据。各单位支付给职工的劳动报酬以及其他根据有关规定支付的工资，不论是计入成本的还是不计入成本的，不论是按国家规定列入计征奖金税项目的，还是未列入计征奖金税项目的，不论是以货币形式支付的还是以实物形式支付的，均包括在工资总额内。

职工平均工资 指企业、事业、机关单位的职工在一定时期内平均每人所得的货币工资额。它表明一定时期职工工资收入的高低程度，是反映职工工资水平的主要指标。计算公式为：

$$职工平均工资=\frac{报告期实际支付的全部职工资总额}{报告期全部职工平均人数}$$

固定资产投资

5

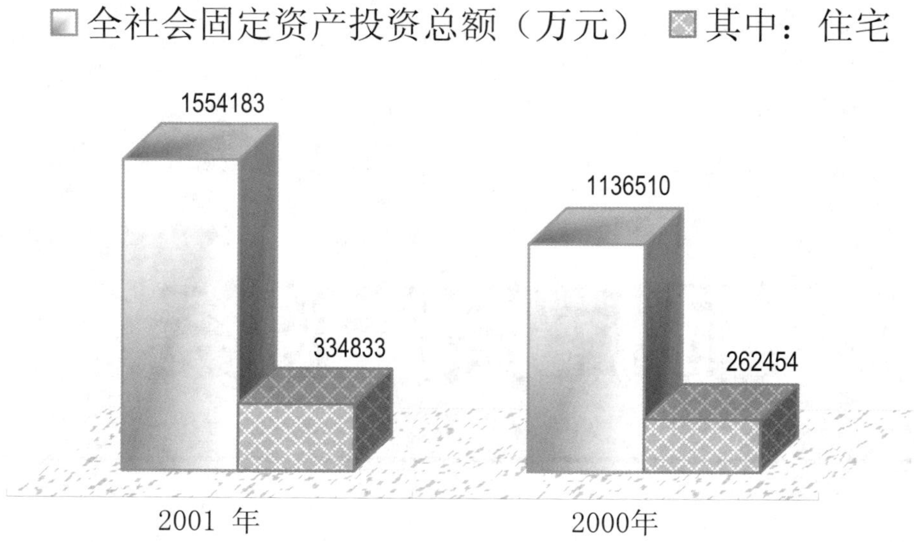
全社会固定资产投资总额（万元）
其中：住宅
1554183
334833
1136510
262454
2001 年
2000年

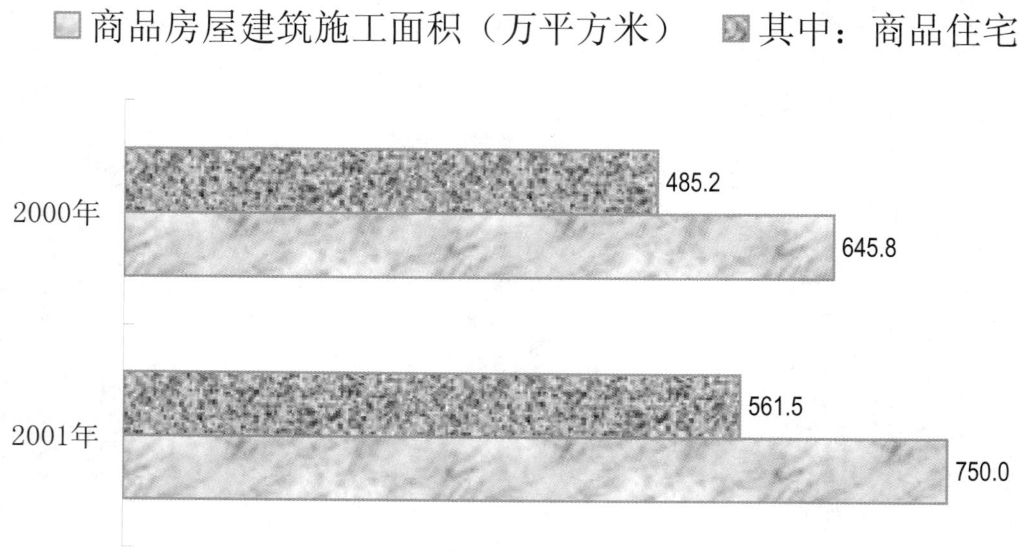
商品房屋建筑施工面积（万平方米）
其中：商品住宅
2000年
485.2
645.8
2001年
561.5
750.0

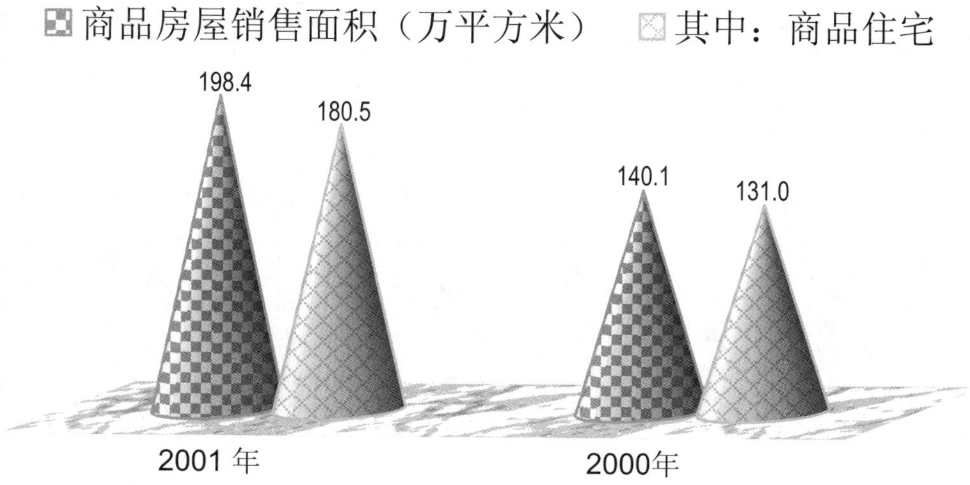
商品房屋销售面积（万平方米）
其中：商品住宅
198.4
180.5
140.1
131.0
2001 年
2000年

5—1　全社会固定资产投资总额

指　　　标	2001年		2000年		2001年比2000年增长（%）
	投资额（万元）	构　成（%）	投资额（万元）	构　成（%）	
一、投资总额	**1554183**	**100**	**1136510**	**100**	**36.8**
#住　宅	334833	21.5	262454	23.1	27.6
1.按隶属关系分					
中　央	358132	23.0	224318	19.7	59.7
地　方	1196051	77.0	912192	80.3	31.1
2.按登记注册类型分					
内　资	1390659	89.5	1085030	95.5	28.2
国　有	872490	56.1	630236	55.5	38.4
集　体	100133	6.4	103305	9.1	−3.1
#农村集体	70352	4.5	68502	6.0	2.7
股份合作	7747	0.5	13272	1.2	−41.6
国有联营	45		444		−89.9
集体联营	2658	0.2	1050	0.1	153.1
国有与集体联营	2715	0.2	1307	0.1	107.7
其他联营	1629	0.1	585	0.1	178.5
国有独资公司	26034	1.7	29497	2.6	−11.7
其他有限责任公司	190056	12.2	67122	5.9	183.2
股份有限公司	135071	8.7	101624	8.9	32.9
私营个体	39039	2.5	117197	10.3	−66.7
其　他	124804	8.0	19391	1.7	543.6
#城镇和农村私人投资	41410	2.7	19337	1.7	114.1
港澳台投资	22524	1.4	30942	2.7	−27.2
合资经营	12515	0.8	10932	1.0	14.5
合作经营	2379	0.2	947	0.1	151.2
独　资	7283	0.5	19063	1.7	−61.8
股份有限	347				
外商投资	29249	1.9	17976	1.6	62.7
合资经营	17877	1.2	13909	1.2	28.5
合作经营					
独　资	11372	0.7	4067	0.4	179.6
股份有限					
3.按投资类型分					
基本建设	555418	35.7	379377	33.4	46.4
更新改造	394201	25.4	310039	27.3	27.1
房地产开发	433327	27.9	310516	27.3	39.6
其　他（含城乡集体及个人投资）	171237	11.0	136578	12.0	25.4
5.按产业分					
第一产业	10484	0.7	8290	0.7	26.5
第二产业	422541	27.2	395633	34.8	6.8
第三产业	1121158	72.1	732587	64.5	53.0
二、本年新增固定资产（万元）	**1217651**		**917912**		**32.7**
固定资产交付使用率（%）	78.35		80.77		
三、竣工房屋建筑面积（万平方米）	**376.62**		**432.7**		**−13.0**
#住　宅	255.19	67.8	315.8	72.9	−19.2

5—2 全社会固定资产投资总额(按国有和非国有经济分)

指标	2001年		2000年		2001年比2000年增长(%)	
	国有经济	非国有经济	国有经济	非国有经济	国有经济	非国有经济
一、投资总额(万元)	**898569**	**655614**	**653845**	**482665**	**37.4**	**35.8**
(一)按投资类型分						
基本建设	516507	38911	361950	17427	42.7	123.3
更新改造	307359	86842	257030	53009	19.6	63.8
房地产开发	72406	360921	34442	276074	110.2	30.7
其他投资(含城乡集体和个人投资)	2297	168940	423	136155	443.0	24.1
(二)按资金来源分						
上年末结余资金	96848	107677	81553	113184	18.8	—4.9
国家预算内资金	69077	6000	76281	15222	—9.4	—60.6
国内贷款	294741	108626	219517	119719	34.3	—9.3
债　券	1428	1250	350	1670	308.0	—25.1
利用外资	10069	5238	19852	22005	—49.3	—76.2
自筹投资	448706	367399	267175	236833	67.9	55.1
#发行股票		4010	8757	3424		—17.1
其他投资	71458	201588	63449	206264	12.6	—2.3
(三)按构成分						
#建筑工程	412456	320945	313393	250982	31.6	27.9
安装工程	64073	25555	52538	27922	22.0	—8.5
设备、工器具购置	248394	90183	205045	95232	21.1	—5.3
二、新增固定资产(万元)	**714964**	**478738**	**582393**	**335519**	**22.8**	**42.7**
三、房屋建筑面积(万平方米)						
施工面积	413.95	577.81	398.65	659.75	3.8	—12.4
#住　宅	210.29	372.84	213.57	468.13	—1.5	—20.4
竣工面积	174.04	161.2	188.09	244.59	—7.5	—34.1
#住　宅	116.96	101.16	131.56	184.25	—11.1	—45.1

5—3 固定资产投资总额构成

指　　标	2001年		2000年		2001年比2000年增长（%）
	投资额（万元）	构　成（%）	投资额（万元）	构　成（%）	
总　　计	**1442432**	**100.0**	**1068008**	**100.0**	**35.1**
中　央	358132	24.8	224318	21.0	59.7
省	239366	16.6	213467	20.0	12.1
地	351571	24.4	255618	23.9	37.5
县	156251	10.8	106158	9.9	47.2
其　他	337112	23.4	268447	25.1	25.6
一、按登记注册类型分					
内　资	1390659	96.4	1016528	95.2	36.8
国　　有	872490	60.5	630236	59.0	38.4
集　　体	29781	2.1	34803	3.3	－14.4
股份合作	7747	0.5	13272	1.2	－41.6
国有联营	45		444		－89.9
集体联营	2658	0.2	1050	0.1	153.1
国有与集体联营	2715	0.2	13070.1		107.7
其他联营	1629	0.1	585	0.1	178.5
国有独资公司	26034	1.8	29497	2.8	－11.7
其他有限责任公司	190056	13.2	67122	6.3	183.2
股份有限公司	135071	9.4	101624	9.5	32.9
私营个体	39039	2.7	117197	11.0	－66.7
其　　他	83394	5.8	19391	1.8	330.1
港澳台投资	22524	1.6	30942	2.9	－27.2
合资经营	12515	0.9	10932	1.0	14.5
合作经营	2379	0.2	947	0.1	151.2
独　　资	7283	0.5	19063	1.8	－61.8
股份有限	347				
外商投资	29249	2.0	17976	1.7	62.7
合资经营	17877	1.2	13909	1.3	28.5
合作经营					
独　　资	11372	0.8	4067	0.4	179.6
股份有限					
二、按建设性质分					
建筑工程	705162	48.9	544520	51.0	29.5
安装工程	85128	5.9	73716	6.9	15.5
设备工器具购置	338680	23.5	272518	25.5	24.3
四、按资金来源分					
上年末结余资金	234359	16.2	194737	18.2	20.3
国家预算内资金	75077	5.2	86621	8.1	－13.3
国内贷款	415393	28.8	324647	30.4	28.0
债　　券	1428	0.1	2020	0.2	－29.3
利用外资	14114	1.0	26107	2.4	－45.9
自筹资金	742433	51.5	472695	44.3	57.1
#发行股票	4010	0.3	12181	1.1	－67.1
其他投资	323613	22.4	268089	25.1	20.7
五、本年新资固定资产	**1105889**	**76.7**	**865134**	**81.0**	**27.8**

5—4 固定资产投资资金来源情况

(2001年)

单位:万元

合　　计	基本建设投资	更新改造投资	其他固定资产投资	房地产开发投资
全年资金来源合计	**601455**	**480487**	**60483**	**663992**
一、上年末结余资金	**62651**	**41230**	**385**	**130093**
二、本年资金来源小计	**538804**	**439257**	**60098**	**533899**
国家预算内资金	63353	11596	128	
国内贷款	191402	120110	6550	97331
债　券	183	1245		
利用外资	9559	1393		3162
＃外商直接投资	2315	403		3162
自筹资金	63353	303461	46444	158891
中央各部门自筹	191402	40343		
省自筹	183	711		
地(市)自筹	9559	7223	107	
县自筹	63120	4674	1778	
企事业单位自筹	91065	250510	44559	83004
＃发行股票		4010		
其他资金来源	40670	303461	6976	274515
＃集　资	12733	595	3386	2038
三、本年各项应付款合计	**70518**	**19418**	**450**	**104965**
＃工程款	69719	10062	426	64888
设备、器材款	653	9329	24	3425

5—5 基本建设、更新改造投资额

（2001年）

指标	基本建设		2001年比2000年增长（%）	更新改造		2001年比2000年增长（%）
	投资额（万元）	构成（%）		投资额（万元）	构成（%）	
投资总额	**555418**	**100**	**46.4**	**394201**	**100**	**27.1**
1.按隶属关系分						
中央	101107	18.2	6.9	224184	56.9	82.5
省	72902	13.1	37.3	82770	21.0	－35.8
地区	244191	44.0	42.7	39587	10.0	－8.4
县	119592	21.5	105.0	11340	2.9	145.8
其他	17626	3.2	708.2	36320	9.2	248.5
2.按登记注册类型分						
内资	549385	98.9	45.7	394068	100.0	27.2
国有	504422	90.8	41.0	294808	74.8	24.1
集体	86					
国有与集体联营				1515	0.4	598.2
其他联营				1344	0.3	2588.0
股份合作	4141	0.7		60445	15.3	49.7
国有独资公司	12085	2.2	188.9	12551	3.2	－35.2
其他有限责任公司	19421	3.5	136.6	23405	5.9	91.6
股份有限公司	9230	1.7	32.3	60445	15.3	49.7
港澳台商投资	3100	0.6		80		
合资经营	2800	0.5		80		
股份有限	300	0.1				
外商投资	2933	0.5	33.5	53		－61.9
合资经营	2933	0.5	33.5	53		－61.9
3.按产业分						
第一产业	2867	0.5	5.4			
第二产业	134217	24.2	－2.6	258924	65.7	37.6
第三产业	418334	75.3	75.2	135277	34.3	11.0

5—5续表

指　　标	基本建设		2001年比2000年增长（%）	更新改造		2001年比2000年增长（%）
	投资额（万元）	构　成（%）		投资额（万元）	构　成（%）	
4. **按构成分**						
建筑安装工程	346032	62.3	23.7	117127	29.7	45.3
设备工器具购置	57210	10.3	13.2	251318	63.8	28.9
其他费用	152176	27.4	209.8	25756	6.5	—25.1
5. **按建设性质分**						
#新　建	200832	36.2	62.1	31731	8.0	4686.0
扩　建	255959	46.1	49.5	168676	42.8	14.8
改　建	67773	12.2	81.7	170786	43.3	22.3
6. **按用途分**						
增　产				95630	24.3	69.1
节约能源				31701	8.0	62.3
增加品种				48719	12.4	213.9
提高产品质量				6102	1.5	—49.7
三废治理				24114	6.1	—23.8
7. **按资金来源分**						
上年末结余资金	62651	11.3	36.9	41230	10.5	5.0
国家预算内投资	63353	11.4	6.3	11596	2.9	—37.3
国内贷款	191402	34.5	57.4	120110	30.5	35.4
债　券	183	0.0	—42.5	1245	0.3	231.1
利用外资	9559	1.7	—18.3	1393	0.4	—82.4
自筹投资	63353	11.4	—43.3	303461	77.0	104.2
其他投资	40670	7.3	41.9	303461	77.0	4472.3
8. **按国民经济行业分**：						
#工　业	128728	23.2	0.4	256411	65.0	37.4
轻工业	15767	2.8	—64.5	24545	6.2	250.4
重工业	112961	20.3	34.9	231866	58.8	29.1
#能源工业	35261	6.3	—33.1	25593	6.5	—16.4
#交通运输、仓储及邮电通讯业	51581	9.3	105.4	121484	30.8	12.7
#教　育	34511	6.2	64.6	736	0.2	255.6

5—6 按国民经济行业分组的基本建设、更新改造投资

（2001年）

指　　标	基本建设		2001年比2000年增长（%）	更新改造		2001年比2000年增长（%）
	投资额（万元）	构　成（%）		投资额（万元）	构　成（%）	
总　　计	**555418**	**100**	**46.4**	**394201**	**100**	**27.1**
(1)农、林、牧、渔业	2867	0.5	5.4			
#农　业	1974	0.4	65.9			
(2)采掘业	498	0.1	－21.2	3853	1.0	－5.7
#煤炭采选业	386	0.1	－38.9	2606	0.7	33.6
非金属矿采选业				1247	0.3	
(3)制造业	63131	11.4	76.2	226965	57.6	49.4
食品加工业	1116	0.2	830.0	2144	0.5	211.2
食品制造业				6084	1.5	2333.6
饮料制造业	300	0.1		2		－99.4
烟草加工业				707	0.2	－78.7
纺织业				27		－84.0
印刷业	350	0.1	169.2			
化学原料及化学制品制造业	13874	2.5	25.7	33710	8.6	166.7
医药制造业	12724	2.3	784.8	14066	3.6	603.3
化学纤维制造业				1515	0.4	598.2
橡胶制品业	224			1290	0.3	259.3
塑料制品业	1330	0.2	357.0	1290	0.3	259.3
非金属矿物制品业	820	0.1	－32.0	8955	2.3	168.7
黑色金属冶炼及压延加工业				6640	1.7	－66.9
有色金属冶炼及压延加工业				102681	26.0	83.8
金属制品业	500	0.1	－47.1	112		－94.1
专用设备制造业	246		－38.5	904	0.2	－25.2
交通运输设备制造业	20982	3.8	47.2	15640	4.0	46.3
电气机械及器材制造业				6967	1.8	234.3
电子及通信设备制造业	9388	1.7		16648	4.2	18.9
仪器仪表及文化、办公用机械制造业				507	0.1	296.1
(4)电力、煤气及水生产和供应业	65099	11.7	－29.1	25593	6.5	－16.4
#电力生产和供应业	34729	6.3	－28.6	25196	6.4	－5.7
煤气生产和供应业	532	0.1	－84.6	397	0.1	－89.8
自来水生产和供应业	29838	5.4	－24.8			
(5)建筑业	5489	1.0	－43.1	2513	0.6	56.9
(6)地质勘查业、水利管理业	3661	0.7	38.3	128		
(7)交通运输、仓储及邮电通讯业	51581	9.3	105.4	121484	30.8	12.7
#邮电通信业	31107	5.6	76.9	92007	23.3	8.9
仓储业	575	0.1	－52.4			
(8)批发和零售贸易、餐饮业	12228	2.2	28.4	9110	2.3	－18.9
(9)金融、保险业	8379	1.5	138.1			
(10)房地产业	648	0.1	－57.5			
(11)社会服务业	253252	45.6	102.3	3234	0.8	69.8
(12)卫生、体育和社会福利业	9733	1.8	1.3	220	0.1	
(13)教育、文化艺术和广播影视业	48524	8.7	37.7	736	0.2	255.6
(14)科学研究和综合技术服务业	4135	0.7	60.8	8		－98.5
(15)国家、政党机关和社会团体	25593	4.6	7.8	357	0.1	78.5
(16)其他行业	600	0.1	344.4			

5—7 基本建设新增主要生产能力(或工程效益)

(2001年)

生产能力(或效益)名称	计量单位	新增能力效益
输电线路长度(11万伏及以上)	公里	72
变电设备能力(11万伏及以上)	万千伏安	25
化学药剂:注射液	万支/年	1000
片　剂	万片/年	10000
胶囊剂	万粒/年	10000
中成药	吨/年	200
软饮料	吨/年	30000
新建公路	公里	29
改建公路	公里	137
高等院校:学生席位	个	6610
建筑面积	平方米	25538
中等学校:学生席位	个	7100
建筑面积	平方米	26990
小 学 校:学生席位	个	4898
建筑面积	平方米	10845
其他院校:学生席位	个	592
建筑面积	平方米	1480
城市道路扩建长度	公里	18.85
城市道路扩建面积	万平方米	54.09
城市排水管道铺设长度	公里	32.29
城市污水处理能力	万吨/日	8

5—8 更新改造新增主要生产能力(或效益)

(2001年)

生产能力(或效益)名称	计量单位	新增能力效益
变电设备能力(11万伏及以上)	万千伏安	19
水　泥	万吨/年	35
氧化铝	吨/年	100000
硫　酸	吨/年	600000
氮　肥	吨/年	75000
磷　肥	吨/年	105000
钾　肥	吨/年	75000
塑料树脂及共聚物	吨/年	150
电　池	万只/年	8900
集成电路	万块/年	700
移动通信基站设备	个/年	152
食用植物油	日处理原料:吨	100
	日精炼油:吨	30
宾馆、旅馆、招待所客房数	间	38
	平方米	760
改建公路	公里	10
城市道路扩建长度	公里	10.36
城市道路扩建面积	万平方米	7.76

5—9 基本建设新增固定资产、项目个数和房屋建筑面积

指　　标	单　位	2001年	2000年	2001年比 2000年增长(%)
新增固定资产	**万元**	**416384**	**270669**	**53.8**
项目个数				
施工项目个数	个	497	504	－1.4
#本年新开工	个	310	293	5.8
#大中型项目	个	3	3	
全投项目个数	个	264	275	－4.0
房屋建筑面积				
施工面积	万平方米	258.95	255.47	1.4
#住　宅	万平方米	92.64	118.29	－21.7
竣工面积	万平方米	82.88	123.06	－32.7
#住　宅	万平方米	39.67	78.44	－49.4

5—10 更新改造新增固定资产、项目个数和房屋建筑面积

指　　标	单　位	2001年	2000年	2001年比 2001年增长(%)
新增固定资产	**万元**	**406254**	**303170**	**34.0**
项目个数				
施工项目个数	个	682	580	17.6
#本年新开工	个	542	357	51.8
全投项目个数	个	428	308	39.0
房屋建筑面积				
施工面积	万平方米	60.57	57.36	5.6
#住　宅	万平方米	2.08	20.83	－90.0
竣工面积	万平方米	37.35	21.4	74.5
#住　宅	万平方米	2.08	11.64	－82.1

5—11　其他固定资产投资

指　　　标	2001年	2000年	2001年比2001年增长(%)
本年完成投资	**59475**	**48739**	**22.0**
按构成分			
#建筑工程	29456	20636	42.7
安装工程	2555	1839	38.9
设备工具器具购置	22884	19778	15.7
其他费用	4591	6486	－29.2
按建设性质分			
#新　建	27553	18554	48.5
扩　建	14452	17019	－15.1
改　建	2921	7891	－63.0
按国民经济行业分			
#采掘业	198	561	－64.7
#煤炭采选业	68	194	－64.9
制造业	28537	30613	－6.8
交通运输仓储及邮电通信业	326	330	－1.2
本年新增固定资产	**44634**	**57290**	**－22.1**
房屋建筑面积(万平方米)			
本年施工房屋面积	26.44	22.66	16.7
#住　宅	3.21	1.74	84.5
本年竣工房屋面积	14.51	16.05	－9.6
#住　宅	2.77	1.52	82.2

5—12 城镇和工矿区私人固定资产投资

指　　标	单　位	2001年	2000年	2001年比 2001年增长(%)
完成投资合计	万元	25253	19337	30.6
#生产性	万元	2950	544	442.3
城镇工矿区个数	个	26	26	
竣工房屋建筑面积	万平方米	69.69	50.81	37.2
#住　宅	万平方米	66.44	48.82	36.1
竣工房屋价值	万元	25112	18718	34.2
#住　宅	万元	23907	18077	32.3
建房户数	户	3048	3293	—7.4
#农业户	户	2710	1805	50.1

5—13 非国有经济固定资产投资

指　　标	2001年		2000年		2001年比 2000年增长 (%)
	投资额 (万元)	构　成 (%)	投资额 (万元)	构　成 (%)	
投资总额	**655614**	**100**	**482665**	**100**	**35.8**
基本建设	38911	5.9	17427	3.6	123.3
更新改造	86842	13.2	53009	11.0	63.8
房地产开发	360921	55.1	276074	57.2	30.7
其他投资	57178	8.7	48316	10.0	18.3
农村集体单位	70352	10.7	68502	14.2	2.7
城镇工矿区私人	25253	3.9	19337	4.0	30.6
农村私人	16157	2.5			

5—14 全社会房地产投资总额

指标	2001年		2000年		2001年比2000年增长(%)	
	合计	#国有经济	合计	#国有经济	合计	#国有经济
房地产开发投资总额(万元)	**433327**	**72406**	**310516**	**68707**	**39.6**	**5.4**
按构成分						
#建筑工程	284889	58588	201366	57899	41.5	1.2
安装工程	10231	400	14731	405	—30.5	—1.2
设备、工器具购置	7268	330	7165	24	1.4	1275
按资金来源分						
上年末结余资金	130093	21774	100259	20950	29.8	3.9
国内贷款	97331	14905	85305	13611	14.1	9.5
债券			1250			
利用外资	3162		4355		—27.4	
自筹投资	158891	27390	120801	36383	31.5	—24.7
其他投资	274515	36147	223948	30251	22.6	19.5
新增固定资产(万元)	**238617**	**68207**	**214668**	**81294**	**11.2**	**—16.1**
房屋建筑面积(万平方米)						
施工面积	750	139.5	645.8	144.3	16.1	—3.3
#住宅	561.5	120.4	485.2	116.9	15.7	3.0
竣工面积	241.9	74.2	200.5	81.5	20.6	—9.0
#住宅	210.7	70.2	173.6	76.4	21.4	—8.1

5—15　房地产开发投资完成情况

（2001年）

指　　标	单　位	合　计	#商品住宅	按经济类型分			按隶属关系分	
				国　有	集　体	其　他	中　央	地　方
房地产开发投资	**万元**	**433327**	**259024**	**72406**	**26271**	**334650**	**32801**	**400526**
本年新增固定资产	**万元**	**238617**		**68207**	**17482**	**152928**	**4128**	**234489**
商品房屋建筑面积								
施工面积	万平方米	750	561.5	139.5	52.3	558.2	41.7	708.4
竣工面积	万平方米	241.9	210.7	74.2	21.6	146	6	235.9
商品房屋销售面积	**万平方米**	**198.4**	**180.5**	**44.7**	**18.3**	**117.5**	**14.5**	**166**
商品房屋销售额	**万元**	**305317**	**246249**	**57931**	**21674**	**225712**	**17473**	**287844**

5—16　房地产开发施工竣工面积及竣工价值

（2001年）

指　　标	单　位	施工面积	#新开工	竣工房屋面　积	竣工房屋价　值（万元）
房屋建筑面积合计	**平方米**	**7500303**	**2208167**	**2418728**	**196699**
按用途分：					
住　宅	平方米	5615180	1847405	2106709	162986
#别墅、高档公寓套数	平方米	12400	400		
经济适用房	平方米	1107304	519626	662540	55296
办公楼	平方米	463668	86102	58543	8780
商业营业用房	平方米	1015752	192589	204671	20021
其　他	平方米	405703	82071	48805	4712

5—17 房地产开发经营情况

（2001年）

指标	单位	总计	登记注册类型			隶属关系
			内资	#国有	#集体	中央
一、实收资本合计	**万元**	**347350**	**279903**	**26893**	**16872**	**10923**
#国家资本	万元	26135	24535	14516		6019
二、年末资本负债情况	**万元**					
资产总计	万元	1476715	1137431	257167	83499	36918
固定资产累计折旧	万元	26853	16046	2731	1730	148
#本年折旧	万元	9787	2742	424	359	21
负债总计	万元	1106214	836081	233698	60634	26433
所有者权益合计	万元	370501	301350	23469	22865	10485
三、经营收入总计	**万元**	**321646**	**266885**	**59313**	**18919**	**17474**
1.(1)土地转让收入	万元	1097	1097	150	347	
(2)商品房屋销售收入	万元	301165	250934	56156	17302	17473
其中:销售给个人	万元	267045	227301	46237	11571	17173
其中:商品住宅销售收入	万元	245327	222519	53970	14664	17060
其中:销售给个人	万元	224061	202834	44379	10061	16760
(3)房屋出租收入	万元	2031	1526	671	279	1
(4)其他收入	万元	17353	13328	2336	991	
2.(1)经营成本	万元	266824	225094	52850	19938	18147
(2)销售费用	万元	8959	7297	488	205	686
(3)经营税金及附加	万元	16300	13290	1500	1253	879
(4)其他业务利润	万元	1287	841	425	17	
(5)管理费用及财务费用	万元	44323	36651	8072	1563	2668
(6)投资收益及营业外收入	万元	2356	2336	318	61	7
(7)营业外支出	万元	1739	1616	904	231	10
3.利润总额	万元	－12856	－13886	－3758	－4193	－4909

5—17续表

指　　标	单位	隶属关系				
		省	地　区	县	乡　镇	其　他
一、实收资本合计	**万元**	**82083**	**38711**	**15239**	**6540**	**193854**
#国家资本	万元	8281	7523	994		3318
二、年末资本负债情况	**万元**					
资产总计	万元	378212	259793	36286	19919	745587
固定资产累计折旧	万元	3281	2611	309	543	19961
#本年折旧	万元	674	615	60	93	8324
负债总计	万元	277134	230682	25995	12943	533027
所有者权益合计	万元	101078	29111	10291	6976	212560
三、经营收入总计	**万元**	**63219**	**50651**	**11925**	**12393**	**165984**
1.(1)土地转让收入	万元	297	600			200
(2)商品房屋销售收入	万元	59567	48439	11291	11869	152526
其中:销售给个人	万元	58223	41224	9075	6026	135324
其中:商品住宅销售收入	万元	46044	43542	11251	10621	116809
其中:销售给个人	万元	45298	37361	8635	5686	110321
(3)房屋出租收入	万元	820	672	49	28	461
(4)其他收入	万元	2535	940	585	496	12797
2.(1)经营成本	万元	45541	47739	9616	10441	135340
(2)销售费用	万元	1277	502	65	53	6376
(3)经营税金及附加	万元	3884	1697	290	903	8647
(4)其他业务利润	万元	230	437	17	25	578
(5)管理费用及财务费用	万元	9505	7641	996	770	22743
(6)投资收益及营业外收入	万元	1708	297	10	304	30
(7)营业外支出	万元	300	143	52	27	1207
3.利润总额	万元	4650	—6337	933	528	—7721

5—18 房地产开发资金运用情况

(2001年)

指　　标	单位	总　计	登记注册类型			隶属关系
			内　资	#国有	#集体	中　央
一、本年资金来源合计	**万元**	**663992**	**562227**	**100216**	**39128**	**31973**
1. 上年末结余资金	万元	130093	99146	21774	6103	3853
2. 本年资金来源小计	万元	533899	463081	78442	33025	28120
国内贷款	万元	97331	86700	14905	6601	6005
利用外资	万元	3162				
#外商直接投资	万元	3162				
自筹资金	万元	158891	142456	27390	12555	3388
#自有资金	万元	83004	75936	13355	4944	830
其他资金来源	万元	274515	233925	36147	13869	18727
#集　资	万元	2038	938			
定金及预收款	万元	219037	192209	29863	10375	15863
二、本年各项应付款合计	**万元**	**104965**	**85071**	**21046**	**7581**	**10804**
#工程款	万元	64888	52401	13342	4500	5613
设备、器材款	万元	3425	2462	377	954	337
竣工房屋住宅套数合计	套	24527	22172	8988	1912	761
#安居工程套数	套	7574	7456	5399	812	657
拆迁还建竣工房屋面积	平方米	166953	103055	48225	6099	823
统建代建竣工房屋面积	平方米	191482	165395	120594	25655	
公益性建筑竣工面积	平方米	20013	17831	17291	400	
年平均从业人员数	人	10354	9283	2078	882	229
年末从业人员数	人	10675	9595	2015	899	244
全年从业人员劳动报酬	万元	9214	8065	1987	661	259
空置面积中:空置一年以下	平方米	191659	178253	21297	30176	
空置一年以上(含一年)	平方米	57021	31943	9853	2600	1629

5—18续表

指　　标	单位	隶属关系				
		省	地　区	县	乡　镇	其　他
一、本年资金来源合计	**万元**	**132013**	**91978**	**18345**	**16484**	**373199**
1.上年末结余资金	万元	36185	12476	2824	2596	72159
2.本年资金来源小计	万元	95828	79502	15521	13888	301040
国内贷款	万元	10815	18826	355	925	60405
利用外资	万元					3162
#外商直接投资	万元					3162
自筹资金	万元	29189	33543	5637	7098	80036
#自有资金	万元	17333	11549	5397	1915	45980
其他资金来源	万元	55824	27133	9529	5865	157437
#集资	万元	300	1100	249		389
定金及预收款	万元	33629	22909	8437	4337	133862
二、本年各项应付款合计	**万元**	**19600**	**11738**	**4744**	**2983**	**55096**
#工程款	万元	13424	4033	4690	1594	35534
设备、器材款	万元	584	7	54		2443
竣工房屋住宅套数合计	套	3379	7251	1483	1799	9854
#安居工程套数	套	765	3193	1080	780	1099
拆迁还建竣工房屋面积	平方米	22770	56447	1110	4999	80804
统建代建竣工房屋面积	平方米	22218	100506		23525	45233
公益性建筑竣工面积	平方米	791	16900			2322
年平均从业人员数	人	2475	1394	484	371	5401
年末从业人员数	人	2596	1401	497	379	5558
全年从业人员劳动报酬	万元	2292	1373	380	258	4652
空置面积中:空置一年以下	平方米	37211	21051	4800	18094	110503
空置一年以上(含一年)	平方米	10024	4821	3276		37271

5—19 房地产开发投资分组指标按资质等级完成情况

(2001年)

项　　目	单　位	按资质等级分：					
		一　级	二　级	三　级	四　级	暂　定	其　他
本年完成投资	**万元**	**21470**	**106400**	**157232**	**130698**	**12267**	**5260**
#商品房建设投资额	万元	10230	90184	107200	87924	4449	148
土地开发投资额	万元	11240	9787	30279	17910	5269	612
1.建筑工程	万元	9780	73668	103526	90250	3023	4642
2.安装工程	万元		4896	2240	3074	15	6
3.设备工器具购置	万元	450	3793	1703	1322		
4.其他费用	万元	11240	24043	49763	36052	9229	612
#土地购置费	万元	4500	5452	21708	10044	2884	612
本年新增固定资产	万元	12825	47281	116569	60495	1447	
本年完成开发土地面积	平方米	3000	436505	516490	554185	114271	19136
正在开发的土地面积	平方米	396000	282545	494870	514256	131638	460
待开发土地面积	平方米	751000	319552	386142	264765	116141	
本年购置土地面积	平方米	1150000	329405	779790	475734	198729	19160
本年资金来源合计	**万元**	**27337**	**175259**	**251950**	**188422**	**15679**	**5345**
1.上年末结余资金	万元	15000	33851	49859	30379	1004	
2.本年资金来源小计	万元	12337	141408	202091	158043	14675	5345
国内贷款	万元		30040	40965	20787	4139	1400
利用外资	万元		1606	1556			
#外商直接投资	万元		1606	1556			
自筹资金	万元		29398	62652	56574	10012	255
#自有资金	万元		24798	28649	19444	9858	255
其他资金来源	万元	12337	80364	96918	80682	524	3690
#集　资	万元		1750	268		20	
定金及预收款	万元		66537	77311	71255	434	3500
本年各项应付款合计	**万元**	**320**	**36353**	**27709**	**33683**	**2900**	**4000**
#工程款	万元	320	25434	17794	15746	2594	3000
设备、器材款	万元		1067	1292	860	206	
实收资本合计	**万元**	**32681**	**71893**	**132031**	**92943**	**16022**	**1780**
#国家资本	万元	3624	6262	9228	7021		
年末资产负债							
资产总计	万元	115927	428805	561281	318477	36323	15902
固定资产累计折旧	万元	988	4007	15757	6003	84	14
#本年折旧	万元	160	952	7601	979	81	14

5—19续表1

项　　　目	单　位	按资质等级分：					
		一　级	二　级	三　级	四　级	暂　定	其　他
负债总计	万元	64533	330527	449292	233682	13947	14233
所有者权益合计	万元	51394	98278	111989	84795	22376	1669
损　益							
1.经营收入总计	万元	12553	71636	142360	94326	171	600
(1)土地转让收入	万元		497		600		
(2)商品房屋销售收入	万元	10303	70963	128409	91320	170	
#销售给个人	万元	10053	70533	103948	82341	170	
商品住宅销售收入	万元	10053	66861	92885	75358	170	
#销售给个	万元	10053	66535	78134	69169	170	
(3)房屋出租收入	万元		278	1582	171		
(4)其他收入	万元	2250	395	11872	2835	1	
2.(1)经营成本	万元	4433	59547	113879	88406	84	475
(2)销售费用	万元	600	3428	2569	2302	57	3
(3)经营税金及附加	万元	1420	3324	6406	5074	51	25
(4)其他业务利润	万元		266	734	287		
(5)管理费用及财务费用	万元	2600	11017	18222	11203	950	331
(6)投资收益及营业外收入	万元	1560	1	306	489		
(7)营业外支出	万元	60	155	1301	213	10	
3.利润总额	万元	5000	-5568	1023	-12096	-981	-234
施工房屋面积	**平方米**	**279336**	**2018493**	**2605038**	**2429630**	**98996**	**68810**
住　宅	平方米	170271	1416068	1942835	1967629	79109	39268
#别墅、高档公寓	平方米	400	12000				
经济适用房	平方米		232185	580751	290760		3608
办公楼	平方米		140565	217987	96816		8300
商业营业用房	平方米	59427	340669	340532	237795	19887	17442
其　他	平方米	49638	121191	103684	127390		3800
本年新开工房屋面积	**平方米**	**69335**	**356650**	**962454**	**720732**	**98996**	
住　宅	平方米	58270	301815	775663	632548	79109	
#别墅、高档公寓	平方米	400					
经济适用房	平方米		105000	339144	75482		
办公楼	平方米		8446	73328	4328		
商业营业用房	平方米	5427	28216	83944	55115	19887	
其　他	平方米	5638	18173	29519	28741		

5—19续表2

项目	单位	按资质等级分:					
		一级	二级	三级	四级	暂定	其他
竣工房屋面积	**平方米**	**73215**	**486816**	**1089407**	**758568**	**10722**	
住宅	平方米	69215	446504	913375	666893	10722	
#经济适用房	平方米		142555	341636	178349		
办公楼	平方米		5638	47050	5855		
商业营业用房	平方米		33153	106733	64785		
其他	平方米	4000	1521	22249	21035		
竣工房屋价值	**万元**	**6614**	**34578**	**100665**	**53395**	**1447**	
住宅	平方米	6134	30975	78538	45892	1447	
#经济适用房	平方米		7350	37608	10338		
办公楼	平方米		413	7894	473		
商业营业用房	平方米		3073	11434	5514		
其他	平方米	480	117	2599	1516		
商品房实际销售面积	**平方米**	**39636**	**461021**	**740361**	**735047**	**7810**	
#个人	平方米	38885	459184	609771	645997	7810	
住宅	平方米	38885	445185	629002	684570	7810	
#别墅、高档公寓	平方米		15571				
经济适用房	平方米		110538	192660	163265		
个人	平方米	38885	444385	496931	600504	7810	
办公楼	平方米		4108	22066	6051		
商业营业用房	平方米	13	8680	88053	36001		
其他	平方米	738	3048	1240	8425		
商品房预售面积	**平方米**	**23342**	**221390**	**409446**	**319940**	**11026**	**29000**
个人	平方米	23342	204829	390257	205823	11026	29000
住宅	平方米	23342	210823	390408	261944	10716	21000
#别墅、高档公寓	平方米	400					
经济适用房	平方米		62500	202629	56370		
个人	平方米	23342	196552	372102	188046	10716	21000
办公楼	平方米		5952	9835	27153		7000
商业营业用房	平方米		3990	8373	20244	310	
其他	平方米		625	830	10599		1000

5—19续表3

项目	单位	按资质等级分:					
		一级	二级	三级	四级	暂定	其他
商品房空置面积	**平方米**	**5700**	**79097**	**107496**	**56387**		
住宅	平方米	2100	60297	64369	42087		
#别墅、高档公寓	平方米			1840	735		
经济适用房	平方米		5707				
办公楼	平方米		5368	3630			
商业营业用房	平方米	3600	10693	28454	10046		
其他	平方米		2739	11043	4254		
商品房出租面积	**平方米**		**4716**	**15563**	**7634**		
#外销(租)	平方米			17			
个人	平方米		150	1856	627		
住宅	平方米		5730	5316			
办公楼	平方米		1208	2484	150		
商业营业用房	平方米		3508	4778	2168		
其他	平方米			2571			
商品房实际销售额	**万元**	**10303**	**70895**	**128162**	**94807**	**1150**	
#个人	平方米	10053	70465	105009	87362	1150	
住宅	平方米	10053	64981	89696	80369	1150	
#别墅、高档公寓	平方米		5450				
经济适用房	平方米		9588	22086	15632		
个人	平方米	10053	64655	75931	73680	1150	
办公楼	平方米		2372	7076	1317		
商业营业用房	平方米	12	3086	31103	11358		
其他	平方米	238	456	287	1763		
竣工房屋住宅套数合计	**套**	**902**	**4760**	**10969**	**7772**	**124**	
#经济适用房套数	套		1682	3969	1923		
拆迁还建竣工房屋面积	平方米		27527	79516	59910		
统建代建竣工房屋面积	平方米		16788	141140	33554		
公益性建筑竣工面积	平方米		2182	17721	110		
年平均从业人员数	人	630	1835	4094	3323	399	73
年末从业人员数	人	807	1813	4115	3441	426	73
全年从业人员劳动报酬	万元	530	1921	3668	2697	340	58
空置面积中:空置一年以下	平方米		58988	88708	43963		
空置一年以上(含一年)	平方米	5700	20109	18788	12424		

5—20 房地产开发商品房屋销售与出租情况

（2001年）

指　　标	单　位	实际销售	预　售	空　置	出　租	实　际 销售额 （万元）
房屋面积合计	**平方米**	**1983875**	**1014144**	**248680**	**27913**	**305317**
#外　销(租)	平方米				17	
个　人	平方米	1761647	864277		2633	274039
1.住　宅	平方米	1805452	918233	168853	11046	246249
#别墅、高档公寓套数	平方米	15571	400	2575		5450
经济适用房	平方米	466463	321499	5707		47306
#个　人	平方米	1588515	788416			225469
2.办公楼	平方米	32225	49940	8998	3842	10765
3.商业营业用房	平方米	132747	32917	52793	10454	45559
4.其　他	平方米	13451	13054	18036	2571	2744

5—21 商品房竣工销售情况

指　　标	2001年	2000年	2001年比 2001年增长（%）
商品房屋竣工面积（平方米）	2418728	2005059	20.6
#住　宅	2106709	1735583	21.4
办公楼	58543	82464	−29.0
商业营业用房	204671	161986	26.4
商品房屋销售面积（平方米）	1983875	1413716	40.3
#住　宅	1805452	1322156	36.6
办公楼	32225	13160	144.9
商业营业用房	132747	72350	83.5
商品房实际销售额（万元）	305317	221746	37.7
#住　宅	246249	185179	33.0
办公楼	10765	4895	119.9
商业营业用房	45559	30829	47.8
商品房空置面积（平方米）	248680	314693	−21.0
#住　宅	168853	198927	−15.1
办公楼	8998	20770	−56.7
商业营业用房	52793	79074	−33.2

主要统计指标解释

全社会固定资产投资 固定资产投资额是以货币表现的建造和购置固定资产活动的工作量，它是反映固定资产投资规模、速度、比例关系和使用方向的综合性指标。

基本建设投资 基本建设指企业、事业、行政单位以扩大生产能力或工程效益为主要目的的新建、扩建工程及有关工作。其综合范围为总投资50万元以上(含50万元，下同)的基本建设项目。

更新改造投资 更新改造指企业、事业单位对原有设施进行固定资产更新和技术改造，以及相应配套的工程和有关工作(不包括大修理和维护工程)。其综合范围为总投资50万元以上的更新改造项目。

房地产开发投资 指房地产开发公司、商品房建设公司及其他房地产开发法人单位和附属于其他法人单位实际从事房地产开发或经营的活动单位统一开发的包括统代建、拆迁还建的住宅、厂房、仓库、饭店、宾馆、度假村、写字楼、办公楼等房屋建筑物和配套的服务设施，土地开发工程(如道路、给水、排水、供电、供热、通讯、平整场地等基础设施工程)的投资；不包括单纯的土地交易活动。

其他固定资产投资 指全社会固定资产投资中未列入基本建设、更新改造和房地产开发投资的建造和购置固定资产的活动。

城镇和工矿区私人建房投资和农村个人投资 城镇和工矿区私人建房包括市、县城、镇、工矿区所辖范围内的全部私人建房，不论其房主是否系本地的常住户口均应包括。农村个人投资包括农村个人建房及购置生产性固定资产投资。

施工项目 指报告期内曾进行建筑或安装工程施工活动的建设项目，包括报告期内新开工项目、报告期以前开工跨入报告期继续施工的项目以及报告期施过工并在报告期内全部建成投资 产或停缓建的项目。

新增生产能力 指通过固定资产投资活动而增加在的设计能力或工程效益，它是用实物形态表示的固定资产投资的成果。新增生产能力的计算，是以能独立发挥生活能力或工程效益的单项工程(或项目)为对象。当单项工程(或项目)建成，经有关部门鉴定合格，正式移交投入生产，即可计算新增生产能力。

房屋建筑面积 指从房屋外墙线算起的各层平面面积的总和，包括可供使用的有效面积和房屋结构(如柱、墙)占用的面积。多层建筑按各层(包括地下室)面积总和计算。

住宅建筑面积 指施和竣工房屋建筑面积中供居住用的施工和竣工房屋建筑面积。

施工面积 指报告期内施工的全部房屋建筑面积。包括本期新开工的面积、上期跨入本期继续施工的房屋面积、上期停缓建在本期恢复施工的房屋面积、本期竣工的房屋面积及本期施工后又停缓建的房屋面积。

竣工面积 指在报告期内房屋建筑按照设计要求已全部完工，达到住人和使用条件，经验收鉴定合格，正式移交使用单位的建筑面积。

房屋建筑面积竣工率 指一定时期内房屋竣工面积占用同期房屋施工面积的比率。

新增固定资产 指通过投资活动所形成的新的固定资产价值，包括已经建成投入生产或交付使用的工程价值和达到固定资产标准的设备、工具、器具的价值及有关应摊入的费用。它是以价值形式表示的固定资产投资成果的综合性指标，可以综合反映不同时期、不同部门、不同地区的固定资产投资成果。

建设项目投产率 指一定时期内全部建成投入生产项目个数与同期正式施工项目个数的比率。这是从项目建设速度的角度反映投资效果的指标。

固定资产交付使用率 指一定时期新增固定资产与同期完成投资额的比率。它是反映各个时期固定资产动用速度，衡量建设过程中投资效果的一个综合性指标。

工业能源消费

6

工业能源消费总量（吨标准煤）

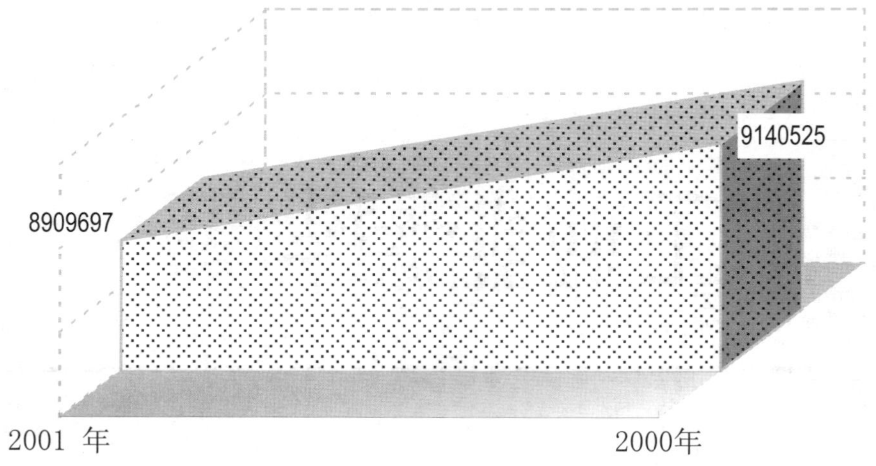

万元产值能耗（吨标准煤/万元）

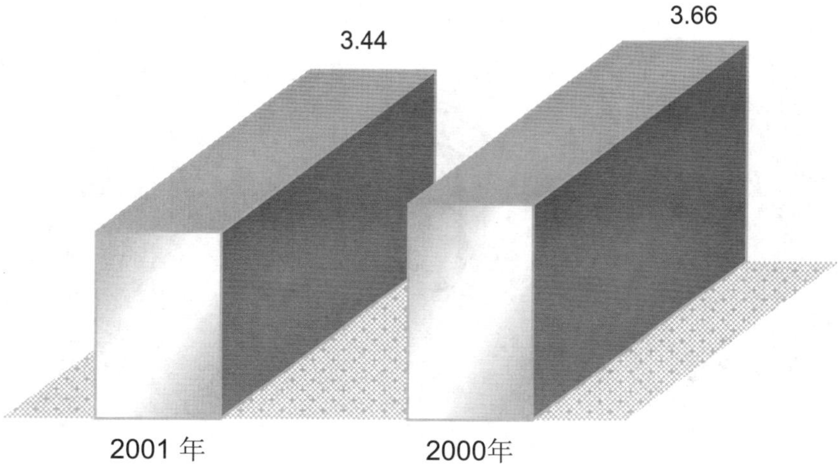

电力消费量（万千瓦时）

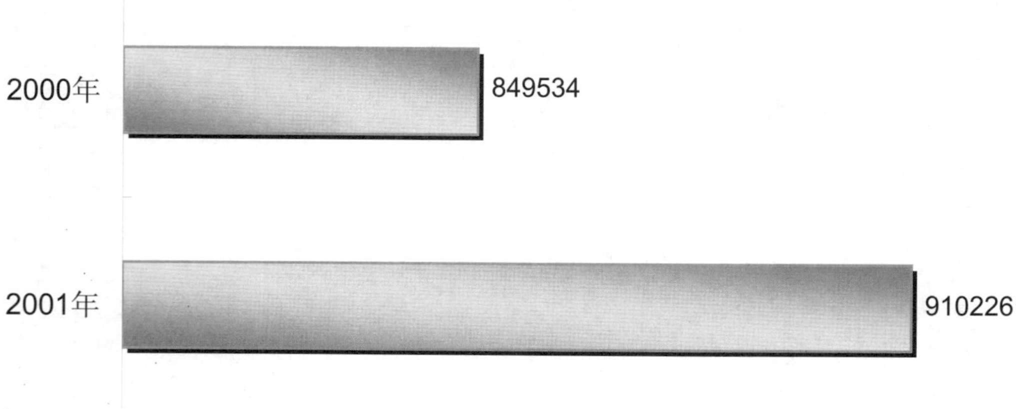

6—1 工业主要能源品种消费量

指　　　标	2001年	2000年	2001年比2000年增长(%)
能源消费总量(吨标准煤)	8909697	9140525	—2.5
万元产值能耗(吨标准煤/万元)	3.44	3.66	—6.0
原煤消费量(吨)	5147529	5603412	—8.1
焦炭消费量(吨)	227837	227472	0.2
汽油消费量(吨)	8990	10393	—13.5
煤油消费量(吨)	975	435	124.1
柴油消费量(吨)	16724	17430	—4.1
燃料油消费量(吨)	68218	64248	6.2
电力消费量(万千瓦时)	910226	849534	7.1

6—2 分行业能源消费量和主要能源品种消费量

（2001年）

行 业	能源消费总量（吨标准煤）	万元产值能耗（吨标准煤/万元）	原煤消费量（吨）	焦炭消费量（吨）
总 计	**8909697**	**3.44**	**5147529**	**227837**
按工业行业大类分				
采掘业	**191305**	**2.32**	**28766**	**20103**
煤炭采选业	14109	1.06	5059	
非金属矿采选业	177196	2.57	23707	20103
制造业	**5582661**	**2.51**	**1919629**	**207734**
食品加工业	43603	0.84	10244	6
食品制造业	15294	0.39	13942	
饮料制造业	9661	0.69	8652	
烟草加工业	49416	0.14	43468	
纺织业	24156	2.26	15183	
服装及其他纤维制品制造业	460	0.03	1683	
皮革、毛皮、羽绒及其制品业	698	6.67	130	
木材加工及竹、藤、棕、草制品	7554	2.27	7198	
家具制造业	204	0.17		
造纸及纸制品业	2746	0.22	2362	
印刷业	18582	0.36	4335	
文教体育用品制造业	296	0.09	265	
化学原料及化学制品制造业	1240796	5.81	276046	67372
医药制造业	47404	0.22	23767	
橡胶制品业	163303	0.84	140276	
塑料制品业	17351	0.37	6406	
非金属矿物制品业	600157	5.33	527825	147
黑色金属冶炼及压延加工业	545454	6.08	109654	104999
有色金属冶炼及压延加工业	2532909	7.40	650630	30549
金属制品业	71587	2.57	3516	
普通机械制造业	22545	0.75	5418	2117
专用设备制造业	16636	0.54	7690	413
交通运输设备制造业	114654	0.53	53241	1819
电气机械及器材制造业	11220	0.17	5526	113
电子及通信设备制造业	17568	0.30	712	49
仪器仪表及文化、办公用机械制	7982	0.49	1138	150
其他制造业	425	0.12	322	
电力、蒸汽、热水的生产和供应业	**3135731**	**11.03**	**3199134**	
电力、蒸汽、热水的生产和供应	2346589	10.00	3199134	
煤气生产和供应业	753460	22.38		
自来水的生产和供应业	35682	2.24		

6－2续表

行　　业	汽油消费量（吨）	煤油消费量（吨）	柴油消费量（吨）	燃料油消费量（吨）	电力消费量（万千瓦时）
总　　计	**8990**	**975**	**16724**	**68218**	**910226**
按工业行业大类分					
采掘业	**364**	**4**	**2395**		**36435**
煤炭采选业	67	4	177		2508
非金属矿采选业	297		2218		33927
制造业	**7796**	**962**	**12143**	**68218**	**847608**
食品加工业	66	203	35		8869
食品制造业	323		6		1201
饮料制造业	69		187		769
烟草加工业	496		903		4040
纺织业	47	4	3		3275
服装及其他纤维制品制造业	84		62		195
皮革、毛皮、羽绒及其制品业	5				148
木材加工及竹、藤、棕、草制品	2		1		596
家具制造业	15		23		37
造纸及纸制品业	22		11		250
印刷业	171	56	20		3744
文教体育用品制造业	3		9		22
化学原料及化学制品制造业	1089	2	1618		203394
医药制造业	257	291	51		7055
橡胶制品业	1569	2	85		15018
塑料制品业	213	2	29		3074
非金属矿物制品业	593	30	2715	651474	
黑色金属冶炼及压延加工业	64		67		90090
有色金属冶炼及压延加工业	768	7	3728	68182	406012
金属制品业	59	14	133	1517018	
普通机械制造业	332	20	775		3692
专用设备制造业	302	5	101		2586
交通运输设备制造业	789	228	885	12	17854
电气机械及器材制造业	153	6	539	31474	
电子及通信设备制造业	177	2	155		4015
仪器仪表及文化、办公用机械制	116	90	2		1662
其他制造业	12				44
电力、蒸汽、热水的生产和供应业	**830**	**9**	**2186**		**26183**
电力、蒸汽、热水的生产和供应	681	1	2125		14195
煤气生产和供应业	119	2	61		3169
自来水的生产和供应业	30	6			8819

工业与建筑业

7

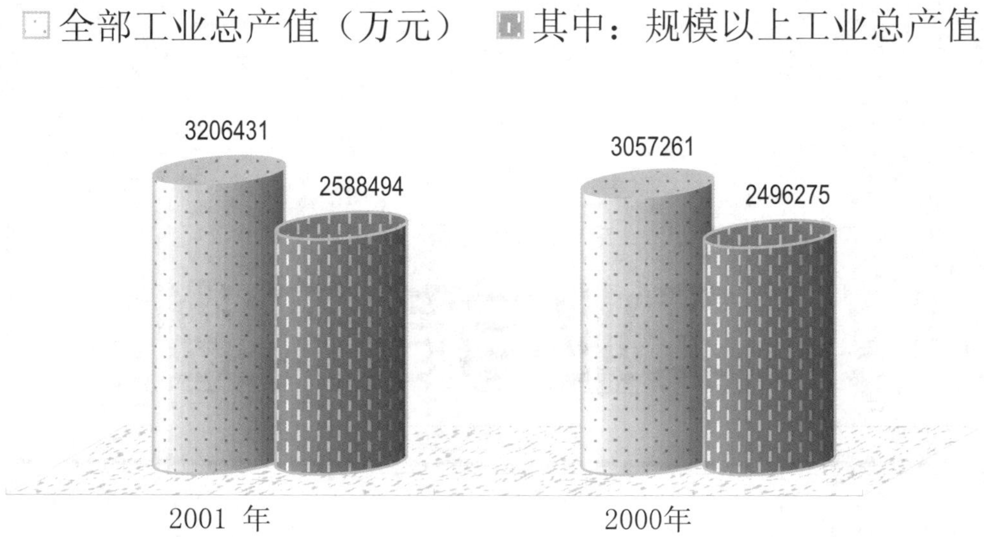

规模以上工业总产值（按轻、重工业和大、中、小型企业分）

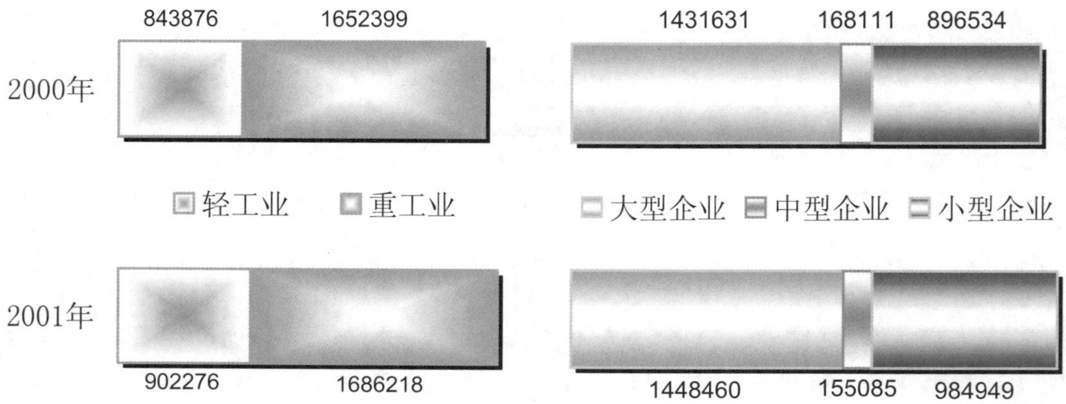

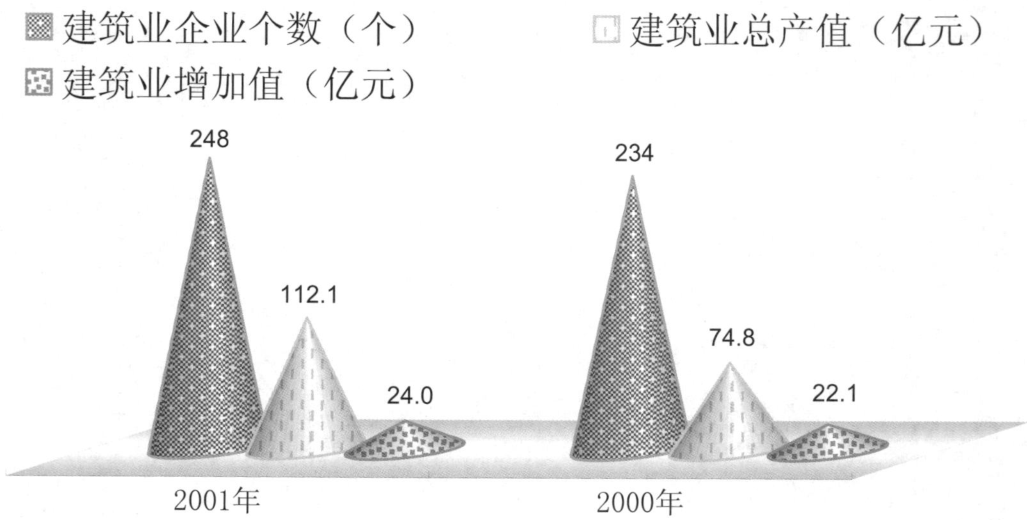

7—1 全部工业总产值

单位:万元

指　　标	2001年	2000年	2001年比2000年增长(%)
总　计	**3206431**	**3057261**	**10.5**
一、规模以上工业总产值合计	**2588494**	**2496275**	**10.1**
在合计中:国有控股企业	1882363	1962723	5.8
亏损企业	363741	284725	37.3
乡村工业	80679	133146	—37.7
按登记注册类型分			
内资企业	2494669	2426958	10.1
国有企业	1035899	1065299	9.6
中央	647478	667616	11.4
地方	388421	397683	6.9
集体企业	135286	236397	8.6
股份合作企业	16592	31803	37.9
联营企业	11954	21405	—51.4
有限责任公司	817855	683155	20.5
股份有限公司	297019	298081	—8.4
私营企业	180065	90818	85.4
港、澳、台商投资企业	41319	28293	43.7
外商投资企业	52506	41025	26.9
按轻重工业分			
轻工业	902276	843876	7.1
重工业	1686218	1652399	11.9
按企业规模分			
大型企业	1448460	1431631	2.7
中型企业	155085	168111	—7.4
小型企业	984949	896534	8.2
二、规模以下工业总产值合计	**617937**	**560986**	**12.5**
在合计中:年收入在100万元以上	317978	—	—
年收入在100万元以下	299959	—	—

注:本表绝对数按当年价格计算,增长速度按可比价格和可比口径计算;规模以下工业产值按抽样调查数推算。

7—2　规模以上工业企业单位数

单位:个

指　　标	2001年	2000年	2001年比2000年增长(%)
总　计	**587**	**567**	**3.5**
按经济类型分			
#国有及国有控股企业	296	308	—3.9
港澳台投资企业	24	15	60.0
外商投资企业	17	13	30.8
乡村工业	49	59	—17.0
按国有非国有分			
国有经济	249	259	—3.9
非国有经济	338	308	9.7
按轻重工业分			
轻工业	257	243	5.8
重工业	330	324	1.9
按企业规模分			
#大型企业	49	51	—3.9
中型企业	36	40	—10.0
小型企业	502	476	5.5
按主要行业分			
采掘业		12	—100.0
制造业		527	—100.0
#食品加工业	37	37	0.0
食品制造业	21	20	5.0
饮料制造业	13	13	0.0
烟草加工业	3	3	0.0
化学原料及化学制品制造业	54	55	—1.8
医药制造业	52	49	6.1
橡胶制品业	11	7	57.1
非金属矿物制品业	85	81	4.9
黑色金属冶炼及压延加工业	22	20	10.0
有色金属冶炼及压延加工业	4	12	—66.7
交通运输设备制造业	39	40	—2.5
电气机械及器材制造业	19	20	—5.0
电子及通信设备制造业	9	10	—10.0
电力、煤气及水的生产和供应业	26	28	—7.1

7—3 规模以上工业企业分行业总产值

单位:万元

指　　标	2001年	2000年	2001年比2000年增长(%)
总　计	**2588494**	**2496275**	**10.1**
采掘业	82386	77288	32.8
制造业	2221825	2149960	3.6
#食品加工业	51639	42946	12.3
食品制造业	38911	28859	35.5
饮料制造业	14001	17407	—15.1
烟草加工业	269170	347969	—3.7
化学原料及化学制品制造业	213735	180682	19.3
医药制造业	214791	187850	10.4
橡胶制品业	193258	148914	26.2
非金属矿物制品业	112700	103909	6.3
黑色金属冶炼及压延加工业	89660	83516	10.6
有色金属冶炼及压延加工业	333061	373285	5.3
交通运输设备制造业	224791	224776	—8.9
电气机械及器材制造业	67426	66621	1.1
电子及通信设备制造业	58531	100982	—33.3
电力、煤气及水的生产和供应业	284282	269027	3.1

7—4　规模以上工业企业主要经济效益指标

指　　标	单位	2001年	2000年	2001年比2000年增长(%)
固定资产原值	万元	3801654	3568901	6.5
固定资产净值平均余额	万元	2311970	2215520	4.4
流动资产平均余额	万元	2524093	2459661	2.6
产品销售收入	万元	2427146	2554509	−5.0
利税总额	万元	376972	414722	−9.1
#利润	万元	56872	63423	−10.3
总资产贡献率	%	7.78	8.9	−1.1
资本保值增值率	%	114.18	115.91	−1.7
资产负债率	%	70.8	72.81	−2.0
成本费用率	%	2.52	2.91	−0.4
产品产销率	%	97.11	99.49	−2.4
流动资产周转次数	次	0.96	1.04	−0.1
全员劳动生产率	元/人	41817	38236	9.4
工业综合经济效益指数	%	96.03	98.13	−2.1

7—5 规模以上工业企业主要经济指标

（2001年）

单位：万元

指标	企业单位数（个）	从业人员年平均人数（人）	工业总产值	工业增加值	资产合计
总计	**587**	**234722**	**2588494**	**981538**	**5986504**
按登记注册类型分					
内资企业	546	226298	2494669	951423	5756478
国有企业	249	116816	1035899	396720	2993399
中央企业	31	48799	647478	281915	1594572
地方企业	218	68017	388421	114805	1398828
集体企业	97	14714	135286	41365	115033
股份合作企业	19	2101	16592	4327	33616
联营企业	11	1700	11954	194745353	
有限责任公司	86	64519	817855	346775	1814998
股份有限公司	21	17125	297019	97710	542933
私营企业	63	9323	180065	62580	211147
其他企业					
港、澳、台商投资企业	24	3288	41319	14502	75702
外商投资企业	17	5136	52506	15613	154323
在总计中：国有控股企业	**296**	**185328**	**1882363**	**747765**	**5059397**
乡村工业	**49**	**5658**	**80679**	**23317**	**79833**
按轻重工业分					
轻工业	257	50933	902276	401419	1580590
以农产品为原料	190	37982	759739	363356	1286125
以非农产品为原料	67	12951	142537	38063	294466
重工业	330	183789	1686218	580119	4405913
采掘工业	12	18967	83660	25114	242245
原料工业	109	67993	871465	323787	2204825
加工工业	209	96829	731093	231218	1958844
按企业规模分					
大型企业	49	114935	1448460	619005	3715476
中型企业	36	34407	155085	56671	628874
小型企业	502	85380	984949	305862	1642153

7—5续表1

单位:万元

指　　标	流动资产合　　计	固定资产原　　值	产品销售收　　入	利税总额	利润总额
总　　计	**2643626**	**3801654**	**2427146**	**376972**	**56872**
按登记注册类型分					
内资企业	2484292	3705046	2317190	370514	56470
国有企业	1034885	2471263	991711	97618	22056
中央企业	571291	1414139	644126	90454	38119
地方企业	463593	1057123	347585	7164	—16063
集体企业	64063	58968	114604	8832	2250
股份合作企业	16661	16936	14867	706	—309
联营企业	11931	29739	9835	—1159	—1448
有限责任公司	923464	798015	757261	209340	8488
股份有限公司	318285	254257	290300	30539	9178
私营企业	115003	75868	138613	24638	16255
其他企业					
港、澳、台商投资企业	45093	40191	37430	2471	680
外商投资企业	114241	56417	72526	3987	—278
在总计中:国有控股企业	**2123110**	**3384914**	**1823262**	**317582**	**31031**
乡村工业	**44732**	**38541**	**68526**	**4742**	**1692**
按轻重工业分					
轻工业	962995	606068	823173	223356	19762
以农产品为原料	809031	468754	696370	216385	17384
以非农产品为原料	153964	137314	126803	6971	2379
重工业	1680631	3195586	1603973	153616	37110
采掘工业	80771	195300	84521	6437	858
原料工业	627381	2016959	833236	92470	25944
加工工业	972479	983327	686216	54709	10307
按企业规模分					
大型企业	1630657	2632718	1427282	302481	42204
中型企业	246475	367498	147855	10843	—2790
小型企业	766494	801438	852009	63648	17459

7－5续表2

单位:万元

指标	企业单位数(个)	从业人员年平均人数(人)	工业总产值	工业增加值	资产合计
按工业行业大类分					
采掘业	**11**	**18887**	**82387**	**25000**	**239474**
煤炭采选业	3	8594	13327	3837	44495
非金属矿采选业	8	10293	69060	21163	194980
制造业	**550**	**202484**	**2221825**	**840576**	**4758546**
食品加工业	37	2917	51639	12954	59594
食品制造业	21	4397	38911	14304	60259
饮料制造业	13	3140	14001	6486	53959
烟草加工业	3	5595	352202	209757	639452
纺织业	10	6885	10686	3165	74249
服装及其他纤维制品制造业	5	2191	18336	6414	18001
皮革、毛皮、羽绒及其制品业	4	145	105	－15	4820
木材加工及竹、藤、棕、草制品业	4	995	3322	－348	16262
家具制造业	3	170	1175	397	1371
造纸及纸制品业	8	767	12232	3862	19662
印刷业	35	4633	51809	16995	91967
文教体育用品制造业	2	331	3335	903	3399
化学原料及化学制品制造业	54	21481	213735	65148	527674
医药制造业	52	7313	214791	91437	264642
橡胶制品业	11	12931	193258	64942	375287
塑料制品业	20	4280	47516	13099	93156
非金属矿物制品业	85	21335	112700	32836	360519
黑色金属冶炼及压延加工业	22	11560	89660	12028	263766
有色金属冶炼及压延加工业	14	24172	342257	150620	655317
金属制品业	19	2994	27839	7783	46488
普通机械制造业	26	9138	30035	8222	126829
专用设备制造业	22	7956	30721	6906	105893
交通运输设备制造业	38	28610	215595	73678	601522
电气机械及器材制造业	19	5245	67426	18843	106303
电子及通信设备制造业	9	5690	58531	12552	125914
仪器仪表及文化、办公用机械制造业	9	7482	16413	6523	59060
其他制造业	5	131	3598	1086	3181
电力、煤气及水的生产和供应业	**26**	**13351**	**284282**	**115963**	**988483**
电力、蒸汽、热水的生产和供应业	15	9497	234702	106590	779555
煤气生产和供应业	3	2427	33664	3984	125237
自来水的生产和供应业	8	1427	15916	5389	83691

7—5续表3

单位:万元

指　　标	流动资产合计	固定资产原值	产品销售收入	利税总额	利润总额
按工业行业大类分	**2643626**	**3801654**	**2427146**	**376972**	**56872**
采掘业	**79404**	**193704**	**83485**	**6484**	**966**
煤炭采选业	19093	27360	9687	252	—338
非金属矿采选业	60311	166345	73798	6232	1304
制造业	**2301050**	**2511913**	**2096689**	**342803**	**50179**
食品加工业	21003	32577	47183	—680	—1118
食品制造业	33356	19658	37631	9726	6511
饮料制造业	18742	35146	17226	2933	682
烟草加工业	458935	193078	349811	174920	—2695
纺织业	26023	48260	5608	—1486	—1957
服装及其他纤维制品制造业	12979	8173	17397	658	365
皮革、毛皮、羽绒及其制品业	1011	3791	68	14	—20
木材加工及竹、藤、棕、草制品业	4488	11196	2674	—1355	—1509
家具制造业	646	812	1132	122	31
造纸及纸制品业	9559	9237	10644	1165	406
印刷业	44325	51841	42241	3691	1126
文教体育用品制造业	1684	687	809	27	—37
化学原料及化学制品制造业	204609	275259	188404	20429	10112
医药制造业	185584	63138	171979	26272	14724
橡胶制品业	203298	186580	201889	23878	5771
塑料制品业	33063	65834	42734	1531	189
非金属矿物制品业	144763	196343	102612	2060	—4949
黑色金属冶炼及压延加工业	83670	111594	84172	—6217	—9544
有色金属冶炼及压延加工业	204644	604898	351386	60536	29458
金属制品业	27904	21054	25275	763	—142
普通机械制造业	65459	74813	23780	—3030	—4637
专用设备制造业	68247	65555	27882	—6131	—7802
交通运输设备制造业	281718	321944	204936	25796	14031
电气机械及器材制造业	63508	33433	67636	4205	1026
电子及通信设备制造业	77336	46509	54502	2190	358
仪器仪表及文化、办公用机械制造业	23252	28887	13871	666	—227
其他制造业	1245	1617	3211	120	26
电力、煤气及水的生产和供应业	**263172**	**1096037**	**246971**	**27685**	**5727**
电力、蒸汽、热水的生产和供应业	182908	961846	209331	23681	4472
煤气生产和供应业	26043	92487	26509	1334	—697
自来水的生产和供应业	54221	41704	11131	2670	1952

7—6 规模以上国有工业企业主要经济指标

（2001年）

单位：万元

指标	企业单位数（个）	从业人员年平均人数（人）	工业总产值	工业增加值	资产合计
总计	**296**	**185328**	**1882363**	**747765**	**5059397**
中央企业	39	63223	1065975	515190	2359875
地方企业	257	122105	816388	232575	2699522
按轻重工业分					
轻工业	127	33334	508769	256341	1113101
以农产品为原料	96	24949	426188	234980	884551
以非农产品为原料	31	8385	82581	21361	228550
重工业	169	151994	1373594	491424	3946296
采掘工业	5	16940	70542	21171	226843
原料工业	48	58227	758724	291596	2068160
加工工业	116	76827	544328	178657	1651293
按企业规模分					
大型企业	46	110765	1425764	613418	3593845
中型企业	36	34407	155085	56671	628874
小型企业	214	40156	301513	77676	836678
按工业行业大类分					
采掘业	**5**	**16940**	**70542**	**21171**	**226843**
煤炭采选业	3	8594	13327	3837	44495
非金属矿采选业	2	8346	57215	17334	182348
制造业	**266**	**155070**	**1528735**	**611001**	**3844213**
食品加工业	21	1871	17319	4187	42544
食品制造业	12	3161	12013	4433	32178
饮料制造业	11	2030	7460	4264	29198
烟草加工业	3	5595	352202	209757	639452

7—6续表1

单位:万元

指　　标	流动资产合　　计	固定资产原　　值	产品销售收　　入	利税总额	利润总额
总　　计	**2123110**	**3384914**	**1823262**	**317582**	**31031**
中央企业	1062509	1716879	1047381	277234	44072
地方企业	1060601	1668035	775880	40349	—13042
按轻重工业分					
轻工业	663442	462086	490855	180993	—4060
以农产品为原料	543142	355923	414960	176751	—5506
以非农产品为原料	120300	106163	75895	4241	1446
重工业	1459668	2922829	1332406	136590	35091
采掘工业	75231	184763	73226	5485	986
原料工业	565188	1926243	729565	87153	27485
加工工业	819249	811823	529615	43952	6621
按企业规模分					
大型企业	1538312	2580090	1382887	301200	43655
中型企业	246475	367498	147855	10843	—2790
小型企业	338323	437326	292520	5540	—9834
按工业行业大类分					
采掘业	**75231**	**184763**	**73226**	**5485**	**986**
煤炭采选业	19093	27360	9687	252	—338
非金属矿采选业	56138	157403	63539	5234	1323
制造业	**1784739**	**2104260**	**1504063**	**284420**	**24313**
食品加工业	11878	23850	13589	—548	—801
食品制造业	12015	14351	11466	1262	141
饮料制造业	6899	28775	10857	1528	—89
烟草加工业	458935	193078	349811	174920	—2695

7－6续表2

单位:万元

指　　标	企业单位数（个）	从业人员年平均人数（人）	工　业总产值	工　业增加值	资产合计
纺织业	10	6885	10686	3165	74249
服装及其他纤维制品制造业	2	1640	14893	5236	13491
皮革、毛皮、羽绒及其制品业	4	145	105	－15	4820
木材加工及竹、藤、棕、草制品业	2	704	520	166	5149
家具制造业	1	12	16	5	50
造纸及纸制品业	3	100	41	12	4671
印刷业	19	1929	6753	2490	23849
文教体育用品制造业	1	92	493	66	1386
化学原料及化学制品制造业	21	14318	101095	32671	303949
医药制造业	10	1610	6531	2052	19247
橡胶制品业	6	11503	177915	60365	368854
塑料制品业	7	1495	12675	3412	52013
非金属矿物制品业	28	11318	55145	15974	287335
黑色金属冶炼及压延加工业	5	9649	66254	5150	245811
有色金属冶炼及压延加工业	6	23281	328546	147415	642107
金属制品业	5	1568	3676	933	19779
普通机械制造业	16	8012	18389	4740	105636
专用设备制造业	18	4837	18302	5620	67801
交通运输设备制造业	28	27010	194388	66837	584646
电气机械及器材制造业	11	4295	50947	13812	94573
电子及通信设备制造业	7	5599	57709	12297	124405
仪器仪表及文化、办公用机械制造业	6	6349	13977	5725	55630
其他制造业	3	62	686	232	1393
电力、煤气及水的生产和供应业	**25**	**13318**	**283086**	**115593**	**988340**
电力、蒸汽、热水的生产和供应业	14	9464	233506	106220	779412
煤气生产和供应业	3	2427	33664	3984	125237
自来水的生产和供应业	8	1427	15916	5389	83691

7－6续表3

单位:万元

指　　标	流动资产合计	固定资产原值	产品销售收入	利税总额	利润总额
纺织业	26023	48260	5608	－1486	－1957
服装及其他纤维制品制造业	9449	7433	13895	413	294
皮革、毛皮、羽绒及其制品业	1011	3791	68	14	－20
木材加工及竹、藤、棕、草制品业	1816	1833	520	－158	－158
家具制造业	33	25	13	2	0
造纸及纸制品业	377	2936	11	0	－2
印刷业	9502	18521	6697	747	44
文教体育用品制造业	569	625	450	19	0
化学原料及化学制品制造业	109576	162625	96729	10374	4317
医药制造业	8129	11389	4159	－151	－475
橡胶制品业	199770	181035	188992	22707	5531
塑料制品业	14155	29460	11665	749	8
非金属矿物制品业	106014	153019	51373	－2529	－5840
黑色金属冶炼及压延加工业	73940	100256	62855	－6902	－9218
有色金属冶炼及压延加工业	198053	598637	337672	60318	29839
金属制品业	11107	8326	3633	287	－59
普通机械制造业	57745	58102	15607	－3307	－4422
专用设备制造业	42572	37664	14737	－2836	－3604
交通运输设备制造业	271844	314911	185378	23445	12900
电气机械及器材制造业	55102	30418	51744	2749	420
电子及通信设备制造业	76396	45913	53881	2102	333
仪器仪表及文化、办公用机械制造业	21139	28095	12093	678	－165
其他制造业	693	935	560	25	－9
电力、煤气及水的生产和供应业	**263140**	**1095892**	**245973**	**27677**	**5732**
电力、蒸汽、热水的生产和供应业	182876	961701	208333	23673	4477
煤气生产和供应业	26043	92487	26509	1334	－697
自来水的生产和供应业	54221	41704	11131	2670	1952

7—7 规模以上集体工业企业主要经济指标

(2001年)

单位:万元

指标	企业单位数（个）	从业人员年平均人数（人）	工业总产值	工业增加值	资产合计
总计	**97**	**14714**	**135286**	**41365**	**115033**
总计中:小型企业	97	14714	135286	41365	115033
亏损企业	28	4144	26553	7386	32691
乡村工业	28	3027	31027	8890	30319
按轻重工业分					
轻工业	26	3280	50823	17500	40561
以农产品为原料	16	1412	33972	13233	24317
以非农产品为原料	10	1868	16851	4267	16244
重工业	71	11434	84463	23865	74472
采掘工业	4	875	7749	2622	6066
原料工业	26	3991	30054	7556	29587
加工工业	41	6568	46660	13687	38819
按工业行业大类分					
采掘业	**4**	**875**	**7749**	**2622**	**6066**
非金属矿采选业	4	875	7749	2622	6066
制造业	**92**	**13806**	**126340**	**38373**	**108824**
食品加工业	3	101	4850	1624	2978
食品制造业	1	45	2	1	316

7—7续表1

单位:万元

指标	企业单位数（个）	从业人员年平均人数（人）	工业总产值	工业增加值	资产合计
服装及其他纤维制品制造业	1	223	1102	408	778
木材加工及竹、藤、棕、草制品业	1	24	392	105	1883
家具制造业	1	98	469	162	291
印刷业	6	546	7560	2401	9600
文教体育用品制造业	1	239	2842	837	2014
化学原料及化学制品制造业	10	956	12343	2505	13642
医药制造业	4	473	20066	8694	8764
塑料制品业	4	1087	10629	2366	11853
非金属矿物制品业	27	5947	22691	7160	26369
黑色金属冶炼及压延加工业	7	997	4073	1059	5115
有色金属冶炼及压延加工业	4	376	5898	1028	3267
金属制品业	6	553	6725	1699	2502
普通机械制造业	5	586	4528	1431	5840
专用设备制造业	2	285	705	231	1473
交通运输设备制造业	2	480	4051	1325	2735
电气机械及器材制造业	5	721	14502	4486	7620
其他制造业	2	69	2912	854	1788
电力、煤气及水的生产和供应业	**1**	**33**	**1196**	**370**	**143**
电力、蒸汽、热水的生产和供应业	1	33	1196	370	143

7－7续表2

单位:万元

指 标	流动资产合计	固定资产原值	产品销售收入	利税总额	利润总额
总 计	**64063**	**58968**	**114604**	**8832**	**2250**
总计中:小型企业	64063	58968	114604	8832	2250
亏损企业	18250	16642	18480	－241	－1237
乡村工业	18523	12471	25835	1596	247
按轻重工业分					
轻工业	19676	20232	36581	2099	394
以农产品为原料	12121	11217	23736	1422	178
以非农产品为原料	7555	9015	12844	678	216
重工业	44387	38736	78023	6733	1856
采掘工业	1898	4601	6549	851	61
原料工业	14925	18585	28404	1933	296
加工工业	27565	15551	43071	3948	1499
按工业行业大类分					
采掘业	**1898**	**4601**	**6549**	**851**	**61**
非金属矿采选业	1898	4601	6549	851	61
制造业	**62134**	**54222**	**107057**	**7973**	**2193**
食品加工业	1172	2396	5723	261	129
食品制造业	155	161	2	－45	－45

7—7续表3 单位：万元

指　　标	流动资产合　计	固定资产原　值	产品销售收　入	利税总额	利润总额
服装及其他纤维制品制造业	354	310	1102	104	20
木材加工及竹、藤、棕、草制品业	886	648	305	7	2
家具制造业	245	127	429	45	5
印刷业	6015	4292	6261	272	—29
文教体育用品制造业	1115	63	358	8	—37
化学原料及化学制品制造业	6808	8567	11145	461	—10
医药制造业	3540	3410	10344	822	100
塑料制品业	5671	7691	9996	457	224
非金属矿物制品业	15728	15740	21240	2261	709
黑色金属冶炼及压延加工业	3183	3010	3628	162	—68
有色金属冶炼及压延加工业	1714	532	6404	351	91
金属制品业	1973	561	6647	306	118
普通机械制造业	3019	3074	2872	187	—31
专用设备制造业	1301	291	622	2	—60
交通运输设备制造业	2389	543	3189	540	182
电气机械及器材制造业	6315	2124	14140	1677	855
其他制造业	552	682	2651	95	35
电力、煤气及水的生产和供应业	**32**	**145**	**998**	**8**	**—4**
电力、蒸汽、热水的生产和供应业	32	145	998	8	—4

7—8 规模以上外商投资和港澳台投资工业企业主要经济指标

（2001年）

单位：万元

指　　标	企业单位数（个）	从业人员年平均人数（人）	工　业总产值	工　业增加值	资产合计
总　　计	**41**	**8424**	**93825**	**30115**	**230025**
总计中：国有控股企业	9	1136	5626	1811	16114
亏损企业	18	4471	28936	5663	83914
按登记注册类型分					
港、澳、台商投资企业	24	3288	41319	14502	75702
合资经营企业（港或澳、台资）	18	1842	21503	6969	43460
港澳台商独资企业	5	446	10590	4662	14438
港澳台商投资股份有限公司	1	1000	9226	2871	17804
外商投资企业	17	5136	52506	15613	154323
中外合资经营企业	12	4592	46646	14269	140832
中外合作经营企业	1	98	1635	491	4899
外资企业	4	446	4225	853	8593
按轻重工业分					
轻工业	19	2216	42819	17307	124406
以农产品为原料	14	1709	38318	15921	117310
以非农产品为原料	5	507	4501	1386	7096
重工业	22	6208	51006	12808	105619
采掘工业	1	80	1273	115	2770
原料工业	4	388	4870	1483	13635
加工工业	17	5740	44863	11210	89215
按企业规模分					
大型企业	3	4170	22695	5588	121631
中型企业	1	161			5032
小型企业	37	4093	71129	24527	103362

7—8续表1

单位:万元

指　　　　　标	企业单位数（个）	从业人员年平均人数（人）	工　业总产值	工　业增加值	资产合计
按工业行业大类分					
制造业	**41**	**8424**	**93825**	**30115**	**230025**
食品制造业	1	66	177	82	621
造纸及纸制品业	2	132	4179	1373	6322
印刷业	2	296	3746	1152	5999
化学原料及化学制品制造业	4	420	5805	1257	14352
医药制造业	9	1215	30215	13314	104368
橡胶制品业	1	111	213	49	676
塑料制品业	4	1271	11673	3609	21201
非金属矿物制品业	4	627	6160	1802	8226
黑色金属冶炼及压延加工业	1	22	304	88	665
有色金属冶炼及压延加工业	2	216	2682	831	9754
金属制品业	1	98	1635	491	4899
普通机械制造业	1	157	566	200	945
专用设备制造业	2	2834	11714	1056	36619
交通运输设备制造业	2	438	11195	3742	6193
电气机械及器材制造业	2	94	881	203	4552
电子及通信设备制造业	1	158	511	122	2293
仪器仪表及文化、办公用机械制造业	2	269	2169	743	2340

7－8续表2

单位:万元

指　　标	流动资产合计	固定资产原值	产品销售收入	利税总额	利润总额
总　　计	**159334**	**96608**	**109956**	**6458**	**402**
总计中:国有控股企业	8777	9566	5345	629	145
亏损企业	51837	52430	28153	－4915	－6549
按登记注册类型分					
港、澳、台商投资企业	45093	40191	37430	2471	680
合资经营企业(港或澳、台资)	28653	19826	19971	1173	－93
港澳台商独资企业	8074	1538	9450	1190	768
港澳台商投资股份有限公司	8366	18827	8009	108	5
外商投资企业	114241	56417	72526	3987	－278
中外合资经营企业	107277	45887	67272	4315	526
中外合作经营企业	3165	4229	1325	－205	－325
外资企业	3798	6301	3929	－123	－479
按轻重工业分					
轻工业	96984	22400	61808	8486	4994
以农产品为原料	93299	19552	57390	8449	5132
以非农产品为原料	3685	2848	4418	38	－138
重工业	62349	74208	48148	－2028	－4592
采掘工业	1367	1596	1036	－47	－108
原料工业	8094	7293	4253	－555	－678
加工工业	52888	65319	42858	－1426	－3807
按企业规模分					
大型企业	92344	52628	44396	1281	－1452
中型企业	1681	4404			
小型企业	65309	39576	65560	5177	1854

7—8续表3

单位:万元

指　　标	流动资产合　计	固定资产原　值	产品销售收　入	利税总额	利润总额
按工业行业大类分					
制造业	**159334**	**96608**	**109956**	**6458**	**402**
食品制造业	181	337	246	—141	—142
造纸及纸制品业	4513	2766	3699	565	311
印刷业	2289	5038	3746	205	102
化学原料及化学制品制造业	8696	6519	5209	—382	—551
医药制造业	86315	11413	49698	7820	4862
橡胶制品业	656	72	186	—73	—91
塑料制品业	10079	21147	10563	210	24
非金属矿物制品业	4883	5144	5648	825	315
黑色金属冶炼及压延加工业	252	174	281	—210	—213
有色金属冶炼及压延加工业	5449	5030	2091	—328	—355
金属制品业	3165	4229	1325	—205	—325
普通机械制造业	691	504	543	41	5
专用设备制造业	24375	27600	12523	—3297	—4138
交通运输设备制造业	3434	2788	10821	1579	997
电气机械及器材制造业	1817	1764	679	—250	—250
电子及通信设备制造业	1370	1460	505	—180	—299
仪器仪表及文化、办公用机械制造业	1169	627	2194	279	149

7—9 大中型工业企业主要经济指标

（2001年）

单位：万元

指 标	企业单位数（个）	从业人员年平均人数（人）	工 业 总产值	工 业 增加值	资产合计
总 计	**85**	**149342**	**1603545**	**675676**	**4344350**
总计中：内资企业	81	145011	1580849	670089	4217687
国有企业	61	94161	857184	346787	2454091
中央企业	20	46521	611290	271769	1493323
地方企业	41	47640	245895	75018	960769
联营企业	1	748	4322	1293	27519
有限责任公司	15	38073	513381	252173	1283473
股份有限公司	4	12029	205962	69835	452603
港、澳、台商投资企业	2	1161	9226	2871	22837
外商投资企业	2	3170	13470	2717	103827
总计中：国有控股企业	82	145172	1580849	670089	4222719
轻工业	18	17188	392344	231306	860963
以农产品为原料	13	12212	350577	216112	712768
以非农产品为原料	5	4976	41767	15194	148195
重工业	67	132154	1211201	444370	3483388
采掘工业	3	16346	68868	20652	222165
原料工业	19	50796	667349	267900	1769304
加工工业	45	65012	474984	155818	1491919
总计中：大型企业	49	114935	1448460	619005	3715476
中型企业	36	34407	155085	56671	628874

7—9续表1

单位:万元

指　　标	企业单位数（个）	从业人员年平均人数（人）	工　业总产值	工　业增加值	资产合计
按工业行业大类分					
采掘业	**3**	**16346**	**68868**	**20652**	**222165**
煤炭采选业	1	8000	11653	3318	39817
非金属矿采选业	2	8346	57215	17334	182348
制造业	**73**	**123277**	**1314211**	**554616**	**3315007**
食品加工业	1	352	2217	—85	5093
饮料制造业	2	1716	5664	3693	22929
烟草加工业	1	4084	313781	201733	536360
纺织业	3	1762	5548	1613	32547
服装及其他纤维制品制造业	1	1533	14281	5041	12798
木材加工及竹、藤、棕、草制品业	1	687	520	166	5031
印刷业	2	1289	4647	1624	18456
化学原料及化学制品制造业	8	12489	82530	26385	274482
医药制造业	2	1033	3404	2159	75755
橡胶制品业	3	9854	175942	59783	338728
塑料制品业	3	1997	16011	5027	60851
非金属矿物制品业	4	7642	31680	9449	173017
黑色金属冶炼及压延加工业	2	9247	65880	5021	229875
有色金属冶炼及压延加工业	3	22930	327715	147152	638557
金属制品业	1	1157	3145	936	15433
普通机械制造业	5	6392	14652	3636	87294
专用设备制造业	6	5719	25937	5579	79273
交通运输设备制造业	16	23553	165882	57875	547284
电气机械及器材制造业	5	3609	28007	7984	57007
电子及通信设备制造业	3	4270	24130	8293	89299
仪器仪表及文化、办公用机械制造业	1	1962	2640	1553	14938
电力、煤气及水的生产和供应业	**9**	**9719**	**220466**	**100408**	**807178**
电力、蒸汽、热水的生产和供应业	8	8788	206928	95808	735948
自来水的生产和供应业	1	931	13538	4601	71230

7—9续表2

单位:万元

指　　标	流动资产合　计	固定资产原　值	产品销售收　入	利税总额	利润总额
总　计	**1877131**	**3000216**	**1575137**	**313324**	**39413**
总计中:内资企业	1783106	2943184	1530742	312042	40865
国有企业	810012	2168189	820431	100333	35715
中央企业	492519	1388642	601083	94352	43756
地方企业	317493	779547	219349	5981	—8041
联营企业	6386	16601	3104	115	20
有限责任公司	701558	538196	499625	188531	—173
股份有限公司	265151	220198	207581	23063	5304
港、澳、台商投资企业	10046	23231	8009	108	5
外商投资企业	83979	33801	36387	1173	—1457
总计中:国有控股企业	1784787	2947588	1530742	312042	40865
轻工业	562509	321890	405263	188122	5453
以农产品为原料	482865	252099	368261	183625	3267
以非农产品为原料	79644	69791	37003	4497	2186
重工业	1314622	2678326	1169874	125202	33960
采掘工业	73891	182633	71747	5545	1117
原料工业	485718	1750011	644172	83832	30037
加工工业	755013	745682	453956	35825	2806
总计中:大型企业	1630657	2632718	1427282	302481	42204
中型企业	246475	367498	147855	10843	—2790

7－9续表3　　单位:万元

指　　标	流动资产合　计	固定资产原　值	产品销售收　入	利税总额	利润总额
按工业行业大类分					
采掘业	**73891**	**182633**	**71747**	**5545**	**1117**
煤炭采选业	17753	25230	8208	311	－206
非金属矿采选业	56138	157403	63539	5234	1323
制造业	**1599236**	**1838130**	**1315921**	**285282**	**32886**
食品加工业	1709	3513	308	－246	－269
饮料制造业	5069	24129	9695	1658	123
烟草加工业	387917	158878	313616	178983	2925
纺织业	7779	22695	1770	－1511	－1828
服装及其他纤维制品制造业	9103	7205	13563	348	283
木材加工及竹、藤、棕、草制品业	1741	1790	520	－158	－158
印刷业	6484	15784	3799	469	11
化学原料及化学制品制造业	93913	145278	80543	9719	4396
医药制造业	62907	12000	24542	3797	1992
橡胶制品业	190600	170786	177643	20408	3710
塑料制品业	18396	44562	13579	544	83
非金属矿物制品业	93299	92819	30486	－3859	－6279
黑色金属冶炼及压延加工业	72173	86487	62491	－3410	－5701
有色金属冶炼及压延加工业	195780	597226	336946	60300	29839
金属制品业	9556	6787	3134	358	30
普通机械制造业	50872	46945	12753	－3187	－4129
专用设备制造业	54310	44926	23837	－3656	－5028
交通运输设备制造业	254364	291987	155864	21142	12074
电气机械及器材制造业	25767	21620	26503	1294	243
电子及通信设备制造业	48728	36826	22030	2418	815
仪器仪表及文化、办公用机械制造业	8769	5891	2302	－129	－246
电力、煤气及水的生产和供应业	**204004**	**979453**	**187470**	**22497**	**5410**
电力、蒸汽、热水的生产和供应业	154077	945307	178485	20148	3655
自来水的生产和供应业	49926	34146	8985	2350	1756

7—10 全部规模以上工业企业主要经济效益指标

（2001年）

指标	每百元固定资产原值实现利税(元)	产值利税率(%)	销售利税率(%)	资金利税率(%)	全员劳动生产率(元/人)
总计	**9.92**	**14.56**	**15.53**	**7.8**	**41817**
总计中:国有控股企业	9.38	16.87	17.42	7.74	40348
乡村工业	12.3	5.88	6.92	7.11	41210
按登记注册类型分					
内资企业	10	14.85	15.99	7.97	42043
国有企业	3.95	9.42	9.84	3.98	33961
中央企业	6.4	13.97	14.04	7.01	57771
地方企业	0.68	1.84	2.06	0.62	16879
集体企业	14.98	6.53	7.71	9.72	28113
股份合作企业	4.17	4.25	4.75	2.61	20593
联营企业	—3.9	—9.69	—11.78	—3.23	11452
有限责任公司	26.23	25.6	27.64	14.64	53748
股份有限公司	12.01	10.28	10.52	6.76	57057
私营企业	32.48	13.68	17.78	15.2	67124
港、澳、台商投资企业	6.15	5.98	6.6	3.84	44107
外商投资企业	7.07	7.59	5.5	3.27	30398
按轻重工业分					
轻工业	36.85	24.75	27.13	17.1	78813
以农产品为原料	46.16	28.48	31.07	20.15	95665
以非农产品为原料	5.08	4.89	5.5	3	29390
重工业	4.81	9.11	9.58	4.35	31564
采掘工业	3.3	7.69	7.62	2.97	13241
原料工业	4.58	10.61	11.1	5.28	47621
加工工业	5.56	7.48	7.97	3.5	23879
按企业规模分					
大型企业	11.49	20.88	21.19	9.94	53857
中型企业	2.95	6.99	7.33	2.15	16471
小型企业	7.94	6.46	7.47	4.94	35824
按工业行业分					
采掘业	**3.35**	**7.87**	**7.77**	**3.03**	**13236**
煤炭采选业	0.92	1.89	2.6	0.7	4464
非金属矿采选业	3.75	9.02	8.45	3.49	20560

7—10续表

指　　标	每百元固定资产原值实现利税（元）	产值利税率（%）	销售利税率（%）	资金利税率（%）	全员劳动生产率（元/人）
制造业	**13.65**	**15.43**	**16.35**	**9.1**	**41513**
食品加工业	—2.09	—1.32	—1.44	—1.53	44407
食品制造业	49.48	25	25.85	23.12	32531
饮料制造业	8.35	20.95	17.03	6.92	20655
烟草加工业	90.6	49.66	50	29.38	374901
纺织业	—3.08	—13.91	—26.5	—3.18	4598
服装及其他纤维制品	8.05	3.59	3.78	4.47	29273
皮革、毛皮、羽绒及	0.36	13.1	20.27	0.34	—1055
木材加工及竹、藤、	—12.1	—40.78	—50.67	—9.9	—3493
家具制造业	15.03	10.39	10.78	11.4	23341
造纸及纸制品业	12.61	9.52	10.94	9.49	50346
印刷业、记录媒介的	7.12	7.12	8.74	4.8	36683
文教体育用品制造业	3.9	0.8	3.31	1.07	27269
化学原料及化学制品	7.42	9.56	10.84	5.24	30328
医药制造业	41.61	12.23	15.28	13.51	125034
橡胶制品业	12.8	12.36	11.83	7.25	50222
塑料制品业	2.33	3.22	3.58	2.3	30606
非金属矿物制品业	1.05	1.83	2.01	0.75	15391
黑色金属冶炼及压延	—5.57	—6.93	—7.39	—3.94	10405
有色金属冶炼及压延	10.01	17.69	17.23	12	62312
金属制品业	3.62	2.74	3.02	1.94	25995
普通机械制造业	—4.05	—10.09	—12.74	—2.46	8997
专用设备制造业	—9.35	—19.96	—21.99	—6.21	8681
交通运输设备制造业	8.01	11.96	12.59	5.69	25752
电气机械及器材制造	12.58	6.24	6.22	4.84	35926
电子及通信设备制造	4.71	3.74	4.02	1.98	22060
仪器仪表及文化、办	2.31	4.06	4.8	1.6	8718
其他制造业	7.43	3.34	3.74	7.17	82893
电力、煤气及水的生产	**2.53**	**9.74**	**11.21**	**3.25**	**86857**
电力、蒸汽、热水的	2.46	10.09	11.31	3.4	112235
煤气生产和供应业	1.44	3.96	5.03	1.39	16416
自来水的生产和供应	6.4	16.78	23.99	4.48	37765

7—11 规模以上国有及国有控股工业企业主要经济效益指标

（2001年）

指　　标	每百元固定资产原值实现利税（元）	产值利税率（%）	销售利税率（%）	资金利税率（%）	全员劳动生产率（元/人）
总　计	**9.38**	**16.87**	**17.42**	**7.74**	**40348**
中央企业	16.15	26.01	26.47	14.05	81488
地方企业	2.42	4.94	5.2	1.9	19047
按轻重工业分					
轻工业	39.17	35.57	36.87	18.71	76901
以农产品为原料	49.66	41.47	42.59	22.49	94184
以非农产品为原料	3.99	5.14	5.59	2.34	25475
重工业	4.67	9.94	10.25	4.36	32332
采掘工业	2.97	7.78	7.49	2.72	12497
原料工业	4.52	11.49	11.95	5.36	50079
加工工业	5.41	8.07	8.3	3.37	23254
按企业规模分					
大型企业	11.67	21.13	21.78	10.19	55380
中型企业	2.95	6.99	7.33	2.15	16471
小型企业	1.27	1.84	1.89	0.86	19344
按工业行业大类分					
采掘业	**2.97**	**7.78**	**7.49**	**2.72**	**12497**
煤炭采选业	0.92	1.89	2.6	0.7	4464
非金属矿采选业	3.33	9.15	8.24	3.16	20769
制造业	**13.52**	**18.6**	**18.91**	**9.33**	**39402**
食品加工业	−2.3	−3.17	−4.03	−1.74	22379
食品制造业	8.79	10.5	11	5.13	14025
饮料制造业	5.31	20.48	14.07	5.57	21002
烟草加工业	90.6	49.66	50	29.38	374901

7—11续表

指　　标	每百元固定资产原值实现利税(元)	产值利税率(%)	销售利税率(%)	资金利税率(%)	全员劳动生产率(元/人)
纺织业	－3.08	－13.91	－26.5	－3.18	4598
服装及其他纤维制品制造业	5.56	2.77	2.97	3.56	31926
皮革、毛皮、羽绒及其制品业	0.36	13.1	20.27	0.34	－1055
木材加工及竹、藤、棕、草制品业	－8.63	－30.42	－30.41	－5.64	2364
家具制造业	6.45	9.88	12.31	7.51	4500
造纸及纸制品业	－0.01	－0.97	－3.6	－0.02	1240
印刷业	4.03	11.06	11.15	3.29	12910
文教体育用品制造业	2.98	3.77	4.13	1.64	7141
化学原料及化学制品制造业	6.38	10.26	10.73	4.88	22818
医药制造业	－1.32	－2.31	－3.63	－0.84	12747
橡胶制品业	12.54	12.76	12.01	7.02	52477
塑料制品业	2.54	5.91	6.42	2.01	22825
非金属矿物制品业	－1.65	－4.59	－4.92	－1.19	14113
黑色金属冶炼及压延加工业	－6.88	－10.42	－10.98	－4.87	5337
有色金属冶炼及压延加工业	10.08	18.36	17.86	12.24	63320
金属制品业	3.44	7.79	7.89	1.91	5950
普通机械制造业	－5.69	－17.98	－21.19	－3.42	5916
专用设备制造业	－7.53	－15.49	－19.24	－4.77	11618
交通运输设备制造业	7.45	12.06	12.65	5.32	24745
电气机械及器材制造业	9.04	5.4	5.31	3.54	32159
电子及通信设备制造业	4.58	3.64	3.9	1.92	21962
仪器仪表及文化、办公用机械制造业	2.41	4.85	5.6	1.7	9018
其他制造业	2.66	3.63	4.44	2.43	37468
电力、煤气及水的生产和供应业	**2.53**	**9.78**	**11.25**	**3.25**	**86794**
电力、蒸汽、热水的生产和供应业	2.46	10.14	11.36	3.4	112235
煤气生产和供应业	1.44	3.96	5.03	1.39	16416
自来水的生产和供应业	6.4	16.78	23.99	4.48	37765

7—12 规模以上集体工业企业主要经济效益指标

（2001年）

指　　标	每百元固定资产原值实现利税（元）	产值利税率（%）	销售利税率（%）	资金利税率（%）	全员劳动生产率（元/人）
总　　计	**14.98**	**6.53**	**7.71**	**9.72**	**28113**
总计中：小型企业	14.98	6.53	7.71	9.72	28113
亏损企业	—1.45	—0.91	—1.3	—0.86	17824
乡村工业	12.8	5.15	6.18	6.74	29370
按轻重工业分					
轻工业	10.38	4.13	5.74	7.61	53355
以农产品为原料	12.67	4.18	5.99	8.96	93721
以非农产品为原料	7.52	4.02	5.28	5.78	22842
重工业	17.38	7.97	8.63	10.64	20872
采掘工业	18.5	10.99	13	12.72	29970
原料工业	10.4	6.43	6.81	8.74	18931
加工工业	25.39	8.46	9.17	11.46	20839
按工业行业大类分					
采掘业	**18.5**	**10.99**	**13**	**12.72**	**29970**
非金属矿采选业	18.5	10.99	13	12.72	29970

7—12续表

指　　标	每百元固定资产原值实现利税(元)	产值利税率(%)	销售利税率(%)	资金利税率(%)	全员劳动生产率(元/人)
制造业	**14.7**	**6.31**	**7.45**	**9.49**	**27794**
食品加工业	10.9	5.38	4.56	18	160762
食品制造业	—27.78	—1862.5	—2629.41	—24.67	156
服装及其他纤维制品制造业	33.53	9.43	9.43	99.81	18305
木材加工及竹、藤、棕、草制品业	1.06	1.76	2.26	0.55	43917
家具制造业	35.47	9.57	10.46	17.97	16551
印刷业	6.34	3.6	4.34	3.85	43974
文教体育用品制造业	13.06	0.29	2.29	0.6	35017
化学原料及化学制品制造业	5.38	3.74	4.14	4	26199
医药制造业	24.12	4.1	7.95	14.16	183814
塑料制品业	5.94	4.3	4.57	4.91	21766
非金属矿物制品业	14.36	9.96	10.64	10.47	12039
黑色金属冶炼及压延加工业	5.39	3.98	4.47	3.68	10617
有色金属冶炼及压延加工业	66.08	5.95	5.48	22.96	27340
金属制品业	54.45	4.54	4.6	17.37	30716
普通机械制造业	6.08	4.13	6.5	3.79	24413
专用设备制造业	0.58	0.24	0.27	0.12	8088
交通运输设备制造业	99.37	13.33	16.93	24.84	27594
电气机械及器材制造业	78.94	11.56	11.86	23.09	62216
其他制造业	13.96	3.27	3.59	14.69	123710
电力、煤气及水的生产和供应业	**5.59**	**0.68**	**0.81**	**6.81**	**112121**
电力、蒸汽、热水的生产和供应业	5.59	0.68	0.81	6.81	112121

7—13 大中型工业企业主要经济指标及全市比重

（2001年）

指 标	单位	全市工业	#大中型		#国有大中型	
			绝对数	占全市(%)	绝对数	占全市(%)
企业单位数	个	587	85	14.48	82	13.97
亏损企业个数	个	221	27	12.22	26	11.76
工业总产值	万元	2588494	1603545	61.95	1580849	61.07
工业增加值	万元	981538	675676	68.84	670089	68.27
资产总计	万元	5986504	4344350	72.57	4222719	70.54
流动资产年平均余额	万元	2524093	1821282	72.16	1747189	69.22
固定资产净值年平均余额	万元	2311970	1726068	74.66	1711474	74.03
负债总计	万元	4238586	3016841	71.18	2935341	69.25
所有者权益	万元	1747918	1327519	75.95	1287378	73.65
#实收资本	万元	1498504	1130241	75.42	1099553	73.38
产品销售收入	万元	2427146	1575137	64.90	1530742	63.07
#产品销售成本	万元	1799818	1124310	62.47	1091674	60.65
产品销售税金及附加	万元	159207	153097	96.16	153040	96.13
亏损企业亏损额	万元	55074	28187	51.18	24225	43.99
利税总额	万元	376972	313324	83.12	312042	82.78
从业人员年平均人数	人	234722	149342	63.63	145172	61.85
资金利税率※	%	7.80	8.83	1.04	9.02	1.23
全员劳动生产率※	元/人	41817	45244	3426	46158	4341

注:表中带※的“占全市(%)”为与全市绝对值的差值。

7—14 工业产品销售总值及产销率水平

（2001年）

类别	工业销售产值（千元）	#出口交货值	新产品产值（现价）	工业产销率（%）
总计	**2513564**	**101502**	**179992**	**97.11**
按登记注册类型分				
内资企业	2421438	96136	167623	97.06
国有企业	1040003	21560	22350	100.40
中央企业	665263	11322	12357	102.75
地方企业	374740	10237	9993	96.48
集体企业	127064	7812	258	93.92
股份合作企业	15600	90	41	94.02
联营企业	9944			83.18
有限责任公司	777212	20607	95300	95.03
股份有限公司	295741	45324	39285	99.57
私营企业	155875	743	10390	86.57
其他企业				
港、澳、台商投资企业	40535	1928	2903	98.10
外商投资企业	51591	3438	9465	98.26
在总计中:国有控股企业	1883596	84025	128606	100.07
乡村工业	72097	5185		89.36
按轻重工业分				
轻工业	833928	6397	89559	92.42
以农产品为原料	704544	5124	54024	92.74
以非农产品为原料	129383	1273	35535	90.77
重工业	1679637	95105	90433	99.61
采掘工业	91149	7974		108.95
原料工业	866073	22132	9137	99.38
加工工业	722415	65000	81295	98.81
按企业规模分				
大型企业	1453094	69617	91315	100.32
中型企业	155617	5393	10629	100.34
小型企业	904853	26493	78047	91.87
按工业行业大类分				
采掘业	**90113**	**7974**		**109.38**
煤炭采选业	13623			102.22

7—14续表

类　　别	工业销售产　值（千元）	#出口交货值	新产品产值（现价）	工　业产销率（%）
非金属矿采选业	76490	7974		110.76
制造业	**2151260**	**91973**	**179992**	**96.82**
食品加工业	48810		60	94.52
食品制造业	38325			98.50
饮料制造业	17401		1286	124.28
烟草加工业	349811	4167	16541	99.32
纺织业	9197	954	403	86.06
服装及其他纤维制品制造业	18056			98.47
皮革、毛皮、羽绒及其制品	68			64.72
木材加工及竹、藤、棕、草	2674			80.50
家具制造业	1132			96.33
造纸及纸制品业	10794			88.25
印刷业	43656			84.26
文教体育用品制造业	809	5		24.25
化学原料及化学制品制造业	205625	10319	3460	96.21
医药制造业	172528	4	39255	80.32
橡胶制品业	204456	44062	29006	105.79
塑料制品业	44859		2082	94.41
非金属矿物制品业	108487	6620	257	96.26
黑色金属冶炼及压延加工业	84962	3589		94.76
有色金属冶炼及压延加工业	352677	7922	5971	103.04
金属制品业	26009	511		93.43
普通机械制造业	26488	569	2182	88.19
专用设备制造业	30152	296	12586	98.15
交通运输设备制造业	211075	9053	17978	97.90
电气机械及器材制造业	68821	656	4896	102.07
电子及通信设备制造业	55432	770	40925	94.70
仪器仪表及文化、办公用机	15389	2478	3106	93.76
其他制造业	3568			99.17
电力、煤气及水的生产和供应	**272192**	**1556**		**95.75**
电力、蒸汽、热水的生产和	234391			99.87
煤气生产和供应业	26535	1556		78.82
自来水的生产和供应业	11266			70.78

7—15 主要工业产品产量及销售情况

（2001年）

产品名称	单位	产量	销售量	产销率（%）
原　煤	吨	3905216	3811174	97.59
硫铁矿（生产量含S35%）	吨	748950	748950	100.00
磷矿石（生产量含P2O530%）	吨	3898452	3463142	88.83
配混合饲料	吨	115184	111991	97.23
乳制品	吨	19102	15816	82.80
白　酒	吨	1744	2514	144.19
啤　酒	吨	26481	26045	98.35
软饮料	吨	8089	7950	98.29
卷　烟	箱	796045	768972	96.6
纱	吨	6176	2987	48.36
布	万米	2488	1367	54.96
棉　布	万米	75	97	128.42
混纺交织布	万米	2412	1270	52.65
服　装	万件	7.13	7.3	102.38
人造板	立方米	27139	22312	82.21
机制纸	吨	535	520	97.20
机制纸板	吨	3586	3166	88.29
焦　炭	吨	552511	521861	94.45
硫　酸（折100%）	吨	191757	108060	56.35
碳化钙（电石 折300升/千克）	吨	52032	5564	10.69
合成氨	吨	64735	19272	29.77
农用化学肥料总计（折纯）	吨	207938	214273	103.05
氮　肥（折含 N100%）	吨	44767	53739	120.04
尿　素（吨）	吨	30352	40171	132.35
磷　肥（折合 P2O5100%）	吨	163171	160534	98.38
纯　苯	吨	3471	3269	94.18
油　漆	吨	1798	1805	100.39
合成洗涤剂	吨	4596	4545	98.88

7—15续表

产品名称	单位	产量	销售量	产销率(%)
轮胎外胎	条	2792974	2802898	100.36
塑料制品	吨	25676	25013	97.42
农用薄膜	吨	2568	2587	100.73
水泥	万吨	222.1	222.16	100.03
生铁	吨	15632	15504	99.18
钢	吨	195699	834	0.43
成品钢材	吨	136383	134945	98.95
普通中型钢材	吨	353	353	100.00
普通小型钢材	吨	3944	4188	106.19
优质型钢材	吨	125053	123464	98.73
线材	吨	2635	2555	96.96
无缝钢管	吨	4398	4385	99.70
铁合金	吨	73546	72825	99.02
十种有色金属	吨	251142	244113	97.20
锌	吨	1878	3121	166.19
铝	吨	249264	240992	96.68
氧化铝	吨	510567	55576	10.89
铝材	吨	5425	5119	94.36
工业锅炉(蒸发量)	吨	16.9	21.9	129.59
内燃机(生产量)	万千瓦时	10.17	7.78	76.50
金属切削机床	台	399	354	88.72
大型机床	台	8	8	100.00
小型拖拉机	辆	170	460	270.59
摩托车	辆	1176	1100	93.54
交流电动机	千瓦	82795	78607	94.94
彩色电视机	部	231135	217631	94.16

7—16 规模以上工业增加值构成

(2001年)

单位:万元

项目	工业增加值	劳动者报酬	生产税净额	固定资产折旧	营业盈余	工业增加值率(%)
总计	**981538**	**321532**	**315593**	**207838**	**136576**	**37.33**
总计中:亏损企业	79948	64588	12460	35024	—32124	21.02
国有控股企业	747765	275673	281319	177300	13474	39.05
乡村工业	23317	4241	3117	2954	13005	28.53
按登记注册类型分组						
内资企业	951423	310899	309105	199794	131625	37.54
国有企业	396720	198793	70172	132954	—5199	37.49
中央企业	281915	127697	52008	84951	17259	43.11
地方企业	114805	71095	18165	48003	—22458	28.40
集体企业	41365	12283	6819	4239	18026	30.03
股份合作企业	4327	2035	1083	637	572	25.45
联营企业	1947	1376	319	969	—717	15.99
有限责任公司	346775	68235	200842	43748	33949	41.87
国有独资公司	265721	54677	190415	33386	—12757	44.32
股份有限公司	97710	20822	21769	10937	44181	32.62
私营企业	62580	7356	8102	6310	40813	34.42
港、澳、台商投资企业	14502	3602	1900	2796	6205	34.65
外商投资企业	15613	7030	4588	5248	—1254	29.38
按轻重工业分组						
轻工业	401419	54738	204060	34905	107717	44.00
以农产品为原料	363356	40926	199286	29745	93399	47.33
以非农产品为原	38063	13811	4774	5159	14318	26.33
重工业	580119	266794	111534	172933	28858	33.78
采掘工业	25114	19786	4301	6375	—5348	28.93
原料工业	323787	138834	64880	121736	—1662	36.60
加工工业	231218	108175	42353	44822	35868	31.00
按规模分组						
特大型企业	144537	69897	30677	38266	5698	45.46
大一型企业	364937	66952	208742	45043	44201	46.41
大二型企业	109531	71513	21769	60526	—44277	30.40
中一型企业	34790	16963	9623	12196	—3992	43.37
中二型企业	21881	20344	1812	6080	—6355	27.25
小型企业	305862	75863	42971	45727	141302	30.45
按工业行业大类分						
采掘业	25000	19717	4240	6294	—5251	29.23
煤炭采选业	3837	6800	—912	1299	—3349	25.62

7—16续表

单位:万元

项目	工业增加值	劳动者报酬	生产税净额	固定资产折旧	营业盈余	工业增加值率(%)
非金属矿采选业	21163	12917	5152	4996	—1902	30.00
制造业	**840576**	**263339**	**291315**	**138988**	**146934**	**37.30**
食品加工业	12954	2636	122	836	9360	24.76
食品制造业	14304	4557	3297	1934	4516	36.01
饮料制造业	6486	3198	2293	1850	—855	45.03
烟草加工业	209757	9018	177919	11792	11028	59.37
纺织业	3165	4979	572	1384	—3770	25.52
服装及其他纤维制品制造业	6414	3088	164	438	2725	34.44
皮革、毛皮、羽绒及其制品业	—15	268	86	207	—576	—14.15
木材加工及竹、藤、棕、草制品	—348	784	167	609	—1907	—10.14
家具制造业	397	191	91	57	57	33.11
造纸及纸制品业	3862	637	765	2652	—193	31.30
印刷业	16995	5306	2647	4996	4047	32.35
文教体育用品制造业	903	197	71	44	590	24.81
化学原料及化学制品制造业	65148	21167	9788	11887	22306	30.03
医药制造业	91437	7194	11590	3658	68996	42.14
橡胶制品业	64942	13173	18472	7312	25986	33.34
塑料制品业	13099	4479	1505	5545	1571	27.25
非金属矿物制品业	32836	17825	6545	5729	2738	28.38
黑色金属冶炼及压延加工业	12028	12346	3638	11146	—15102	13.22
有色金属冶炼及压延加工业	150620	72292	31460	39181	7686	43.62
金属制品业	7783	2589	1103	3137	954	27.60
普通机械制造业	8222	6743	1669	4305	—4495	26.13
专用设备制造业	6906	8998	1635	2590	—6317	21.60
交通运输设备制造业	73678	42364	9570	13879	7864	33.47
电气机械及器材制造业	18843	7099	3251	987	7506	27.66
电子及通信设备制造业	12552	6437	1898	2182	2036	21.09
仪器仪表及文化、办公用机械制	6523	5672	900	378	—428	36.98
其他制造业	1086	103	99	275	609	30.03
电力、煤气及水的生产和供应业	115963	38476	20039	62555	—5107	39.88
电力、蒸汽、热水的生产和供应	**106590**	**32928**	**20187**	**57423**	**—3949**	**45.24**
煤气生产和供应业	3984	3385	—958	3560	—2003	10.22
自来水的生产和供应业	5389	2163	810	1572	844	33.28

7—17 规模以上工业经济效益指数

（2001年）

项 目	总资产贡献率（%）	资本保值增值率（%）	资 产负债率（%）	流动资产周转率（%）	成本费用利润率（%）	全员劳动生产率（%）	产 品销售率（%）
总 计	**7.78**	**114.18**	**70.80**	**0.96**	**2.52**	**41817**	**97.11**
总计中：亏损企业	—2.21	293.72	78.18	0.57	—14.62	11023	92.54
国有控股企业	7.61	109.08	71.87	0.89	1.85	40348	100.07
乡村工业	5.98	60.61	68.41	1.61	2.54	41210	89.36
按登记注册类型分							
内资企业	7.89	113.06	71.13	0.97	2.63	42043	97.06
国有企业	4.45	111.10	75.05	0.97	2.23	33961	100.40
国有独资公司	15.58	153.49	69.25	0.76	0.51	54349	99.25
股份有限公司	6.33	80.90	57.3	1.06	3.42	57057	99.57
港、澳、台商投资企业	5.01	123.18	55.07	0.87	1.83	44107	98.10
外商投资企业	4.49	156.87	66.41	0.76	—0.38	30398	98.26
按轻重工业分							
轻工业	16.61	109.17	76.08	0.94	2.91	78813	92.42
重工业	4.66	115.65	68.91	0.97	2.35	31564	99.61
按规模分							
特大型企业	10.97	111.68	47.37	1.57	10.59	67130	103.03
大一型企业	15.32	110.61	69.17	0.86	1.81	83840	101.47
大二型企业	2.16	113.82	73.38	0.71	0.17	21961	95.35
中一型企业	3.80	147.38	86.08	0.63	—0.69	25104	100.79
中二型企业	1.70	94.17	76.91	0.57	—2.98	10648	99.89
小型企业	5.80	121.28	74.4	1.21	2.07	35824	91.87
四、按工业行业大类分							
采掘业	**3.91**	**184.31**	**53.74**	**1.05**	**1.18**	**13236**	**109.38**
煤炭采选业	0.35	100.31	66.07	0.51	—3.00	4464	102.22
非金属矿采选业	4.69	212.36	50.92	1.22	1.84	20560	110.76
制造业	**8.81**	**114.42**	**66.11**	**0.94**	**2.61**	**41513**	**96.82**
食品加工业	—0.33	155.31	60.56	2.26	—2.26	44407	94.52
饮料制造业	6.49	91.76	71.32	0.96	4.07	20655	124.28
烟草加工业	30.54	65.36	92.6	0.77	—1.21	374901	99.32
印刷业	5.42	131.09	61.42	1.02	2.74	36683	84.26
化学原料及化学制品制造业	5.28	156.66	63.7	0.94	5.55	30328	96.21
医药制造业	12.10	107.47	64.17	1.14	9.35	125034	80.32
橡胶制品业	8.51	140.23	60.4	1.04	3.03	50222	105.79
塑料制品业	2.29	126.77	51.94	1.31	0.44	30606	94.41
非金属矿物制品业	1.48	126.20	64.78	0.73	—4.54	15391	96.26
黑色金属冶炼及压延加工业	—1.35	120.57	76.39	0.93	—10.35	10405	94.76
有色金属冶炼及压延加工业	10.45	110.69	48.9	1.56	9.25	62312	103.04
交通运输设备制造业	5.33	155.30	47.4	0.79	7.12	25752	97.90
电气机械及器材制造业	5.58	132.26	90.37	1.10	1.53	35926	102.07
电子及通信设备制造业	2.12	35.46	63.08	0.70	0.66	22060	94.70
电力、煤气及水的生产和供应业	**3.78**	**39.78**	**97.54**	**1.11**	**2.30**	**86857**	**95.75**
电力、蒸汽、热水的生产和供应	3.82	23.81	97.85	1.29	2.15	112235	99.87
煤气生产和供应业	3.52	58.56	118.14	1.09	—2.29	16416	78.82
自来水的生产和供应业	3.80	102.01	63.74	0.32	18.57	37765	70.78

7－17续表

项　　目	综合经济效益指数（%）	总资产周转率（%）	流动比率（倍）	速动比率（倍）	总资产利润率（%）	销售收入利税率（%）	产　值利税率（%）
总　　计	**96.03**	**0.41**	**0.96**	**0.62**	**0.95**	**15.53**	**14.56**
总计中：亏损企业	11.20	0.25	0.79	0.51	－4.41	－12.95	－11.27
国有控股企业	90.94	0.36	0.93	0.60	0.61	17.42	16.87
乡村工业	91.26						
按登记注册类型分							
内资企业	96.63	0.40	0.94	0.61	0.98	15.99	14.85
国有企业	82.76	0.33	0.83	0.62	0.74	9.84	9.42
国有独资公司	114.58	0.38	0.98	0.45	0.15	33.37	32.57
股份有限公司	106.89	0.53	1.53	1.15	1.69	10.52	10.28
港、澳、台商投资企业	94.74	0.49	1.30	0.85	0.90	6.60	5.98
外商投资企业	77.19	0.47	1.28	0.85	－0.18	5.50	7.59
按轻重工业分							
轻工业	133.28	0.52	1.04	0.52	1.25	27.13	24.75
重工业	84.57	0.36	0.91	0.67	0.84	9.58	9.11
按规模分							
特大型企业	161.32	0.53	0.74	0.49	5.00	18.78	19.35
大一型企业	132.49	0.46	1.14	0.60	0.66	29.39	28.05
大二型企业	61.11	0.24	1.02	0.79	0.04	6.33	6.42
中一型企业	63.37	0.21	0.80	0.66	－0.14	12.03	12.21
中二型企业	37.08	0.28	0.90	0.62	－0.93	1.93	1.72
小型企业	88.61	0.52	0.85	0.56	1.06	7.47	6.46
按工业行业大类分							
采掘业	**83.41**	**0.35**	**0.83**	**0.60**	**0.40**	**7.77**	**7.87**
煤炭采选业	34.50	0.22	0.90	0.76	－0.76	2.60	1.89
非金属矿采选业	98.22	0.38	0.81	0.56	0.67	8.45	9.02
制造业	**99.31**	**0.44**	**0.96**	**0.58**	**1.05**	**16.35**	**15.43**
食品加工业	85.37	0.79	0.89	0.60	－1.88	－1.44	－1.32
饮料制造业	87.09	0.32	0.71	0.45	1.26	17.03	20.95
烟草加工业	311.69	0.55	0.89	0.25	－0.42	50.00	49.66
印刷业	93.25	0.46	1.02	0.67	1.22	8.74	7.12
文教体育用品制造业		0.24	1.96	0.94	－1.08	3.31	0.80
化学原料及化学制品制造业	103.25	0.36	0.88	0.64	1.92	10.84	9.56
医药制造业	180.91	0.65	1.35	0.93	5.56	15.28	12.23
橡胶制品业	112.91	0.54	1.43	1.12	1.54	11.83	12.36
塑料制品业	81.55	0.46	1.14	0.78	0.20	3.58	3.22
非金属矿物制品业	42.61	0.28	0.95	0.65	－1.37	2.01	1.83
黑色金属冶炼及压延加工业	9.92	0.32	0.57	0.39	－3.62	－7.39	－6.93
有色金属冶炼及压延加工业	151.67	0.54	0.74	0.49	4.50	17.23	17.69
交通运输设备制造业	109.94	0.34	1.33	0.95	2.33	12.59	11.96
电气机械及器材制造业	83.18	0.64	0.94	0.59	0.96	6.22	6.24
电子及通信设备制造业	55.39	0.43	1.26	0.69	0.28	4.02	3.74
电力、煤气及水的生产和供应业	**98.39**	**0.25**	**0.96**	**0.93**	**0.58**	**11.21**	**9.74**
电力、蒸汽、热水的生产和供应	113.30	0.27	0.83	0.81	0.57	11.31	10.09
煤气生产和供应业	31.72	0.21	0.62	0.58	－0.56	5.03	3.96
自来水的生产和供应业	137.27	0.13	4.28	4.26	2.33	23.99	16.78

7—18 规模以下工业抽样调查推算结果

（2001年）

区县(市)		营业收入（万元）	比上年增长（%）	现价工业总产值（万元）	比上年增长（%）	从业人数（人）	比上年增长（%）
南明区	年收入在100万元以上	67095	10.0	82866	17.3	8638	—8.1
	年收入在100万元以下	19211	18.7	20125	11.7	10580	8.8
	全部规模以下工业合计	86306	11.8	102991	16.1	19218	0.5
云岩区	年收入在100万元以上	42971	8.5	46264	9.1	5128	—0.9
	年收入在100万元以下	19488	9.8	23766	10.5	7889	3.7
	全部规模以下工业合计	62459	8.9	70030	9.6	13017	1.9
花溪区	年收入在100万元以上	17062	6.8	17472	7.2	4222	—15.1
	年收入在100万元以下	28512	17.6	28262	18.1	11644	—2.2
	全部规模以下工业合计	45574	13.3	45734	13.7	15866	—6.0
乌当区	年收入在100万元以上	51644	7.8	53058	8.0	11215	—5.1
	年收入在100万元以下	54333	20.6	59279	16.8	17494	3.7
	全部规模以下工业合计	105977	14.0	112337	12.5	28709	0.1
其中:	年收入在100万元以上	24601	0.4	26011	2.6	7147	—3.7
	年收入在100万元以下	38823	21.8	43689	16.4	12646	—4.9
	全部规模以下工业合计	63424	12.5	69700	10.9	19793	—4.5
野鸭乡	年收入在100万元以上	27043	15.5	27047	13.6	4068	—7.3
	年收入在100万元以下	15510	17.7	15590	17.8	4848	35.6
	全部规模以下工业合计	42553	16.3	42638	15.1	8916	12.0
白云区	年收入在100万元以上	27105	7.4	28448	9.4	5057	—1.8
	年收入在100万元以下	26736	17.7	27123	17.7	8663	32.7
	全部规模以下工业合计	53840	12.3	55571	13.3	13720	17.5

7－18续表

区县(市)		营业收入(万元)	比上年增长(%)	现价工业总产值(万元)	比上年增长(%)	从业人数(人)	比上年增长(%)
小河区	年收入在100万元以上	6531	－12.1	7337	－2.7	2358	4.9
	年收入在100万元以下	9057	101.6	10502	90.3	5623	32.2
	全部规模以下工业合计	15588	30.8	17839	36.6	7981	22.8
开阳县	年收入在100万元以上	12708	0.8	13747	4.6	2585	8.3
	年收入在100万元以下	36660	9.0	37711	10.5	10138	0.1
	全部规模以下工业合计	49368	6.8	51458	8.8	12723	1.7
息烽县	年收入在100万元以上	15414	3.5	15414	4.4	1488	－26.5
	年收入在100万元以下	13053	12.6	13009	14.5	5320	－7.8
	全部规模以下工业合计	28466	7.5	28422	8.8	6808	－12.7
修文县	年收入在100万元以上	19857	11.5	19697	10.1	8496	7.8
	年收入在100万元以下	25430	0.3	25105	－0.2	10488	－5.8
	全部规模以下工业合计	45287	5.0	44802	4.1	18984	－0.2
清镇市	年收入在100万元以上	35817	12.6	33675	14.1	4116	－3.1
	年收入在100万元以下	54846	13.7	55078	14.1	18175	－10.5
	全部规模以下工业合计	90663	13.2	88752	14.06	22291	－9.2
全市总计	年收入在100万元以上	296203	8.0	317978	10.6	53303	－3.6
	年收入在100万元以下	287325	15.3	299959	14.6	106014	1.7
	全部规模以下工业合计	583528	11.5	617937	12.5	159317	－0.1

7—19　建立现代企业制度企业主要经济指标

（2001年）

分　　类	单位数（个）	从业人员年末人数（人）	年末资产总　计（万元）	主营业务收　入（万元）	利润总额（万元）
总　计	**30**	**154185**	**6393293**	**2352921**	**105891**
#国家重点企业	3	48865	1157811	580243	13859
#省级重点企业	21	39502	1387269	356936	28816
按登记注册类型划分					
国有企业	12	66510	3497457	1358419	58917
国有独资公司	8	35664	1339249	297822	9209
其他有限责任公司	7	41134	1182163	503580	28932
股份有限公司	2	8168	340502	180878	12795
中外合资企业	1	2709	33922	12222	—3962
按主营行业分					
工业	25	108535	5065560	1817747	91233
采掘业	1	8738	173829	64754	1143
制造业	22	71415	2267547	1044935	39727
电气水的生产和供应业	2	28382	2624184	708058	50363
运输邮电业	1	216	354361	35776	3964
批发零售贸易餐饮业	2	2093	68201	20664	—642
建筑业	1	32551	505756	388833	4589

7—20 建筑业企业主要经济指标

(2001)

指　　标	单位	2001年	2000年	2001年比2000年增长(%)
建筑业企业个数	个	248	234	6.0
从业人员	万人	15.49	12.35	25.4
自有固定资产原价	亿元	36.15	28.5	26.8
自有固定资产净价	亿元	25.47	18.6	36.9
自有机械设备台数	万台	2.8	2.5	12.0
自有机械设备净值	亿元	9.6	8.3	15.7
自有机械设备总功率	万千瓦	62.8	49.2	27.6
建筑业总产值	亿元	112.1	74.8	49.9
建筑业增加值	亿元	24	22.1	8.6
#固定资产折旧	亿元	2.4	1.8	33.3
主营业务应付工资	亿元	12.3	9.5	29.5
主营业务应付福利费	亿元	1.4	1.2	16.7
工程结算税金及附加	亿元	3.4	2.3	47.8
管理费用中的税金	亿元	0.3	0.1	200.0
营业利润	亿元	2.32	1.7	36.5
施工面积	万平方米	944.5	807.5	17.0
竣工面积	万平方米	376	339.5	10.8
利润总额	亿元	1.4	1	40.0
劳动生产率				
按总产值计算	元/人	77567	60384	28.5
按增加值计算	元/人	20080	17804	12.8
技术装备率	元/人	6206	6728	−7.8
动力装备率	千瓦/人	4.06	3.99	1.8
房屋建筑面积竣工率	%	39.81	42.05	−5.3
产值利润率	%	1.27	1.29	−1.6
产值利税率	%	1.54	1.42	8.5

7—21 建筑企业生产情况

(2001年)

指标	企业个数(个)	建筑业总产值(万元)	在省外完成的产值	建筑工程	安装工程	房屋构筑物修理	非标准设备制造
总计	**248**	**1120553**	**175477**	**973103**	**141305**	**3445**	**2700**
#一、二级企业	84	988205	175175	865765	118593	1478	2369
国有及国有控股	93	964990	175216	865678	95535	1408	2369
按登记注册类型分组							
内资企业	244	1119680	175032	972229	141305	3445	2700
#国有企业	70	890105	157242	806575	80432	811	2287
集体企业	106	111104		81100	28053	1762	189
股份有限公司	13	163600		16004	236	60	
港、澳、台商投资企业	3	931	445	831			
按经济组织类型分组							
独资企业	179	1001458	157242	887923	108485	2573	2476
合作、合伙企业	7	28394		8921	19465	8	
股份有限公司	16	17090		16756	274	60	
有限责任公司	46	73619	182364	59503	13081	804	224
按国民经济行业分组							
土木工程建筑业	179	902283	157049	833511	62796	3385	2590
房屋	143	466026	65077	429673	31707	2602	2044
铁路公路隧道桥梁	17	304211	91942	302711	1500		
堤坝电站码头	5	119265		89520	29214	531	
其他土木工程	14	12781	300	11607	375	252	547
线路管道设备安装业	25	196831	16478	118636	78026	60	110
线路管道安装业	7	24502	261	8103	16400		
设备安装业	18	172330	16217	110533	61626	60	110
装修装饰业	44	21440	1950	20956	483		

7－21续表1

指　　标	竣工产值（万元）	单位工程施工个数（个）	#本年新开工个数	#投标承包个数(个)	单位工程竣工个数（个）
总　　计	**580826**	**4279**	**2782**	**2013**	**2519**
#一、二级企业	485507	2694	1631	1530	1357
国有及国有控股	475261	2661	1521	914	
按登记注册类型分组					
内资企业	580223	4277	2782	2013	2518
#国有企业	441949	2295	1340	1425	1054
集体企业	80204	1281	981	406	978
股份有限公司	8874	106	27	17	65
港、澳、台商投资企业	603	2			1
按经济组织类型分组					
独资企业	522153	6576	2321	1831	2032
合作、合伙企业	11192	119	90	81	69
股份有限公司	9641	113	32	18	69
有限责任公司	37841	471	339	83	349
按国民经济行业分组					
土木工程建筑业	458345	3056	1877	1752	1559
房　屋	268710	2250	1263	1463	1177
铁路公路隧道桥梁	164993	251	126	177	77
堤坝电站码头	15918	404	376	58	196
其他土木工程	8725	151	112	54	109
线路管道设备安装业	108852	1151	848	236	920
线路管道安装业	9577	285	180	65	217
设备安装业	99277	866	668	171	703
装修装饰业	13626	72	57	25	40

7—21续表2

指　　标	房屋建筑施工面积（万平方米）	房屋建筑竣工面积（万平方米）	自有机械设备年末总台数（台）	自有机械设备年末总功率（万千瓦）	施工机械功　率（万千瓦）
总　　计	**944.5**	**376**	**27954**	**62.8**	**38.3**
#一、二级企业	738	270.8	22165	53.6	31.6
国有及国有控股	716.7	267.7	21370	51.5	29.7
按登记注册类型分组					
内资企业	939.2	370.8	27934	62.8	38.3
#国有企业	692.2	253	18510	45	26.7
集体企业	184	89.2	5072	7	5.8
股份有限公司	21.1	6.9	490	0.3	0.2
港、澳、台商投资企业	5.2	5.2	6	0	
按经济组织类型分组					
独资企业	876.2	342.1	23584	52	32.6
合作、合伙企业	14.4	6.8	498	0.6	0.5
股份有限公司	22.1	7.9	606	0.4	0.3
有限责任公司	31.8	19.1	3266	9.8	4.9
按国民经济行业分组					
土木工程建筑业	891.4	360.1	22680	53	33.7
房屋	837.4	332.4	12291	23.1	14.8
铁路公路隧道桥梁	21.7	8	7101	23.6	14.4
堤坝电站码头	1.9	1.3	2529	5.5	3.3
其他土木工程	30.5	18.3	759	1.6	1.3
线路管道设备安装业	24.8	3.3	4673	6.4	3
线路管道安装业	1	1	311	0.6	0.5
设备安装业	23.6	2.3	4362	5.8	2.5
装修装饰业	28.5	12.6	601	2.6	1.6

7－21续表3

指　　　标	本年新开工面积（万平方米）	投标承包面积（万平方米）	房屋建筑竣工面积（万平方米）	房屋建筑优良工程竣工面积（万平方米）	房屋建筑优良工程竣工个数（个）
总　　计	**426.6**	**78.3**	**376**	**131.5**	**764**
#一、二级企业	307.4	640	270.8	112.5	671
国有及国有控股	305.2	609.8	268	105.6	675
按登记注册类型分组					
内资企业	426.6	783.2	371.8	131.5	764
#国有企业	293.5	599.4	253	101.2	603
集体企业	101.6	136.8	89.2	21.4	75
股份有限公司	9.3	20.8	6.9	5.4	21
港、澳、台商投资企业			5.2		
按经济组织类型分组					
独资企业	395.2	736.2	342.1	122.7	678
合作、合伙企业	8.9	9.4	6.8	1.2	35
股份有限公司	9.9	20.8	7.9	5.4	21
有限责任公司	12.5	16.7	19.1	2.2	30
按国民经济行业分组					
土木工程建筑业	396.9	737	360	125.4	530
房屋	366.2	694.9	332.4	121.8	276
铁路公路隧道桥梁	12.5	12.1	8	2.8	65
堤坝电站码头	1.9	0.8	1.3		146
其他土木工程	16.5	29.1	18.3	0.9	43
线路管道设备安装业	15.6	13.9	3.3	2.5	
线路管道安装业	1	1	1	1	57
设备安装业	14.6	20.7	2.3	1.5	169
装修装饰业	14.1	24.6	12.6	3.6	

7—22 建筑企业财务状况

(2001年)

单位:万元

指　　标	资本金合计	流动资产合计	固定资产合计	固定资产原值合计	累计折旧
总　　计	**240445**	**972157**	**254773**	**361594**	**124651**
#一二级企业	187479	848522	212683	310561	114099
国有及国有控股	190007	851292	220758	318477	114155
按登记注册类型分组					
内资企业	236807	968360	254465	361372	124527
国有企业	161402	780064	194451	285717	107692
集体企业	25808	73467	22853	29763	8261
股份有限公司	7757	26259	1096	1901	813
港、澳、台商投资企业	3530	3721	98	197	99
按经济组织类型分组					
独资企业	189191	855508	217377	315621	116022
合作、合伙企业	8674	24688	6178	6464	286
股份有限公司	3946	27032	1659	2536	887
有限责任公司	38632	64929	29559	36974	7456
按国民经济行业分组					
土木工程建筑业	193041	796755	220950	313701	109499
房　　屋	131408	453394	125370	165341	54404
铁路公路隧道桥梁	44190	279620	75387	115515	40902
堤坝电站码头	12247	56999	12818	23958	12341
其他土木工程	5197	6742	7376	8886	1853
线路管道设备安装业	34229	146762	30597	43393	13842
线路管道安装业	4431	42842	2866	3626	760
设备安装业	29798	103919	27730	39767	13083
装修装饰业	13175	28640	3227	4500	1310

7－22续表1　　单位:万元

指　　标	资产总计	年末资产负债合计	流动负债	长期负债	所有者权益
总　计	**1306621**	**981008**	**936654**	**44355**	**325612**
#一二级企业	1132704	870894	830535	40359	261810
国有及国有控股	1142785	872580	830445	41936	270405
按登记注册类型分组					
内资企业	1302714	9802010	935855	44355	322504
国有企业	1040586	809997	769032	40965	230589
集体企业	100952	73531	71842	1689	27422
股份有限公司	28325	25806	25797	9	2519
港、澳、台商投资企业	3819	723	723		3096
按经济组织类型分组					
独资企业	1143589	884084	841430	42654	189191
合作、合伙企业	33898	24039	24039		8674
股份有限公司	29680	26504	26495	9	3177
有限责任公司	99454	46382	44690	1692	53072
按国民经济行业分组					
土木工程建筑业	1079784	815158	771468	43690	264626
房　屋	624729	461966	443937	18029	162763
铁路公路隧道桥梁	364194	287451	263769	23682	76743
堤坝电站码头	75867	56684	56036	648	19183
其他土木工程	14994	9057	7726	1330	5937
线路管道设备安装业	193591	144744	144434	310	48847
线路管道安装业	47688	39996	39996		7692
设备安装业	145903	104748	104438	310	41155
装修装饰业	33246	21106	20752	355	12140

7—22续表2

单位:万元

指　　标	工程结算收入	工程结算成本	工程结算税金及附加	工程结算利润	管理费用	财务费用
总　计	**1177181**	**1063088**	**34073**	**80020**	**57720**	**3404**
#一二级企业	1058814	960641	29912	68260	50176	3280
国有及国有控股	996293	897290	28891	70111	48575	3157
按登记注册类型分组						
内资企业	1175872	1062015	34034	79823	57528	3363
国有企业	91524	829027	26836	59381	43080	3143
集体企业	91910	81589	3262	7058	6203	54
股份有限公司	69809	65424	953	3432	907	20
港、澳、台商投资企业	1267	1046	38	184	179	41
按经济组织类型分组						
独资企业	1007840	911210	30118	66511	49375	3241
合作、合伙企业	27325	24327	881	2117	592	—58
股份有限公司	70599	66127	978	3494	963	19
有限责任公司	71418	61425	2096	7898	6790	202
按国民经济行业分组						
土木工程建筑业	909843	830571	26857	52415	44322	3533
房屋	424406	386190	14506	23709	22579	2089
铁路公路隧道桥梁	356403	328748	8174	19482	16158	1147
堤坝电站码头	117444	105733	3659	8052	4217	39
其他土木工程	11591	9900	518	1173	1367	258
线路管道设备安装业	199046	166275	6535	26235	11652	—310
线路管道安装业	29734	23126	978	5631	936	—93
设备安装业	169311	143150	5557	20604	10716	—217
装修装饰业	68292	66242	681	1370	1747	180

7—22续表3

单位:万元

指　　标	营业利润	利润总额	应交所得税	应付利润
总　计	**23174**	**14249**	**4679**	**1864**
#一二级企业	18480	8962	3706	1565
国有及国有控股	22137	12193	4023	1095
按登记注册类型分组				
内资企业	23209	14284	4672	1864
国有企业	16297	5778	2473	113
集体企业	1174	2157	470	433
股份有限公司	2531	2558	543	9
港、澳、台商投资企业	—35	—35	7	
按经济组织类型分组				
独资企业	17407	7876	2944	546
合作、合伙企业	1932	1853	630	989
股份有限公司	2537	2564	544	9
有限责任公司	1297	1956	561	321
按国民经济行业分组				
土木工程建筑业	6634	4555	1948	834
房　屋	783	—324	349	191
铁路公路隧道桥梁	2435	3103	1044	208
堤坝电站码头	3897	1035	333	407
其他土木工程	481	741	223	27
线路管道设备安装业	17094	10084	2691	987
线路管道安装业	5091	5132	1066	774
设备安装业	12004	4952	1625	213
装修装饰业	—554	—390	39	44

7—22续表4

单位:万元

指　　标	本年应付工　资	#主营业务应付工资总　额	本年应付福利费	#主营业务应付福利费总　额	建筑业增加值
总　计	**127325**	**123544**	**24328**	**14184**	**240220**
#一二级企业	106989	104699	22545	12753	20770
国有及国有控股	104346	102325	20804	12349	202187
按登记注册类型分组					
内资企业	127232	123456	24322	14180	240039
国有企业	96682	95810	12739	11365	184056
集体企业	17317	16195	1323	1177	24067
股份有限公司	848	814	8609	43	4710
港、澳、台商投资企业	85	85	5	4	171
按经济组织类型分组					
独资企业	114056	112062	14063	12542	208204
合作、合伙企业	2403	2309	263	253	6135
股份有限公司	1080	1036	8619	52	4979
有限责任公司	9786	8137	1383	1337	20902
按国民经济行业分组					
土木工程建筑业	104578	101387	19570	11139	182795
房　屋	66729	65653	15698	7555	98812
铁路公路隧道桥梁	26642	25991	2886	2647	59018
堤坝电站码头	7030	7030	743	739	21693
其他土木工程	4178	2714	243	197	3272
线路管道设备安装业	20433	20162	3012	2823	54117
线路管道安装业	1704	1573	169	164	8350
设备安装业	18729	18589	2843	2660	45767
装修装饰业	2314	1996	1745	222	3308

7－23 建筑业增加值及构成

（2001年）

指标	合计	中央	省级	#国有及国有控股	#城镇集体
建筑业增加值（万元）	**240220**	**88164**	**103538**	**202187**	**24067**
本年提取的固定资产折旧	24205	11756	10605	22728	957
主营业务应付工资	123544	37749	53207	102325	16195
主营业务应付福利费	14184	4242	6497	12349	1177
管理费用中的劳动待业保险费	342	175	144	315	14
工程结算税金及附加	34073	12883	14380	28891	3262
管理费用中的税金	2984	1370	773	2092	487
营业利润	23172	10945	10884	22137	1174
建筑业劳动生产率（元/人，按增加值计算）	20080	34332	16962	21777	13056
建筑业增加值构成（%）					
本年提取的固定资产折旧	10.10	13.30	10.20	11.20	4.00
主营业务应付工资	51.40	42.80	51.30	50.60	67.30
主营业务应付福利费	5.90	4.80	6.20	6.10	5.00
管理费用中的劳动待业保险费	0.14	0.19	0.14	0.16	0.06
工程结算税金及附加	14.20	14.60	13.90	14.30	13.60
管理费用中的税金	1.24	1.55	0.74	1.03	2.02
营业利润	9.60	12.40	16.40	10.80	4.90

7—24 建筑企业综合情况

（2001年）

指　　标	按总产值计算的劳动生产率（元/人）	按增加值计算的劳动生产率（元/人）	建筑面积竣工率（%）	产值利润率（%）	产值利税率（%）
总　计	**77576**	**20080**	**39.81**	**1.27**	**1.54**
#一二级企业	84761	21507	36.70	0.91	1.15
国有及国有控股	84433	21777	37.35	1.26	1.48
按登记注册类型分组					
内资企业	77583	20072	39.48	1.28	1.54
国有企业	87378	21918	36.54	0.65	0.87
集体企业	48998	13056	48.47	1.94	2.38
港、澳、台商投资企业	76953	31370	100	—4.16	—3.87
按经济组织类型分组					
独资企业	80369	20307	39.05	0.79	1.03
合作、合伙企业	86382	17524	47.27	6.53	6.62
股份有限公司	91536	31465	35.98	15.00	15.65
有限责任公司	50127	17282	60.07	2.66	3.24
按国民经济行业分组					
土木工程建筑业	71535	17653	40.40	0.50	0.78
房　屋	59724	15650	39.70	0.07	0.06
铁路公路隧道桥梁	82475	19541	37.05	1.02	1.15
堤坝电站码头	166664	32808	69.80	0.87	1.96
其他土木工程	31479	12290	60.20	5.80	6.90
线路管道设备安装业	145553	46257	13.33	5.12	5.28
线路管道安装业	87633	31208	100	20.94	21.63
设备安装业	160649	50179	9.66	2.87	2.96
装修装饰业	44739	10107	44.29	—1.82	—0.75

7－24续表1

指　　标	人均竣工产　值（元/人）	人均施工产　值（元/人）	人均施工面　积（平方米/人）	人均竣工面　积（平方米/人）	人均利润（元/人）
总　计	**37508**	**72362**	**60.99**	**24.28**	**920.16**
＃一二级企业	38042	77430	57.82	21.22	702.20
国有及国有控股	38191	77545	57.59	21.51	979.85
按登记注册类型分组					
内资企业	37498	72362	60.70	23.96	923.13
国有企业	39086	78722	61.22	22.37	510.98
集体企业	35687	49436	81.85	39.68	959.60
港、澳、台商投资企业	60260	83110	518.47	518.47	－3460.00
按经济组织类型分组					
独资企业	38501	73842	64.60	25.23	580.76
合作、合伙企业	34414	87311	44.42	21.00	5697.10
股份有限公司	45091	79933	103.23	37.14	11992.00
有限责任公司	27337	53180	22.97	13.80	1413.10
按国民经济行业分组					
土木工程建筑业	33137	65233	64.45	26.03	329.34
房　屋	29347	50897	91.46	36.31	－35.35
铁路公路隧道桥梁	45952	84726	6.04	2.24	864.28
堤坝电站码头	26504	198576	3.10	2.17	1722.90
其他土木工程	18015	26390	62.88	37.85	1530.00
线路管道设备安装业	96476	174449	21.80	2.91	8936.90
线路管道安装业	34070	87165	3.56	3.56	18256.00
设备安装业	117182	203410	27.85	2.69	5844.70
装修装饰业	25939	40812	54.21	24.01	－742.40

7—24续表2

单位:万元

指　　标	人均利税(元/人)	资产负债率(%)	技术装备率(元/人)	动力装备率(千瓦/人)	亏损企业比重(%)
总　计	**1112.8**	**75.08**	**6206**	**4.06**	**35.08**
#一二级企业	887.79	76.89	6829.7	4.2	35.71
国有及国有控股	1148	76.34	6426.4	4.14	29.03
按登记注册类型分组					
内资企业	1115.8	75.24	6209.7	4.06	34.84
国有企业	681.84	77.84	6654.5	3.98	28.57
集体企业	1176.1	72.84	4472.4	3.11	35.85
港、澳、台商投资企业	—3220	18.94	1500	1.28	33.33
按经济组织类型分组					
独资企业	759.13	77.31	6289.2	3.83	32.96
合作、合伙企业	5783.2	70.92	1822.8	1.94	28.57
股份有限公司	12512	89.3	4876	1.87	50
有限责任公司	1720.6	46.64	6626.8	7.06	39.13
按国民经济行业分组					
土木工程建筑业	505.8	75.49	5932.1	3.89	31.84
房　屋	31.04	73.95	5324.9	2.53	32.17
铁路公路隧道桥梁	972.62	78.93	6283.2	6.57	11.76
堤坝电站码头	3891.6	74.72	15237	9.12	
其他土木工程	1821.8	60.4	3269	3.33	64.29
线路管道设备安装业	9214.3	74.77	11589	5.64	28
线路管道安装业	18856	83.87	7076.8	2.02	28.57
设备安装业	6015.1	71.79	13087	6.84	27.78
装修装饰业	—304.2	63.49	1855.1	5.04	52.27

主要统计指标解释

工业 指从事自然资源的开采，对采掘品和农产品进行加工和再加工的物质生产部门。具体包括：(1)对自然资源的开采，如采矿、晒盐、森林采伐等(但不包括禽兽捕猎和水产捕捞)；(2)对农副产品的加工、再加工，如粮油加工、食品加工、轧花、缫丝、纺织、制革等；(3)对采掘品的加工、再加工，如炼铁、炼钢、化工生产、石油加工、机器制造、木材加工等，以及电力、自来水、煤气的生产和供应等；(4)对工业品的修理、翻新，如机器设备的修理、效能运输工具(包括小卧车)的修理等。

本年鉴中涉及的企业登记注册类型：

(1)**国有及国有控股企业** 指国有企业加上国有控股企业。国有企业(即过去的全民所有制工业或国营工业(是指企业全部资产归国家所有，并按《中华人民共和国企业法人登记管理条例》规定登记注册的非公司制的经济组织。包括国有企业、国有独资公司和国有联营企业。

(2)**集体企业** 指企业资产归集体所有，并按《中华人民共和国企业法人登记管理条例》规定登记注册的经济组织。是社会主义公有制经济的组成部分。包括城乡所有使用集体投资举办的企业，以及部分个人通过集资自愿放弃所有权并依法经工商行政管理机关认定为集体所有制的企业。

(3)**股份有限公司** 指根据《中华人民共和国企业法人登记管理条例》规定登记注册，其全部注册资本由等额股份构成并通过发行股票筹集资本，股东以其认购的股份对公司承担有限责任，公司以其全部资产对其债务承担责任的经济组织。

(4)**港、澳、台商投资企业** 指企业注册登记类型中的港、澳、台资合资、合作、独资经营企业和股份有限公司之和。

(5)**外商资企业** 指企业注册登记类型中的中外合资、合作经营企业、外资企业和外商投资股份有限公司之和。

轻工业 指主要提供生活消费品和制作手工工具的工业。按其所使用的原料不同，可分为两大类：(1)以农产品为原料的轻工业，是指直接或间接以农产品为基本原料的轻工业。主要包括食品制造、饮料制造、烟草加工、纺织、缝纫、皮革和毛皮制作、造纸以及印刷等工业；(2)以非农产品为原料的轻工业，是指以工业品为原料的轻工业。主要包括文教体育用品、化学药品制造、合成纤维制造、日用化学制品、日用玻璃制品、日用金属制品、手工工具制造、医疗器械制造、文化和办公用机械制造等工业。

重工业 是指为国民经济各部门提供物质技术基础的主要生产资料的工业。按其生产性质和产品用途，可以分为下列三类：(1)采掘(伐)工业，是指对自然资源的开采，包括石油开采、煤炭开采、金属矿开采、非金属矿开采和木材采伐等工业；(2)原材料工业，指向国民经济各部门提供基本材料、动力和燃料的工业。包括金属冶炼及加工、炼焦及焦炭、化学、化工原料、水泥、人造板以及电力、石油和煤炭加工等工业；(3)加工工业，是指对工业原材料进行再加工制造的工业。包括装备国民经济各部门的机械设备制造工业、金属结构、水泥制品等工业，以及为家业提供的生产资料如化肥、农药等工业。

根据上述划分原则，修理业中以重工业产品为修理作业对象的划为重工业，反之划为轻工业。

工业总产值 是以货币表现的工业企业在一定时期内生产的已出售或可供出售工业产品总量，它反映一定时间内工业生产的总规模和总水平。它包括：在本企业内不再进行加工，经检验、包装入库(规定不需包装的产品除外)的成品价值，对外加工费收入，自制半成品、在产品期末初差额价值。工业总产值采用“工厂法”计算，即以工业企业作为一个整体，按企业工业生产活动的最终成果来计算，企业内部不允许重复计算，不能把企业内部各个车间(分厂)生产的成果相加。但在企业之间、行业之间、地区之间存在着重复计算。

轻重工业总产值的划分也是按“工厂法”计算的，即一个工业企业在正常情况下生产的主要产品的性质属于轻工业，产的主要产品的性质属于重工业，则该企业的全部总产值作为重工业总产值。

工业增加值 是指工业行业在报告期内以货币表现的工业生产活动的最终成果。

实收资本 指企业实际收到的投资人投入的资本。按投资主体可分为国家资本、集体资本、法人资本、个人资本、港澳台资本和外商资本等。

资产合计 指企业拥有或控制的能以货币计量的经济资源。包括各种财产、债权和其他权利。资产按其流动性划分为流动资产、长期投资、固定资产、无形及递延资产和其他资产。

负债合计 指企业承担的能以货币计量，将以资产或劳务偿付的债务。负债一般按偿还期长短分为流动负债和长期负债、递延税项等。

所有者权益 指企业投资人对企业净资产的所有权。企业净资产等于企业全部资产减去全部负债后的余额，其中包括投资者对企业的最初投入，以及资本公积金、盈余公积金和未分配利润，对股份制企业即为股东权益。

固定资产原价 指企业在建造、购置、安装、改建、扩建、技术改造某项固定资产时所支出的全部货币总额。它一般包括买价、包装费、运杂费和安装费等。

固定资产净值 是指国家资产原价减去历年已提折旧额后的净额。

流动资产 是指可以在一年或者超过一年的一个营业周期内变现或者耗用的资产，包括现金及各种存款、短期投资、应收及预付货款、存货等。

产品销售收入 指企业销售产品和提供劳务等主要经营业务取得的业务总额。

产品销售成本 指企业销售产品和提供劳务等主要经营业务的实际成本。

产品销售税金及附加 指企业销售产品和提供工业性劳务等主要经营性业务应负担的城市维护建设税、消费税、资源税和教育费附加。

产品销售利润 指企业销售产品和提供工业性劳务等主要经营业务收入扣除其成本、费用、税金后的利润。

利润总额 指企业实现的利润。

应交增值税 指企业在报告期内应交纳的增值税额。

总资产贡献率 反映企业全部资产的获利能力，是企业经营业绩和管理水平的集中体现，是评价和考核企业盈利能力的核心指标。计算公式为：

总资产贡献率(%)＝(利润总额＋税金总额＋利息支出)/平均资产总额×100%

工业成本费用利润率 指在一定时期内实现的利润与成本费用之比，是反映工业生产成本及费用投入的经济效益指标，同时也是反映降低成本的经济效益的指标。计算公式为：

工业成本费用利润率(%)＝利润总额/成本费用总额×100%

全员劳动生产率 指根据产品的价值量指标计算的平均每一年从业人员在单位时间内的产品生产量。是考核企业经济活动的重要指标，是企业生产技术水平、经营管理水平、职工技术熟练程度和劳动积极性的综合表现。上前我国的全员劳动生产率是将工业企业的工业增加值除以同一时期全部从业人员的平均人数来计算的。计算公式为：

全员劳动生产率＝工业增加值/全部从业人员平均人数

建筑业统计单位 指从事房屋、构筑物建造和设备安装活动的法人企业。建筑业法人企业应同时具备的条件是：①依法成立，有自己的名称、组织机构和场所，能够承担民事责任；②独立拥有和使用资产，承担负债，有权与其他单位签订合同；③独立核算盈亏，能够编制资产负债表。

建筑业总产值（即自行完成施工产值） 是以货币表现的建筑安装企业在一定时期内生产的建筑业产品的总和。建筑业总产值包括：

(1)建筑工程产值：指列入建筑工程预算内的各种工程价值。

(2)设备安装工程产值：指设备安装工程价值，不包括被安装设备本身价值。

(3)房屋、构筑物修理产值：指房屋、构筑物修理所完成的价值，但不包括被修理房屋、构筑物本身的价值和生产设备的修理价值。

(4)非标准设备制造产值：指加工制造没有定型的、非标准的生产设备的加工费和原材料价值，以及附属加工厂为本企业承建工程制作的非标准设备的价值。

建筑业增加值 指建筑业企业在报告期内以货币表现的建筑业生产经营活动的最终成果。目前建筑业增加值采用分配法（收入法）计算，即从收入的角度出发，根据生产要素在生产过程中应得的收入份额计算。具体计算公式为：

建筑业增加值＝本年提取的固定资产折旧＋应付工资＋应付福利费＋管理费用中的劳动待业保险金、税金＋工程结算税金及附加＋工程结算利润

房屋建筑施工面积 指在报告期内施工的全部房屋建筑面积，包括本期新开工的房屋面积、上期施工跨入本期继续施工的房屋面积、上期停缓建在本期恢复施工的房屋面积、本期竣工的房屋面积及本期施工后又停缓建的房屋面积。

房屋建筑竣工面积 指在报告期内房屋建筑按照设计要求全部完工，达到了住人和使用条件，经验收鉴定合格，正式移交使用单位的房屋建筑面积。

农业及农村经济

8

农林牧渔业总产值（万元）（当年价）

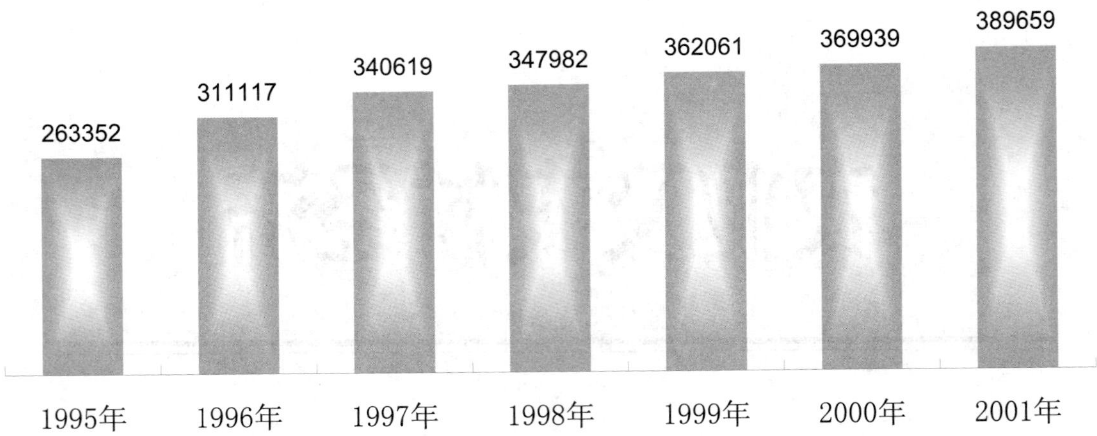

农林牧渔业总产值构成

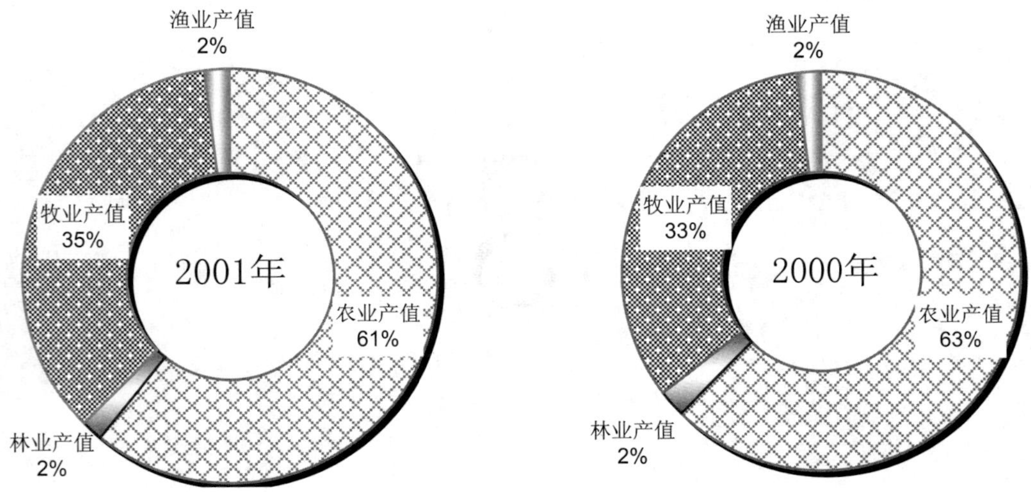

主要农作物产品产量（万吨）

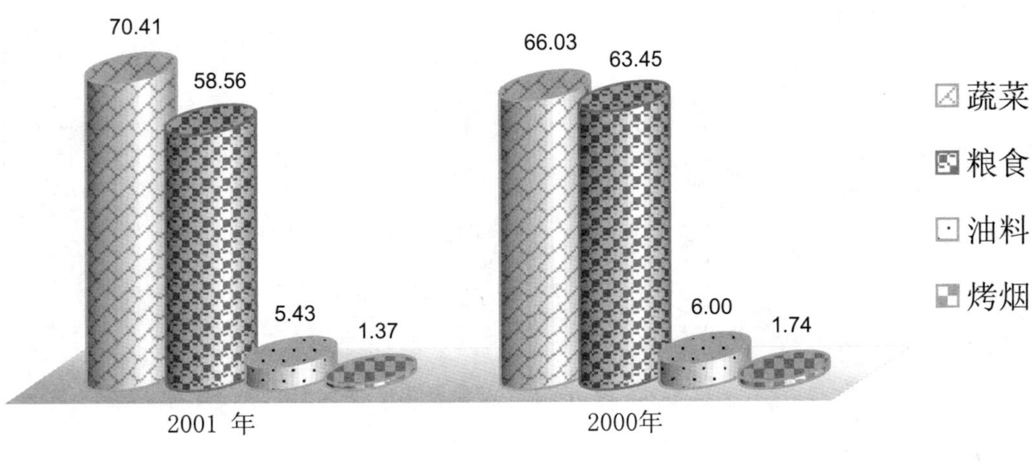

8—1 农村基本情况及农业生产条件

指　　标	单　位	2001年	2000年	2001年比2000年增长(%)
农村基层组织				
乡镇个数	个	81	83	—2.4
#镇	个	28	30	—6.7
村委会个数	个	1171	1246	—6.0
农村社会基础设施				
自来水受益村数	个	1009	1045	—3.4
通电乡镇数	个	81	83	—2.4
通电村数	个	1171	1246	—6.0
通公路的乡镇数	个	81	83	—2.4
通公路的村数	个	1169	1241	—5.8
通汽车的村数	个	1152	1232	—6.5
通邮件的乡镇数	个	81	83	—2.4
通邮件的村数	个	984	1048	—6.1
通电话的乡镇数	个	81	83	—2.4
通电话的村数	个	771	697	10.6
通有线广播的村数	个	918	928	—1.1
建成农村地面卫星接收站个数	个	2393	1357	76.3
有文化站的乡数	个	45	44	2.3
有文化中心的镇数	个	27	30	—10.0
已实现小康的村数	个	668	631	5.9
农村人口及劳动力资源				
乡村户数	万户	43.77	42.93	2.0
乡村人口数	万人	178.10	176.32	1.0
乡村从业人员数	万人	105.70	104.97	0.7
#外出人数	万人	10.73	11.48	—6.5
#出省人数	万人	4.38	4.29	2.1
按性别分				
男	万人	54.99	54.78	0.4
女	万人	50.71	50.19	1.0
按行业分				
农林牧渔业	万人	78.57	76.55	2.6
工　业	万人	5.21	5.45	—4.4
建筑业	万人	3.13	2.93	6.8
交通运输、仓储业及邮电通讯业	万人	1.98	1.95	1.5
批发零售贸易业、餐饮业	万人	2.99	2.66	12.4
其　他	万人	13.82	15.42	—10.4

8—1续表

指　　　标	单　位	2001年	2000年	2001年比2000年增长(%)
耕地情况				
年末实有耕地面积	公顷	106828	107635	—0.7
#水　田	公顷	40941	41063	—0.3
旱　地	公顷	65887	66572	—1.0
当年增加耕地面积	公顷	78	195	—60.0
当年减少耕地面积	公顷	885	431	105.3
#国家基建占地	公顷	408	252	61.9
乡村集体占地	公顷	113	77	46.8
农民个人建房占地	公顷	51	54	—5.6
农业机械化				
机耕面积	公顷	17886	15761	13.5
机电灌溉面积	万千瓦	21367	19750	8.2
机械植保面积	万千瓦	18280	19780	—7.6
机械收获面积	万千瓦	505	329	53.5
农用机械总动力	万千瓦	53.53	50.45	6.1
农用主要能源及物资消耗				
农用化肥施用量(折纯法)	万吨	6.63	6.49	2.2
氮　肥	万吨	3.62	3.61	0.3
磷　肥	万吨	1.15	1.18	—2.5
钾　肥	万吨	0.65	0.55	18.2
复合肥	万吨	1.21	1.15	5.2
平均每亩耕地化肥施用量	公斤	41	40	2.5
农村用电量	万千瓦时	16331.66	13678.90	19.4
农药使用量	吨	452	969	—53.4
地膜使用量	吨	1326	1537	—13.7

8—2 农林牧渔业总产值、增加值

指标	2001年		2000年		2001年比2000年增长(%)
	绝对数(万元)	构成(%)	绝对数(万元)	构成(%)	
一、农林牧渔业总产值(当年价)	**389659**	**100.0**	**369939**	**100.0**	**4.1**
农业产值	237175	60.9	230774	62.4	1.4
种植业	221221	56.8	215146	58.2	0.6
主产品	216316	55.5	209828	56.7	0.9
副产品	4905	1.3	5318	1.4	−4.3
其他农业	15954	4.1	15628	4.2	6.8
林业产值	6769	1.7	8170	2.2	−16.0
营　林	3658	0.9	4917	1.3	−23.6
林产品	813	0.2	1052	0.3	−38.6
村及村以下竹木采伐	2298	0.6	2201	0.6	32.8
牧业产值	137845	35.4	123709	33.4	8.7
牲　畜	109338	28.1	97934	26.5	7.8
#大牲畜	6956	1.8	6647	1.8	−4.0
猪	101529	26.1	90263	24.4	9.0
羊	853	0.2	1024	0.3	−16.7
家禽的饲养	12815	3.3	11506	3.1	16.0
活的畜禽产品	15637	4.0	14027	3.8	11.8
其它动物饲养	55	0.0	242	0.1	−72.2
渔业产值	7870	2.0	7286	2.0	12.5
二、农林牧渔业总产值(不变价)	**165850**	**100.0**	**159334**	**100.0**	**4.1**
农业产值	90491	54.6	89242	56.0	1.4
林业产值	3384	2.0	4030	2.5	−16.0
牧业产值	67889	40.9	62431	39.2	8.7
渔业产值	4086	2.5	3631	2.3	12.5
三、农林牧渔业增加值(当年价)	**254104**	**100.0**	**245054**	**100.0**	**3.8**
农业增加值	169233	66.6	167585	68.4	1.2
林业增加值	4776	1.9	5824	2.4	−16.3
牧业增加值	76024	29.9	68168	27.8	8.7
渔业增加值	4071	1.6	3477	1.4	12.5

注:表中绝对数按当年价格计算,增长速度按可比价格计算。

8—3 农林牧渔业商品产值及商品率

指　　标	2001年	2000年	2001年比2000年增长(%)
一、农林牧渔业商品产值(万元)	**210163**	**195080**	**7.7**
(一)农　业	122504	115743	5.8
种植业	111220	104664	6.3
主产品	110618	104173	6.2
副产品	602	491	22.6
其他农业	11284	11079	1.9
(二)林　业	3145	3446	—8.7
营　林	1138	1101	3.4
林产品	710	829	—14.4
村及村以下竹木采伐	1297	1516	—14.4
(三)牧　业	78031	69994	11.5
牲　畜	58771	52902	11.1
#大牲畜	1606	2565	—37.4
猪	56575	49673	13.9
羊	590	664	—11.1
家禽的饲养	8100	7554	7.2
活的畜禽产品	11126	9353	19.0
捕　猎			
其它动物饲养	34	185	—81.6
(四)渔　业	6483	5897	9.9
#鱼　类	5493	5152	6.6
二、农林牧渔业商品率(%)	**53.94**	**52.73**	**2.3**
(一)农　业	51.65	50.15	3.0
种植业	50.28	48.65	3.3
主产品	51.14	49.65	3.0
副产品	12.27	9.23	32.9
其他农业	70.73	70.89	—0.2
(二)林　业	46.46	42.18	10.2
营　林	31.11	22.39	38.9
林产品	87.33	78.80	10.8
村及村以下竹木采伐	56.44	68.88	—18.1
(三)牧　业	56.61	56.58	0.0
牲　畜	53.75	54.02	—0.5
#大牲畜	23.09	38.59	—40.2
猪	55.72	55.03	1.3
羊	69.17	64.84	6.7
家禽的饲养	63.21	65.65	—3.7
活的畜禽产品	71.15	66.68	6.7
捕　猎			
其它动物饲养	61.82	76.45	—19.1
(四)渔　业	82.38	80.94	1.8
#鱼　类	80.30	77.61	3.5

注:本表按当年价格计算。

8—4 主要农业机械年末拥有量

指 标	单 位	2001年	2000年	2001年比2000年增长(%)
农业机械总动力	**万千瓦**	**53.53**	**50.45**	**6.1**
一、耕作机械	**万千瓦**	**5.03**	**6.10**	**—17.5**
#大中型农用拖拉机	台	1188	1107	7.3
小型和手扶拖拉机	台	1937	1971	—1.7
二、农用排灌机械	**万千瓦**	**7.44**	**6.49**	**14.6**
#柴油机	万千瓦	1.90	1.71	11.1
电动机	万千瓦	5.32	4.57	16.4
#农用水泵	台	10591	8623	22.8
三、收获机械	**万千瓦**	**0.03**	**0.01**	**200.0**
四、运输机械	**万千瓦**	**23.87**	**20.38**	**17.1**
五、植物保护机械	**万千瓦**	**0.09**	**0.09**	**持平**
六、农产品加工动力机械	**万千瓦**	**7.01**	**5.59**	**25.4**
七、其他农业机械	**万千瓦**	**10.06**	**11.79**	**—14.7**

注：本表资料由市农机部门提供。

8—5　主要农作物播种面积

单位：公顷

指　　标	2001年	2000年	2001年比2000年增长（%）
农作物总播种面积	**228331**	**229687**	**—0.6**
一、粮食作物播种面积	**137757**	**138300**	**—0.4**
#稻　谷	40151	40170	0.0
小　麦	13696	15136	—9.5
玉　米	40002	40350	—0.9
薯　类	27774	26643	4.2
大　豆	7260	7024	3.4
二、经济作物播种面积	**47858**	**51383**	**—6.9**
#棉　花	3	6	—50.0
油菜籽	36752	39707	—7.4
花　生	722	673	7.3
麻　类	8	8	持平
烤　烟	8344	9138	—8.7
三、其他作物播种面积	**42716**	**40004**	**6.8**
#蔬　菜	33821	30976	9.2
西　瓜	903	815	10.8
青饲料	1775	1587	11.8
绿　肥	5532	6001	—7.8

8—6 主要农作物产品产量及单产

指标	2001年		2000年		2001年比2000年增长(%)	
	产量(万吨)	单产(公斤/亩)	产量(万吨)	单产(公斤/亩)	产量	单产
一、粮食作物产量	**58.56**	**283**	**63.45**	**306**	**—7.7**	**—7.5**
按夏秋粮分						
#夏粮	10.01	154	10.29	155	—2.7	—0.6
秋粮	48.56	343	53.16	376	—8.7	—8.8
按类别分						
稻谷	29.28	486	30.37	504	—3.6	—3.6
小麦	2.67	130	3.16	139	—15.5	—6.5
玉米	16.69	278	20.18	333	—17.3	—16.5
大豆	1.05	96	1.06	101	—0.9	—5.0
薯类	7.79	187	7.57	189	2.9	—1.1
杂豆	0.96	79	0.97	80	—1.0	—1.3
其它	0.12	96	0.14	98	—14.3	—2.0
二、油料作物	**5.43**	**95**	**6.00**	**96**	**—9.5**	**—1.0**
#油菜籽	5.22	95	5.77	97	—9.5	—2.1
花生	0.12	115	0.12	115	持平	持平
三、烤烟	**1.37**	**109**	**1.74**	**127**	**—21.3**	**—14.2**
四、蔬菜	**70.41**	**1388**	**66.03**	**1384**	**6.6**	**0.3**

8—7 林产品产量

指标	单位	2001年	2000年	2001年比2000年增长(%)
当年造林面积	**公顷**	**7691**	**12711**	**—39.5**
#竹林面积	公顷	153	127	20.5
退耕造林面积	公顷	933	1760	—47.0
林产品产量				
生漆	吨	26.23	27.24	—3.7
油桐籽	吨	342.73	363.76	—5.8
油茶籽	吨	131.91	213.38	—38.2
乌桕籽	吨	78.76	89.84	—12.3
五倍籽	吨	41.73	42.39	—1.6
棕片	吨	100.23	94.50	6.1
松脂	吨	6.33	9.30	—31.9
竹笋	吨	22.10	21.34	3.6
核桃	吨	151.23	141.83	6.6
板栗	吨	134.23	132.95	1.0

8—8 茶叶、蚕茧、水果、水产品产量及面积

指标	2001年	2000年	2001年比2000年增长(%)
一、面积(公顷)			
茶园面积	3259	3130	4.1
果园面积	10379	7365	40.9
二、产量(吨)			
茶叶	1385	1487	—6.9
水果	37962	24414	55.5
#苹果	186	214	—13.1
柑桔	4185	2693	55.4
#碰柑	1430	94	1421.3
梨	13944	7790	79.0
猕猴桃	3681	628	486.1
柿子	1073	1082	—0.8
杨梅	1227	781	57.1
水产品	8810	7833	12.5

8—9 主要农产品、畜产品最高年产量

产品名称	年份	产量
种植业(万吨)		
粮食	2000	63.45
#稻谷	2000	30.37
小麦	1997	5.15
玉米	2000	20.18
大豆	2000	1.06
杂豆	1998	1.00
薯类	2001	7.79
油菜籽	2000	5.77
烤烟	1997	3.73
蔬菜	2001	70.41
茶叶	1999	0.17
水果	2001	3.80
畜牧业(万头)		
大牲畜年末存栏数	2001	42.34
#牛	2001	37.19
猪年末存栏数	2001	119.15
羊年末存栏数	1998	11.17
肉猪出存头数	2001	118.18
肉类总产量(万吨)	2001	12.70
三、水产品(吨)	**2001**	**8810**

8—10 畜牧业生产

指标	单位	2001年	2000年	2001年比2000年增长(%)
猪牛羊出栏头数				
当年肉猪出栏头数	万头	118.18	109.01	8.4
当年出售和自宰的肉用牛	万头	4.42	3.72	18.8
当年出售和自宰的肉用羊	万只	5.41	5.49	—1.5
当年肉类总产量	**万吨**	**12.70**	**11.56**	**9.9**
#猪肉	万吨	10.87	10.05	8.2
牛肉	万吨	0.52	0.44	18.2
羊肉	万吨	0.11	0.10	10.0
禽肉	万吨	1.15	0.95	21.1
其他畜产品产量				
#牛奶	吨	15932	13969	14.1
蜂蜜	吨	24	48	—50.0
禽蛋	吨	10530	9407	11.9
大牲畜年末头数	**万头**	**42.34**	**41.15**	**2.9**
#役畜	万头	32.05	31.95	0.3
牛	万头	37.19	36.11	3.0
#黄牛	万头	14.68	14.24	3.1
水牛	万头	21.91	21.39	2.4
乳牛	万头	0.60	0.48	25.0
马	万匹	4.91	4.82	1.9
猪年末数	**万头**	**119.15**	**112.43**	**6.0**
羊年末数	**万只**	**7.06**	**8.06**	**—12.4**
山羊	万只	7.06	8.06	—12.4

8—11 乡镇企业基本情况(全部乡镇企业)

(2001年)

项目	企业数(个)				年末人数(人)			
	合计	集体企业	私营企业	个体企业	合计	集体企业	私营企业	个体企业
总计	**96933**	**3043**	**2313**	**91577**	**392207**	**78680**	**53623**	**259904**
一、农业	485	469	3	13	7151	6854	92	205
二、工业	20259	966	1454	17839	160847	52425	39042	69380
三、建筑业	2371	76	459	1836	41861	5889	8112	27860
四、交通运输业	24660	102	1	24557	35014	668	30	34316
五、批发零售、贸易业	29721	1256	192	28273	80481	9874	2464	68143
六、旅游饮食服务业	14966	161	197	14608	53891	2327	3670	47894
七、其他	4471	13	7	4451	12962	643	213	12106

8—11续表

单位:万元

项目	增加值(现价)				总产值(现价)			
	合计	集体企业	私营企业	个体企业	合计	集体企业	私营企业	个体企业
总计	**856960**	**204671**	**149940**	**502349**	**3472436**	**877992**	**564449**	**2029995**
一、农业	6239	6000	198	41	30180	29473	492	215
二、工业	419774	154066	101671	164037	1577548	573535	387254	616759
三、建筑业	103861	13545	25135	65181	495081	61548	112915	320618
四、交通运输业	88519	1565	7	86947	365610	6990	164	358456
五、批发零售、贸易业	131553	22491	11704	97358	569933	184332	27204	358397
六、旅游饮食服务业	81803	4535	9626	67642	329799	15660	31005	283134
七、其他	25211	2469	1599	21143	104285	6454	5415	92416

8—12 乡镇企业基本情况(符合四个条件的乡镇企业)

(2001年)

项目	企业数(个)				年末人数(人)			
	合计	集体企业	私营企业	个体企业	合计	集体企业	私营企业	个体企业
总计	**13485**	**3043**	**1184**	**9258**	**138809**	**78680**	**33708**	**26421**
一、农业	485	469	3	13	7151	6854	92	205
二、工业	3391	966	842	1583	84366	52425	25657	6284
三、建筑业	336	76	214	46	9911	5889	2788	1234
四、交通运输业	2506	102		2404	3557	668		2889
五、批发零售、贸易业	4278	1256	29	2993	19384	9874	2146	7364
六、旅游饮食服务业	1997	161	89	1747	12945	2327	2812	7806
七、其他	492	13	7	472	1495	643	213	639

8—12续表

单位:万元

项目	增加值(现价)				总产值(现价)			
	合计	集体企业	私营企业	个体企业	合计	集体企业	私营企业	个体企业
总计	**365025**	**204671**	**104472**	**55882**	**1452083**	**877992**	**371075**	**203016**
一、农业	6239	6000	198	41	30180	29473	492	215
二、工业	234089	154066	69804	10219	874838	573535	262533	38770
三、建筑业	34833	13545	14024	7264	142284	61548	52842	27894
四、交通运输业	12727	1565		11162	46158	6990		39168
五、批发零售、贸易业	44295	22491	10809	10995	240920	184332	24600	31988
六、旅游饮食服务业	28360	4535	8038	15787	103507	15660	25193	62654
七、其他	4482	2469	1599	414	14196	6454	5415	2327

8—13 乡镇工业企业生产、销售情况

(2001年)

项目	企业数(个)		年平均人数(人)	
	合计	#集体企业	合计	#集体企业
总计	**20259**	**966**	**167702**	**53217**
按轻重工业分:				
轻工业	12237	324	58631	17137
重工业	8022	642	109071	36080
按工业行业分:				
煤炭采选业	235	15	11629	962
黑色金属矿采选业	54	5	1211	155
有色金属矿采选业	125	7	3755	1134
非金属矿采选业	2653	111	22021	3794
其他矿采选业	29	4	761	205
木材及竹材采选业	43		529	
食品加工业	5852	17	12850	781
食品制造业	627	22	4267	1117
饮料制造业	839	12	4940	1206
烟草加工业				
纺织业	154		366	
服装及其他纤维制品制造业	916	7	2950	393
皮革、毛皮、羽绒及其制品业	507		1948	
木材加工及竹、藤、棕、草制品业	862	5	3026	254
家具制造业	954	18	4478	672
造纸及纸制品业	435	30	3858	1724
印刷业、记录媒介的复制	82	58	3719	3512
文教体育用品制造业	5	4	486	482
石油加工及炼焦业	9	3	502	445
化学原料及化学制品制造业	204	66	9267	4964
医药制造业	52	22	5646	2593
化学纤维制造业	27	4	736	362
橡胶制品业	79	19	2767	1954
塑料制品业	136	30	2802	1108
非金属矿物制造业	1558	142	22323	8427
黑色金属冶炼及压延加工业	149	47	4789	2851
有色金属冶炼及压延加工业	292	61	10572	4304
金属制品业	771	67	6596	2257
普通机械制造业	269	30	2823	1754
专用设备制造业	34	8	565	467
交通运输设备制造业	1376	35	6357	1875
电气机械及器材制造业	27	11	866	546
电子及通信设备制造业	5	4	114	93
仪器仪表及文化办公用品	3	3	100	100
其他制造业	751	59	7499	2456
电力、蒸汽、热水的生产	19	13	181	160
煤气生产和供应业	2		113	
自来水生产和供应业	124	27	290	110

8—13续表

单位:万元

项　　目	现价增加值		现价销售产值	
	合　计	#集体企业	合　计	#集体企业
总　　计	**419774**	**154066**	**1493854**	**535140**
按轻重工业分:				
轻工业	145895	54244	550759	204371
重工业	273879	99822	943095	330769
按工业行业分:				
煤炭采选业	9856	661	29245	2101
黑色金属矿采选业	4040	446	14738	1914
有色金属矿采选业	4830	758	16195	1824
非金属矿采选业	43811	5900	152523	17408
其他矿采选业	1228	190	4491	621
木材及竹材采选业	1190		5533	
食品加工业	35757	5847	133983	24864
食品制造业	8985	4632	31071	16173
饮料制造业	9135	3294	29021	9058
烟草加工业				
纺织业	395		1498	
服装及其他纤维制品制造业	5999	1457	19754	4056
皮革、毛皮、羽绒及其制品业	3459		13624	
木材加工及竹、藤、棕、草制品业	5770	1624	17403	3841
家具制造业	10877	1356	39725	5666
造纸及纸制品业	7214	4536	26024	15321
印刷业、记录媒介的复制	8912	8442	26075	23938
文教体育用品制造业	272	268	4031	4015
石油加工及炼焦业	1659	1220	2497	1039
化学原料及化学制品制造业	40543	22901	141960	74410
医药制造业	35797	16813	179240	92006
化学纤维制造业	1265	1030	3763	2968
橡胶制品业	7929	5846	29241	21365
塑料制品业	8866	6308	27993	16982
非金属矿物制造业	42778	13597	140736	39326
黑色金属冶炼及压延加工业	15809	8726	60365	28874
有色金属冶炼及压延加工业	22584	11811	75632	37578
金属制品业	21295	7525	71056	25422
普通机械制造业	10460	3382	33768	12140
专用设备制造业	1078	575	3163	1730
交通运输设备制造业	24043	4654	82593	17431
电气机械及器材制造业	1880	1492	4115	2593
电子及通信设备制造业	322	238	1149	913
仪器仪表及文化办公用品	156	156	642	642
其他制造业	18780	7341	60255	25106
电力、蒸汽、热水的生产	800	767	2982	2837
煤气生产和供应业	1255		5265	
自来水生产和供应业	655	273	2505	978

8—14 各县乡镇企业主要指标

（2001年）

单位：万元

县(市、区)名	营业收入	总产值(现价)	工业产值	增加值(现价)	工业增加值	总产值(90价)	工业产值
总计	**4934006**	**3472436**	**1577548**	**856960**	**419774**	**3392914**	**1503133**
云岩区	838155	338967	179925	57120	36976	315436	156394
南明区	804676	394346	165672	113038	42797	389632	161875
乌当区	776064	658558	311953	179438	86136	650171	303769
花溪区	457840	403721	168442	81219	38712	397295	167592
白云区	449784	375520	202191	110495	60809	356278	182949
开阳县	406210	362036	147491	110286	48773	363388	148843
清镇市	393085	306775	132249	84134	39531	291465	116939
小河区	338360	217998	56954	37630	17930	221430	57932
修文县	268882	231381	108188	48610	25650	229388	106705
息烽县	200950	183134	104483	34990	22460	178431	100135

8—14续表

单位：个、人、万元

县(市、区)名	工资总额	实交国家税金	年末职工人数	固定资产原值	企业单位数	纯利润
总计	**229429**	**67379**	**392207**	**1125224**	**96933**	**239796**
云岩区	26908	13437	27800	105757	4871	19044
南明区	34995	9285	36584	113744	9310	8908
乌当区	35802	7881	85942	316522	18371	62876
花溪区	32145	6720	52558	94992	13758	26796
白云区	21526	7225	26452	101558	7801	30665
开阳县	10862	6734	33291	105941	11116	13379
清镇市	28870	6157	54932	65862	12696	31100
小河区	13048	5047	25690	21945	5120	13382
修文县	12446	3003	26043	79718	8440	21253
息烽县	12827	1890	22915	119185	5450	12393

主要统计指标解释

农林牧渔业总产值 指以货币表现的农、林、牧、渔业全部产品的总量，它反映一定时期内农业生产总规模和总成果。农业总产值的计算方法通常是按农林牧渔业产品及其副产品的产量分别乘以各自单位产品价格求得；然后将四业产品产值相加即为农业总产值。

粮食产量 指社会的产量。包括国有经济经营的、集体统一经营的农民家族经营的粮食产量，还包括工矿企业办的农场和其他生产单位的产量。粮食除包括稻谷、小麦、玉米、高梁、谷子及其他杂粮外，还包括薯类和豆类。其产量计算方法，豆类按去豆荚后的干豆计算；薯类(包括某薯和马铃薯，不包括芋头和木薯)1963年以前按4公斤鲜薯折1公斤粮食计算，从1964年开始改为按5公斤鲜薯折1公斤粮食计算。城市郊区作为蔬菜的薯类(如马铃薯等)按鲜品计算，并且不作粮食统计。其他粮食一律按脱粒后的原粮计算。

油料产量 指全部油料作物的生产量。包括花生、油菜籽、芝麻、向日葵籽、胡麻籽(亚麻籽)和其他油料。不包括大豆、木本油料和野生油料。花生以带壳干花生计算。

水产品产量 指人工养殖的水产品和天然生长的水产品的捕捞量。包括海水的鱼类、虾蟹类、贝类和藻类以及内陆的鱼类、虾蟹类和贝类，不包括淡水生植物。

猪、牛、羊肉产量 指当年出栏并已屠宰、除去头蹄下水后带骨肉(即胴体重)的重量。

期初(末)畜禽存栏头(只)数 指报告期初(末)农村各种合作经济组织和国营农场、农民个人、机关、团体、学校、工矿企业、部队等单位以及城镇居民饲养的大牲畜、猪、羊、家禽等畜禽的存栏数。

耕地面积 指可以用来种植农作物、经常进行耕锄的田地，包括熟地、当年新开荒地、连续撂荒未满三年的耕地和当年的休闲地(轮歇地)，还包括以种植农作物为主并附带种植桑树、茶树、果树和其他林木的土地，以及沿海、沿湖地区已围垦利用的"海涂"、"湖田"等面积。不包括属于专业性的桑园、茶园、果园、果木苗圃、林地、芦苇地、天然或人工草地面积。

农作物播种面积 指实际播种或移植有农作物的面积。凡是实际种植有农作物的面积，不论种植在耕地上还是种植在非耕地上，均包括在农作物播种面积中。在播种季节基本结束后，固遭灾而重新改种和补种的农作物面积，也包括在内。

有效灌溉面积 指具有一定的水源，地块比较平整，灌溉工程或设备已经配套，在一般年景下当年能够进行正常灌溉的耕地面积。

农用化肥施用量 指本年内实际用于农业生产的化肥数量，包括氮肥、磷肥、钾肥和复合肥。化肥施用量要求按折纯量计算数量。折纯量是指把氮肥、磷肥、钾肥分别按含氮、含五氧化二磷、含氧化钾的百分之一百分份进行折算后的数量。复合肥按其所含主要成分折算。

农业机构总动力 指主要用于农、林、牧、渔业的各种动力机械的动力总和。包括耕作机械、排灌机械、收获机械、农用运输机械、植物保护机械、牧业机械、林业机械、渔业机械和其他农业机械[内燃机按引擎马力折成瓦(特)计算、电动机按功率折成瓦(特)计算]。不包括专门用于乡、镇、村、组办工业、基本建设、非农业运输、科学试验和教学等非农业生产方面用的动力机械与作业机械。

农林牧渔业劳动力 指全社会直接参加农林牧渔业生产活动的劳动力。

国内外贸易及旅游

9

社会消费品零售总额（万元）

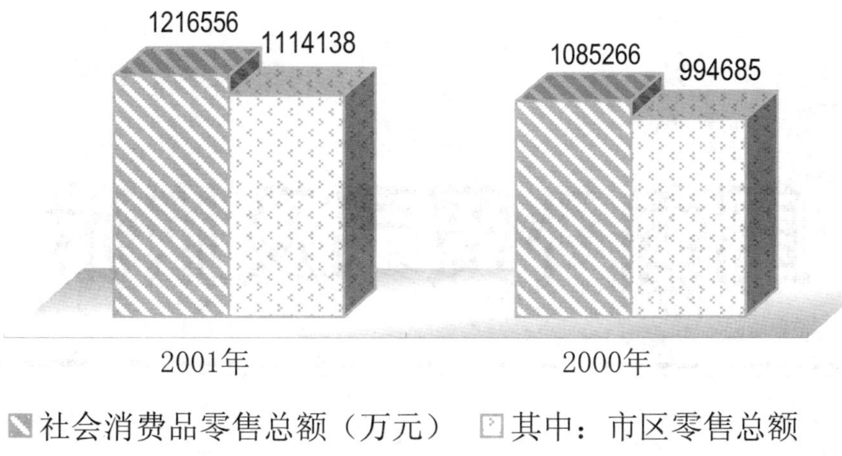

社会消费品零售总额构成（%）

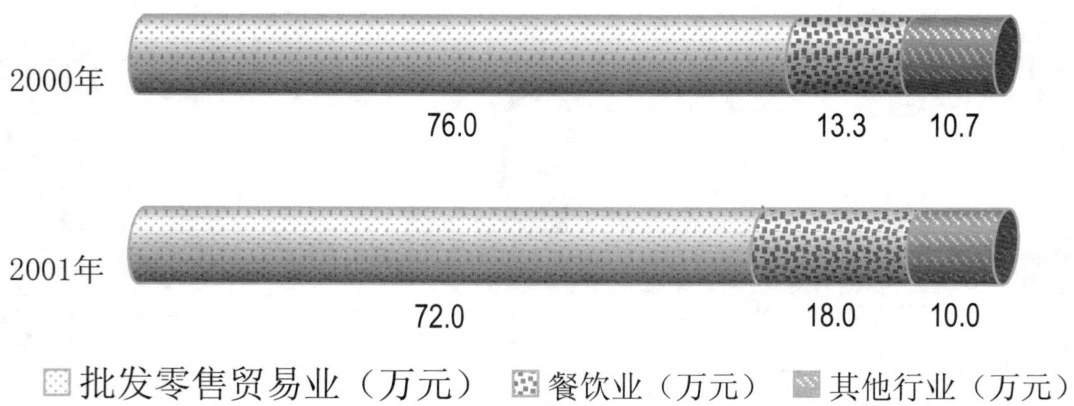

海关进出口总额（万美元）

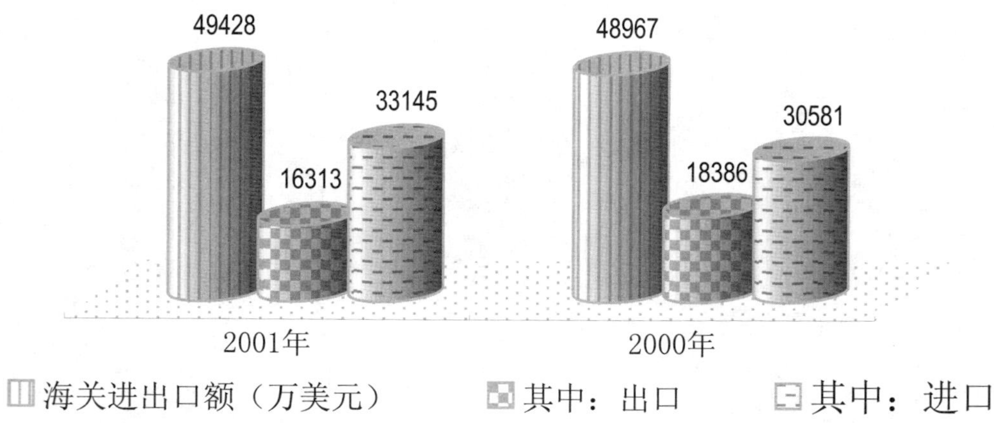

9—1　社会消费品零售总额

单位:万元

指　　　　标	2001年	2000年	2001年比2000年增长(%)
总　　计	**1216556**	**1085266**	**12.1**
按销售单位所在地分			
市	1114138	994685	12.0
县	48845	44225	10.4
县以下	53573	46356	15.6
按行业分			
批发零售贸易业	876012	824684	6.2
餐饮业	219144	144132	52.0
其他行业	121400	116450	4.3
#制造业	38190	38250	—0.2
农业生产者	38850	34100	13.9

9—2　餐饮业销售情况

单位:万元

指　　　　标	营业总收入		2001年比2000年增长(%)	商品零售		2001年比200年增长(%)
	2001年	2000年		2001年	2000年	
总　　计	**227740**	**154980**	**46.9**	**219144**	**144132**	**52.0**
限额以上企业(单位)	24965	14771	69.0	24137	14638	64.9
限额以下企业及个体户	202775	140209	44.6	132227	129494	50.6

9—3　批发零售贸易业销售总额

单位:万元

指　　标	销售总额		2001年比2000年增长(%)	批　　发		2001年比2000年增长(%)	零　售		2001年比2000年增长(%)
	2001年	2000年		2001年	2000年		2001年	2000年	
总　计	**2973974**	**2784092**	**6.8**	**1976561**	**1839958**	**7.4**	**997412**	**944134**	**5.6**
限额以上企业	1496015	1463027	2.3	1222774	1224587	—0.1	270240	238440	13.4
限额以下企业	733902	625359	17.4	588989	468295	25.8	144913	157064	—7.7
其他附营	133330	131189	1.6	11930	11739	1.6	121400	119450	1.6
个体户	613727	564517	8.7	152868	135337	13.0	460859	429180	7.4

9—4 限额以上批发零售贸易企业基本情况

（2001年）

单位：个、人

指　　标	法人企业	#亏损企业	产业活动单位数	从业人数
批发、零售贸易企业总计	**96**	**41**	**98**	**19507**
一、批发企业	**63**	**21**	**65**	**8259**
#国有及国有控股	55	19	57	7271
(一)按登记注册类型分组				
内资企业	62	20	64	8186
国有企业	41	14	43	5295
集体企业	7	1	7	951
股份合作企业	2		2	50
联营企业	2	1	2	48
有限责任公司	4	2	4	1254
国有独资企业	2	2	2	945
股份有限公司	4	2	4	305
私营企业	2		2	283
私营有限责任公司	2		2	283
港、澳、台商投资企业	1	1	1	73
独资经营企业	1	1	1	73
(二)按国民经济行业分组				
食品、饮料、烟草和家庭用品批发业	28	8	29	4703
食品、饮料、烟草批发业	18	4	19	3466
粮食、食用油批发业	3	2	3	386
烟草及其制品批发业	10	1	11	2337
棉、麻、土畜产品批发业				
纺织品、服装和鞋帽批发业	2	1	2	131
日用百货批发业	2	1	2	51
五金、交电、化工批发业	3	1	3	617
药品及医疗器械批发业	3	1	3	438
能源、材料和机械电子设备批发业	30	11	31	2921
能源批发业	9	4	9	859
石油及制品批发业	7	4	7	493
煤炭及制品批发业	2		2	366
化工材料批发业	3	1	3	264
矿产品批发业	1	1	2	374
金属材料批发业	2	1	2	170
机械、电子设备批发业	12	3	12	1074
汽车、摩托车及零配件批发业	2	1	2	119
汽车批发业	1	1	1	73
再生物资回收批发业	1		1	61
图书报刊批发业	2		2	308
农业生产资料批发业	3	2	3	327

9—4续表

单位:个、人

指　　标	法人企业	#亏损企业	产业活动单位数	从业人数
二、零售企业	**33**	**20**	**33**	**11248**
#国有及国有控股	18	11	18	6926
(一)按登记注册类型分组				
内资企业	33	20	33	11248
国有企业	10	4	10	5038
集体企业	3	3	3	323
有限责任公司	9	7	9	1985
#国有独资企业	1	1	1	216
#其他有限责任公司	8	6	8	1769
股份有限公司	4	2	4	1894
私营企业	7	4	7	2008
#私营独资企业	2	2	2	771
#私营有限责任公司	4	1	4	1167
#私营股份有限公司	1	1	1	70
(二)按国民经济行业分组				
食品、饮料和烟草零售业	4	2	4	1169
#粮油食品零售业	1		1	867
#副食品零售业	1	1	1	140
日用百货零售业	10	5	10	5808
#百货零售业	9	4	9	5631
纺织品、服装和鞋帽零售业	2		2	582
五金、交电、化工零售业	3	2	3	1997
药品及医疗器械零售业	4	4	4	874
图书报刊零售业	2		2	244
其他零售业	8	7	8	574
汽车、摩托车及其零配件零售	4	3	4	329
计算机及软件、办公设备零售	1	1	1	60
(三)按经营方式分组				
独立商店	19	10		
连锁总店	9	6		
连锁分店				
其　　他	5	4		
(四)按业态分组				
百货商店	9	3		
超级市场	6	4		
专业(专卖)商店	14	10		
其　　他	4	3		

9—5 限额以上批发零售贸易业商品销售数量

项目	合计		批发		零售	
	2001年	2000年	2001年	2000年	2001年	2000年
粮　食(吨)	35181	3639	27790	930	7391	2709
食用植物油(吨)	5180	2795	1600	1573	3580	1222
食　糖(吨)	11330	15152	11304	15127	26	25
棉　花(吨)		33		33		
电视机(台)	26991	39659	1	387	26990	39272
组合音响(台)	10732	4041	1820		8912	4041
摄像机(台)	362	219			362	219
录像机(台)	6	109			6	109
影碟机(台)	11976	14450	3220		8756	14450
家用电冰箱(台)	12283	29210	710	2831	11573	26379
家用洗衣机(台)	21722	33955	888	4260	20834	29695
房间空调器(台)	2583	4129	56	109	2527	4020
微波炉(台)	34770	39127	8727	8771	26043	30356
微型计算机(台)	6628	9290	1940	5096	4688	4194
普通电话机(台)	3048	3732	5	6	3043	3726
化学肥料(吨)	144328	233422	144328	233422		
化学农药(吨)	381	453	381	453		
煤　炭(吨)	445012	581405	445012	581405		
汽　油(吨)	103285	98073	78555	89240	24730	8833
柴　油(吨)	179380	155699	130326	137817	49054	17882
钢　材(吨)	107007	32107	107007	32107		
铜(吨)	420	186	420	186		
铝(吨)	28190	22836	28190	22836		
水　泥(吨)	316784	270404	316784	270404		
汽　车(辆)	3147	4091	2110	3328	1037	763
#轿车(辆)	2235	2050	1352	1575	883	475
摩托车(辆)	8369	12538	5623	6744	2746	5794
拖拉机(台)	57	36	57	36		

9—6　限额以上批发零售贸易业商品购销存总额

（2001年）

单位：万元

指　　标	购进总额	销售总额	批　发	零　售	年末库存额
总　　计	**1412701**	**1493015**	**1222774**	**270240**	**150187**
一、批发业	**1168042**	**1255344**	**1196267**	**59076**	**105541**
＃国有及国有控股	1123735	1203603	1155120	48483	102240
（一）按登记注册类型分					
内资企业	1162731	1250040	1196267	53773	105405
国有企业	1015502	1082455	1047423	35031	71791
集体企业	40870	45277	36844	8432	2019
股份合作企业	7599	6600	6600		2107
联营企业	7423	9541	9541		618
有限责任公司	65964	78622	78288	334	26399
国有独资企业	45088	51911	51911		25017
其他有限责任公司	20876	26710	26376	334	1382
股份有限公司	19153	21460	14259	7200	1440
私营企业	6218	6084	3309	2774	1029
私营独资企业					
私营有限责任公司	6218	6084	3309	2774	1029
私营股份有限公司					
港、澳、台商投资企业	5311	5303	5303		136
独资经营企业	5311	5303	5303		136
（二）按国民经济行业分					
食品、饮料、烟草批发业	671358	716988	716924	64	57154
＃粮食、食用油批发业	87926	84930	84930		1823
烟草及其制品批发业	569497	607476	607448		47021
棉、麻、土畜产品批发业					
纺织品、服装和鞋帽批发业	9543	10285	10285		975
日用百货批发业	6114	8169	7660	509	927
日用杂品批发业					
五金、交电、化工批发业	40159	45867	44486	1381	3405
药品及医疗器械批发业	25317	27884	5400	22483	4893

9－6续表

单位:万元

指　　标	购进总额	销售总额	批　发	零　售	年末库存额
能源批发业	97798	105285	87002	18282	8904
#石油及制品批发业	88975	94848	77071	17776	8904
煤炭及制品批发业	8822	10436	9931	505	
化工材料批发业	26787	30876	30876		2118
矿产品批发业	55963	70561	70561		2723
金属材料批发业	12592	13097	13097		248
机械、电子设备批发业	135514	137379	126678	10701	20689
汽车、摩托车及零配件批发业	12256	10875	5572	5303	136
#汽车批发业	5311	5303		5303	136
再生物资回收批发业	1737	2035	2035		88
图书报刊、工艺美术批发业	49720	49125	48774	350	1489
农业生产资料批发业	23179	26910	26910		1787
其他类未包括的批发业					
二、零售业	244659	237671	26507	211164	44646
#国有及国有控股	90961	104016	21104	82911	15135
(一)按登记注册类型分					
内资企业	244659	237671	26507	211164	44646
国有企业	38353	45366	14974	30392	7476
集体企业	3154	4991	1642	3349	1250
有限责任公司	59706	50317	3338	46979	16805
国有独资	1984	2327		2327	551
其他有限责任公司	57722	47990	3338	44652	16254
股份有限责任公司	44890	50256	4698	45557	7151
私营企业	98553	86739	1853	84886	11962
私营独资	37797	21540	1755	19785	3523
私营有限责任公司	59795	64299	98	64201	8379
私营股份有限公司	959	899		899	60
(二)按国民经济行业分:					
食品、饮料和烟草零售业	4111	4769		4769	719
#粮油食品零售业	2055	2389		2389	76
副食品零售业	1074	961		961	216
日用百货零售业	87810	86996	14384	72611	21763
#百货零售业	86140	84442	12801	71640	21075
纺织品、服装和鞋帽零售业	9061	8480		8480	1208
五金、交电、化工零售业	94420	86706	6454	80252	13593
药品及医疗器械零售业	5810	5963	110	5852	2075
图书报刊零售业	4784	4361		4361	1152
其他零售业	38659	40395	5557	34837	4133
#汽车、摩托车及其零配件零售业	28112	29659	5498	24160	2716
计算机及软件、办公设备零售业	3981	2726		2726	1056

9—7 限额以上批发零售贸易业主要财务指标

(2001年)

单位:万元

指　　标	流动资产	#存货	固定资产小计	固定资产原价	#生产经营用	累计折旧
批发、零售贸易企业总计	**504855**	**136213**	**177208**	**170188**	**91044**	**35231**
一、批发企业	386530	93721	68795	76676	28236	18052
#国有及国有控股	376977	90391	68103	75967	28143	17890
(一)按登记注册类型分组						
内资企业	386286	93604	68600	76614	28236	18039
国有企业	273393	61446	60599	65661	26663	14206
集体企业	33144	2162	2016	3713	676	2393
股份合作企业	445	271	272	285	59	13
联营企业	3402	609	105	158	61	52
有限责任公司	70279	26470	1727	2501	677	789
国有独资企业	68047	25064	1219	1821	602	
股份有限公司	3715	1615	3819	4211	97	560
私营企业	1906	1029	59	83		23
私营有限责任公司	1906	1029	59	83		23
港、澳、台商投资企业	243	116	195	61		12
独资经营企业	243	116	195	61		12
(二)按国民经济行业分组						
食品、饮料、烟草和家庭用品批发业	208636	59415	41919	46350	16489	8887
食品、饮料、烟草批发业	178122	47059	35109	37376	10409	6204
粮食、食用油批发业	86334	3490	5244	6239	5029	1044
烟草及其制品批发业	63207	34586	6475	9050	3209	2848
棉、麻、土畜产品批发业						
纺织品、服装和鞋帽批发业	4692	940	956	1475	1118	518
日用百货批发业	4470	917	375	493	78	116
五金、交电、化工批发业	10113	3403	3325	4554	4552	1229
药品及医疗器械批发业	11236	7094	2152	2452	332	817
能源、材料和机械电子设备批发业	136292	31150	21479	25081	9645	6352
能源批发业	15415	6776	9970	10704	2362	2238
石油及制品批发业	12154	6650	9311	9896	1582	2088
煤炭及制品批发业	3261	125	658	808	780	149
化工材料批发业	11785	2489	1340	2241	975	900
矿产品批发业	10247	1138	430	735		305
金属材料批发业	10096	1620	2581	2326	1260	564
机械、电子设备批发业	83749	18899	5388	7275	4518	1943
汽车、摩托车及零配件批发业	4428	128	1238	1268		176
汽车批发业	243	116	195	61		12
再生物资回收批发业	41601	98	530	530	530	224
图书报刊批发业	7678	523	3583	2019	1664	927
农业生产资料批发业	33923	2632	1814	3226	438	1885

9—7续表1

单位:万元

指　　标	流动资产	#存货	固定资产小　计	固定资产原　价	#生产经营用	累计折旧
二、零售企业	**118325**	**42492**	**108412**	**93511**	**62808**	**17178**
#国有及国有控股	34928	14180	86987	68495	56063	12892
(一)按登记注册类型分组						
内资企业	118325	42492	108412	93511	62808	17178
国有企业	19863	6574	58851	35838	25767	6517
集体企业	2489	985	3010	1742	543	412
有限责任公司	24329	14514	11129	13647	236	2533
国有独资企业	1146	471	80	100		20
其他有限责任公司	23182	14043	11048	13546	236	2513
股份有限公司	13556	7789	25007	30184	30073	2953
私营企业	58086	12628	10413	12100	6188	1762
私营独资企业	27947	4361	608	825	75	216
私营有限责任公司	29841	8046	9725	11180	6112	1531
私营股份有限公司	298	220	79	94		15
(二)按国民经济行业分组						
食品、饮料和烟草零售业	2782	380	4234	3844	19	683
粮油食品零售业	1724	85	1296	1653		359
副食品零售业	194	124	1200	1204		4
日用百货零售业	38755	18808	60928	41464	30459	8110
百货零售业	37422	18120	59811	40936	30163	8090
纺织品、服装和鞋帽零售业	5290	1015	226	397	389	171
五金、交电、化工零售业	51376	14800	26861	31937	28608	5852
药品及医疗器械零售业	3856	2284	3573	1797	1505	223
图书报刊零售业	1216	518	1630	1834	138	418
其他零售业	15048	4685	10957	12236	1687	1718
汽车、摩托车及其零配件零售	11427	3274	8682	9239	56	992
计算机及软件、办公设备零售	2765	1056	455	643		187
(三)按经营方式分组						
独立商店	47673	23401	86074	70869	54634	14359
连锁总店	59946	15344	14293	14015	7927	1801
连锁分店						
其　　他	10705	3746	8044	8627	246	1017
(四)按业态分组						
百货商店	41739	20867	77996	62240	53052	12975
超级市场	27014	9537	11264	12454	6108	1269
专业(专卖)商店	46050	10762	17926	17186	3382	2524
其　　他	3521	1325	1225	1631	265	409

9—7续表2

单位:万元

指　　标	资产合计	负债合计	所有者权益合计	#实收资本	#国家资本	#集体资本	#法人资本	#个人资本
批发、零售贸易企业总计	**738964**	**660533**	**78431**	**96109**	**56198**	**5619**	**17978**	**15736**
一、批发企业	**499254**	**455597**	**43657**	**58374**	**42411**	**2738**	**12146**	**630**
#国有及国有控股	488607	446953	41654	57208	42361	2597	11823	
(一)按登记注册类型分组								
内资企业	498815	455177	43638	58353	42411	2738	12146	630
国有企业	356550	327688	28861	46766	37295	283	8762	
集体企业	44370	41416	2953	3947	1482	2355	110	
股份合作企业	718	370	347	139	139			
联营企业	3881	3408	472	253	130	10	112	
有限责任公司	83796	78721	5074	3135	1500		1635	
国有独资企业	81055	76704	4350	2500	1500		1000	
股份有限公司	7534	2268	5265	3430	1814	90	1526	
私营企业	1965	1303	662	680	50			630
私营有限责任公司	1965	1303	662	680	50			630
港、澳、台商投资企业	438	419	18	21				
独资经营企业	438	419	18	21				
(二)按国民经济行业分组								
食品、饮料、烟草和家庭用品批发业	268292	244425	23867	30673	27741	293	2212	
食品、饮料、烟草批发业	229111	206624	22486	25249	22955	283	2000	
粮食、食用油批发业	93749	106847	—13098	3126	1126		2000	
烟草及其制品批发业	79523	61145	18377	3632	3339	283		
棉、麻、土畜产品批发业								
纺织品、服装和鞋帽批发业	5768	6246	—478	666	666			
日用百货批发业	5265	5064	201	538		10	112	
五金、交电、化工批发业	13506	12631	874	2964	2864		100	
药品及医疗器械批发业	14640	13857	783	1255	1255			
能源、材料和机械电子设备批发业	174575	165382	9193	22385	11412	387	9933	631
能源批发业	28886	16436	12450	7287	4727	40	2520	
石油及制品批发业	24851	15270	9581	6747	4226		2520	
煤炭及制品批发业	4035	1166	2869	540	500	40		
化工材料批发业	15947	14416	1531	2140	1883		257	
矿产品批发业	13940	24135	—10195	519	519			
金属材料批发业	13475	16588	—3113	3703	847	2856		
机械、电子设备批发业	95268	87690	7577	7805	3032	90	4052	630
汽车、摩托车及零配件批发业	5768	5234	534	525	504			
汽车批发业	438	419	18	21				
再生物资回收批发业	1288	879	408	403	403			
图书报刊批发业	11675	3207	8468	2066	2066			
农业生产资料批发业	44709	42582	2127	3248	1191	2057		

9－7续表3　　单位:万元

指　　标	资产合计	负债合计	所有者权益合计	#实收资本	#国家资本	#集体资本	#法人资本	#个人资本
二、零售企业	**239710**	**204936**	**34774**	**37736**	**13787**	**2881**	**5832**	**15105**
#国有及国有控股	125182	108019	17163	20060	13786	2307	3310	527
(一)按登记注册类型分组								
内资企业	239710	204936	34774	37735	13786	2881	5832	15105
国有企业	80322	72455	7866	11995	10248	1617		
集体企业	5925	5273	651	1160		1126		34
有限责任公司	37331	28230	9099	8875	800	137	2488	5450
国有独资企业	1254	754	499	500	500			
其他有限责任公司	36077	27476	8600	8375	300	137	2488	5450
股份有限公司	40613	31886	8726	7062	2737		2731	1592
私营企业	75520	67089	8430	8641			613	8029
私营独资企业	30250	30338	－89	1679				1678
私营有限责任公司	44867	36827	8040	6462			112	6350
私营股份有限公司	403	－76	480	500			500	
(二)按国民经济行业分组								
食品、饮料和烟草零售业	7415	4413	3003	2902	2198	469	200	34
粮油食品零售业	3325	769	2557	1898	1898			
副食品零售业	1423	1050	374	500	300		200	
日用百货零售业	102403	93259	9144	11173	5739	436	2189	2678
百货零售业	99632	90983	8648	10737	5739		2189	2678
纺织品、服装和鞋帽零售业	9109	4825	4284	4170			220	3950
五金、交电、化工零售业	81453	74673	6780	6371	1754		2624	1992
药品及医疗器械零售业	8420	5835	2585	3217	500	1617	100	1000
图书报刊零售业	3014	1394	1619	728	729			
其他零售业	27893	20535	7357	9171	2866	357	498	5450
汽车、摩托车及其零配件零售业	21938	17206	4732	7172	1274		498	5450
计算机及软件、办公设备零售业	3220	2261	958	187		137		50
(三)按经营方式分组								
独立商店	138306	116635	21671	23001	10040	906	5619	6305
连锁总店	81825	70184	11641	11544	1865	1617	212	7850
连锁分店								
其　　他	19577	18116	1462	3189	1882	357		950
(四)按业态分组								
百货商店	125955	111565	14389	16626	6129	469	4421	5477
超级市场	39648	34070	5577	4155	1664		812	1678
专业(专卖)商店	69282	56212	13069	15937	5384	2053	598	7900
其　　他	4924	3086	1737	1015	608	357		50

9—7续表4

单位：万元

指　　标	商品销售收入	商品销售成本	经营费用	商品销售税金及附加	商品销售利润
批发、零售贸易企业总计	**921068**	**819727**	**41655**	**3158**	**35679**
一、批发企业	**696313**	**622525**	**27342**	**2077**	**23873**
#国有及国有控股	649099	579267	24489	1954	22893
(一)按登记注册类型分组					
内资企业	691561	617982	27120	2076	23886
国有企业	533208	470891	18996	1844	20983
集体企业	45577	41514	2310	72	1679
股份合作企业	6694	6312	125	10	246
联营企业	8840	8293	157	14	377
有限责任公司	73058	68463	4149	93	350
国有独资企业	49757	48251	1775	42	—311
股份有限公司	18097	16930	1081	25	57
私营企业	6084	5577	299	16	192
私营有限责任公司	6084	5577	299	16	192
港、澳、台商投资企业	4752	4543	221	0.8	—13
独资经营企业	4753	4543	221	0.8	—13
(二)按国民经济行业分组					
食品、饮料、烟草和家庭用品批发业	360257	323148	12207	1123	15302
食品、饮料、烟草批发业	274407	245954	7961	988	11896
粮食、食用油批发业	84290	81837	2357	515	—420
烟草及其制品批发业	172830	150204	4315	392	10310
棉、麻、土畜产品批发业					
纺织品、服装和鞋帽批发业	9265	7819	293	6	1145
日用百货批发业	7668	7247	164	15	241
五金、交电、化工批发业	44405	40482	2851	60	1012
药品及医疗器械批发业	24510	21644	937	53	1006
能源、材料和机械电子设备批发业	266417	247928	12373	895	5217
能源批发业	93315	88518	3475	117	1203
石油及制品批发业	83508	80234	2404	39	828
煤炭及制品批发业	9807	8284	1070	77	374
化工材料批发业	30460	25546	3196	511	1205
矿产品批发业	13532	11685	1197	153	496
金属材料批发业	11185	10931	152	14	86
机械、电子设备批发业	105721	99971	3845	90	1813
汽车、摩托车及零配件批发业	10325	9462	428	1	432
汽车批发业	4752	4543	221	0.8	—13
再生物资回收批发业	1877	1812	78	6	—19
图书报刊批发业	44843	29043	1299	56	2428
农业生产资料批发业	24795	22405	1462	1	925

9—7续表5

单位:万元

指 标	商品销售收入	商品销售成本	经营费用	商品销售税金及附加	商品销售利润
二、零售企业	**224754**	**197201**	**14312**	**1081**	**11806**
#国有及国有控股	91037	78570	6221	683	5211
(一)按登记注册类型分组					
内资企业	224754	197201	14312	1081	11806
国有企业	40766	35226	3962	286	1072
集体企业	4370	3684	566	22	—35
有限责任公司	43856	37667	3051	182	2955
国有独资企业	1989	1511	430	10	38
其他有限责任公司	41867	36156	2622	172	2918
股份有限公司	43782	37063	1997	434	4287
私营企业	91978	83559	4734	156	3526
私营独资企业	35565	33603	1493	18	448
私营有限责任公司	55644	49298	3165	136	3043
私营股份有限公司	768	656	75	1	35
(二)按国民经济行业分组					
食品、饮料和烟草零售业	4129	3816	344	8	—40
粮油食品零售业	2114	2038	56	6	13
副食品零售业	821	692	188	0.3	—59
日用百货零售业	76896	64630	6624	433	5200
百货零售业	74342	62591	6205	415	5123
纺织品、服装和鞋帽零售业	7327	5868	882	76	503

9－7续表6

单位:万元

指标	主营业务	其他业务	利润总额	应交所得税	本年应付工资总额	本年应交增值税
批发、零售贸易企业总计	**36932**	**8159**	**－8622**	**3713**	**17125**	**21765**
一、批发企业	**25125**	**4865**	**－4503**	**3025**	**9148**	**13061**
＃国有及国有控股	24146	4746	－4453	2946	8262	12081
(一)按登记注册类型分组						
内资企业	25139	4865	－4427	3025	9079	13023
国有企业	21796	4226	－2196	2664	6770	10866
集体企业	1679	179	－571	55	989	956
股份合作企业	269	15	26	99	93	79
联营企业	377		55	80	60	93
有限责任公司	768	436	－1715	90	865	702
国有独资企业	105	1	－1890		405	224
股份有限公司	57	8	－40	27	217	231
私营企业	192		13	7	81	95
私营有限责任公司	192		14	7	81	95
港、澳、台商投资企业	－13		－76		69	37
独资经营企业	－13		－76		69	37
(二)按国民经济行业分组						
食品、饮料、烟草和家庭用品批发业	16346	3048	－1819	2450	4875	10898
食品、饮料、烟草批发业	12920	2708	－685	2378	3480	8682
粮食、食用油批发业	163	694	－5430	30	235	3430
烟草及其制品批发业	10727	288	4436	2178	2403	4255
棉、麻、土畜产品批发业						
纺织品、服装和鞋帽批发业	1161	65	－666	13	165	1096
日用百货批发业	241	7	－139		66	114
五金、交电、化工批发业	1017	235	－298	44	767	503
药品及医疗器械批发业	1006	32	－30	13	395	501
能源、材料和机械电子设备批发业	5426	1563	－2652	276	2853	1804
能源批发业	1203	566	87	64	897	887
石油及制品批发业	828	359	－204	64	571	347
煤炭及制品批发业	374	207	292		325	540
化工材料批发业	1205	54	113	54	291	8
矿产品批发业	638	－1	－1265		118	
金属材料批发业	86	8	－642		232	61
机械、电子设备批发业	1879	732	－877	155	1104	752
汽车、摩托车及零配件批发业	432	62	－71	2	144	37
汽车批发业	－13		－76		69	37
再生物资回收批发业	－19	140	2		65	56
图书报刊批发业	2428	174	775	253	881	360
农业生产资料批发业	925	79	－807	46	538	－1

9—7续表7

单位:万元

指　　标	主营业务	其他业务	利润总额	应　交 所得税	本年应付 工资总额	本年应交 增 值 税
二、零售企业	**11806**	**3293**	**—4118**	**688**	**7977**	**8704**
#国有及国有控股	5211	2584	—3131	283	4514	6331
(一)按登记注册类型分组						
内资企业	11806	3293	—4118	688	7977	8704
国有企业	1072	1574	—3083	16	2683	781
集体企业	—35	152	—273		360	101
有限责任公司	2956	392	—502	132	1283	821
国有独资企业	38				195	98
其他有限责任公司	2918	392	—502	132	1088	722
股份有限公司	4287	823	23	292	1571	5452
私营企业	3526	351	—281	246	2078	1548
私营独资企业	448	190	—713		849	170
私营有限责任公司	3043	160	451	246	1190	1373
私营股份有限公司	35		—20		37	4
(二)按国民经济行业分组						
食品、饮料和烟草零售业	—40	399	—188	1	266	25
粮油食品零售业	13	246	4	1	33	
副食品零售业	—59	1	—126		100	3
日用百货零售业	5200	811	—2699	212	3810	1909
百货零售业	5123	811	—2543	212	3638	1834
纺织品、服装和鞋帽零售业	503	1	43	32	288	228
五金、交电、化工零售业	5031	1036	—430	307	2129	5951
药品及医疗器械零售业	37	39	—390		643	165
图书报刊零售业	498	181	106	58	346	174
其他零售业	575	823	—558	76	492	247
汽车、摩托车及其零配件零售业	961	522	—249	85	176	161
计算机及软件、办公设备零售业	—126	302	—115	38	191	51
(三)按经营方式分组						
独立商店	8909	1696	—2703	505	4760	7010
连锁总店	2240	803	—1087	66	2828	1461
连锁分店						
其　　他	657	794	—327	116	388	232
(四)按业态分组						
百货商店	8923	1238	—2130	492	4114	6962
超级市场	1102	573	—413	59	1367	903
专业(专卖)商店	2040	1180	—1390	105	2205	747
其　　他	—260	302	—185	30	289	90

9—8 限额以上餐饮企业主要财务指标

（2001年）

单位：万元

指标	企业数	#亏损企业（个）	流动资产小计	#存货	固定资产小计	固定资产原价	#生产经营用
总计	**31**	**11**	**7787**	**1193**	**12015**	**13849**	**3235**
#国有及国有控股	2	2	440	226	4225	4300	
一、按登记注册类型分组							
内资企业	31	11	7787	1193	12015	13849	3235
国有企业	2	2	440	226	4225	4300	
集体企业	2		118		62	70	70
有限责任公司	7	1	4209	512	4896	5987	2649
其他有限责任公司	7	1	4209	512	4896	5987	2649
股份有限公司	2	1	549	23	267	325	
私营企业	17	7	2270	372	2332	2875	487
私营独资企业	7	3	212	116	1024	1187	166
私营有限责任公司	7	4	1922	227	1015	1323	246
私营股份有限公司	3		135	29	292	365	73
其他企业	1		200	60	231	289	28
二、按国民经济行业分组							
正餐	30	11	7046	1180	12739	3235	

9－8续表1

单位：万元

指　　标	累计折旧	资产合计	负债合计	营业收入	营业成本
总　计	**1902**	**22682**	**12916**	**25350**	**14247**
#国有及国有控股	87	5130	4901	1086	444
一、按登记注册类型分组					
内资企业	1902	22682	12916	25350	14247
国有企业	87	5130	4901	1086	444
集体企业	7	181	19	879	462
有限责任公司	1129	10538	4719	8003	4055
其他有限责任公司	1129	10538	4719	8003	4055
股份有限公司	57	974	710	1239	846
私营企业	562	5426	2514	13381	8110
私营独资企业	164	1677	61	3657	1949
私营有限责任公司	307	3298	2161	8559	5428
私营股份有限公司	90	449	292	1165	732
其他企业	57	431	52	758	329
二、按国民经济行业分组					
正　餐	1888	20598	12035	25133	14181

9—8续表2 单位:万元

指　　标	营业费用	营业利润	利润总额	应交所得税	本年应付工资总额(贷方累计发生数)
总　计	**5650**	**1047**	**808**	**348**	**2879**
#国有及国有控股	606	—241	—241		178
一、按登记注册类型分组					
内资企业	5650	1047	808	348	2879
国有企业	606	—241	—241		177
集体企业	318	33	33	10	157
有限责任公司	1075	956	967	307	704
其他有限责任公司	1075	956	967	307	704
股份有限公司	349	—45	—41	5	158
私营企业	3080	317	63	25	1473
私营独资企业	629	188	188		520
私营有限责任公司	2250	90	—163	12	682
私营股份有限公司	200	37	37	13	270
其他企业	220	26	26		210
二、按国民经济行业分组					
正　餐	5574	1039	802	346	2813

9—9 利用外资情况

利用外资方式	项目个数		项目总投资(亿美元)		合同外资金额(万美元)		实际利用外资(万美元)		
	2001年	2000年	2001年	2000年	2001年	2000年	2001年	2000年	比上年增长%
总　　计	**37**	**32**	**7.64**	**3.65**	**4203**	**2230**	**5941**	**5301**	**12.1**
一、外商直接投资	**37**	**32**	**7.64**	**3.65**	**4203**	**2230**	**1219**	**2755**	**—55.8**
1.合资经营企业	16	16	2.06	2.56	721	1099	679	1797	—62.21
2.合作经营企业	5	4	4.25	0.25	2740	210	19	184	—89.67
3.外资经营企业	16	12	1.33	0.84	742	921	521	774	—32.69
二、对外借款							**1557**	**2546**	**—38.9**
1.外国政府贷款								2546	
2.国际金融组织贷款									

9—10 外贸进出口总额

单位:万美元

指　　标	2001年	2000年	2001年比2000年增长(%)
海关进出口总额	**49428**	**48967**	**1.0**
#出　口	16313	18386	—11.3
进　口	33145	30581	8.3

9—11 国际旅游

指标	单位	2001年	2000年	2001年 比2000年增长 (%)
一、接待海外旅游人数	**人**	**49630**	**59501**	**19.9**
外国人	人	18204	20825	14.4
港澳同胞	人	8590	14280	66.2
台湾同胞	人	22836	24396	6.8
二、接待旅游人天数	**人天**	**91807**	**101151**	**10.2**
外国人	人天	41783	43524	4.2
港澳同胞	人天	19733	24514	24.2
台湾同胞	人天	30291	33113	9.3
三、旅游外汇收入	**万美元**	**1484**	**1633**	**10.0**
四、接待国内游客	**万人次**	**993.67**	**999.49**	**0.6**
旅游总收入	亿元	29.24	34.67	18.6

主要统计指标解释

社会消费品零售总额 指国民经济各行业直接售给城乡居民和社会集团的消费品总额。它是反映各行业通过多种商品流通渠道向居民和社会集团供应的生活消费品总量，是研究国内零售市场变动情况、反映经济景气程度的重要指标。

社会消费品零售总额包括：(1)售给城乡居民作为生活用的商品和修建房屋用的建筑材料；(2)售给社会集团的各种办公用品和公用消费品；(3)售给机关、团体、学校、部队、企业、事业单位的职工食堂和旅店(招待所)附设专门供本店旅客食用，不对外营业的食堂的各种食品、燃料；企业、单位和国营农场直接售给本单位职工和职工食堂的自己生产的产品；(4)售给部队干部、战士生活用的粮食、副食品、衣着品、日用品、燃料；(5)售给来华的外国人、华侨、港澳台同胞的消费品；(6)居民自费购买的中、西药品、中药材及医疗用品；(7)报社、出版社直接售给居民和社会集团的报纸、图书、杂志、集邮公司出售的新、旧纠集邮票、特种邮票、首日封、集邮册、集邮工具等；(8)旧货寄售商店自购、自销部分的商品；(9)煤气公司、液化石油气站售给居民和社会集团的煤气灶具和罐装液化石油气；(10)农民售给非家业居民和社会集团的商品。不包括售给国民经济各部门企业、事业单位(包括国有经济的农场)征税经营用的各种原材料、燃料、设备、工具等和售给批发零售贸易业、餐饮业作为转卖用的商品，旧货寄售商店受托寄售卖出的商品，服务业的营业收入，邮局出售邮票的收入，自来水、电力、煤气生产(供应)单位的产品供应收入，也不包括农民之间的商品销售。

批发贸易业商品购、销、存总额 指各种登记注册类型的批发、零售贸易业(不包括个体)企业(单位)以本企业(单位)为总体的商品购进、销售、库存总额。

商品购进总额 指从本企业(单位)以外的单位和个人购进(包括从境外直接进口)作为转卖或加工后转卖的商品总额。它反映批发零贸易业从国内、国外市场上购进商品的总量。商品购进总额包括：(1)从工农业生产者购进的商品；(2)从出版社、报社的出版发行部门购进的图书、杂志和报纸；(3)从各种登记注册类型的批发零售贸易企业(单位)购进的商品；(4)从其他单位购进的商品，如从机关、团体、企业等单位购进的剩余物资从餐饮业、服务业购进的商品，从海关、市场管理部门购进的缉私和没收的商品，从居民手中收购的废旧商品等；(5)从国(境)外直接进口的商品。不包括企业(单位)为自身经营用和未通过买卖行为而收入的商品以及销售退回、商品升溢等。

商品销售总额 指对本企业(单位)以外的单位和个人出售(包括对境外直接出口)的商品总额。它反映批发零售贸易业在国内市场上销售商品以及出口商品的总量。商品销售总额包括：(1)售给城乡居民和社会集团消费用的商品；(2)售给工业、农业、建筑业、运输邮电业、批发零售贸易业、餐饮业、服务业等作为生产 经营使用的商品；(3)售给批发零售贸易业作为转卖或加工扣转卖的商品；(4)对国(境)外直接出口的商品。不包括出售本企业(单位)自用的废旧包装用品；未通过买卖行为付出的商品；经本单位介绍，由买卖双方直接结算，本单位只收取手续费的业务；购货退出的商品以及商品损耗和损失等。

批发零售贸易业库存　指报告期末各种登记注册类型的批发零售贸易企业(单位)已取得所有权的商品。它反映批发零售贸易企业(单位)的商品库存情况和对市场商品供应的保证程度。

消费品市场成交额　指从事消费品交易的商品市场的全部商品成交金额。消费品市场包括农副产品市场和工业消费品市场。

进出口总额　海关进出口总额指实际进出甸国境的货物总金额。包括对外贸易实际进出口货物,来料加工装配进出口货物,国家间、联合国及国际组织无偿援助物资和赠送品,华侨、港澳台同胞和外籍华人捐赠品,租赁期满归承租人所有的租赁货物,进料加工进出口货物,边境地方贸易及边境地区小额贸易进出口货物(边民互市贸易除外),中外合资企业、中外合作经营企业、外商独资经营企业进出口货物和公用物品,到、离岸价格在规定限额以上的进出口货样和广告品(无商业价值、无使用价值和免费提供出口的除外),从保税仓库提取在中国境内销售的进品货物,以及其他进出口货物。进出口总额用以观察一个国家在对外贸易方面的总规模。我国规定出口货物按离岸价格统计,进口货物按到岩价格统计。

利用外资　指我国各级政府、部门和其他经济组织通过对外借款、吸收外商直接投资以及用其他方式筹措的境外现汇、设备、技术等。

外商直接投资　指外国企业和经济组织或个人(包括华侨、港澳台胞以及我国在境外注册的企业)按我国有关政策、法规,用现汇、实物、技术等在我国境内开办外商独资企业、与我国境内的企业或经济组织共同举办中外合资经营企业、合作经营企业或合作开发资源的投资(包括外商投资收益的再投资),以及经政府有关部门批准的项目投资总额内企业从境外借入的资金。

旅游者人数

(1)**入境国际旅游者人数**:指来中国参观、访问、旅行、探亲、访友、休养、考察、参加会议和从事经济、科技、文化、教育、宗教等活动的外国人、华侨、港澳同胞和台湾同胞的人数。不包括外国在我国的常驻机构,如使领馆、通讯社、企业办事处的工作人员;来我国常住的外国专家、留学生以及在岸逗留不过夜人员。

(2)**出境居民人数**:指大陆居民因公务活动或私人事务短期出境的人数。公务活动出境居民人数包括在国际交通工具上的中国服务员工,因私出境居民人数不包括在国际交通工具上的中国服务员工。

(3)**国内旅游者人数**:指我国大陆居民和在我国常住1年以上的外国、华侨、港澳台同胞离开常住地在境内其他地方的旅游设施内至少停留一夜,最长不超过6个月的人数。

国际旅游(外汇)收入　指入境旅游的外国人、华侨、港澳同胞和台湾同胞在中国大陆旅游过程中发生的一切旅游支出,对于国家来说就是国际旅游(外汇)收入。

交通、运输、邮电

10

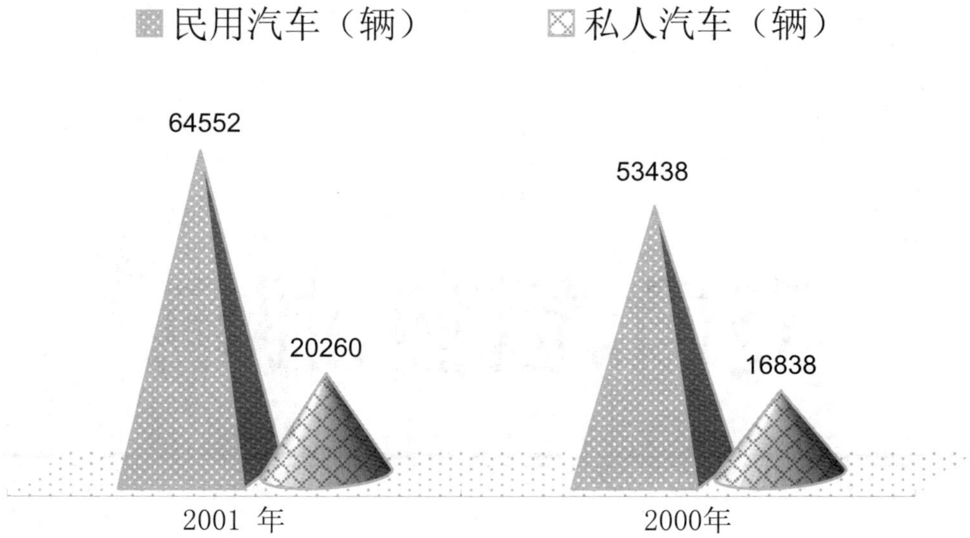
民用汽车（辆）
私人汽车（辆）
64552
20260
53438
16838
2001 年
2000年

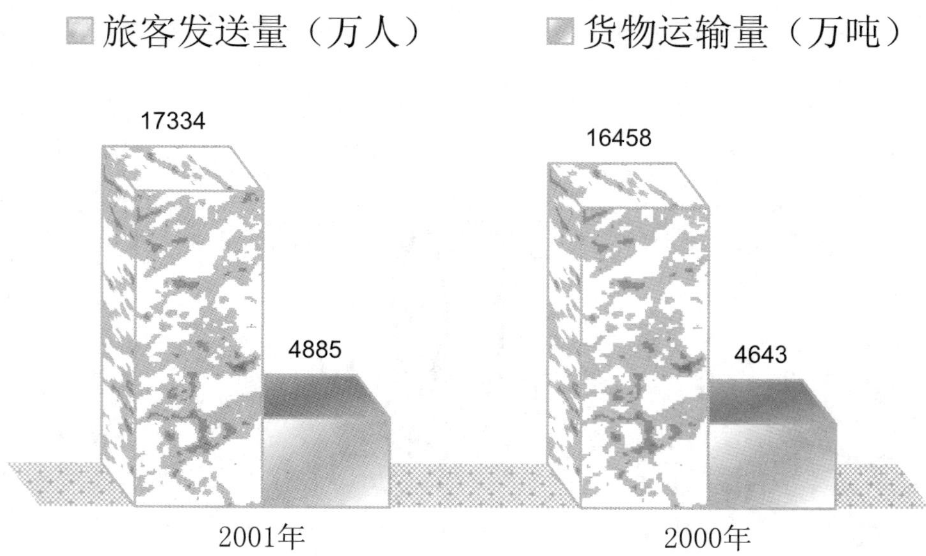
旅客发送量（万人）
货物运输量（万吨）
17334
4885
16458
4643
2001年
2000年

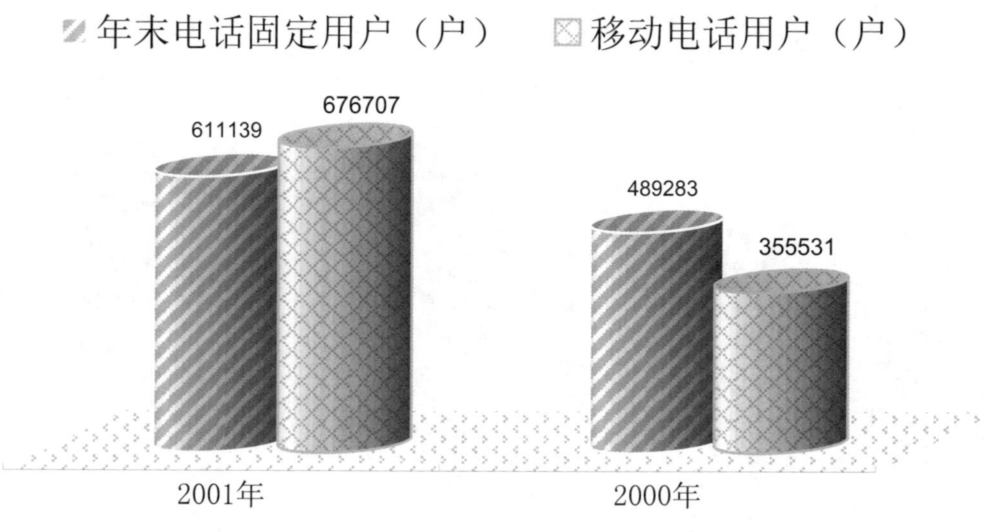
年末电话固定用户（户）
移动电话用户（户）
611139
676707
489283
355531
2001年
2000年

10—1 民用汽车拥有量

指　　标	单　位	2001年	2000年	2001年比2000年增长（%）
一、民用汽车总计	**辆**	**64552**	**53438**	**20.8**
1.载客汽车	辆	32768	28363	15.5
#客　位	客位	271020	236110	14.8
2.普通载货汽车	辆	31096	24558	26.6
#载重量	吨位	72976	67985	7.3
3.专用载货汽车	辆	688	517	33.1
#载重量	吨位	2955	2380	24.2
二、公路部门营运合计	**辆**	**27895**	**25463**	**9.6**
1.载客汽车	辆	5984	6598	—9.3
#客　位	客位	63638	67370	—5.5
2.普通载货汽车	辆	21664	18602	16.5
#载重量	吨位	64446	60648	6.3
3.专用载货汽车	辆	247	263	—6.1
#载重量	吨位	1523	1505	1.2
三、私人汽车合计	**辆**	**20260**	**16838**	**20.3**
1.载客汽车	辆	4378	5822	—24.8
#客　位	客位	37248	46871	—20.5
2.普通载货汽车	辆	15831	10898	45.3
#载重量	吨位	39461	27762	42.1
3.专用载货汽车	辆	51	118	—56.8
#载重量	吨位	202	590	—65.8

10—2 旅客运量及货物运输量

指　　标	2001年	2000年	2001年比2000年增长(%)
旅客发送量总计(万人)	**17334**	**16458**	**5.3**
铁　路	641.54	690	—7.1
公　路	16555	15656	5.7
水　运	62.2	43.5	42.9
民　航	75.47	69.03	9.3
货物运输量总计(万吨)	**4885**	**4643**	**5.2**
铁　路	902	889	1.4
公　路	3998	3750	6.1
水　运	4	2	2倍
民　航	0.86	0.61	41.0

10—3 邮电局(所)、邮电线路及通信工具拥有量

指　　标	单　位	2001年	2000年	2001年比2000年增长(%)
邮电局(所)总数	处	386	1009	—61.7
#设在农村	处	198	117	69.2
邮路总条数	条	226	200	13.0
邮路总长度(单程)	公里	43600	41283	5.6
汽车邮路	公里	5895	6574	—10.3
铁路邮路	公里	6426	6768	—5.1
航空邮路	公里	26549	26549	持平
农村投递线路总长度	公里	4164	4048	2.9
电话交换机容量	门	883509	701940	25.9
长途光缆线路长度	公里	652	652	持平

10—4 邮电业务量

指　　标	单　位	2001年	2000年	2001年比2000年增长（%）
邮电业务量	万元	169577.20	151261	12.1
函　　件	万件	2173.26	2767.07	—21.5
包　　件	万件	54.35	56.96	—4.6
特快专递	万件	46.87	20.42	129.5
汇　　票	万张	98.45	88.48	11.3
订销报纸	万份	6220.56	8003.54	—22.3
订销杂志	万份	567.03	607.20	—6.6
电报(传)	万份	17.4	14.57	19.4
传　　真	万份	1.41	4.50	—68.7
邮政储畜期末余额	万元	138602.56	101148.11	37.0
集邮业务量	万枚	474.62	2161.66	—78.0
年末电话固定用户	户	611139	489283	24.9
#住宅电话	户	440242	397295	10.8
#城　市	户	425717	368729	15.5
公用电话	部	19124	15533	23.1
无线寻呼用户	部	14	45	—68.9
移动电话用户	万户	676707	355531	90.3

主要统计指标解释

货(客)运量　指在一定时期内,各种运输工具实际运送的货物(旅客)数量。货运按吨计算,客运按人计算。货物不论运输距离长短、货物类别,均按实际重量统计。旅客不论行程远近或票价多少,均按一人一次客运量统计;半价票、小孩票也按一人统计。

货物(旅客)周转量　指在一定时期内,由各种运输工具运送的货物(旅客)数量与其相应运输距离的乘积之总和。计算货物周转量通常按发出站与到达站之间的最短距离,也就是计费距离计算。计算公式为:

货物(旅客)周转量=Σ货物(旅客)运输量×运输距离

邮电业务总量　指以价值量形式表现的邮电通信企业为社会提供各类邮电通信服务的总数量。邮电业务量按专业分类包括函件、包件、汇票、报刊发行、邮政快件、特快专递、邮政储蓄、集邮、公众电报、用户电报、传真、长途电话、出租电路、市话无线寻呼、移动电话、分组交换数据通信、出租代维等。计算方法为各类产品乘以相应的平均单位(不变价)之和,再加上出租电路和设备、代用户维护电话交换机和线路等的服务收入。其计算公式为:

邮电业务总量=Σ(各类邮电业务量×不变单价)+出租代维及其他业务收入

无线寻呼电话用户　指携带小型寻呼机,接收市话用户通过无线寻呼中心,在规定范围内向其发出声音、数字或文字显示信息的用户。在寻呼台办理登记手续的无线寻呼用户,每一部寻呼机按一户计算。

移动电话用户　指在移动电话营业部门登记,通过移动电话交换机进入移动电话网、占有移动电话号码的电话用户。用户数量以实际办理登记手续进入邮电部门移动电话网的户数进行计算,一部或一台移动电话统计为一户。

电话用户　指接入国家公众固定电话网,并按固定电话业务进行经营管理的电话用户。

财政、金融、证券、保险、税务

11

地方预算内财政收支（万元）

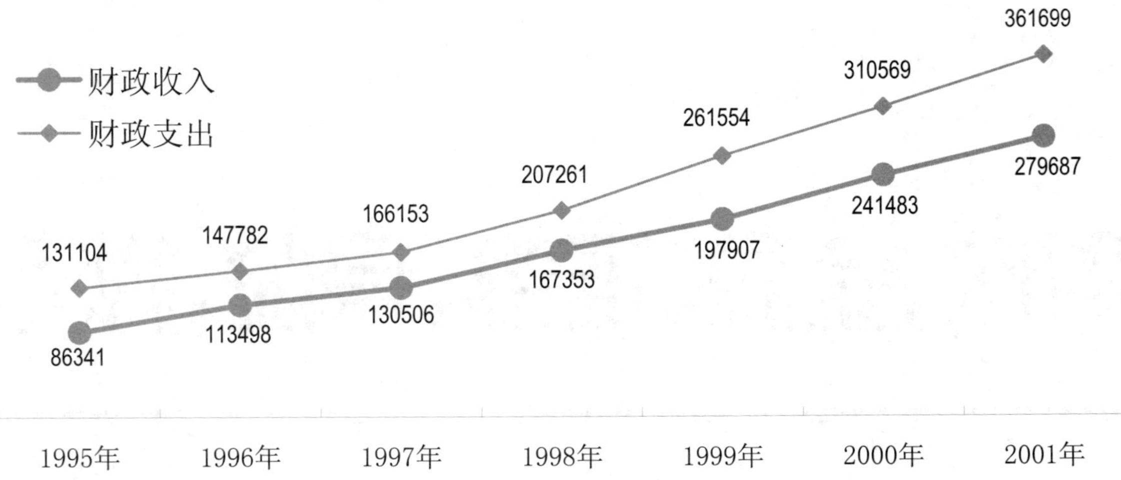

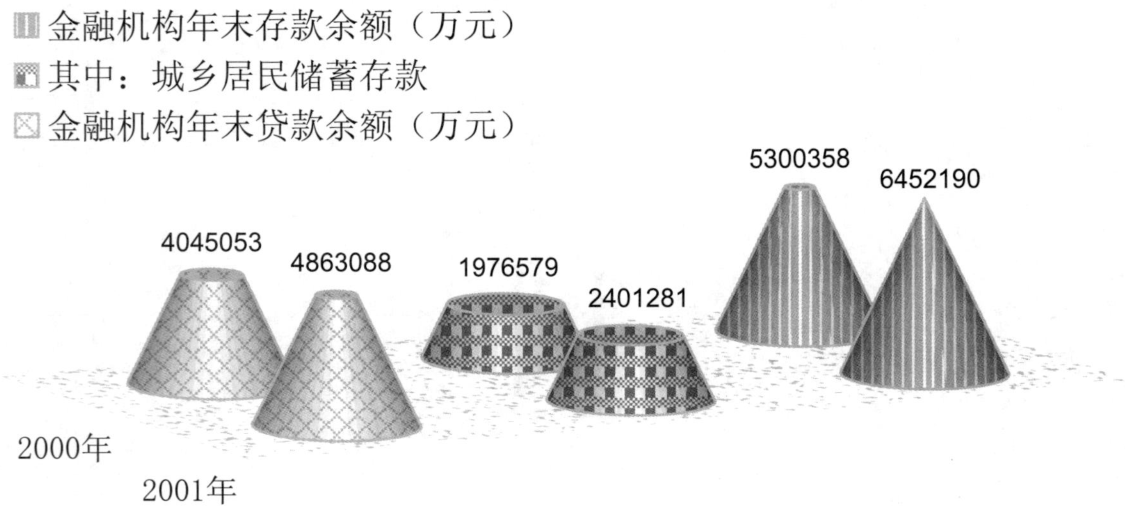

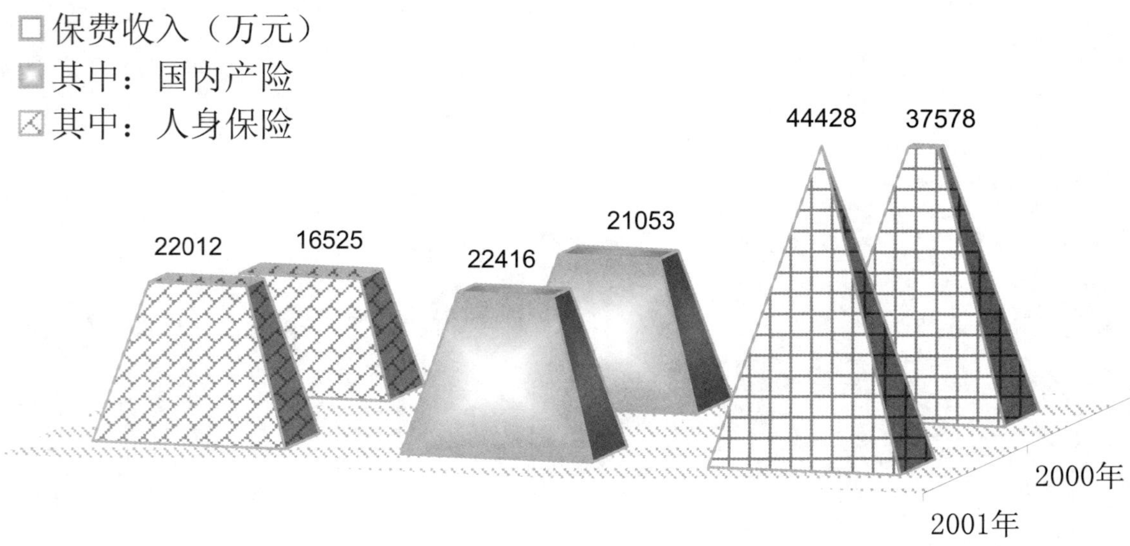

11—1 财政收入基本情况

单位:万元

指　　　标	2001年	2000年	2001年比2000年增长(%)
财政总收入	**635145**	**565137**	**12.4**
地方财政一般预算收入	279687	241483	15.8
#增值税	35932	30550	17.6
营业税	80926	66050	22.5
企业所得税	38802	20735	87.1
个人所得税	24503	16323	50.1
各项税收	210485	184234	14.3
工商税收	167385	151656	10.3
农业四税	10365	10539	—1.7
企业收入	49575	35108	41.2
企业亏损补贴	—3470	—2354	47.4
预算调节基金收入	15335	14381	6.6
城市教育费附加收入	10000	10672	—6.3
罚没、行政性收费收入	14731	13753	7.1
其他收入	4163	6267	—33.6

11－2 财政支出基本情况

单位:万元

指　　标	2001年	2000年	2001年比2000年增长(%)
地方财政总支出	**361699**	**310569**	**16.5**
经济建设费	101781	107069	－4.9
#基本建设费	26675	23333	14.3
企业挖潜改造资金	15376	32437	－52.6
工业交通部门事业费	1560	1131	37.9
城市维护费	35065	30004	16.9
社会文教费	81272	63782	27.4
#文体广播事业费	11927	8698	37.1
行政管理费	44501	35932	23.9
国防费	252	173	45.7
抚恤和社会福利救济费及社会保障补助支出	9588	6034	58.9
政策性补贴支出	239	5588	－95.7
其　　他	41122	24909	65.1

11—3 各级地方财政分类别收入

(2001年)

单位:万元

指标	全市合计	市级	县级	乡镇级	2001年比2000年增长(%)
总计	**279687**	**143551**	**81587**	**54549**	**15.8**
工商税收类	167385	89798	43813	33774	1.3
农牧业税和耕地占用税类	10365	3070	2172	5123	—1.7
企业所得税	38802	20177	11108	7517	87.1
国有资产经营收益	10773	7602	2837	334	—26.1
国有企业计划亏损补贴类	—3470	—3330	—140		47.4
罚没收入行政性收费收入	14731	6520	7652	559	7.1
其他收入类	4163	1069	2914	180	—33.6

注:本表数据不含基金数。

11—4 各级地方财政分类别支出

（2001年）

单位:万元

指标	全市合计	市级	县级	乡镇级	#镇级	2001年比2000年增长(%)
合计	**361699**	**178564**	**144855**	**38280**	**13379**	**16.5**
基本建设支出	26675	16499	10006	170	61	14.3
企业挖潜改造资金	15376	13495	1314	567	506	－52.6
地质勘探费						
科技三项费用	5308	3520	1690	98	49	19.1
流动资金						
支援农村生产支出	9889	2866	6399	624	245	19.1
农业综合开发支出	3360	2009	1338	13	11	18.2
农林水利气象等部门的事业费	10813	3446	5495	1872	826	26.6
工业交通等部门的事业费	1560	926	634			37.9
流通部门事业费	2042	1696	346			17.3
文体广播事业费	11927	5107	4873	1947	721	37.1
教育事业费	47303	13254	23463	10586	5189	29.1
科学事业费	1311	912	399			5.2
卫生经费	20731	8787	10159	1785	903	20.6
税务等部门的事业费	7501	3926	2174	1401	341	4.4
抚恤和社会福利救济费	9588	3137	6185	266	38	58.9
行政事业单位离退休经费	483	157	326			17.8
社会保障补助支出	19302	18156	1146			13.4
国防支出	252		232	20	3	45.7
行政管理费	44501	15490	18588	10423	3115	23.9
外交外事支出	230	230				－39.8
公检法司支出	28120	15889	11928	303	101	25.0
城市维护费	35065	25081	9577	407	316	16.9
政策性补贴支出	239	132	107			4.3
支援不发达地区支出	6108	201	5292	615	172	8.8
专项支出	12893	7620	5240	33	20	58.1
其他支出	41122	16028	17944	7150	762	65.1

11—5 分部门财政收入

（2001年）

单位:万元

指标	合计	企业所得税	国有资产经营收益	国有企业计划亏损补贴	企业所得税退税
总计	**46105**	**38802**	**10773**	**—3470**	
工业部门	—2301	781		—3082	
#冶金工业	27	27			
电力工业	—1	—1			
建筑材料工业	—28	13		—41	
轻工业	—125	67		—192	
建筑工程企业	187	187			
交通邮电部门	—6			—6	
农林水等部门	—140			—140	
商业企业	102	148		—46	
粮食企业	—115	1		—116	
外贸企业	28	28			
其他部门	45033	34340	10773	—80	

11—6 分部门财政支出

（2001年）

单位:万元

指标	基建支出	企业挖潜改造基金	科技三项费用	工交等部门事业费	流通部门事业费
总计	**26675**	**15376**	**5308**	**1560**	**2042**
工业部门		12697	20		
建工部门		11			
交通邮电部门	2300	25		74	
流通部门		1117			1720
文教卫生等部门	4148		7		
科学部门	300		4062		
农林水等部门	52	34	102		
旅游部门	210	90	45		
其他部门	19665	1402	1072	1486	322

11—7 地方财政用于支援农村生产及其事业费支出

单位:万元

指标	2001年	2000年	2001年比2000年增长(%)
支援农村生产支出	2391	8308	—71.2
#小型农田水利和水土保持补助	1341	2760	—51.4
支援农村合作生产组织资金	593	2973	—80.1
农村农技推广和植保补助	109	944	—88.5
农村草场和畜禽保护补助	68	552	—87.7
农村造林和林木保护补助	140	750	—81.3
农村水产补助	138	329	—58.1
农林水利气象部门事业费	16059	11112	44.5
#农业事业费	2875	2024	42.1
畜牧事业费	1248	972	28.4
林业事业费	2625	1808	45.2
水利事业费	1692	1516	11.6
气象事业费	420	323	30.0

11—8　地方财政用于支援科学、教育的事业费支出

单位:万元

指　　　标	2001年	2000年	2001年比2000年增长(%)
科学事业费	1424	1264	12.7
自然科学事业费	1122	953	17.7
＃技术开发研究经费	325	331	—1.8
社会公益和农业研究经费	342	302	13.3
科研管理机构经费	169	142	19.0
科协事业费	236	262	—9.9
社会科学事业费	66	49	34.7
教育事业费	65064	49896	30.4
＃高等学校	2313	3622	—36.1
中等专业学校	4729	3506	34.9
中　学	22899	15789	45.0
小　学	24959	17895	39.5
广播电视教育经费	224	152	47.4
特殊教育经费	353	285	23.9

11—9 全部金融机构人民币信贷收支情况

单位:万元

指　　标	2001年	2000年	2001年比2000年增减余额
一、资金来源			
各项存款合计	6452190	5300358	1151832
#企业存款	2958196	2495536	463380
财政存款	351013	301042	49971
机关团体部队存款	305568	192720	112848
城乡储蓄存款	2401281	1976579	424702
农业存款	82205	72121	10084
信托存款	5661	6030	－369
其他存款	276148	256330	19818
二、资金运用			
各项贷款合计	4863088	4045053	818035
#短期贷款	2311462	2368661	－57199
#工业贷款	828614	823085	5529
商业贷款	707655	748478	－40823
建筑业贷款	182407	99483	82924
农业贷款	72577	60390	12187
乡镇企业贷款	47074	45680	1394
私营企业及个人贷款	33627	52700	－19073
中长期贷款	2189413	1380074	809339
信托贷款	4298	4785	－487

11—10 国家银行人民币信贷收支情况

单位:万元

指标	2001年	2000年	2001年比2000年增减余额
一、资金来源			
各项存款合计	4709906	4231280	478626
#企业存款	2029296	1940599	88697
财政存款		300418	50167
机关团体存款	350585	188498	70371
城乡储蓄存款	1864157	1622174	241983
农业存款	23318	23889	−571
其他存款	183681	155702	27979
二、资金运用			
各项贷款合计	3672428	3272234	400194
#短期贷款	1568027	1837531	−269504
#工业贷款	689930	754049	−64119
商业贷款	537725	582248	−44523
建筑业贷款	95367	79492	15875
农业贷款	8318	17901	−9583
乡镇企业贷款	16895	16656	239
私营及个体贷款	2340	4341	−2001
中长期贷款	1848218	1233656	614562

11—11 金融机构人民币信贷收支情况

（2001年）　　单位:万元

指标	工商银行	农业银行	中国银行	建设银行	交通银行	农业发展银行	商业银行	农村信用社
各项存款合计	**1861268**	**818419**	**278981**	**1258189**	**273403**	**3317**	**1089483**	**206647**
企业存款	760131	391980	124157	749711	154657	3317	677870	1848
活期存款	703991	350734	108415	726525	118019	3317	649208	
定期存款	56140	41246	15742	23186	36638		28662	1848
城乡储蓄存款	886634	337954	125068	375898	90027		305498	141599
#活期储蓄	315860	131080	32266	168474	39799		176961	57564
农业存款		19942		3376			6	58881
其他存款	71891	45176	21558	45056	10730		80600	1118
各项贷款合计	**1438275**	**901469**	**301014**	**962653**	**162234**	**69017**	**811154**	**164161**
短期贷款	705722	329455	217139	246889	146978	68822	445846	137012
#工业贷款	539050	40888	5947	104045	60829		68057	
商业贷款	122888	232047	73665	40587	7296	68538	162337	
建筑业贷款				95367				
私营企业及个体贷款	1068	1272			65		31222	
三资企业贷款	13685		13776		2508		13508	
中长期贷款	634209	536238	83294	594282	3614	195	294833	27149
#基本建设	223603	283125	3500	461094	200		201486	
技术改造	221818	17143	73472	36214			5300	

11—12 金融机构人民币现金收支情况

单位：万元

指　　标	2001年	2000年	2001年比2000年增减	
			余　额	%
一、现金收入合计	**10155317**	**8175243**	**1980074**	**24.2**
商品销售收入	1312719	1242486	70233	5.7
服务事业收入	681102	540274	140828	26.1
税款收入	452121	404017	4795	11.9
储蓄存款收入	6768240	5066127	1702113	33.6
其他金融机构收入	50817	83047	—32230	—38.8
城乡个体经营收入	398713	395552	3161	0.8
居民归还贷款收入	84061	54387	29674	54.6
汇兑收入	172807	163335	9472	5.8
有价证券收入	90586	94252	—3666	—3.9
其他收入	551060	495366	55694	11.2
二、现金支出合计	**9803552**	**7770439**	**2033113**	**26.2**
工资性支出	991615	863360	128255	14.9
农副产品采购支出	142749	118498	24251	20.5
城乡个体经营支出	556686	486517	70169	14.4
居民提取贷款支出	56529	43954	12575	28.6
行政企事业管理费支出	705477	594853	110624	18.6
工矿及其他产品采购支出				
储蓄存款支出	6625591	5012256	1613335	12.2
汇兑支出	34521	31113	3408	11.0
其他支出	475457	412797	62660	15.2
其他金融机构支出	28380	34338	—12575	—17.4
有价证券支出	55426	44032	11394	25.9
三、货币投放(+)回笼(—)	**—351765**	**—404804**	**—53039**	—

11—13 保险业务情况(按险种分)

险种 \ 项目 年份	承保数量(人)		保费收入(万元)		赔案件数(件)		赔款金额(万元)	
	2001年	2000年	2001年	2000年	2001年	2000年	2001年	2000年
合　　计	**1738714**	**1179243**	**95221**	**64073**	**49218**	**35580**	**18887**	**15201**
一、国内产险业务合计	**200798**	**182277**	**35379**	**26946**	**38839**	**26597**	**16804**	**12985**
1.企事业财产险	835	1004	5783	5299	237	207	1422	1405
2.机动车辆保险	72973	72342	25033	18036	37765	25761	13394	9591
3.货运保险	40050	59076	2025	1965	250	259	727	799
4.船舶保险	1	0	3	3	1	2	1	2
5.家庭财产保险	78887	45850	909	915	284	41	89	90
6.工程责任其它险	3350	3850	821	363	182	295	617	595
7.信用保险	1	1	30	30	1	3	21	23
8.保证保险	—45	152	170	226	14	14	438	446
9.其它保险	4746	2	605	109	105	15	95	34
二、人身保险业务	**1537916**	**996966**	**59842**	**37127**	**10379**	**8983**	**2083**	**2216**
1.意外伤害业务	848680	672802	2405	2211	6635	6291	1046	975
2.健康保险	250535	114091	1112	2615	3424	993	780	288
3.人寿保险	438701	210073	56325	32301	320	1699	257	953

11—14 保险业务情况(中国人民保险公司)

项目 / 年份 / 险种	承保数量(人)		保费收入(万元)		赔案件数(件)		赔款金额(万元)	
	2001年	2000年	2001年	2000年	2001年	2000年	2001年	2000年
合　计	**444489**	**456156**	**44428**	**37578**	**33565**	**27653**	**12512**	**10922**
一、国内产险业务合计	**105222**	**118423**	**22416**	**21053**	**27322**	**22727**	**11569**	**9826**
企事业财产险	306	372	3793	3667	105	133	954	794
机动车辆保险	47330	49109	16334	15413	26593	22165	9621	7972
货运保险	26854	46897	1486	1469	134	143	616	617
船舶保险	1		3	3	1	2	1	2
家庭财产保险	27175	18146	274	139	244	0	75	71
工程责任其它险	3323	3838	525	250	167	284	278	341
信用保险								
保证保险		61		3				
其它保险	233		1	109	78		24	29
二、人身保险业务	**339267**	**337733**	**22012**	**16525**	**6243**	**4926**	**943**	**1096**
意外伤害业务	252594	257559	1312	1425	5133	4591	671	700
健康保险	4266	1768	113	24	924	5	229	3
人寿保险	82407	78406	20587	15076	186	330	43	393

11—14续表(**太平洋保险公司**)

险种 \ 项目 年份	承保数量(人)		保费收入(万元)		赔案件数(件)		赔款金额(万元)	
	2001年	2000年	2001年	2000年	2001年	2000年	2001年	2000年
合　计	**1032052**	**689106**	**26999**	**13013**	**8664**	**3320**	**4551**	**2220**
一、国内产险业务合计	**82968**	**54178**	**9376**	**3256**	**8483**	**330**	**3946**	**1821**
企事业财产险	305	411	1544	1245	79	50	237	531
机动车辆保险	22427	18961	6598	1054	8243	119	2832	469
货运保险	11900	10982	314	280	97	97	65	111
船舶保险								
家庭财产保险	48339	23726	326	340	33	38	13	18
工程责任其它险	27	8	296	111	15	10	339	253
信用保险	1	1	30	30	1	3	21	23
保证保险	—45	89	170	196	14	13	438	416
其它保险	14		98		1		1	
二、人身保险业务	**949084**	**634928**	**17623**	**9757**	**181**	**2990**	**605**	**399**
意外伤害业务	513160	411886	815	500	102	1507	272	193
健康保险	178950	102722	643	184		146	223	20
人寿保险	256974	120320	16165	9073	79	1337	110	186

11—14续表(**平安保险公司**)

项目 / 年份 / 险种	承保数量(人)		保费收入(万元)		赔案件数(件)		赔款金额(万元)	
	2001年	2000年	2001年	2000年	2001年	2000年	2001年	2000年
合　　计	**262173**	**33981**	**23794**	**13482**	**6989**	**4607**	**1824**	**2059**
一、国内产险业务合计	**12608**	**9676**	**3587**	**2637**	**3034**	**3540**	**1289**	**1338**
企事业财产险	224	221	446	387	53	24	231	80
机动车辆保险	3216	4272	2101	1569	2929	3477	941	1150
货运保险	1296	1197	225	216	19	19	46	71
船舶保险								
家庭财产保险	3373	3978	309	436	7	3	1	1
工程责任其它险		4		2		1		1
信用保险								
保证保险		2		27		1		30
其它保险	4499	2	506		26	15	70	5
二、人身保险业务	**249565**	**24305**	**20207**	**10845**	**3955**	**1067**	**535**	**721**
意外伤害业务	82926	3357	278	286	1400	193	103	82
健康保险	67319	9601	356	2407	2500	842	328	265
人寿保险	99320	11347	19573	8152	55	32	104	374

11—15 上市公司情况

指　标	单位	2001年	2000年
上市公司数量	个	8	7
#上交所	个	#3	2
深交所	个	5	5
股票总发行股本	万股	173919.1	151919.1
股票流通股本	万股	63642.2	56642.2

11—16 证券交易情况

指　标	单位	2001年	2000年
证券营业部	个	9	7
资金帐户数	户	153692	130165
#个　人	户	153604	130110
机　构	户	88	55
证券成交金额	万元	3205560	4908585
#A股及基金成交金额	万元	2182932	3695993

注:资料范围包括贵阳市辖区范围内从事证券交易的所有证券机构。

11—17 地税收入分企业类型情况

（2001年）

单位：万元

项目	合计	内资企业				
		小计	国有企业	集体企业	股份合作企业	联营企业
税收收入合计	**210485**	**184159**	**69407**	**21376**	**2743**	**1364**
营业税	96099	82575	40141	9671	647	356
企业所得税	35340	35340	4371	6675	1364	837
个人所得税	24503	15911	4376	1017	254	12
资源税	2999	2266	1541	327	30	6
固定资产投资方向调节税	1268	1256	559	239	—11	
城市维护建设税	28788	27353	7839	1354	196	88
房产税	13510	12246	6329	1563	215	53
印花税	2045	1743	971	67	6	3
城镇土地使用税	4234	4061	2587	285	41	9
土地增值税	798	795	150	114	1	
车船使用税	685	595	525	64		
屠宰税	216	18	18			

11—17续表

单位：万元

项目	内资企业			港澳台投资企业	外商投资企业	个体经营	附列资料：乡镇（企业）
	股份公司	私营公司	其他企业				
税收收入合计	**71139**	**4218**	**13912**	**4097**	**1426**	**20803**	**12355**
营业税	22951	1997	6812	3447	830	9247	5924
企业所得税	20289	1221	583				2483
个人所得税	6403	236	3613	199	401	7992	1849
资源税	115	247			2	731	556
固定资产投资方向调节税	325	11	133			12	9
城市维护建设税	16353	351	1172			1435	799
房产税	2700	72	1314	438	188	638	340
印花税	565	33	98	11	5	286	56
城镇土地使用税	959	50	130			173	147
土地增值税	479		51	2		1	21
车船使用税			6			90	21
屠宰税						198	150

11—18 地方营业税分企业类型情况

（2001年） 单位：万元

项目	合计	内资企业				
		小计	国有企业	集体企业	股份合作企业	联营企业
合计	**96099**	**82575**	**40141**	**9671**	**647**	**356**
交通运输、仓储业及邮电通信业	15053	12737	8751	931	293	5
交通运输业	9168	6882	4202	750	10	2
铁路运输	403	403	397	—	—	—
公路运输	5867	3774	2535	608	1	1
航空运输	2253	2253	1043			
装卸搬运	645	452	227	142	9	1
仓储业	276	272	140	42	14	1
邮电通信业	5609	5583	4409	139	269	2
建筑业	21006	17999	9161	3921	120	22
建筑安装	19167	16445	8812	3471	104	20
金融、保险业	14179	14179	11528	429		
金　融	12437	12437	10007	429		
保　险	1742	1742	1521			
文化体育业	316	290	121	17	15	
餐饮业	3990	1965	435	334	6	2
社会服务业	21482	18494	7591	2028	178	76
旅　店	1595	1088	650	144		
租　赁	3871	3490	1519	528	44	14
旅　游	180	167	122	3	13	
娱　乐	562	329	42	61		
广　告	1812	1800	411	34		
公共交通	677	677	382			
转让经济权益	44	44	40			
其他服务	12741	10899	4425	1258	121	62
房地产业	18792	15788	2244	1929	34	249
销售不动产	17721	14717	2058	1837	34	249
转让土地使用权	1071	1071	186	92		
税款滞纳金、罚款收入	708	571		72	1	2

11—18续表

单位:万元

项目	内资企业			港澳台投资企业	外商投资企业	个体经营
	股份公司	私营公司	其他企业			
合　　计	**22951**	**1997**	**6812**	**3447**	**830**	**9247**
交通运输、仓储业及邮电通信业	2335	9	413	28	1	2287
交通运输业	1558	8	352	2	1	2283
铁路运输	6					
公路运输	283	6	340	2	1	2090
航空运输	1210					
装卸搬运	59	2	12			193
仓储业	48		27			4
邮电通信业	729	1	34	26		
建筑业	3397	170	1208	88	11	2908
建筑安装	2713	150	1175	64	11	2647
金融、保险业	2222					
金　融	2001					
保　险	221					
文化体育业	87	8	42	10		16
餐饮业	797	365	26	417	71	1537
社会服务业	4149	247	4225	865	213	1910
旅　店	266	14	14	376	94	37
租　赁	880	39	466	94	51	236
旅　游	28		1	1	12	
娱　乐	210	13	3	160	10	63
广　告	135	8	1212	5		7
公共交通	1		294			
转让经济权益	4					
其他服务	2625	173	2235	229	58	1555
房地产业	9293	1189	850	2005	503	496
销售不动产	9223	1188	128	2005	503	496
转让土地使用权	70	1	722			
税款滞纳金、罚款收入	283	4	30	24	31	82

11—19 地方企业所得税分经济类型情况

(2001年)

单位:万元

项目	合计	国有企业	集体企业	股份合作企业	联营企业	股份公司	私营企业	其他企业
合计	**35340**	**4371**	**6675**	**1364**	**837**	**20289**	**1221**	**583**
制造业	6925	1043	1039	53	111	4443	233	3
采掘业	495		398	15			82	
电力、煤气及水的生产和供应业	347	241	51					
建筑业	1518	333	364	538	77	198	7	1
交通运输、仓储及邮电通信业	936	36	82	8		810		
批发和零售贸易、餐饮业	6307	468	2622	125	40	2929	117	6
金融、保险业								
房地产业	12367	1528	365	3	546	9366	557	2
社会服务业	2278	97	566	29	8	1440	56	82
其他行业	3391	535	761	592	50	828	140	485
税款滞纳金、罚款收入	776	90	427	1	5	220	29	4

11—20 地方县(市)税收情况

(2001年)

单位:万元

县(市)名	税收收入(入库数)	比上年增长	
		增长额	%
直属征收分局	116012	16635	16.7
南明区	19812	5052	34.2
云岩区	19829	3986	25.2
花溪区	5661	914	19.3
乌当区	9112	2365	15.1
白云区	12132	2514	25.1
小河区	10733	4650	76.4
开阳县	4801	−88	−1.8
息烽县	2294	468	25.6
修文县	2914	483	19.9
清镇市	7185	−143	−2.0

11—21 地方涉外税收税额情况

(2001年)

单位:万元

项目	合计	营业税	个人所得税	房产税	其他各税
合计	**5523**	**4277**	**600**	**626**	**20**
涉外税收收入	5523	4277	600	626	20
中外合资经营企业	3431	2787	176	452	16
#制造业	223	23	60	135	5
电力、煤气及水的生产和供应业	5	1	1	1	2
建筑业	79	73	5	1	
交通运输、仓储及邮电通信业	4	3	1		
其他行业	3120	2687	109	315	9
中外合作经营企业	339	276	45	17	1
#制造业	58	26	32		
建筑业	19	14	5		
其他行业	262	236	8	17	1
外资企业	1400	1144	98	155	3
#制造业	116	32	83		1
建筑业	12	12			
交通运输、仓储及邮电通信业	26	26			
其他行业	1246	1074	15	155	2
外国企业	296	15	281		
#外国企业常驻代表机构	7		7		
其他	289	15	274		
税款滞纳金、罚款收入	57	55		2	

11—22 地方纳税登记户数情况

（2001年）

单位：户

项目	登记户数	纳税户数				
		合计	国有企业	集体企业	股份合作企业	联营企业
合计	**69606**	**171796**	**22876**	**19978**	**860**	**365**
营业税		25891	4411	3071	115	45
企业所得税		13366	2383	3965	137	49
个人所得税		46265	4670	2771	96	35
资源税		947	55	146	6	7
固定资产投资方向调节税		202	53	59	1	
城市维护建设税		54935	4908	6174	258	124
房产税		13634	2229	1610	152	53
印花税		5149	1489	749	33	18
城镇土地使用税		5576	1561	1065	58	34
土地增值税		121	42	21	2	
车船使用税		3985	1074	347	2	
屠宰税		1725	1			

11—22续表

单位：户

项目	纳税户数					
	股份公司	私营公司	个体经营	港澳台投资企业	外商投资企业	其他企业
合计	**16455**	**6467**	**95017**	**1118**	**467**	**8192**
营业税	3240	612	12780	394	137	1086
企业所得税	3330	1266				2236
个人所得税	2611	1084	33555	331	160	952
资源税	40	92	598		1	2
固定资产投资方向调节税	37	1	43			8
城市维护建设税	5097	2479	32802			3093
房产税	559	390	7639	277	106	619
印花税	587	356	1632	114	64	107
城镇土地使用税	909	186	1682			81
土地增值税	43	1	5	2		5
车船使用税	2		2557			3
屠宰税			1724			

11—23 国家税务各项收入完成情况

(2001年)

单位:户

项目	各项收入	中央	省级	市级	区县级	2001年比2000年增长(%)
总计	**435856**	**366811**	**28941**	**19819**	**20285**	**13.3**
税收收入	**419806**	**350761**	**28941**	**19819**	**20285**	**10.3**
#增值税	244275	183207	24428	16525	20115	14.1
消费税	136589	136589				0.3
营业税	7403	7403				—0.2
企业所得税	27742	23180	4419		143	35.7
#国有企业所得税	23625	19206	4419			27.8
集体企业所得税	1194	1194				—28.8
股份公司所得税	2923	2780			143	947.7
私营企业所得税						
其它企业所得税						
外资企业和外国企业所得税	3797	382	94	3294	27	61.5
个人所得税	**7915**	**7915**				**84.6**
车辆购置税	**8066**	**8066**				
其它收入	**69**	**69**				

11—24 国家税务税收收入完成情况

(2001年)

单位:万元

项目	税收收入	增值税	消费税	2001年比2000年增长(%)
合计	**435787**	**244275**	**136589**	**13.1**
市局	**275131**	**102266**	**135618**	**4.0**
重点税源局	266265	97304	135484	2.8
卷烟	154805	26958	127847	4.0
其它	111460	70346	7637	1.2
涉外分局	8866	4962	134	61.4
区局	**121513**	**113030**	**949**	**27.6**
小河分局	9536	8771	77	16.5
南明区	20085	19667	52	38.6
云岩区	24398	23889	57	36.3
花溪区	9439	8604	231	23.7
乌当区	14648	12531	406	30.9
白云区	43407	39568	126	21.2
一市三县	**31077**	**28979**	**22**	**23.8**
清镇市	15168	14207	7	14.9
开阳县	8974	8452	6	41.8
修文县	3717	3503	6	19.3
息烽县	3218	2817	3	31.3

11—25 国家税务增消两税完成情况

单位:万元

项目	2001年	2001年比2000年增长(%)	2001年比2000年增减额
合计	**380864**	**8.7**	**30565**
一、增值税	**244275**	**14.1**	**30129**
卷烟	26958	19.2	4338
酒	661	—47.5	—598
纺织品	164	—79.1	—470
煤炭	1819	19.9	302
成品油			
电力	51214	11.4	5239
化工产品	20092	32.3	4901
#轮胎	6183	22.6	1141
机械及交通运输设备	10034	8.4	780
钢材钢坯	1637	—24.4	—528
有色金属产品	33438	19.3	5399
#铝	33204	18.9	5279
建材产品	4563	—4.8	—229
商业	45232	3.6	1579
其它	48463	24.1	9416
二、消费税	**136589**	**0.3**	**436**
#卷烟	127847	1.3	1634
酒	890	—25.1	—298
汽车摩托车	239	—9.5	—25
轮胎	7085	—8.3	—644
其它	528	—30.4	—231

主要统计指标解释

财政收入 包括地方财政收入和上划中央增值税、消费税两部分。地方财政收入包括营业税、地方企业所得税、个人所得税、城镇土地使用税、固定资产投资方向调节税、城镇维护建设税、房产税、车船使用税、印花税、屠宰税、农牧业税、农业特产税、耕地占用税、契税、增值税25%部分、证券交易税(印花税)的50%部分和除海洋石油资源税以外的其他资源税。

财政支出 国家财政将筹集起来的资金进行分配使用,以满足经济建设和各项事业的需要,主要包括:

基本建设支出,企业挖潜改造资金,地质勘探费用,科技三项费用,支援农村生产支出,农林水利气象等部门的事业费用,工业交通商业等部门的事业费,文教科学卫生事业费,抚恤和社会福利救济费,国防支出,行政管理费,价格补贴支出。

存款 指企业、机关、团体或居民根据资金必须收回的原则,把货币资金存入银行或其他信用机构保管并取得一定利息的一种信用活动形式。根据存款对象的不同可划分为企业存款、财政存款、机关团体存款、基本建设存款、城镇储蓄存款、农村存款等科目。它是银行信贷资金的主要来源。

贷款 指银行或其他信用机构根据资金必须归还的原则,按一定利率,为企业、个人等提供资金的一种信用活动形式。我国银行贷款分为流动资金贷款、固定资产贷款、城乡个体工商户贷款以及农业贷款等科目。

保险金额 指保险人承担赔偿或者给付保险金责任的最高限额。

保费 指投保人为取得保险人在约定范围内所承担赔偿责任而支付给保险人的费用。

赔款 指保险人根据保险合同的规定,向被保险人支付的赔偿保险责任损失的金额。

给付 包括死伤医疗给付和满期给付。死伤医疗给付是指保险人根据人寿保险及长期健康保险合同的规定,因被保险人在保险期内发生保险责任范围内的保险事故支付给被保险人(或受益人)的金额。满期给付是指被保险人生存期满,保险人按人寿保险合同规定支付给被保险人的满期保险金额。

城乡居民储蓄存款余额 指某一时点城乡居民存入银行及农村信用社的储蓄金额,包括城镇居民储蓄存款和农民个人储蓄存款,不包括居民的手存现金和工矿企业、部队、机关、团体等单位存款。

科技、教育、文化、广播

12

大中型工业企业科技活动经费

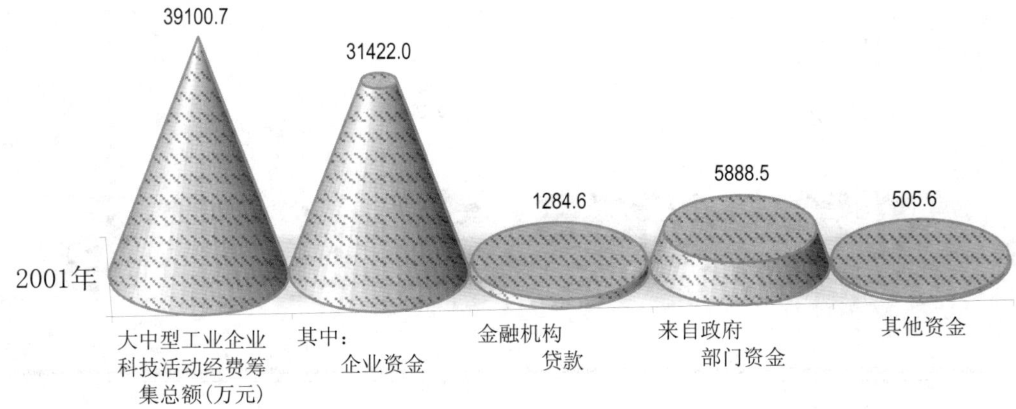

在校生人数（人）（2001年）

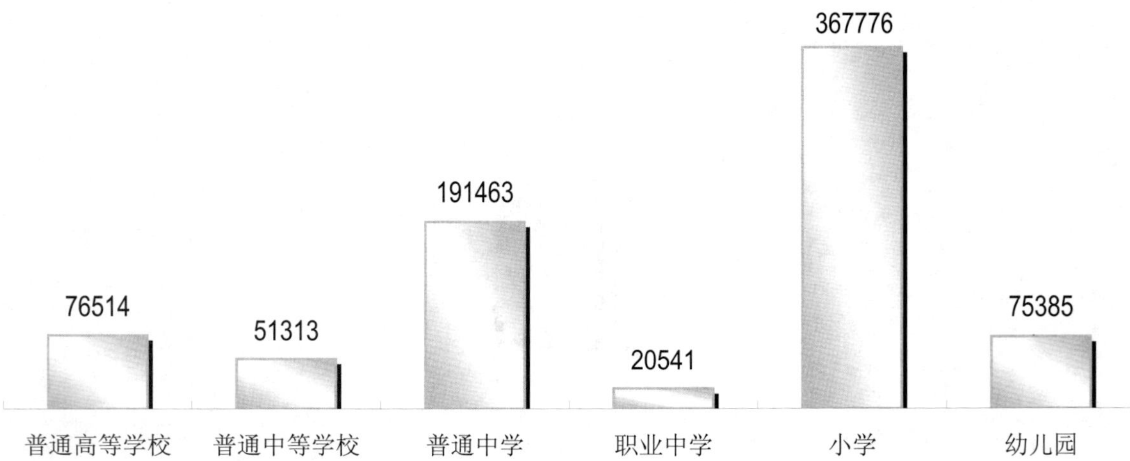

专任教师数（人）（2001年）

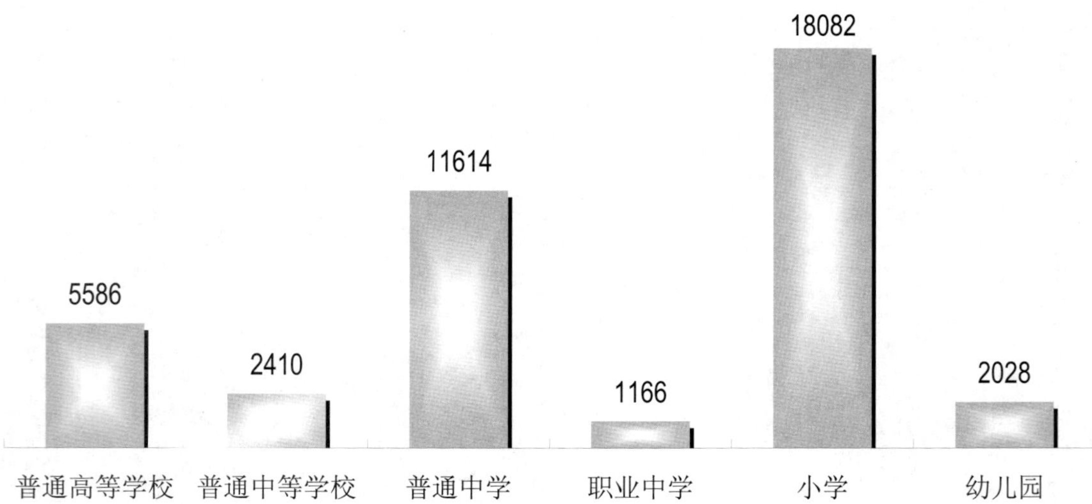

12—1　大中型工业企业研究与发展人员经费使用情况

（2001年）

指　　标	研究与发展人员（人）	研究与发展经费支出（万元）
总　　计	**5081**	**21708.7**
一、按登记注册类型分		
内资企业	4871	21376.8
港、澳、台商投资	10	22.0
外商投资	200	309.9
二、按隶属关系分		
中央属	3362	13002.4
省　属	839	2854.0
地区属	809	5540.9
县　属	17	3.6
其他属	54	307.8
三、按企业规模分		
特大型	966	5041.8
大一型	809	8464.8
大二型	2590	5125.7
中一型	402	1317.6
中二型	314	1758.8
四、按工业行业大类分		
煤炭采选业		
非金属矿采选业	45	115.0
食品加工业		
饮料制造业		
烟草加工业	16	77.6
纺织业		
化学原料及化学制品制造业	343	1036.0
医药制造业	18	59.7
橡胶制造业	132	3450.0
塑料制品业	10	22.0
非金属矿物制品业	125	659.7
黑色金属冶炼及压延加工业	70	165.0
有色金属冶炼及压延加工业	966	5041.8
金属制品业	12	7.7
普通机械制造业	184	849.0
专用设备制造业	253	858.1
交通运输设备制造业	2343	7508.3
武器弹药制造业	34	20.0
电气机械及器材制造业	127	323.2
电子及通信设备制造业	307	1351.7
仪器仪表及文化、办公用机械制造业	61	49.0
煤气及自来水的生产和供应业		
电力、蒸汽、热水的生产和供应业	35	114.9

12—2 大中型工业企业科技活动人员情况

(2001年)

指　　标	科技活动人员(人)		
	合　计	高中级技术职称人员	无高中级技术职称的大学本科及以上学历人员
总　　计	**10157**	**3220**	**1839**
一、按登记注册类型分			
内资企业	9947	3147	1809
港、澳、台商投资	10	2	8
外商投资	200	71	22
二、按隶属关系分			
中央属	6530	1921	1374
省　属	1879	713	153
地区属	1648	549	286
县　属	46	7	11
其他属	54	30	15
三、按企业规模分			
特大型	1099	612	172
大一型	1636	805	316
大二型	5342	1304	1089
中一型	739	144	68
中二型	1341	355	194
四、按工业行业大类分			
煤炭采选业	38	24	
非金属矿采选业	146	139	7
食品加工业			
饮料制造业			
烟草加工业	30	13	17
纺织业			
化学原料及化学制品制造业	517	60	50
医药制造业	18	6	12
橡胶制造业	348	78	115
塑料制品业	20	7	11
非金属矿物制品业	265	95	25
黑色金属冶炼及压延加工业	102	42	25
有色金属冶炼及压延加工业	1099	612	172
金属制品业	29	25	4
普通机械制造业	470	217	50
专用设备制造业	323	141	62
交通运输设备制造业	5069	1109	1122
武器弹药制造业	34	3	
电气机械及器材制造业	156	39	12
电子及通信设备制造业	1027	360	74
仪器仪表及文化、办公用机械制造业	123	41	28
煤气及自来水的生产和供应业			
电力、蒸汽、热水的生产和供应业	343	209	53

12—3 大中型工业企业科技活动经费筹集及使用情况

(2001年)

单位:万元

指标	本年经费筹集总额				
	合计	企业资金	金融机构贷款	来自政府部门资金	其他资金
总计	**39101**	**31422**	**1285**	**5889**	**506**
一、按登记注册类型分					
内资企业	38579	30900	1285	5889	506
港、澳、台商投资	22	22			
外商投资	500	500			
二、按隶属关系分					
中央属	25824	21084	160	4221	360
省属	5720	3916	840	819	146
地区属	7098	5964	285	849	
县属	150	150			
其他属	308	308			
三、按企业规模分					
特大型	14770	14495		275	
大一型	10558	10084		329	146
大二型	8728	3403	295	4671	360
中一型	2075	1235	840		
中二型	2970	2206	150	614	
四、按工业行业大类分					
煤炭采选业	44	44			
非金属矿采选业	215	215			
烟草加工业	197	197			
化学原料及化学制品制造业	1951	1051	840	60	
医药制造业	250	250			
橡胶制造业	38522	3817		35	
塑料制品业	42	42			
非金属矿物制品业	1059	150	285	624	
黑色金属冶炼及压延加工业	507	507			
有色金属冶炼及压延加工业	14770	14495		275	
金属制品业	16	16			
普通机械制造业	1035	830		205	
专用设备制造业	1203	1054		149	
交通运输设备制造业	9379	5063	160	3797	360
武器弹药制造业	20	20			
电气机械及器材制造业	492	482		10	
电子及通信设备制造业	2972	2138		689	146
仪器仪表及文化、办公用机械制造业	156	126		30	
电力、蒸汽、热水的生产和供应业	940	925		15	

12—3续表

单位:万元

指标	本年经费支出总额						
	合计	内部支出					外部支出
		小计	劳务费	原材费	非基建项目购买和自制设备支出	其他	
总计	**36459**	**34554**	**7803**	**7218**	**9322**	**10212**	**1904**
一、按登记注册类型分							
内资企业	35952	34085	7594	7114	9307	10070	1867
港、澳、台商投资	22	22	14	8			
外商投资	485	448	195	96	15	141	37
二、按隶属关系分							
中央属	24145	22855	5068	3326	649	7970	1290
省属	5091	4628	1323	1897	815	592	464
地区属	6855	6704	1328	1808	1953	1615	151
县属	60	60	27	11	13	9	
其他属	308	308	56	177	50	25	
三、按企业规模分							
特大型	14722	13669	1995	532	4851	6291	1053
大一型	10540	10167	2372	2527	2803	2465	374
大二型	6773	6411	2246	1550	1400	1216	361
中一型	1675	1585	265	1098	80	142	90
中二型	2749	2722	925	1512	188	98	27
四、按工业行业大类分							
煤炭采选业	44	44	34			10	
非金属矿采选业	215	215	146	17	52		
烟草加工业	197	197	66	29	6	96	
化学原料及化学制品制造业	1551	1455	300	788	130	237	96
医药制造业	235	197	43	16	15	122	37
橡胶制造业	3852	3832	503	802	1200	1327	20
塑料制品业	42	38	20	8		9	5
非金属矿物制品业	832	776	63	109	595	10	56
黑色金属冶炼及压延加工业	323	323	20	180	115	8	
有色金属冶炼及压延加工业	14722	13669	1995	532	4851	6291	1053
金属制品业	16	16	10	4		2	
普通机械制造业	1035	1014	295	553	105	62	21
专用设备制造业	1073	1073	294	746	12	20	
交通运输设备制造业	7890	7653	2791	1835	1455	1572	237
武器弹药制造业	20	20	16			4	
电气机械及器材制造业	401	379	80	233	27	40	22
电子及通信设备制造业	2959	2606	857	893	509	347	354
仪器仪表及文化、办公用机械制造业	156	152	103	16	16	17	4
电力、蒸汽、热水的生产和供应业	896	896	166	456	236	38	

12—4 各级各类学校概况

（2001年）

单位:人

类别	学校数（所）	毕业生	招生	在校生	毕业班学生	专任教师	每一专任教师负担学生	每万人口中在校学生
全市总计	**3832**	**482606**	**560624**	**1141034**	**171624**	**44199**	**25.8**	**3397.9**
研究生	6	209	583	1254	264			3.7
#高等学校	5	188	535	1150	245			3.4
普通高等学校	13	10871	30867	76514	11767	5586	13.7	227.8
普通中等学校	41	13049	13126	51313	15303	2410	21.3	152.8
中等技术学校	39	12511	12432	49554	14760	2280	21.7	147.6
中等师范学校	2	538	694	1759	543	130	13.5	5.2
#幼儿师范专业	1	176	357	762	203	54	14.1	2.3
普通中学	274	46320	71874	191463	55511	11614	16.5	570.2
高中	3	7828	14368	34247	9185			102.0
初中	140	38492	57506	157216	46326			468.2
职业中学	48	5756	7809	20541	6231	1166	17.6	61.2
高中	26	3199	3389	9125	2955			27.2
初中	21	2557	4420	11416	3276			34.0
小学	1187	65401	64368	367776	67169	18082	20.3	1095.2
特殊教育学校	8	271	259	2004		127	15.8	6.0
工读学校	2	9	13	37		24	1.5	0.1
技工学校	24	1877	3077	7123		1037	6.9	21.2
成人高等学校	3	5216	11369	26352	8566	672	39.2	78.5
成人中等专业学校	24	6989	6793	21872	6813	1299	16.8	65.1
成人技术培训学校	1197	318859	290487	291402		90	3237.8	867.8
成人初等学校	756	7779	7998	7998		64	125.0	23.8
幼儿园	254		52001	75385		2028	37.2	224.5

注:研究生学校数指培养研究生单位数。

12—5　普通高等学校基本情况

（2001年）　　单位:人

类　　别	学校数（所）	毕业生小　计	招　生小　计	在校生小　计	毕业班学　生小　计	专　任教　师
全　市　总　计	**13**	**10871**	**30867**	**76514**	**11767**	**5586**
综合大学	1	4144	7412	19835	3359	1251
贵州大学	1	2378	5130	15485	2462	1251
理工院校	1	1600	3838	10149	1341	977
贵州工业大学	1	1600	3838	10149	1341	977
医药院校	2	1063	3350	10336	1173	875
贵阳医学院	1	536	1671	5493	729	477
贵阳中医学院	1	527	1679	4843	444	398
师范院校	2	1787	6428	13451	1905	705
贵州师范大学	1	1342	4662	10066	1201	538
贵阳师范高等专科学校	1	445	1766	3385	704	167
财经院校	2	1106	4447	10880	1955	732
贵州财经学院	1	620	1847	5150	758	352
贵州商业高等专科学校	1	486	2600	5730	1197	380
民族院校	1	650	2304	6073	880	469
贵州民族学院	1	650	2304	6073	880	469
职业技术学院	4	521	3088	5790	1154	577
贵阳金筑大学	1	365	1142	2396	560	180
贵州警官职业学院	1	156	985	2177	594	180
贵州交通职业技术学院	1		321	321		82
贵州冶金职业技术学院	1		640	896		135

12—6 研究生基本情况

（2001年）

单位：人

类别	毕业生			招生			在校生			毕业班学生		
	小计	博士学位	硕士学位	小计	博士学位	硕士学位	小计	博士学位	硕士学位	小计	博士学位	硕士学位
全市总计	**209**	**11**	**198**	**583**	**25**	**558**	**1254**	**60**	**1194**	**264**	**15**	**249**
一、中央部委所属	21	11	10	48	25	23	104	60	44	19	15	4
中国科学院地球化	21	11	10	48	25	23	104	60	44	19	15	4
二、地方所属单位	188		188	535		535	1150		1150	245		245
贵州大学	62		62	195		195	423		423	89		89
贵州工业大学	36		36	105		105	218		218	47		47
贵阳医学院	49		49	126		126	270		270	58		58
贵阳中医学院	11		11	36		36	78		78	14		14
贵州师范大学	30		30	73		73	161		161	37		37

12—7 中等专业学校分类情况

（2001年）

单位：人

类别	学校数（所）	毕业生	招生	在校生	毕业班学生	专任教师
全市总计	**41**	**13049**	**13126**	**51313**	**15303**	**2410**
一、按部门划分						
中央属						
地方属	41	13049	13126	51313	15303	2410
二、按类别划分						
1. 中等技术学校	39	12511	12432	49554	14760	2280
工业学校	17	4872	5457	24363	5860	1069
农业学校	3	1123	518	3280	1343	179
林业学校	1	403	243	1284	299	71
医药学校	3	640	923	2418	715	110
财经学校	9	2916	3094	9836	3384	486
政法学校	3	205	664	1962	368	133
体育学校	1	417	434	1724	721	110
艺术学校	2	435	153	781	340	24
其他学校		1500	946	3906	1730	98
2. 中等师范学校	2	538	694	1759	543	130
#幼儿师范学校	1	176	357	762	203	54

注：其他学校指中专班，不计校数。

12—8 普通中学基本情况

（2001年）

单位：人

类别	学校数（所）					毕业生	
	合计	初中	高中	完全中学	九年一贯制学校	高中	初中
全市总计	**274**	**140**	**3**	**54**	**77**	**7828**	**38492**
#女						3813	18800
教育部门和集体办	154	108	3	27	17	6085	33253
社会力量办	55	21	2	12	21	363	912
其他部门办	65	11	1	15	39	1380	4327
1.城市合计	**140**	**50**	**3**	**39**	**48**	**6409**	**17326**
教育部门和集体办	58	32	2	19	5	5110	13605
社会力量办	40	14	1	8	17	216	426
其他部门办	42	4		12	26	1083	3295
2.县镇合计	**67**	**40**		**13**	**14**	**1389**	**10029**
教育部门和集体办	38	29		7	2	975	8729
社会力量办	12	4		4	4	147	446
其他部门办	17	7		2	8	267	854
3.农村合计	**67**	**50**		**2**	**15**	**30**	**11137**
教育部门和集体办	58	47		1	10		10919
社会力量办	3	3					40
其他部门办	6			1	5	30	178

12—8续表

单位：人

类别	招生		毕业班学生		在校学生		专任教师
	高中	初中	高中	初中	高中	初中	
全市总计	**14368**	**57506**	**9185**	**46326**	**34247**	**157216**	**11614**
#女	6887	27667	4184	22314	16063	75726	6022
教育部门和集体办	11077	47923	6752	39458	26000	132018	9055
社会力量办	1199	3179	799	1704	2822	7492	753
其他部门办	2092	6404	1634	5164	5425	17706	1806
1.城市合计	**9895**	**26427**	**7389**	**21147**	**25438**	**72120**	**6809**
教育部门和集体办	7403	19134	5434	16093	18971	53199	4855
社会力量办	759	2262	562	1064	1890	5137	553
其他部门办	1733	5031	1393	3990	4577	13784	1401
2.县镇合计	**4390**	**14602**	**1785**	**11920**	**8695**	**40207**	**2592**
教育部门和集体办	3620	12927	1318	10417	6975	35285	2130
社会力量办	440	619	237	547	932	1808	153
其他部门办	330	1056	230	956	788	3114	309
3.农村合计	**83**	**16477**	**11**	**13259**	**114**	**44889**	**2213**
教育部门和集体办	54	15862		12948	54	43534	2070
社会力量办		298		93		547	47
其他部门办	29	317	11	218	60	808	96

12—9 职业中学基本情况

（2001年）

单位：人

类别	学校数（所）				毕业生	
	合计	初中	高中	完全中学	高中	初中
全市总计	**48**	**21**	**26**	**1**	**3199**	**2557**
＃女					1581	1203
教育部门和集体办	26	17	9		1675	2407
社会力量办	21	4	16	1	1406	150
其他部门办	1		1		118	
1.城市合计	**23**	**1**	**21**	**1**	**2927**	**70**
教育部门和集体办	4		4		1403	
社会力量办	18	1	16	1	1406	70
其他部门办	1		1		118	
2.县镇合计	**19**	**14**	**5**		**272**	**2189**
教育部门和集体办	17	12	5		272	2109
社会力量办	2	2				80
其他部门办						
3.农村合计	**6**	**6**				**298**
教育部门和集体办	5	5				298
社会力量办	1	1				
其他部门办						

12—9续表

单位：人

类别	招生		毕业班学生		在校学生		专任教师
	高中	初中	高中	初中	高中	初中	
全市总计	**3389**	**4420**	**2955**	**3276**	**9125**	**11416**	**1166**
＃女	1519	2145	1426	1582	4460	5462	150
教育部门和集体办	2096	4060	1829	3154	5608	10766	957
社会力量办	1161	360	1039	122	3244	650	194
其他部门办	132		87		273		15
1.城市合计	**3201**	**206**	**2802**	**23**	**8642**	**263**	**594**
教育部门和集体办	1908		1676		5125		394
社会力量办	1161	206	1039	23	3244	263	185
其他部门办	132		87		273		15
2.县镇合计	**188**	**3654**	**153**	**2896**	**483**	**9742**	**488**
教育部门和集体办	188	3537	153	2809	483	9441	485
社会力量办		117		87		301	3
其他部门办							
3.农村合计		**560**		**357**		**1411**	**84**
教育部门和集体办		523		345		1325	78
社会力量办		37		12		86	6
其他部门办							

12—10 小学基本情况

(2001年)

单位:人

类别	学校数(所)	独立设置少数民族学校	毕业生	招生	毕业班学生	在校学生	专任教师
全市总计	**1187**	**20**	**65401**	**64368**	**67169**	**367776**	**18082**
#女			31645	30618	32105	176498	12050
教育部门和集体办	1021	19	56145	48586	55989	291789	14344
社会力量办	124	1	3218	10001	5103	42418	1944
其他部门办	42		6038	5781	6077	33569	1794
1.城市合计	**252**	**2**	**23124**	**25584**	**24238**	**141418**	**7344**
教育部门和集体办	122	1	15460	12216	14999	77710	4280
社会力量办	100	1	2747	8720	4261	36466	1676
其他部门办	30		4917	4648	4978	27242	1388
2.县镇合计	**421**	**2**	**21192**	**20324**	**21415**	**116646**	**5310**
教育部门和集体办	397	2	20050	18729	19971	108079	4831
社会力量办	14		273	728	587	3687	162
其他部门办	10		869	867	857	4880	317
3.农村合计	**514**	**16**	**21085**	**18460**	**21516**	**109712**	**5428**
教育部门和集体办	502	16	20635	17641	21019	106000	5233
社会力量办	10		198	553	255	2265	106
其他部门办	2		252	266	242	1447	89

12—11 特殊教育基本情况

（2001年）

单位：人

类别	班数（个）	毕业生	招生	在校学生	专任教师
全市总计	**62**	**271**	**259**	**2004**	**127**
#女		112	103	806	105
视力残疾	5			103	
听力残疾	18			268	
智力残疾	39			1633	

注：特殊教育学校数全市合计8所，其中聋人学校1所，弱智学校4所，其他学校3所

12—12 成人高等学校基本情况

（2001年）

单位：人

类别	学校数（所）	学生数				专任教师
		毕业生	招生	在校生	毕业班学生	
全市总计	**3**	**5216**	**11369**	**26352**	**8566**	**672**
#女		1946	5075	11345	3434	290
（一）按部门分						
中央学校						
地方学校	3	5216	11369	26352	8566	672
（二）按类别分						
广播电视学校	1	3404	5757	12545	5472	389
职工高等学校	1	18	210	480	85	105
教育学院	1	1794	5402	13327	3009	178

12—13 成人中等专业学校分类别情况

(2001年)

单位:人

类别	学校数(所)	毕业生	招生	在校生	毕业班学生	专任教师
全市总计	**24**	**6989**	**6793**	**21872**	**6813**	**1299**
#女		3138	3311	10037	3000	564
一、按部门划分						
中央部门学校						
地方学校	24	6989	6793	21872	6813	1299
二、按类别划分						
广播电视中专学校	3	4434	3626	13081	4243	333
职工中等专业学校	11	1238	2328	6259	1275	400
干部中等专业学校	5	547	560	1198	503	165
函授中等专业学校	2	719	185	1120	739	350
教师进修学校	3	51	94	214	53	51

12—14 成人技术培训基本情况

(2001年)

单位:人

类别	学校数(所)	教学班(个)	毕业生	招生	在校生	专任教师
全市总计	**1197**	**1161**	**318859**	**290487**	**291402**	**90**
#教育部门办和集体办	1196	1148	317265	288551	289466	86
其他部门办	1	13	1594	1936	1936	4
(一)职工技术培训学校						
#教育部门办和集体办						
其他部门办						
(二)农民技术培训学校	1197	1161	318859	290487	291402	90
1.#教育部门办和集体办	1196	1148	317265	288551	289466	86
其他部门办	1	13	1594	1936	1936	4
2.县办	1	1	1244	1000	1000	12
乡办	79	85	56197	53729	53829	33
村办	1117	1075	261418	235758	236573	45

12—15 文化事业机构及人员

指标	机构（个）		人员（人）	
	2001年	2000年	2001年	2000年
一、总　计	**171**	**163**	**2392**	**2278**
文化产业	168	163	2323	2278
艺术业	20	20	1290	1293
图书馆业	9	9	233	229
群众文化业	118	113	390	359
文化科研	1	1	18	13
文物业	12	11	204	205
其他文化产业	8	9	188	179
非文化产业	3		69	
二、构　成（以总计为100）	**100.00**	**100.00**	**100.00**	**100.00**
文化产业	98.25	100.00	97.12	100.00
艺术业	11.70	12.27	53.93	56.76
图书馆业	5.26	5.52	9.74	10.05
群众文化业	69.01	69.33	16.30	15.76
文化科研	0.58	0.61	0.75	0.57
文物业	7.02	6.75	8.53	9.00
其他文化产业	4.68	5.52	7.86	7.86
非文化产业	1.75		2.88	

12—16 图书、报纸、杂志出版情况

指标	单位	2001年	2000年	2001年比2000年增长（%）
一、图书出版				
种　数	种	896	828	8.2
总印数	万册	12767	10288	24.1
总印张	千印张	567538	441091	28.7
二、报纸出版				
种　数	种	31	32	—3.1
平均期印数	万份	112	106	5.7
总印数	万份	24889	22670	9.8
总印张	千印张	657414	522929	25.7
三、杂志出版				
种　数	种	85	88	—3.4
平均期印数	万册	94	91	3.3
总印数	万册	1194	977	22.2
总印张	千印张	39068	38031	2.7

12—17 广播电视事业发展情况

指　　标	单　位	2001年	2000年	2001年比 2000年增长 (%)
职工人数	人	3247	2950	10.1
广播电台	座	2	2	持平
发射台及转播台	座	22	24	-8.3
发射机功率	千瓦	304.7	304.7	持平
广播人口覆盖率	%	99.08	98.99	0.09
中央台	%	93.16	93.02	0.14
省级台	%	99.08	98.99	0.09
地级台	%	62.17	62.16	0.01
县级台	%		7.06	
电视台	座	2	4	-50.0
电视发射及转播台	座	117	158	-25.9
发射机功率	千瓦	16.94	17.38	-2.5
电视人口覆盖率	%	95.74	95.08	0.66
中央台	%	82.27	81.69	0.58
省级台	%	95.18	94.15	1.03
地级台	%	59.31	57.76	1.55
县级台	%	35.01	35.00	0.01
有线广播电视站	座	310	255	1.22倍
县广播电视台	个	1	1	持平
乡广播电视站	个	67	68	-1.5
通广播的乡	个	80	83	-3.6
通电视的乡	个	80	83	-3.6
通广播的村	个	1188	1286	-7.6
通电视的村	个	1188	1286	-7.6
广播喇叭合计	只	7900	8900	-11.2

注:表中计量单位为“%”的指标,最后1列数据即为增长百分点。

12—18 广播电视节目制作及采用

单位：小时

指标	2001年	2000年	2001年比2000年增长（%）
广播节目制作	**43935**	**44266**	**—0.7**
#新闻	4984	6167	—19.2
专题	7877	9124	—13.7
教育	365	365	持平
文艺	21078	20440	3.1
广告	5263	5172	1.8
服务信息	4368	2998	45.7
电视节目制作（含有线电视）	**13028**	**14526**	**—10.3**
#新闻	1771	1972	—10.2
专题	1903	1986	—4.2
教育	913	913	持平
文艺	1407	1988	—29.2
广告	6549	7132	—8.2
服务信息	485	535	—9.3

12—19 广播电视宣传基本情况

（2001年）

指标	节目套数（套）	平均每日（或每周）播出时间（小时）	自办节目（小时）						
				新闻	专题	教育	文艺	广告	服务信息
无线广播合计	**6**	**116**	**110**	**9**	**20**	**1**	**56**	**12**	**12**
省人民广播电台	4	83	78	4	16	1	41	9	7
地（市）级广播电台	2	33	32	5	4		15	3	5
县级广播电台									
电视播映合计	**12**	**978**	**956**	**71**	**218**	**58**	**469**	**63**	**77**
省电视台	6	546	542	41	126	12	307	49	7
地（市）电视台	5	362	351	16	69	29	162	10	65
县电视台	1	70	63	14	23	17		4	5

主要统计指标解释

研究与发展经费支出 指用于研究与发展课题活动(基础研究、应用研究、实验发展)的全部实际支出,包括用于研究与发展课题活动的直接支出和间接用于研究与发展活动的支出。

普通高等学校 指按照国家规定的设置标准和审批程序批准举办,通过国家统一招生考试,招收高中毕业生为主要培养对象,实施高等教育的全日制大学、独立设置的学院和高等专科学校、短期职业大学。

成人高等学校 指按照国家有关规定审批,招收通过全国成人高教统一招生考试的具有高中毕业或同等学历的在职从业人员,利用脱产、半脱产、业余或函授等多种形式对其实施高等学历教育,培养高等教育专科或本科毕业水平的专门人才,修业年限、课程设置和总学时数均按高等学历教育要求付诸实施的学校。包括广播电视大学、职工高等学校、农民高等学校、管理干部学院、教育学院、独立设置的函授学院等。

卫生技术人员 指在国家经济各行业中从事卫生医务工作的自然科学技术专业人员,包括正副主任医师、主治医师、医师、医(护)士和未评定职称的技术人员。

文化事业机构 指从事专业文化工作和为专业文化工作服务的独立建制的单位。不包括这些单位另外举办独立核算的其他机构和各部门的业余文化组织。

卫生、体育、民政

13

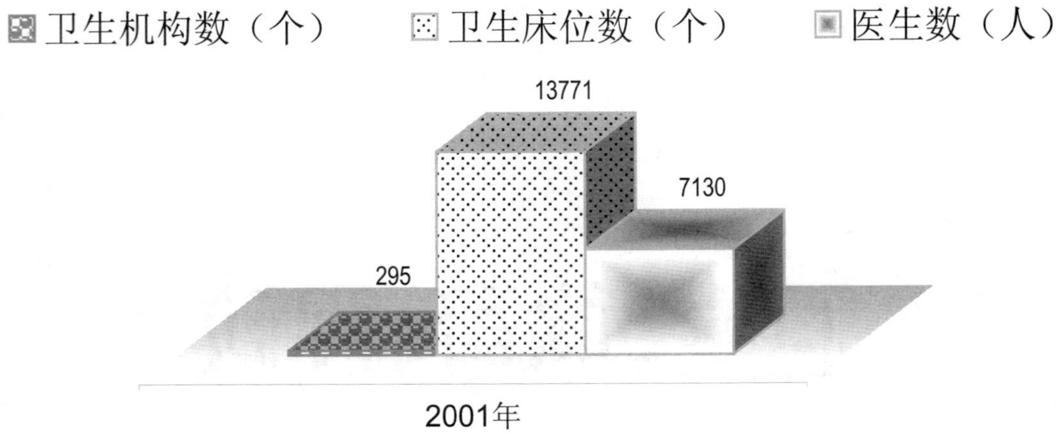

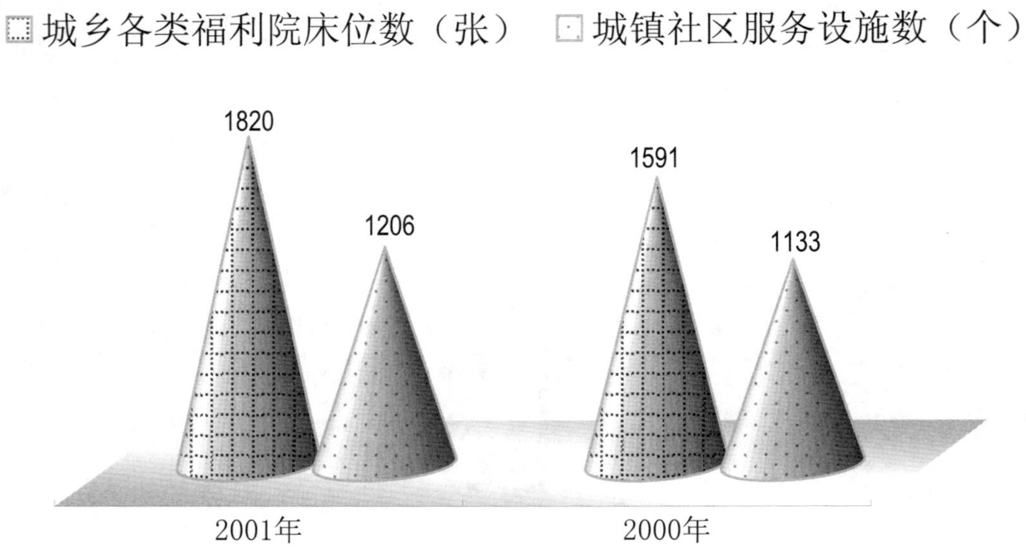

城镇便民、利民服务网点数（个）

13—1 卫生机构、床位和人员

（2001年）

单位：人

指 标	机构数（个）	床位数（个）	卫生技术人员合计	#医生合计	#中医师	#西医师	#中西结合医师	#中医士	#西医士
全 市 总 计	**295**	**13771**	**16244**	**7130**	**830**	**5325**	**174**	**49**	**743**
市	223	12293	14386	6276	755	4860	170	22	462
县	72	1478	1858	854	75	465	4	27	281
一、医院合计	**97**	**11861**	**11881**	**4796**	**604**	**3854**	**113**	**21**	**197**
市	84	10993	11068	4500	562	3632	111	17	173
县	13	868	813	296	42	222	2	4	24
综合医院	80	8377	8570	3441	275	2910	74	14	165
中医医院	6	362	344	147	79	49	9	2	8
医学院校附属医院	3	1730	1844	775	229	507	27	2	6
精神病院	3	520	302	81	1	78		1	1
结核病院	1	300	187	62		56	2		4
妇幼保健院	1	300	412	177	4	172			1
康复医院	1	150	47	24	9	14	1		
口腔医院	1	24	88	56		51			5
中西医结合医院	1	98	87	33	7	17		2	7
二、卫生院合计	**80**	**849**	**1411**	**775**	**42**	**284**	**3**	**25**	**420**
农村卫生院	80	849	1411	775	42	284	3	25	420
1.市	44	502	718	397	16	164	3	2	211
县	36	347	693	378	26	120		23	209
2.中心卫生院	26	426	713	359	25	148	2	9	175
乡(镇)卫生院	54	423	698	416	17	136	1	16	245
#无床乡卫生院	6		74	40	1	9	1	1	28
三、疗养院	**4**	**310**	**235**	**80**	**17**	**59**	**2**	**1**	**1**
四、门诊部小计	**38**	**447**	**629**	**292**	**63**	**198**	**9**	**2**	**19**
市	34	401	600	281	63	188	9	2	18
县	4	46	29	11		10			1
综合门诊部	33	365	550	258	54	174	9	2	18
中医门诊部	1	20	19	5	3	2			
专科门诊部	4	62	60	29	6	22			1

13—1续表　　　　单位:人

指　　标	机构数（个）	床位数（个）	卫生技术人员合计	#医生合计	#中医师	#西医师	#中西结合医师	#中医士	#西医士
五、专科防治所、站合计	**9**	**120**	**223**	**137**	**3**	**111**	**1**		**22**
结核病防治所、站	3		29	20		18			2
职业病防治所、站	2	120	129	59		58			1
性病防治所、站	1		50	45	3	26	1		15
其　他	3		15	13		9			4
六、卫生防疫机构合计	**22**		**706**	**415**		**377**			**38**
卫生防疫站	16		590	362		327			35
预防保健中心	1		16	10		8			2
国境卫生防疫所	1		7	7		7			
食品卫生检验所	1		33	13		13			
环境卫生监测站	1		22	6		6			
其　他	2		38	17		16			1
七、妇幼保健机构	**9**	**43**	**201**	**129**	**4**	**108**	**1**		**16**
八、药品检验机构	**9**		**94**	**8**	**4**	**2**			**2**
九、医学科学研究机构	**7**		**150**	**92**	**7**	**82**	**2**		**1**
十、高等医学教育机构合计	**2**		**371**	**228**	**84**	**101**	**43**		
医学院	1		129	51		51			
中医学院	1		242	177	84	50	43		
十一、中等医药教育机构合计	**4**		**58**	**54**	**1**	**53**			
#卫生学校	1		37	37		37			
中等职业卫生技术学校	2		5	3	1	2			
卫生进修学校	1		16	14		14			
十二、其他卫生事业机构合计	**14**	**141**	**285**	**124**	**1**	**96**			**27**
#急救站	1		7	6		6			
输血站	1		75	11		11			
麻风村	2		8	2					2
卫生宣传所	1		9	1		1			
计划生育指导所、站	8	141	179	102	1	76			25
临床检验中心	1		7	2		2			

注:1.本表不含诊所、卫生保健所、医务室数据。

2.全社会的卫生机构数为1704个,医生9327人,床位13771张。

13—2 农村村、乡两级卫生组织情况

指　　标	单　位	2001年	2000年
全市村数合计	个	**1328**	**1328**
#无医疗点的村	个	130	132
村设置医疗点合计	个	1274	1279
村或群众集体办	个	402	380
乡村医生或卫生员联合办	个	35	35
乡卫生院设点	个	87	85
个体办	个	750	779
乡村医生和卫生员合计	人	2282	2324
乡村医生	人	1391	1398
#会接生	人	647	683
卫生员	人	891	926
#会接生	人	401	411
农村接生员	人	1350	1384
无医疗点的村占全市村数	%	9.79	9.94

13—3 体育事业基本情况

（2001年）

指　　标	单 位	合 计	省　级	市　级
一、各级体委机关职工人数	人	114	54	60
管理人员	人	89	48	41
其他人员	人	25	6	19
二、体育事业经费决算总数	千元	84264	81180	3084
体育竞赛经费	千元	2575	1700	875
优秀运动队经费	千元	31278	31272	6
业余训练经费	千元	499	449	50
体育场馆补助经费	千元	8081	7789	292
中等专业学校经费	千元	7775	7775	
其他体育事业经费	千元	34056	32195	1861
三、基本建设投资款	千元	117		117
四、等级运动员	人	270	145	125
国际级健将	人			
运动健将	人	2	2	
一线在队人员	人	137	137	
二级在训人员	人	93	6	87
三级在训人员	人	38		38

13—4 公共体育场地

单位:个

指　　标	2001年	2000年	2001年比2000年增长(%)
全市总计	**11**	**15**	**27.7**
#体育场	8	7	14.3
体育馆	2	3	33.3
游泳池	1	4	75.0
有固定看台的灯光球场		1	

13—5 城乡各种福利院机构和人员情况

指　　标	2001年	2000年	2001年比2000年增长(%)
一、机构数(个)	**68**	**72**	**5.6**
社会福利院	2	2	持平
儿童福利院	1	1	持平
精神病福利院	1	1	持平
敬老院	64	68	5.9
二、职工人数(人)	**315**	**307**	**2.6**
社会福利院	97	112	13.4
儿童福利院	49	47	4.3
精神病福利院	53	51	3.9
敬老院	116	97	19.6
三、床位数(张)	**1820**	**1591**	**14.4**
社会福利院	583	590	1.2
儿童福利院	353	200	76.5
精神病福利院	114	100	14.0
敬老院	770	701	9.8
四、在院人数(人)	**1412**	**1262**	**11.9**
社会福利院	421	348	21.0
儿童福利院	353	299	18.1
精神病福利院	114	108	5.6
敬老院	524	507	3.4

13—6 民政企事业单位及职工人数

单位：个、人

指　　标	2001年	2000年	2001年比2000年增长（%）
一、民政企事业单位数总计	**114**	**114**	**持平**
1.事业单位	68	72	—5.6
城乡各种福利院	68	72	—5.6
2.企业单位	46	42	9.5
社会福利企业	45	41	9.8
安置农场	1	1	持平
二、民政企事业单位职工人数总计	**1360**	**1328**	**2.4**
1.事业单位	315	307	2.6
城乡各种福利院	315	307	2.6
2.企业单位	1045	1021	2.4
社会福利企业	953	928	2.7
安置农场	92	93	—1.1

13—7 主要民政对象人员

单位：人

指 标	2001年	2000年	2001年比2000年增长(%)
全市合计	**153084**	**107282**	**42.7**
一、优抚对象	61560	61512	0.1
＃孤老	163	163	持平
革命伤残	2327	2336	—0.4
烈士军属	29918	30236	—1.1
在乡退伍红军老战士	—	1	—
在乡复员军人	4451	4559	—2.4
在乡退伍军人	24864	24379	2.0
二、离退休、退职人员	1095	897	22.1
＃军队离退休干部	426	353	20.7
地方人员	253	268	—5.6
三、社会救济对象	90429	44873	2.0倍
＃城镇低保对象	66052	22758	2.9倍
农村救济对象	24377	20582	18.4
＃低保对象	11793		
散居孤老残幼	2725	2481	9.8

13—8 民政对象享受国家定期抚恤、补助、救济人员数

单位:人

指 标	2001年	2000年	2001年比2000年增长(%)
全市合计	**8789**	**8974**	**—2.1**
一、革命伤残抚恤人数	2327	2336	—0.4
享受伤残保健金	2023	2032	—0.4
享受伤残抚恤金	304	304	持平
二、定期抚恤金人数	373	378	—1.3
烈士家属	251	260	—3.5
牺牲病故军人家属	122	118	3.4
三、定期补助人数	4692	4792	—2.1
#在乡复员军人	4451	4541	—2.0
四、精减退职老职工救济人数	1397	1468	—4.8

13—9　民政事业发展主要指标

指　　标	单　位	2001年	2000年	2001年比2000年增长(%)
城乡各类福利院床位数	张	1820	1591	14.4
城乡各类福利院床位利用率	%	77.6	79.3	1.7
城镇社区服务设施数	个	1206	1133	6.4
城镇便民、利民服务网点数	个	6364	6301	1.0
社会福利企业营业收入	万元	9437.4	10111	6.7
社会福利企业利润总额	万元	254.5	221	15.2
社会福利企业残疾职工	人	472	404	16.8
享受城镇低保人数	人	66052	11324	5.8倍
城镇低保资金支出	万元	1653.1	502.7	3.3倍

13—10　婚　姻　情　况

指　　标	2001年	2000年	2001年比2000年增长(%)
一、国内婚姻			
(一)登记结婚对数	25563	27492	7.0
初　婚(人)	46093	50233	8.2
再　婚(人)	5033	4751	5.9
(二)登记离婚对数	2066	1974	4.7
二、涉外婚姻			
(一)登记结婚对数	85	100	15
国内公民(人)	85	100	15
香港、澳门居民(人)	82	99	17.2
华　侨(人)	3	1	3倍
(二)登记离婚对数	3	3	持平

主要统计指标解释

体育场 指有400米跑道(中心含足球场),有固定道牙,跑道6条以上,并有固定看台的室外田径场地。体育场按看台容纳观众人数分为:甲级25000人以上,乙级15000—25000人,丙级5000—15000人,丁级5000人以下。

体育馆 指有固定看台,可供篮球、排球、羽毛球、乒乓球、体操等项目训练比赛活动用的室内运动场地。体育馆按看台容纳观众人数分为:甲级6000人以上,乙级4000—6000人,丙级2000—4000人,丁级2000人以下。

医院 指设有固定床位,能收容病人住院并能为病人提供医疗、护理服务的医疗机构,包括县及县以上医院、农村乡卫生院和其他医院三部分。医院按所属性质不同分为卫生部门、工业及其他部门和集体经济单位三类。县及县上医院按业务性质不同分为综合医院和专科医院。

卫生技术人员 指卫生事业机构支付工资的全部职工中现任职务为卫生技术工作的专业人员,包括中医师、西医师、中西医结合高级医师、护师、中药师、西药师、检验师、其他技师、中医士、西医士、护士、助产士、中药剂士、西药剂士、检验士、其他技士、其他中医、护理员、中药剂员、西药剂员、检验员和其他初级卫生技术人员。

医生 指经卫生部门审查合格,从事医疗工作的专业人员。分为中医医生和西医医生。包括卫生技术人员中的中医师、西医师、中西医结合高级医师、中医士、西医士和其他中医。

城市公用事业

14

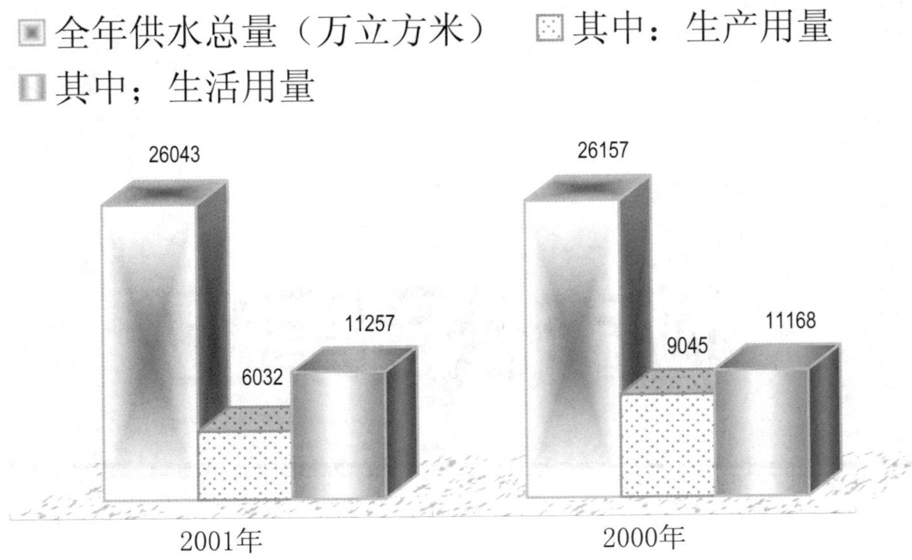

城市公用事业（2001年）

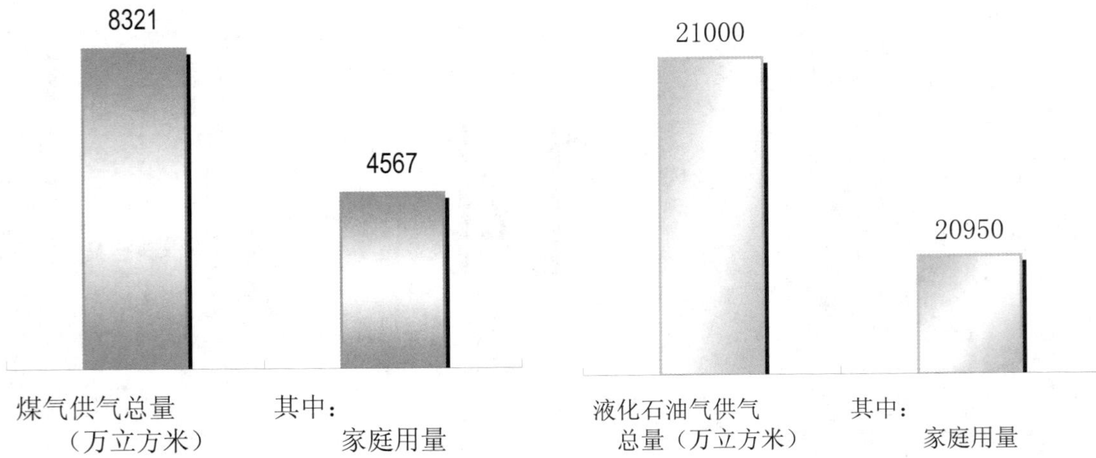

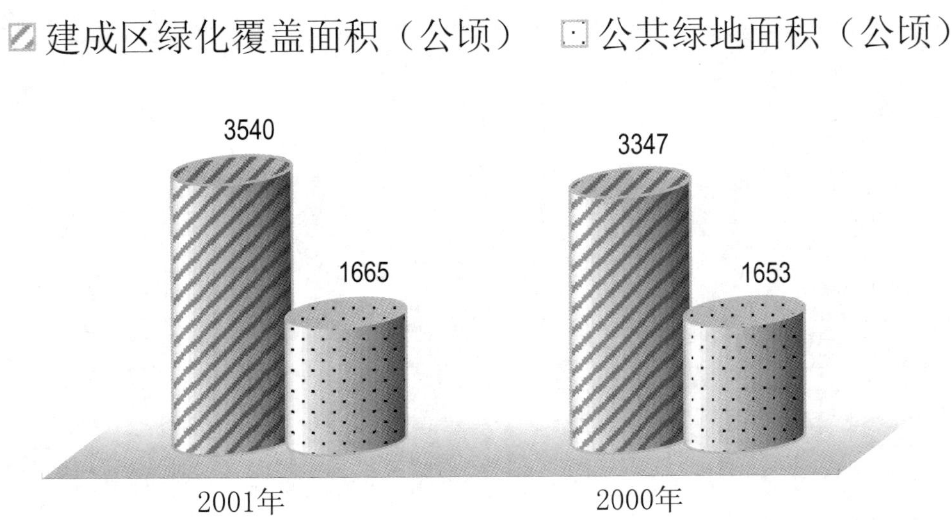

14—1 自来水、公共汽车基本情况

（2001年）

指　　标	单 位	总 计	系 统 内	系 统 外
水　　厂	个	5	5	—
综合生产能力(包括各单位自备水源)	万吨/日	122.4	59.5	62.9
供水管道长度	公里	1634	1029	605
全年供水总量	万立方米	26043	18711	7332
#生产用量	万立方米	6032	2846	3186
生活用量	万立方米	11257	7114	4143
用水户数	户	425036	424775	261
#家庭用户	户	18090	18090	—
生活用水人口	万人	198.7	147.7	51
年末实有公共汽车(电)车营运车辆数	辆	1921	1028	893
#小公共汽车	辆	1115	222	893
公共汽(电)车营运标准车台数	标台	2241	969	1272
公共汽(电)车营运线路网长度	公里	1166	1166	—
全年公共汽(电)车客运总量	万人次	43136	28633	14503
年末实有出租汽车数	辆	2199	339	1860

14－2 市政设施和城市燃气情况

指　　标	单　位	2001年	2000年
道路长度	公里	800	781
道路面积	万平方米	631.54	585.93
＃人行道	万平方米	82	81.28
桥梁数	座	116	116
排水管道长度	公里	91.3	866.80
防洪堤长度	公里	3	3
路灯盏数	盏	27677	16309
污水年自理	万立方米	360	360
煤气供气总量	万立方米	8321	7649
＃家庭用量	万立方米	4567	4084
用煤气人口	万人	69.56	60.96
液化石油气供气总量	万立方米	21000	19400
＃家庭用量	万立方米	20950	19400
用液化石油气人口	万人	59.50	49

14—3 园林绿化及清洁卫生情况

指　　标	单　位	2001年	2000年
园林绿地面积	公顷	4279	4260
公共绿地面积	公顷	1665	1653
绿化覆盖面积	公顷	4764	4764
#建成区	公顷	3540	3347
公园数	个	10	10
公园面积	公顷	919	919
游人量	万人次	2705	2583
道路清扫保洁面积	万平方米	397	397
生活垃圾清运量	万吨	52	51.50
生活垃圾粪便无害化自理量	万吨	34	33.50
公厕数量	座	1121	1121
#水冲式	座	596	596
环卫机械总数(环卫专用车辆总数)	辆	396	396
环卫保洁队伍人数	人	4913	4016
环境噪声达标面积	平方公里	58	58.17

14—4 环境保护

指　　标	单　位	2001年	2000年
环境污染治理投资额	万元	61774	61900
工业废水排放总量	万吨	6357.69	6880.31
工业废水排放达标量	万吨	3731.65	4447.77
工业废气排放总量	万标立方米	10824398	12816915
工业二氧化硫去除量	万吨	7.02	6.39
二氧化硫排放总量	万吨	33.09	40.20
#工业二氧化硫排放量	万吨	21.27	27.64
烟尘排放总量	万吨	6.68	8.40
#工业烟尘排放量	万吨	5.36	6.40
烟尘去除量	万吨	122.29	106.48
工业粉尘排放量	万吨	5.12	7.46
工业粉尘去除量	万吨	32.81	27.40
工业固体废物产生量	万吨	462.60	416.80
工业固体废物排放量	万吨	22.12	15.83
社会生活污水排放量	万吨	9972.8	7906.4

物　价

15

15—1 城市居民消费价格指数

(以上年同期为100)

单位:%

类别及名称	2001年	2000年	类别及名称	2001年	2000年
居民消费价格总指数	**103.2**	**98.7**	2.室内装饰品	90.9	100
#服务项目价格指数	122.6		3.床上用品	94.8	96.2
消费品价格指数	97.0		4.家庭日用杂品	96.5	97.6
一、食品	**98.7**	**93.3**	5.家庭服务及加工维修	100.0	97.3
1.粮食	95.6	94.4	**五、医疗保健和个人用品**	**101.5**	
2.淀粉及薯类	102.4	85.7	1.医疗保健	98.1	97
3.干豆类及豆制品	94.4	97.0	(1)医疗器具及用品	93.7	97.8
4.油脂类	75.5	81.3	(2)中药材及中成药	103.1	97.8
5.肉禽及其制品	98.6	90.7	(3)西药	94.0	96.4
6.蛋类	103.1	91.1	2.个人用品及服务	109.5	
7.水产品类	93.9	98.9	**六、交通和通讯**	**110.2**	**96.9**
8.菜类	101.3	93.7	1.交通	109.6	
9.调味品	120.4	98.7	(1)交通工具	93.8	100
10.糖类	99.9	101.5	(2)市区公共交通	125.9	96
二、烟酒及用品	**99.9**		2.通信	110.9	
1.烟草	99.6	91.2	(1)通信工具	81.8	
2.酒	100.4	96.5	(2)通信服务	115.2	
三、衣着	**97.4**	**97.3**	**七、娱乐教育文化用品及服务**	**125.9**	**89**
1.服装	93.7	96.6	1.文娱用耐用消费品及服务	85.3	82.1
2.衣着材料	99.7	98.6	2.教育	157.3	102.1
3.鞋袜帽	105.9	99.1	3.文化娱乐用品	108.2	99.9
(1)鞋	106.6	99.5	(1)文化娱乐	110.7	99.7
(2)袜子	96.8	92.6	(2)书报杂志	100.7	100
(3)帽子	96.2	100	(3)文娱费	109.7	
4.衣着加工服务	102.2		4.旅游及外出	107.7	
四、家庭设备用品及维修服务	**90.0**	**92.6**	**八、居住**	**99.2**	**102**
1.耐用消费品	85.6	89.9	1.建房及装修材料	98.0	
(1)家具	93.5	86.6	2.租房	100.0	
(2)家庭设备	82.8	92.2	4.水、电、燃料	99.5	105.8

15—2　商品零售价格指数

（以上年同期为100）

单位：%

类别及名称	2001年	2000年
商品零售价格总指数	**96.3**	**95.8**
一、食品类	**99.4**	**92.6**
1.粮食	95.1	95.2
(1)细粮	95.1	95.3
(2)粗粮	92.1	95.2
2.油脂类	90.4	81.3
3.肉禽蛋	99.1	90.7
4.水产品	95.5	99.4
5.鲜菜	109.0	93.9
6.干菜	95.7	90.2
7.鲜果	96.3	92
8.干果	97.8	100.7
9.其他食品类	103.4	100.5
(1)调味品	112.5	98.7
(2)食糖	117.5	110.3
(3)糖果	100.5	95.7
(4)糕点	96.1	99
(5)奶及奶制品	101.5	102.9
(6)罐头	99.5	97.7
10.饮食业	98.7	90.5
(1)主食	100.0	100.0
(2)炒菜	98.4	88.2
(3)地方小吃	100.0	100.0
二、饮料、烟酒类	100.2	94.1
1.饮料	100.1	99.6
2.烟酒	100.3	93
三、服装、鞋帽类	**90.2**	**98.5**
1.服装	84.8	98.5
2.鞋	100.5	99.4
3.其他衣着	110.1	90.4
四、纺织品类	**100.2**	**97.9**
1.棉布	100.0	100.0
2.棉花化纤混纺布	100.0	100.0
3.化纤布	99.7	100.1
4.呢绒	100.0	89.7
5.绸缎	101.7	101.2
6.其他纺织品	96.9	99.3
五、中、西药品类	**91.1**	**96.7**
1.中药	98.4	97.8
2.西药	89.9	96.4
3.医疗用品	75.6	96
六、化妆品类	**97.4**	**89.8**
七、书报、杂志类	**100.4**	**100.8**
八、文化体育用品类	**95.9**	**98.1**
1.文化用品	95.6	97.4
2.体育用品	97.2	101
九、日用品类	**94.9**	**96.9**
1.一般日用品	96.7	98
2.家具类	90.7	91
3.日用杂品	96.5	105.8
十、家用电器类	91.9	88.7
十一、首饰类	**96.2**	**93.4**
十二、燃料类	**98.2**	**116.8**
十三、建筑装璜材料类	**98.9**	**98.6**
十四、机电产品类	**92.2**	**94.4**

人民生活

16

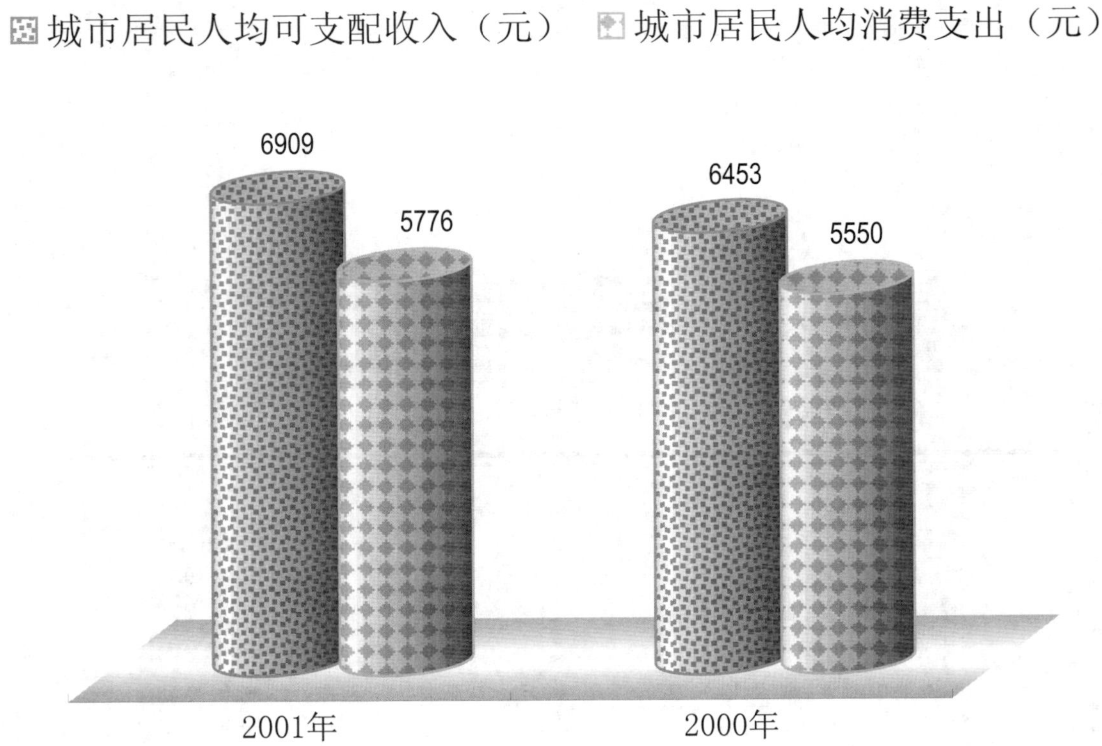
城市居民人均可支配收入（元）
城市居民人均消费支出（元）
6909
5776
6453
5550
2001年
2000年

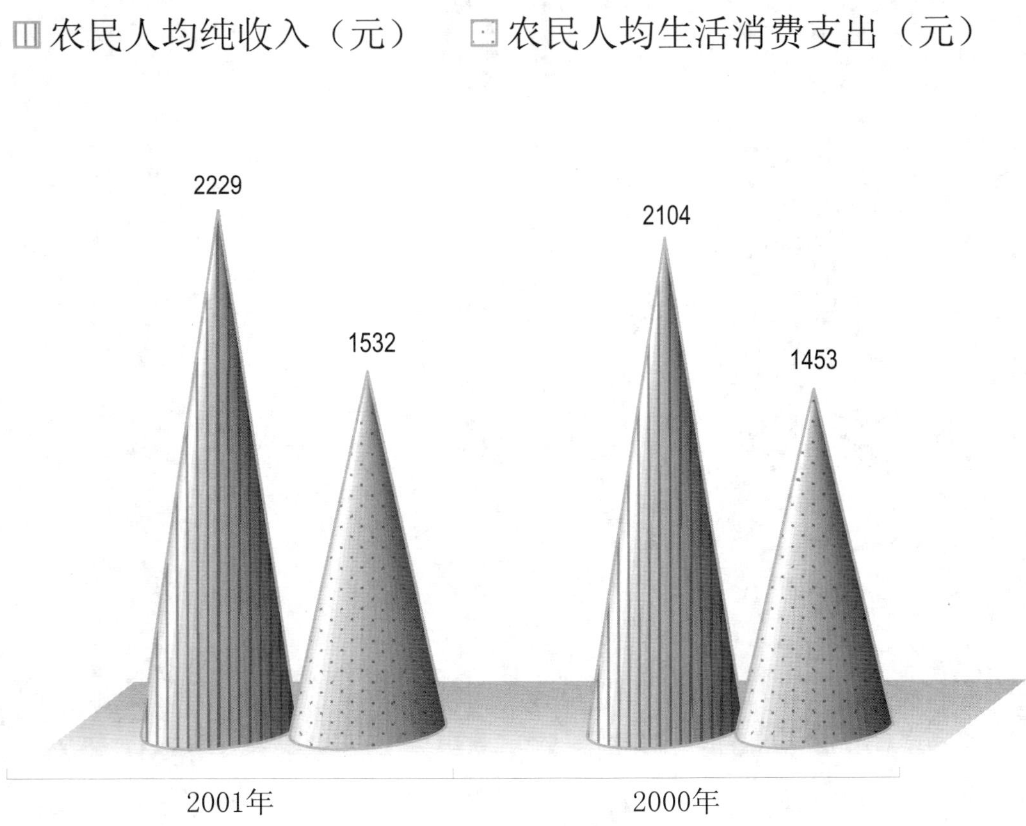
农民人均纯收入（元）
农民人均生活消费支出（元）
2229
1532
2104
1453
2001年
2000年

16—1 城市住户基本情况

（2001年）

项　　目	单位	数　量	项　　目	单位	数　量
调查户数	户	200	10.摩托车	辆	4
人口情况(按月平均)			11.自行车	辆	47
一、家庭人口数	**人**	**628**	12.家用汽车	辆	2
(一)有收入者人数	人	429	13.缝纫机	辆	71
1.就业人口类	人	332	14.洗衣机	台	210
(1)国有经济单位职工人数	人	227	15.电风扇	台	182
(2)城镇集体经济单位职工人数	人	41	16.电冰箱	台	189
(3)其他各种经济类型单位职工人数	人	11	17.冰柜	台	2
(4)个体经营者人数	人	37	18.彩色电视机	台	271
(5)个体被雇者人数	人	8	19.影碟机	台	126
(6)离退休再就业者人数	人	6	20.录放像机	台	57
(7)其他就业者人数	人	2	21.家用电脑	台	26
2.离退休者人数	人	97	22.组合音响	套	80
3.其他有收入者人数	人		23.录音机	台	59
(二)无收入者人数	人	200	24.摄像机	台	
二、期末家庭人口类	**人**	**626**	25.照相机	架	87
附:非家庭人口用饭人数	人	9	26.钢琴	架	1
期末主要消费品拥有量			27.其它中高档乐器	件	8
1.毛皮大衣	件	106	28.微波炉	台	67
2.呢大衣	件	399	29.空调器	台	16
3.毛毯	条	329	30.电炊具	个	298
4.地毯	方	75	31.淋浴热水器	台	72
5.组合家具	套	87	32.抽排油烟机	台	78
6.沙发床	个	99	33.吸尘器	台	12
7.沙发	个	534	34.健身器材	件	4
8.大衣柜	个	218	35.移动电话	台	55
9.写字台	张	177			

16－2　城市住户现金收支情况

（2001年）

单位：元

项　　目	金　额	项　　目	金　额
现金收支情况		（二）借贷收入	960748
一、期初手存现金	179862	1.提取储蓄存款	914905
二、可支配收入	4341961	2.提取储金会款	800
三、现金收入	5312220	3.借入款	26702
（一）实际收入	4351472	4.收回借出款	11940
1.国有经济单位职工收入	2342292	5.收回储蓄性保险本金	4693
（1）工资性收入	2212179	6.兑售有价证券	
其中：奖金	228918	7.赊购	
（2）非工资性收入	130112	8.购置房屋从银行贷款	710
2.城镇集体单位职工收入	201367	9.其他借贷收入	999
（1）工资性收入	195306	四、现金支出	5025868
其中：奖金	12865	（一）实际支出	4130228
（2）非工资性收入	6061	1.消费性支出	3629900
3.其它类型单位职工收入	88399	2.非消费性支出	500002
其中：奖金	3200	（1）贷款利息	349
4.个体经营者的净收益	247494	（2）个人所得税	2194
5.个体被雇者收入	30956	（3）其他各种税金	68
6.离退休再就业者收入	39154	（4）非储蓄性保险	1515
7.其它就业者收入	12780	（5）赡养支出	118361
8.其它劳动收入	261097	（6）赠送支出	313277
9.财产收入	19240	（7）购房与建房支出	48274
（1）利息	3526	（8）其他非消费支出	15963
（2）红利	5090	3.家庭副业生产支出	326
（3）其他财产租金收入	10624	（二）借贷支出	895640
10.转移收入	1108693	1.存入储蓄款	726045
（1）离退休金	883930	2.存入储金会款	
（2）价格补贴	290	3.归还借款	35619
（3）赡养收入	13178	4.借出款	1260
（4）赠送收入	86656	5.储蓄性保险支出	39528
（5）亲友搭伙费	45293	6.购买有价证券	37140
（6）记帐补贴	6990	7.预购	
（7）出售财物收入	885	8.归还购买住房贷款	34069
（8）其它	71471	9.其它借贷支出	21979
11.家庭副业生产收入		五、期末手存现金	466215

16—3 城市住户消费支出情况

(2001年)

项目	单位	数量	金额(元)	平均单价(元)
一、食品			**1362820**	
(一)粮食	公斤	46341	108469	2.34
1.细食	公斤	45473	106045	2.33
(1)大米	公斤	29093	59444	2.04
(2)糯米	公斤	463	1325	2.86
(3)普通或标准粉	公斤	634	1701	2.68
(4)富强粉	公斤			
(5)面包	公斤	421	4435	10.54
(6)馒头、大饼等	公斤	5779	3670	6.35
(7)其它细粮及制品	公斤	14285	35470	2.48
2.粗粮	公斤	868	2425	2.79
(1)粗粮	公斤	414	1051	2.54
(2)粗粮制品	公斤	454	1374	3.03
(二)淀粉及薯类	公斤	6413	9483	1.48
1.马铃薯	公斤	4380	5029	1.15
2.红薯	公斤	1173	1389	1.18
3.其它薯类	公斤	99	318	3.21
4.各类淀粉及制品	公斤	761	2748	3.61
(三)干豆类及制品			17896	
1.大豆	公斤	81	304	3.76
2.杂豆	公斤	192	837	4.35
3.豆腐	公斤	1795	2856	1.59
4.其它豆制品			13900	
(四)油脂类	公斤	5263	37303	7.09
1.花生油	公斤	18	239	13.27
2.菜籽油	公斤	3164	18335	5.8
3.芝麻油	公斤	41	775	19.06
4.豆油	公斤			
5.卫生油	公斤			
6.其它植物油	公斤	915	8937	9.77
7.动物油	公斤	1126	9017	8.01
(五)肉禽及制品			290846	
1.猪肉	公斤	14438	147889	10.24
2.牛肉	公斤	532	5818	10.94
3.羊肉	公斤	40	652	16.41
4.其它肉及制品	公斤	2315	36880	15.93

16—3续表1

项　　目	单位	数　量	金　额（元）	平均单价（元）
5.白条鸡	公斤	155	1724	11.14
6.活鸡	公斤	4015	50069	12.47
7.活鸭	公斤	374	3811	10.18
8.其它禽及制品	公斤	756	14982	19.81
9.其它			29021	
(六)蛋类	公斤	4240	34237	8.08
1.鸡蛋	公斤	3798	29441	7.75
2.鸭蛋	公斤	34	291	8.47
3.其它蛋及制品	公斤	408	4505	11.05
(七)水产品类		3335	40923	12.27
1.黄花鱼	公斤	53	733	13.77
2.带鱼	公斤	390	4068	10.42
3.草鱼	公斤	99	974	9.86
4.鲤鱼	公斤	874	7812	8.94
5.鲢鱼	公斤	26	200	7.7
6.鲫鱼	公斤	36	380	10.73
7.其它鱼及制品	公斤	1206	13191	10.94
8.虾类	公斤	182	8220	45.05
9.其它水产品		469	5345	11.4
(八)菜类	公斤	65565	145129	2.21
1.鲜菜	公斤	62858	130695	2.08
(1)白菜	公斤	12347	14745	1.19
(2)洋白菜	公斤	2060	2504	1.22
(3)菠菜	公斤	863	1800	2.09
(4)油菜	公斤	496	829	1.67
(5)芹菜	公斤	1152	2710	2.35
(6)韭菜	公斤	393	1030	2.62
(7)空心菜	公斤	651	1130	1.74
(8)大葱	公斤	158	436	2.75
(9)菜花	公斤	1057	2644	2.5
(10)萝卜	公斤	2866	3126	1.09
(11)胡萝卜	公斤	1214	2031	1.67
(12)葱头	公斤	255	493	1.93
(13)生姜	公斤	845	2654	3.14
(14)莴笋	公斤	2460	4483	1.82
(15)蒜苔	公斤	656	2801	4.27

16－3续表2

项　　目	单位	数　量	金　额（元）	平均单价（元）
(16)蒜头	公斤	778	2737	3.52
(17)黄瓜	公斤	1972	4350	2.21
(18)冬瓜	公斤	893	1490	1.67
(19)丝瓜	公斤	354	884	2.5
(20)西红柿	公斤	3683	7200	1.96
(21)茄子	公斤	1971	4134	2.1
(22)青椒	公斤	3031	7995	2.64
(23)豆角	公斤	4449	13369	3
(24)莲藕	公斤	756	2358	3.12
(25)豆芽菜	公斤	1683	2482	1.47
(26)其它鲜菜	公斤	15818	40283	2.55
2.干菜	公斤	752	7052	9.38
(1)黄花菜	公斤	14	255	17.86
(2)黑木耳	公斤	52	1671	32.39
(3)香菇	公斤	34	1349	39.81
(4)其它干菜	公斤	652	3777	5.79
3.菜制品	公斤	1956	7382	3.77
(九)调味品			24044	
(十)糖类			22701	
1.食糖	公斤	1082	5351	4.95
2.糖果	公斤	650	15941	24.54
3.糖类小食品			1409	
(十一)烟草类			102506	
1.卷烟	盒	29152	102480	3.52
2.烟叶	公斤	3	26	8.67
(十二)酒和饮料			771426	
1.白酒	公斤	2597	27254	10.5
2.果酒	公斤	84	2439	29.13
3.啤酒	公斤	2420	8987	3.71
4.其它酒	公斤	98	818	8.32
5.汽水、可乐	公斤	1108	5831	5.26
6.茶叶	公斤	315	10343	32.81
7.咖啡	公斤	7	760	116.94
8.其它饮料			20711	
(十三)干鲜瓜果类	公斤	24890	77966	3.13
1.苹果	公斤	4715	14717	3.12
2.桔子	公斤	1250	3140	2.51

16－3续表3

项　　　目	单位	数　量	金　额（元）	平均单价（元）
3.柑橙	公斤	1934	5319	2.75
4.桃子	公斤	924	2620	2.83
5.梨	公斤	2166	6585	3.04
6.香蕉	公斤	2798	6058	2.16
7.葡萄	公斤	473	2993	6.34
8.西瓜	公斤	4316	7512	1.74
9.其它瓜果及制品	公斤	6216	27730	4.46
10.各种干果	公斤	97	1291	13.36
(十四)坚果及果仁	公斤	2584	23024	8.91
1.坚果和果仁	公斤	2523	22081	8.75
2.坚果和果仁制品	公斤	62	943	15.35
(十五)糕点类	公斤	2200	32421	14.74
(十六)奶及奶制品	公斤		55255	
1.鲜乳品	公斤	9161	46488	5.07
2.奶粉	公斤	125	3030	24.26
3.酸奶	公斤	661	3369	5.1
4.其它奶制品			2369	
(十七)其它食品			25157	
(十八)在外用餐			238199	
1.购单位食堂主食	公斤	708	3613	5.1
2.购自饮食业主食	公斤	5375	94858	17.65
3.购单位食堂副食			7862	
4.购自饮食业副食			131865	
(十九)食品加工费			120	
二、衣着支出			**327777**	
(一)服装	件	4166	226530	54.38
1.男士服装	件	1464	84484	57.71
(1)毛皮大衣	件			
(2)呢大衣	件	4	1478	369.5
(3)风雨衣	件	6	715	119.17
(4)西服	件	30	8288	276.28
(5)中山装	件			
(6)茄克衫	件	55	6268	113.96
(7)羽绒衣	件	3	1085	361.67
(8)毛线衣	件	72	6384	88.67
(9)衬衫	件	194	8984	46.31
(10)裤子	件	309	17240	55.79

16—3续表4

项　　目	单位	数　量	金　额（元）	平均单价（元）
(11)其它男士服装	件	791	34042	43.04
2.女士服装	件	2267	127384	56.19
(1)毛皮大衣	件	3	2050	683.33
(2)呢大衣	件	19	5800	305.26
(3)风雨衣	件	21	2597	123.67
(4)西服	件	5	781	156.16
(5)茄克衫	件	2	550	275
(6)羽绒衣	件	3	284	94.67
(7)毛线衣	件	141	10624	75.35
(8)衬衫	件	69	4103	59.47
(9)连衣裙	件	18	1508	83.78
(10)单裙	件	115	8649	75.21
(11)裤子	件	340	18497	54.4
(12)其它女士服装	件	1531	71940	46.99
3.童装	件	435	14663	33.71
(二)衣着材料			6686	
1.棉布	米	105	1149	10.96
2.棉化纤混纺布	米	12	153	13.3
3.化纤布	米	40	1002	24.8
4.呢绒	米	9	581	65.28
5.绸缎	米	3	34	11.33
6.毛线	公斤	78	3633	46.34
7.其它			134	
(三)鞋袜帽及其它			91228	
1.鞋类	双	1428	82961	58.1
(1)皮鞋	双	629	61551	97.86
(2)旅游鞋	双	30	2836	94.53
(3)布鞋	双	47	397	8.44
(4)雨鞋	双	1	15	15
(5)凉鞋	双	139	8425	60.61
(6)拖鞋	双	383	2322	6.06
(7)其它鞋	双	199	7415	37.26
2.袜子	双	1527	5875	3.85
3.帽子	顶	23	289	12.57
4.其它衣着			2102	
(四)衣着加工费			3333	
三、设备用品及服务			**403841**	

16－3续表5

项目	单位	数量	金额（元）	平均单价（元）
（一）耐用消费品			234795	
1.家具			39620	
（1）组合家具	套	1	13000	13000
（2）沙发床	个	2	960	480
（3）沙发	个	17	12450	732.35
（4）大衣柜	个	1	950	950
（5）写字台	张	1	220	220
2.住房装饰			69615	
（1）地毯	平方米	27	811	30.04
3.家庭设备			125560	
（2）洗衣机	台	12	12815	1067.92
（3）电风扇	台	12	1325	110.42
（4）电冰箱	台	5	12910	2582.00
（6）微波炉	台	6	2902	483.67
（7）空调器	台	5	39730	7946.00
（8）电炊具	台	14	1768	126.29
（9）淋浴热水器	台	8	11973	1496.62
（10）脱排油烟机	台	4	2700	675.00
（12）吸尘器	台	1	480	480.00
（13）钟	个	23	918	39.91
（二）室内装饰品			13005	
（三）床上用品			19571	
1.毛毯	条	4	470	117.5
2.床单	条	54	2325	43.06
（四）家庭日用杂品			72257	
3.肥皂	块	695	961	1.38
4.洗衣粉	公斤	648	3739	5.77
（五）家具材料			1986	
（六）家庭服务			62227	
四、医疗保健			**240775**	
五、交通和通讯			**310879**	
（一）交通			127682	
1.家庭交通工具			890	
2.燃料充电费			7459	
3.交通费			118353	
（二）通讯			183197	
1.通讯工具			39058	

16—3续表6

项　　　目	单位	数　量	金　额（元）	平均单价（元）
(1)电话	部	19	3618	190.42
(2)BP机	部	2	480	240.00
2.电讯费			139875	
六、娱乐文教服务			**516170**	
(一)耐用消费品			120571	
1.彩色电视机	台	24	61249	2552.03
2.影碟机	台	6	5842	973.67
4.家用电脑	台	5	30660	6132.00
5.组合音响	套	3	5598	1866.00
6.录音机	台	5	1521	304.20
8.收音机	台	6	1410	235.00
9.照相机	架	5	2878	575.60
(二)教育			292531	
1.教材及参考书			13496	
2.学杂费			252391	
3.托幼费			12229	
4.成人教育			10913	
(三)文化娱乐			103068	
1.文娱用品			25109	
2.书报杂志			19449	
3.文娱费			58510	
七、居住			**285644**	
(一)住房			111598	
1.建筑材料			91556	
2.房租			17548	
3.维修服务费			2494	
(二)水电燃料其它			174047	
1.水	吨	19996	24514	1.23
2.电	度	266691	91706	0.34
3.燃料			53820	
(1)煤炭	公斤	61382	14205	0.23
(2)液化石油气	公斤	2390	8572	3.59
(3)管道煤气	立方米	36041	30757	0.85
八、杂项商品和服务			**181994**	
(一)个人消费			158775	
1.个人用品			34303	
2.理发、美容用品			19798	
3.旅游			70665	

16—4 城市住户不同收入水平家庭情况

（2001年）

项目	单位	总计	100—200元	200—300元	300—400元	400—500元
一、调查户数	**户**	**200**	**21**	**26**	**24**	**26**
二、家庭人口数	**人**	**628**	**78**	**90**	**78**	**84**
就业人口数	人	331	31	43	40	43
其中:国有集体职工人数	人	266	18	32	30	34
三、期初手存现金	**元**	**179862**	**12181**	**14721**	**19266**	**21521**
四、可支配收入	**元**	**4341961**	**154963**	**280902**	**334935**	**455915**
五、实际收入	**元**	**4351472**	**155613**	**281671**	**335772**	**456645**
国有集体职工收入	元	2545234	46116	163918	201162	229254
1.工资性收入	元	2409060	46116	158154	200087	226194
其中:奖金	元	241753	100	6962	2800	13620
2.非工资性收入	元	136173		5765	1075	3060
六、储蓄、借贷收入	**元**	**960748**	**12900**	**47103**	**28872**	**55200**
七、实际支出	**元**	**4130228**	**150877**	**285933**	**299725**	**416099**
消费支出	元	3629900	147318	274269	279802	392025
(一)食　品	元	1362820	81041	136390	138238	169908
1.粮　食	元	108469	10847	13561	12698	15518
2.淀粉及薯类	元	9483	760	1249	1173	1163
3.干豆类及豆制品	元	17896	1367	2315.45	1758	2369
4.油　脂	元	37303	3669	4992	4626	5255
5.肉禽及其制品	元	290846	19878	31499	32790	43394
6.蛋类	元	34237	2179	4598	3508	4898
7.水产品类	元	40923	1490	4163	3743	6033
8.菜类	元	145129	12030	17043	18747	19697
9.调味品	元	24044	2441	3478	2832	3401
10.糖类	元	22701	1126	2607	1867	3154
11.烟草类	元	102506	5948	13365	13307	12369
12.饮料类	元	77142	3218	6633	6825	10489
13.干鲜瓜果	元	77966	3717	6426	8768	10212

16—4续表1

项目	单位	总计	100—200元	200—300元	300—400元	400—500元
14.坚果及果仁	元	23024	1162	1939	2508	2662
15.糕点类	元	32421	1539	2940	2047	4367
16.奶及奶制品	元	55255	1274	3078	5040	8361
17.其它食品	元	25157	600	795	1317	1414
18.在外用餐	元	238199	7796	15691	14656	15142
19.食品加工服务费	元	120		16	29	10
(二)衣着	元	327777	11442	18048	25255	40938
1.服装	元	226530	7800	11596	17477	28002
2.衣着材料	元	6686	233	154	734	1371
3.鞋袜帽及其他衣着	元	91228	3339	6178	6869	11097
4.衣着加工服务费	元	3333	71	118	176	468
(三)设备用品及服务	元	403841	4549	24996	13252	39761
1.日用耐用消费品	元	234795	496	14183	5194	21538
2.室内装饰品	元	13005	22		50	2972
3.床上用品	元	19571	324	802	892	3176
4.家庭日用杂品	元	72257	3425	6694	4964	8470
5.家具材料	元	1986			821	1100
6.家庭服务	元	62227	282	3318	1332	2505
(四)医疗保健	元	240775	6396	12406	11372	19354
(五)交通与通讯	元	310879	12654	16014	18809	34927
(六)娱乐教育文化服务	元	516170	10846	37403	41368	4616
1.文娱耐用消费品	元	120571	80	5292	2013	16704
2.教育	元	292531	7732	28128	33006	20973
3.文化娱乐	元	103068	3035	3984	6349	8483
(七)居住	元	285644	15444	22231	21985	29965
(八)杂项商品与服务	元	181994	4945	6780	9523	11012
八、储蓄借贷支出	**元**	**895640**	**4500**	**24202**	**37609**	**48622**
九、期末手存现金	**元**	**466215**	**25317**	**33359**	**46576**	**68645**

16－4续表2

项　　目	单位	500—600元	600—700元	700—800元	800—900元	900—1000元
一、调查户数	**户**	**27**	**14**	**12**	**17**	**7**
二、家庭人口数	**人**	**82**	**42**	**34**	**48**	**19**
就业人数	人	46	20	22	23	11
其中:国有集体职工人数	人	36	19	19	20	11
三、期初手存现金	**元**	**22848**	**23383**	**11818**	**13467**	**9769**
四、可支配收入	**元**	**535590**	**326950**	**308796**	**489764**	**214769**
五、实际收入	**元**	**536974**	**328329**	**309525**	**490396**	**214987**
国有集体职工收入	元	306438	205156	212049	223394	165403
1. 工资性收入	元	288626	201794	202842	211593	164083
其中:奖金	元	19138	8548	44416	21532	31149
2. 非工资性收入	元	17812	3362	9208	11800	1320
六、储蓄、借贷收入	**元**	**103870**	**37310**	**127263**	**134401**	**37800**
七、实际支出	**元**	**514255**	**300119**	**364591**	**498405**	**212164**
消费支出	元	484248	278911	304643	408094	169326
(一)食　品	元	191615	118936	100650	124881	56883
1. 粮　食	元	15013	7811	6330	9765	3042
2. 淀粉及薯类	元	1291	1016	632	810	215
3. 干豆类及豆制品	元	2518	1519	1445	1564	446
4. 油　脂	元	5279	3123	2440	2982	552
5. 肉禽及其制品	元	40516	23336	18716	28058	8333
6. 蛋　类	元	4229	2952	2057	3159	1337
7. 水产品类	元	5271	4061	2325	3686	1422
8. 菜　类	元	21042	10906	9971	11925	4037
9. 调味品	元	3036	1406	1788	1897	517
10. 糖　类	元	3151	1536	1774	2034	1290
11. 烟草类	元	14125	7522	7981	6525	6735
12. 饮料类	元	10505	6633	9112	5214	5156
13. 干鲜瓜果	元	10334	6309	6460	8613	2472

16－4续表3

项　　目	单位	500—600元	600—700元	700—800元	800—900元	900—1000元
14.坚果及果仁	元	3494	1559	1633	2252	1884
15.糕点类	元	3971	2832	2321	3075	1649
16.奶及奶制品	元	6840	6032	4072	5987	1423
17.其它食品	元	5526	3158	1699	2914	1718
18.在外用餐	元	35430	27221	19890	24421	14655
19.食品加工服务费	元	44	5	3		2
(二)衣着	元	38489	28921	20989	33038	31660
1.服装	元	24290	20064	14407	22094	23216
2.衣着材料	元	1025	191	274	961	6
3.鞋袜帽及其他衣着	元	12880	8455	6124	9380	8396
4.衣着加工服务费	元	293	211	184	604	42
(三)设备用品及服务	元	35749	18397	42924	77519	7953
1.日用耐用消费品	元	23050	5002	24872	49911	3233
2.室内装饰品	元	322	685	3266	802	120
3.床上用品	元	2343	3235	1550	1574	1419
4.家庭日用杂品	元	7910	6932	8395	6998	2497
5.家具材料	元		65			
6.家庭服务	元	2125	2478	4841	18233	684
(四)医疗保健	元	44102	14961	10480	24399	11413
(五)交通与通讯	元	36610	31999	25891	31614	24232
(六)娱乐教育文化服务	元	79945	37485	64523	51337	9545
1.文娱耐用消费品	元	20768	2392	22727	7068	3128
2.教育	元	43930	23363	32642	32352	2347
3.文化娱乐	元	15247	11730	9154	11917	4070
(七)居住	元	33747	13978	23208	30300	8765
(八)杂项商品与服务	元	23991	14235	15980	35007	18875
八、储蓄借贷支出	**元**	**85273**	**67358**	**51556**	**78087**	**29184**
九、期末手存现金	**元**	**64164**	**21544**	**32459**	**61771**	**21208**

16－4续表4

项　　目	单位	1000—1100元	1100—1200元	1200—1300元	1300—1400元	1500元以上
一、调查户数	**户**	**7**	**4**	**2**	**6**	**7**
二、家庭人口数	**人**	**20**	**13**	**6**	**17**	**18**
就业人数	人	12	10	4	11	15
其中:国有集体职工人数	人	11	9	4	11	12
三、期初手存现金	**元**	**8799**	**4286**	**2464**	**13095**	**2243**
四、可支配收入	**元**	**248023**	**177988**	**88708**	**276747**	**447913**
五、实际收入	**元**	**248243**	**178470**	**88768**	**277170**	**448910**
国有集体职工收入	元	135782	158310	72886	190261	235104
1.工资性收入	元	131182	153858	72546	159050	192936
其中:奖金	元	6100	29460	23310	16875	17744
2.非工资性收入	元	4600	4452	340	31212	42168
六、储蓄、借贷收入	**元**	**83000**	**11000**	**48500**	**53467**	**180063**
七、实际支出	**元**	**250551**	**139271**	**119184**	**236850**	**342204**
消费支出	元	211898	127926	101399	180059	269982
(一)食　品	元	65345	47833	21235	54001	55863
1.粮　食	元	3896	2096	1147	3283	3461
2.淀粉及薯类	元	265	150	122	384	253
3.干豆类及豆制品	元	659	445	193	650	648
4.油　脂	元	1623	548	727	739	749
5.肉禽及其制品	元	13919	6878	3394	9957	10179
6.蛋　类	元	1549	802	697	1022	1249
7.水产品类	元	2630	1074	631	3021	1373
8.菜　类	元	5704	3699	1441	5200	3687
9.调味品	元	1104	522	334	630	659
10.糖　类	元	1063	1300	514	866	420
11.烟草类	元	1560	7036	2384	2572	1075
12.饮料类	元	4429	2316	1438	3081	2091
13.干鲜瓜果	元	4505	2857	1402	3176	2715

16—4续表5

项　　目	单位	1000—1100元	1100—1200元	1200—1300元	1300—1400元	1500元以上
14.坚果及果仁	元	1297	536	387	989	723
15.糕点类	元	1262	1561	612	1858	2389
16.奶及奶制品	元	4445	1387	410	2777	4128
17.其它食品	元	925	572	427	1140	2953
18.在外用餐	元	14500	14055	4976	12656	17110
19.食品加工服务费	元	10				2
(二)衣着	元	18696	12478	8785	21901	17138
1.服装	元	13994	8077	6060	16464	12989
2.衣着材料	元	169	105	7	1261	197
3.鞋袜帽及其他衣着	元	4461	4126	2509	3713	3701
4.衣着加工服务费	元	73	170	209	463.5	252
(三)设备用品及服务	元	18403	13743	37620	17607	51368
1.日用耐用消费品	元	12000	10793	31406	10332	22785
2.室内装饰品	元	220		1770	776	2000
3.床上用品	元	1636	851	95	510	1166
4.家庭日用杂品	元	3397	1954	1957	3801	4862
5.家具材料	元					
6.家庭服务	元	1150	145	2392	2188	20555
(四)医疗保健	元	19122	4276	2759	13948	45788
(五)交通与通讯	元	17820	9442	4088	32514	14266
(六)娱乐教育文化服务	元	54946	24289	16016	17732	24575
1.文娱耐用消费品	元	15782	8875	6098	2859	6786
2.教育	元	35330	8513	7263	5549	11405
3.文化娱乐	元	3835	6901	2655	9324	6384
(七)居住	元	12370	5575	7217	9373	51489
(八)杂项商品与服务	元	5196	10290	3679	12982	9496
八、储蓄借贷支出	**元**	**44625**	**44229**	**14700**	**81848**	**283845**
九、期末手存现金	**元**	**44865**	**10257**	**5848**	**25034**	**5167**

16—5 农村住户基本情况

指　　标	单　位	2001年	2000年
一、调查户数	**户**	**550**	**550**
二、调查户常住人口	**人**	**2241**	**2280**
平均每户常住人口	人	4.07	4.15
三、每户整、半劳动力	**人**	**2.58**	**2.64**
平均每个劳动力负担人口	人	1.58	1.57
整、半劳动力占常住人口比重	%	63.41	63.68
四、每百户中乡镇企业从业人数	**人**	**4**	**5.0**
从业人员占常住人口比重	%	1.07	1.14
五、平均每百个劳动力中：			
文盲或半文盲	人	8.94	6.96
小学程度	人	35.05	40.56
初中程度	人	47.36	47.11
高中程度	人	6.97	3.65
中专程度	人	1.34	1.31
大专以上	人	0.35	0.21
六、劳动力平均受教育年限	**年/人**	**7.47**	**7.31**
七、年末住房面积	**平方米/人**	**23.64**	**21.9**
新建房屋面积	平方米/人	0.65	0.63
砖木结构面积	平方米/人	12.73	13.67
钢盘混泥土面积	平方米/人	8.37	8.75
楼房面积	平方米/人	5.3	4.37
八、年末住房价值	**元/平方米**	**146.59**	**133.24**
九、年末生产性固定资产原值	**元/户**	**3826.36**	**3651.57**

16—6　农村住户家庭经营情况

指　　标	单　位	2001年	2000年
一、经营耕地面积	**亩/人**	**1.23**	**1.24**
#承包耕地面积	亩/人	1.12	1.12
自留地面积	亩/人	0.11	0.12
二、经营山地面积	**亩/人**	**0.2**	**0.27**
三、年内出售猪头数	**头/户**	**1.78**	**1.77**
年内自宰肥猪数	头/户	0.88	0.59
出售、自宰肥猪肉产量	公斤/户	291.78	259.60
每头猪肉产量	公斤/头	110.00	110.00
四、年内出售菜羊只数	**只/百户**	**2.00**	**1.00**
出售、自宰羊的肉产量	公斤/户	1.07	0.50
五、年内出售肉牛数	**头/百户**	**3.00**	**2.00**

16—7　按家庭规模分组的农村住户家庭基本情况

（2001年）

指　　标	单位	单生或夫妇	夫妇一孩	夫妇二孩	夫妇三孩	单亲与孩子	三代同堂	其他
调查户数	户	11	108	178	109	24	113	7
常住人口	人	24	329	691	528	69	562	38
整半劳动力	个	20	237	425	319	52	347	21
平均每一劳动力负担人口	人	1.2	1.39	1.63	1.66	1.33	1.62	1.81
学龄前人数	人		34	40	22	5	55	5
人均家庭经营耕地面积	亩	1.58	1.49	1.16	1.16	1.72	1.16	1.17
人均家庭经营山地面积	亩	0.04	0.47	0.17	0.08	0.18	0.19	0.26
人均生产性固定资产原值	元	410.42	916.93	735.89	713.90	1317.97	1373.18	1180.79
人均使用房屋面积	平方米	22.54	23.94	24.94	20.93	32.14	23.82	18.03
人均使用房屋价值	元	3416.67	3199.24	4230.14	2706.92	3611.59	3356.60	3815.79
人均总收入	元	5230.83	3259.11	3086.91	2557.78	4202.29	2771.86	2310.32
人均现金收入	元	4076.79	2132.09	2147.75	1678.64	3073.55	1920.13	1465.50
人均纯收入	元	4214.38	2516.16	2370.01	1898.26	3087.67	2048.28	1615.50
人均生活费支出	元	2104.00	1637.34	1638.00	1368.14	1984.78	1449.60	1003.13
乡镇企业从业人员	人		146	503	242	65	144	
常住人口外出劳动人数	人		7	15	22	3	18	

16—8 按调查户从业类型(按收入)分组的农村住户家庭基本情况

(2001年)

指　　标	单　位	纯农业户	农　业 兼业户	非农业 兼业户	非农业户
调查户数	户	132.00	290.00	127.00	1.00
常住人口	人	552.00	1179.00	507.00	3.00
整半劳动力	个	338.00	738.00	342.00	3.00
平均每一劳动负担人口	人	1.63	1.60	1.48	1.00
人均家庭经营耕地面积	亩	1.40	1.34	0.81	0.40
人均家庭经营山地面积	亩	0.17	0.28	0.05	0.00
人均生产性固定资产原值	元	709.00	759.89	1611.85	0.00
人均使用房屋面积	平方米	23.50	22.89	25.22	80.00
人均使用房屋价值	元	3026.99	2846.33	5307.14	16666.67
人均总收入	元	2598.26	2719.41	3863.19	5940.33
现金收入	元	1595.82	1714.06	3150.54	5830.67
人均纯收入	元	1897.61	2051.53	2981.34	5571.00
人均生活费支出	元	1363.24	1345.09	2141.41	3032.33
乡村企业人员	人	215.00	669.00	216.00	
常住人口外出劳动人数	人	11.00	23.00	30.00	1.00

16—9 农民家庭人均总收入

单位:元

指　　标	2001年	2000年	2001年比2000年增长(%)
全年总收入	**2952.65**	**2784.60**	**6.0**
(一)工资性收入	510.46	467.18	9.3
在非企业劳动得到的收入	91.71	83.47	9.9
在本地企业劳动得到的收入	197.53	180.06	9.7
外出从业得到的收入	102.29	96.85	5.6
其　他	118.93	106.80	11.4
(二)家庭经营收入	2145.18	2063.25	4.0
第一产业	1765.27	1716.74	2.8
农业收入	1176.26	1157.29	1.6
种植业收入	1148.05	1134.16	1.2
林业收入	6.43	17.11	－62.4
牧业收入	577.42	541.82	6.6
渔业收入	5.16	0.52	892.3
第二产业	66.01	51.30	28.7
工业收入	37.12	27.54	34.8
建筑业收入	28.89	23.76	21.6
第三产业	313.89	295.20	6.3
交通、运输和邮电业收入	148.3	134.30	10.4
商业饮食收入	71.09	56.63	25.5
服务业收入	27.81	21.26	30.8
文教卫生业收入	4.36	3.97	9.8
其他家庭经营收入	62.33	79.04	－21.1
(三)转移性收入	192.31	157.47	22.1
在外人口寄回和带回	16.11	9.35	72.3
亲友赠送收入	74.07	88.12	－15.9
其中:农村外部亲友赠送收入	7.02	19.46	－63.9
调查补贴	10.81	9.37	15.4
救济金	7.47	0.96	678.1
救灾款	1.45		
退休金	16.56	13.22	25.3
抚恤金	0.09		
其他转移性收入	65.74	36.45	80.4
(四)财产性收入	104.71	96.70	8.3
利息收入	1.27	0.88	44.3
股息收入		0.04	
租金收入	39.94	51.93	－23.1
土地征用补偿收入	53.64	25.95	106.7
其他财产收入	9.86	17.90	－44.9

16—10 农民家庭人均纯收入及构成

指标	2000年	2001年	2001年比2000年增长（%）
一、绝对数（元）			
全年纯收入	2228.69	2104.45	5.9
（一）工资性收入	510.46	467.18	9.3
在企业劳动得到的收入	299.82	276.91	8.3
（二）家庭经营收入	1499.07	1461.13	2.6
第一产业	1239.07	1219.11	1.6
农业收入	923.65	902.16	2.4
种植业收入	898.36	879.03	2.2
林业收入	5.14	15.24	—66.3
牧业收入	306.52	303.99	0.8
渔业收入	3.76	0.28	1242.9
第二产业	35	30.75	13.8
工业收入	31.31	16.33	91.7
建筑业收入	3.69	14.42	—74.4
第三产业	225	211.27	6.5
运输业收入	95.52	77.53	23.2
商业饮食收入	48.69	44.85	8.6
服务业收入	25.93	17.95	44.5
其他家庭经营收入	54.86	70.94	—22.7
（二）转移性收入	114.45	79.44	44.1
（三）财产性收入	104.71	96.7	8.3
二、构 成（%）			
全年纯收入	100.00	100.00	
（一）工资性收入	22.90	22.20	0.7
在企业劳动得到的收入	13.45	13.16	0.3
（二）家庭经营收入	67.26	69.43	—2.2
第一产业	55.60	57.93	—2.3
农业收入	41.44	42.87	—1.4
种植业收入	40.31	41.77	—1.5
林业收入	0.23	0.72	—0.5
牧业收入	13.75	14.45	0.7
渔业收入	0.17	0.01	0.2
第二产业	1.57	1.46	0.1
工业收入	1.40	0.78	0.6
建筑业收入	0.17	0.69	—0.5
第三产业	10.10	10.04	0.1
运输业收入	4.29	3.68	0.6
商业饮食业收入	2.18	2.13	0.1
服务业收入	1.16	0.85	0.3
其他家庭经营收入	2.46	3.37	—0.9
（二）转移性收入	5.14	3.77	1.4
（三）财产性收入	4.70	4.60	0.1

16—11 农民家庭人均总支出及构成

指　　标	2001年	2000年	2001年比2000年增长（%）
一、绝对数（元）			
全年总支出	2335	2193.11	6.5
（一）家庭经营费用支出	550.87	504.64	9.2
（二）购置生产用固定资产支出	37.96	25.83	47.0
（三）税费支出	32.73	38.79	—15.6
（四）生活消费支出	1531.98	1453.09	5.4
（五）财产性支出	7.88	10.95	—28.0
（六）转移性支出	173.59	159.80	8.6
1.寄给和带给在外人口	5.94	2.91	104.1
2.赠送亲友支出	157.27	153.02	2.8
其中：赠送农村外部亲友	10.48	10.95	—4.3
3.缴纳保险费	1.69	0.64	164.1
4.缴纳罚款	1.39	0.67	107.5
5.其他支出	7.31	2.55	186.7
二、构　成（%）			
全年总支出	100.00	100.00	
（一）家庭经营费用支出	23.59	23.01	0.6
（二）购置生产用固定资产支出	1.63	1.17	0.5
（三）税费支出	5.94	1.76	4.2
（四）生活消费支出	65.61	66.26	0.7
（五）财产性支出	0.34	0.50	0.2
（六）转移性支出	7.43	7.28	0.2
1.寄给和带给在外人口	0.25	0.13	0.1
2.赠送亲友支出	6.74	6.98	—0.2
其中：赠送农村外部亲友	0.45	0.50	—0.1
5.缴纳保险费	0.07	0.03	0.0
8.其他支出	0.06	0.12	—0.1
附：生产性固定资产折旧	62.6	58.72	0.1

16—12 农民家庭人均经营费用和生产性固定资产购置

单位:元

指标	2001年	2000年	2001年比2000年增长(%)
一、家庭经营费用支出	**550.87**	**504.64**	**9.2**
农业生产费用支出	195.21	174.78	11.7
种植业生产支出	195.06	172.16	13.3
林业生产支出	0.98	1.87	-47.6
牧业生产支出	246.73	231.22	6.7
渔业生产支出	1.16	0.24	383.3
工业生产支出	5.81	7.21	-19.4
建筑业支出	25.2	5.95	323.5
运输业支出	47.13	56.52	-16.6
商业饮食支出	19.84	11.53	72.1
服务、文教业支出	3.59	4.04	-11.1
其他经营支出	5.22	11.29	-53.8
二、购置生产用固定资产支出	**37.96**	**25.83**	**47.0**
其中:房屋及建筑屋		0.95	
大中型铁木农具	0.92	0.59	55.9
农林牧渔业机械	5.3	2.57	106.2
工业机械	1.75	1.94	-9.8
运输机械	15.91	9.08	75.2
役畜、产品畜	13.42	8.90	50.8

16—13 农民家庭人均生活消费支出及构成

指　　标	2001年	2000年	2001年比2000年增长(%)
一、绝对数(元)			
平均每人生活消费支出	1531.98	1453.09	5.4
食品	853.63	852.09	0.2
主食	256.64	272.9	—6.0
副食	447.96	440.63	1.7
其他副食品	108.42	101.49	6.8
在外饮食	33.59	30.2	11.2
衣着	78.58	77.24	1.7
住房	255.11	189.33	34.7
家庭设备用品及服务	66.56	64.65	3.0
医疗保健	44.08	46.69	—5.6
交通和通讯	71.33	43.16	65.3
文教娱乐用品及服务	122.66	132.49	—7.4
其他商品及服务	40.03	47.45	—15.6
二、构成(%)			
平均每人生活消费支出	100.00	100.00	
食品	55.72	58.64	—2.9
主食	16.75	18.78	—2.0
副食	29.24	30.32	—1.1
其他副食品	7.08	6.98	0.1
在外饮食	2.19	2.08	0.1
衣着	5.13	5.32	—0.2
住房	16.65	13.03	3.6
家庭设备用品及服务	4.34	4.45	—0.1
医疗保健	2.88	3.21	—0.3
交通和通讯	4.66	2.97	1.7
文教娱乐用品及服务	8.01	9.12	—1.1
其他商品及服务	2.61	3.27	—0.7

16—14 农民人均现金收入

指　　标	2001年	2000年	2001年比2000年增长（%）
一、年内现金收入合计	**2015.43**	**1818.86**	**10.8**
（一）工资性收入	507.52	466.31	8.8
在非企业劳动得到的收入	91.64	83.47	9.8
在本地企业劳动得到的收入	197.53	180.06	9.7
外出从业得到的收入	99.42	95.98	3.6
其　他	118.93	106.8	11.4
（二）家庭经营现金收入	1212.24	1100.5	10.2
出售产品收入	839.29	769.54	9.1
工业加工费收入	35.35	26.47	33.6
建筑业收入	28.89	23.76	21.6
运输业收入	148.30	134.30	10.4
商业饮食业收入	71.09	56.63	25.5
服务业、文教卫生收入	32.17	25.23	27.5
其他家庭经营现金收入	54.65	64.35	—15.1
（三）转移性现金收入	191.01	155.35	23.0
在外人口寄回和带回	16.11	9.35	72.3
亲友赠送收入	73.51	86.32	—14.8
其中：农村外部亲友赠送收入	6.46	17.66	—63.4
调查补贴	10.44	9.37	11.4
（四）财产性现金收入	104.66	96.70	8.2
租金收入	39.94	51.93	—23.1
土地征用补偿收入	53.64	25.95	106.7
二、非收入所得	**274.42**	**222.98**	**23.1**
银行、信用社贷款	72.71	56.56	28.6
借入款	120.54	94.52	27.5
收回借出款	12.31	19.22	—36.0
从银行、信用社取回存款	40.39	37.63	7.3
出售财产所得款	28.36	14.98	89.3

16—15 农民人均商品性、自给性生活消费构成

单位:%

指标	2001年		2000年	
	商品性	自给性	商品性	自给性
食品	343.03	510.6	325.87	526.22
主食	46.46	210.18	50.78	222.12
副食	154.09	293.87	142.81	297.82
其他副食品	101.89	6.53	95.22	6.27
在外饮食	33.59		30.2	
食品加工费	7		6.86	
衣着	78.58		77.16	
居住	247.54	7.57	184.00	5.33
家庭设备用品及服务	66.56		64.65	
医疗保健	44.08		46.69	
交通和通讯	71.33		43.16	
文教娱乐用品及服务	122.66		132.49	
其他商品及服务	40.03		47.45	

16—16 农民人均出售产品现金收入及构成

指标	2001年	2000年	2001年比2000年增长(%)
一、绝对数(元)			
出售产品收入	839.29	769.54	9.1
出售农业产品收入	480.54	464.75	3.4
出售种植业产品	471.52	463.13	1.8
出售林产品	3.61	5.15	—29.9
出售牧业产品	342.17	283.42	20.7
出售渔业产品	3.52	0.46	665.2
出售工业产品	1.77	1.07	65.4
出售其他产品	7.68	14.69	—47.7
二、构成(%)			
出售产品收入	100.00	100.00	
出售农业产品收入	57.26	60.39	—3.1
出售种植业产品	56.18	60.18	—4.0
出售林产品	0.43	0.67	—0.2
出售牧业产品	40.77	36.83	3.9
出售渔业产品	0.42	0.06	0.4
出售工业产品	0.21	0.14	0.1
出售其他产品	0.92	1.91	—1.0

16—17　农民人均现金支出、构成及非消费性现金支出

指　　标	2001年	2000年	2001年比2000年增长（%）
一、绝对数（元）			
支出合计	1679.83	1523.13	10.3
（一）生产费用支出	452.92	392.82	15.3
家庭经营费用支出	414.96	366.99	13.1
购置生产性固定资产支出	37.96	25.83	47.0
（二）税费支出	31.71	38.11	－16.8
（三）生活消费支出	1013.81	921.46	10.0
（四）财产性支出	7.87	10.95	－28.1
非生产性贷款利息支出	0.41	0.79	－48.1
其　他	7.47	10.16	－26.5
（五）转移性支出	173.52	159.79	8.6
寄给在外人口	5.94	2.91	104.1
赠送亲友支出	157.2	153.02	2.7
其中：赠送农村外部亲友支出	10.41	10.94	－4.8
二、构成（%）			
支出合计	100.00	100.00	
生产费用支出	26.96	25.79	4.5
税费支出	1.89	2.50	－24.6
生活消费支出	60.35	60.50	－0.2
财产性支出	0.47	0.72	－34.8
转移性支出	0.02	10.49	－99.8
三、非消费性现金支出	**455.62**	**235.38**	**93.6**
归还银行、信用社贷款	16.93	19.38	－12.6
借出款	10.83	8.78	23.4
归还借款	85.42	88.31	－3.3
存入银行、信用社	341.81	117	192.2
购买股票及投资	0.62	1.9	－67.4

16—18 农民人均粮食收支存

单位:公斤

指　　标	2001年	2000年	2001年比2000年增长(%)
一、年内粮食收入合计	**521.15**	**544.52**	**—4.3**
家庭经营生产的	424.48	439.55	—3.4
购　入	96.44	103.46	—6.8
借　入	0.07	1.1	—93.6
收回借出粮	0.00	0.31	
其它粮食收入	0.16	0.09	
二、年内粮食支出合计	**483.92**	**484.8**	**—0.2**
主食用粮	235.56	232.26	1.4
其它生活用粮	3.64	2.52	44.4
出　售	72.13	67.9	6.2
种　籽	13.10	6.9	89.9
饲　料	158.21	173.62	—8.9
借　出	0.38	0.49	—22.5
归还借粮	0.00	0.9	
其它粮食支出	0.89	0.21	323.8
三、年末结存	**274.39**	**317.38**	**—13.6**
口　粮	195.7	234.79	—16.7
饲　料	58.81	76.26	—22.9
种　籽	6.58	6.34	3.8

16—19　农民家庭人均主要消费品消费量

指　　　　标	单　位	2001年	2000年	2001年比2000年增长（%）
粮　食	公斤	234.3	230.94	1.5
#细　粮	公斤	200.71	192.75	4.1
蔬　菜	公斤	155.70	157	－0.8
油脂类	公斤	13.58	11.56	17.5
肉禽及其制品	公斤	32.43	30.96	4.8
蛋　类	公斤	2.1	1.99	5.5
奶和奶制品	公斤	0.16	0.1	60.0
水产品	公斤	0.46	0.6	－23.3
食　糖	公斤	0.66	0.9	－26.7
酒和饮料	公斤	8.55	7.24	18.1
茶　叶	公斤	0.3	0.35	－14.3
棉　布	米	0.14	0.28	－50.0
化纤布	米	0.04	0.10	－60.0
毛　料	米	0.16	0.02	700.0
棉布服装	件	0.1	0.09	11.1
化纤布服装	件	0.65	0.62	4.8
毛料服装	件	0.02	0.03	－33.3

16—20　农民家庭每百户耐用消费品拥有量

指　　　　标	单　位	2001年	2002年	2001年比2000年增长（%）
自行车	辆	9	13	－30.77
黑白电视机	台	48	52	－7.69
彩色电视机	台	44	37	18.92
收录机	台	14	15	－6.67
电风扇	台	26	18	44.44
照相机	架	2	2	持平
洗衣机	台	43	39	10.26
大型家具	件	270	318	－15.09
电冰箱	台	9	7	28.57
摩托车	辆	23	20	15.00
组合音响	台	9	9	持平
电话机	部	14	11	27.27

16—21　按人均纯收入分组的农村住户家庭基本情况

（2001年）

指　　标	单　位	600元以下	600—800元	800—1000元	1000—1200元	1200—1300元
调查户	户	3	15	29	41	23
常住人口	人	15	83	132	187	104
整半劳动	个	6	47	74	111	52
平均每一劳动力负担人口	人	2.5	1.77	1.78	1.68	2
学龄前人数	人	4	9	13	8	9
人均家庭经营耕地面积	亩	0.59	1.11	1.16	1.02	1.14
人均家庭经营山地面积	亩	0	0.09	0.14	0.17	1.05
人均生产性固定资产原值	元	2220	726.51	681.21	552.73	429.04
人均住房屋面积	平方米	28	16.07	21.38	16.96	18.17
人均住房屋价值	元	7200	1337.35	1814.39	1828.34	1995.19
人均总收入	元	1414.07	992.42	1464.92	1539.88	1635.51
现金收入	元	1159.47	487.16	758.82	834	801.95
人均纯收入	元	148.33	687.12	904.05	1098.02	1258.64
人均生活费支出	元	1984.73	564.93	908.14	899.93	1038.72
乡镇企业从业人员	人	0	0	0	15	0
常住人口外出劳动人数	人	0	2	1	4	1

16—21续表1

指　　标	单　位	1300 | 1500元	1500 | 1700元	1700 | 2000元	2000 | 2500元	2500 | 3000元
调查户	户	59	52	58	92	57
常住人口	人	244	238	236	370	227
整半劳动	个	148	150	149	237	144
平均每一劳动力负担人口	人	1.65	1.59	1.58	1.56	1.58
学龄前人数	人	18	19	19	26	18
人均家庭经营耕地面积	亩	1.25	1.18	1.33	1.31	1.24
人均家庭经营山地面积	亩	0.24	0.15	0.13	0.18	0.11
人均生产性固定资产原值	元	1190.45	734.86	498.6	629.27	1186.12
人均住房屋面积	平方米	20.76	22.02	22.71	24	24.64
人均住房屋价值	元	2551.23	3102.56	2611.02	3089.13	4883.04
人均总收入	元	2071.18	2250.55	2523.33	2885.37	3616.74
现金收入	元	1252.08	1447.47	1549.25	1838.92	2599.61
人均纯收入	元	1418.71	1604.28	1840.76	2223.34	2750.81
人均生活费支出	元	1684.68	1389.6	1243.91	1407.29	1761.57
乡镇企业从业人员	人	12	62	50	113	234
常住人口外出劳动人数	人	2	7	7	3	9

16—21续表2

指　　标	单　位	3000 | 3500元	3500 | 4000元	4000 | 4500元	4500 | 5000元	5000元 以　上
调查户	户	37	18	16	12	38
常住人口	人	127	61	58	43	116
整半劳动	个	92	42	45	34	90
平均每一劳动力负担人口	人	1.38	1.45	1.29	1.26	1.29
学龄前人数	人	9	3	2	1	3
人均家庭经营耕地面积	亩	1.43	1.24	1.35	1.29	1.21
人均家庭经营山地面积	亩	0.11	0.28	0.38	0.07	0.03
人均生产性固定资产原值	元	899.06	528.03	1701.03	1444.88	3281.9
人均住房屋面积	平方米	28.22	32.79	33.02	29.91	38.14
人均住房屋价值	元	5244.88	6303.28	7913.79	4500	7137.07
人均总收入	元	3883.06	4731.64	5171.86	5870.65	8643.19
现金收入	元	2654.88	3497.93	4141.59	4714.86	7237.96
人均纯收入	元	3211.33	3698.1	4196.64	4723.3	6812.65
人均生活费支出	元	1968.25	2189.84	2054.17	2526.93	3388.26
乡镇企业从业人员	人	0	300	294	0	20
常住人口外出劳动人数	人	10	0	8	3	8

16—22 按人均纯收入分组的农村住户总收入、纯收入及总支出

(2001年)

指　　　标	600元以下	600—800元	800—1000元	1000—1200元	1200—1300元
一、总收入	**1414.07**	**992.42**	**1464.92**	**1539.88**	**1635.51**
1.工资性收入	109.07	160.93	122.27	198.4	245.06
在本地企业劳动得到的收入	0	14.1	3.7	57.75	107.6
2.家庭经营收入	1121.73	819.1	1216.67	1269.66	1321.02
种植业收入	408.8	572.46	760.3	759.64	843.08
牧业收入	92.2	172.72	375.6	388.66	431.47
3.转移性收入	23.6	12.36	120.83	69.3	67.03
4.财产性收入	159.67	0.04	5.15	2.51	2.4
二、全年纯收入	**148.33**	**687.12**	**904.05**	**1098.02**	**1258.64**
三、总支出	**3306.2**	**1189.45**	**1434.09**	**1401.61**	**1453.72**
1家庭经营费用支出	1096.33	224.42	408.15	367.01	315.57
种植生产支出	186.87	125.17	178.47	151.81	123.1
牧业生产支出	100.2	98.05	226.48	182.44	190.28
其他经营支出	6.07	0.51	0.02	6.68	1.69
2、购置生产性固定资产支出	0	333.49	30.27	33.51	11.23
3、税费支出	11.13	28.4	24.34	24.06	25.8
4、生活消费支出	1984.73	564.93	908.14	899.93	1038.72
5、财产性支出	10.27	0.34	1.05	0.64	1.44
6、转移性支出	203.73	37.9	62.14	76.47	60.96
附:生产用固定资产折旧	148	48.43	45.4	36.84	28.6

16—22续表1

指　　标	1300 | 1500元	1500 | 1700元	1700 | 2000元	2000 | 2500元	2500 | 3000元
一、总收入	**2071.18**	**2250.55**	**2523.33**	**2885.37**	**3616.74**
1.工资性收入	258.51	344.1	387.86	470.81	784.3
在本地企业劳动得到的收入	99.59	119.41	193.16	174.9	368.5
2.家庭经营收入	1641.69	1701.48	1948.06	2220.93	2536.84
种植业收入	882.76	1043.52	1120.71	1282.85	1317.29
牧业收入	501.02	490.22	547.92	665.09	699.87
3.转移性收入	153.82	115.18	176.03	159.24	179.64
4.财产性收入	17.15	89.79	11.38	34.39	115.95
二、全年纯收入	**1418.71**	**1604.28**	**1840.76**	**2223.34**	**2750.81**
三、总支出	**2353.02**	**2077.87**	**1883.43**	**2125.34**	**2816.85**
1.家庭经营费用支出	480.11	532.89	464.63	480.98	692.96
种植生产支出	176.22	208.43	167.7	187.93	215.48
牧业生产支出	197.02	230.82	210.97	280.29	315.18
其他经营支出	15.91	3.15	0.66	0.73	11.24
2.购置生产性固定资产支出	37.89	6.37	14	13.83	38.97
3.税费支出	27.37	25.79	36.78	35.92	34.38
4.生活消费支出	1684.68	1389.6	1243.91	1407.29	1761.57
5.财产性支出	3.61	3.23	3.69	7.9	14.04
6.转移性支出	119.37	120	120.42	179.42	274.93
附:生产用固定资产折旧	79.35	48.98	33.24	41.95	79.07

16—22续表2

指　　标	3000 | 3500元	3500 | 4000元	4000 | 4500元	4500 | 5000元	5000元 以　上
一、总收入	**3883.06**	**4731.64**	**5171.86**	**5870.65**	**8643.19**
1.工资性收入	552.84	813.11	1167.53	1519.28	1798.36
在本地企业劳动得到的收入	167.92	236.43	652.22	336.26	726.81
2.家庭经营收入	2908.09	3082.41	3266.81	3999.4	5219.36
种植业收入	1612.39	1944.89	1501.91	1272.95	1912.55
牧业收入	812.43	720.07	849.07	776.37	933.02
3.转移性收入	247.2	359.64	355.88	163.88	918
4.财产性收入	174.92	476.48	381.64	188.09	707.47
二、全年纯收入	**3211.33**	**3698.1**	**4196.64**	**4723.3**	**6812.65**
三、总支出	**2770.79**	**3420.92**	**3192.26**	**3992.53**	**5391.92**
1.家庭经营费用支出	508.92	783.61	664.12	1009.09	1386.74
种植生产支出	240.65	291.23	274.78	226	298.03
牧业生产支出	230.4	317.38	333.76	277.93	443.95
其他经营支出	4.58	18.7	0.41	1.05	6.39
2.购置生产性固定资产支出	41.65	1.69	61.03	5	75.68
3.税费支出	40.6	33.2	58.67	32.26	50.55
4.生活消费支出	1968.25	2189.84	2054.17	2526.93	3388.26
5.财产性支出	9.8	0.07	18.07	32.56	40.82
6.转移性支出	201.56	412.52	336.19	386.7	449.87
附:生产用固定资产折旧	59.94	35.21	113.4	96.3	218.79

16—23 按人均纯收入分组的农村住户生活消费支出

（2001年）

指标	600元以下	600—800元	800—1000元	1000—1200元	1200—1300元
生活消费支出	**1984.73**	**564.93**	**908.14**	**899.93**	**1038.72**
1.食品	607.33	425.42	589.92	603.81	686.21
主食	142.33	158.42	220.18	214.98	241.46
副食	285.13	219.83	302.89	321.01	367.76
其他副食	151.67	38.54	47.12	58.32	58.13
2.衣着	153.53	35.88	43.34	31.96	30.43
3.居住	865.47	31.17	99.46	123.86	90.65
燃料	31.73	7.02	22.32	28.65	22.21
4.家庭设备用品及服务	42.67	20.05	39.91	32.5	43.96
5.医疗保健	43.33	4.31	22.7	13.59	44.07
医疗费	43.33	4.3	22.68	13.55	44.07
6.交通和通讯	82.13	11.39	27.82	16.37	14.56
交通、邮电费	73.47	9.88	13.64	14.56	12.63
7.文教娱乐用品及服务	141.47	26.98	62.92	65.33	114.51
学杂费	134.87	22.54	58.16	50.91	108.88
技术培训费	0	0	0	0.27	0
文娱费	0	0	0.13	0.36	0
8.其他商品和服务	48.8	9.73	22.07	12.51	14.33

16—23续表1

指　　　　标	1300 | 1500元	1500 | 1700元	1700 | 2000元	2000 | 2500元	2500 | 3000元
生活消费支出	**1684.68**	**1389.6**	**1243.91**	**1407.29**	**1761.57**
1.食品	744.42	815.55	784.91	902.06	954.27
主食	231.51	241.76	241.43	281.39	258.11
副食	406.2	457.35	425.05	483.47	492.1
其他副食	80.06	76.57	97.38	109.43	141.89
2.衣着	52.64	69.6	52.73	75.67	110.87
3.居住	592.55	224.01	114.22	140.4	248.19
燃料	32.33	38.11	36.55	33.18	45.69
4.家庭设备用品及服务	68.82	69.9	35.97	60.21	79.8
5.医疗保健	46.5	32.47	92	38.38	37.9
医疗费	46.27	32.19	36.78	35.15	37.72
6.交通和通讯	68.66	37.65	29.75	54.66	112.86
交通、邮电费	33.26	31.48	26.49	31.09	58.15
7.文教娱乐用品及服务	94.02	117.26	97.12	115.5	147.72
学杂费	70.45	96.59	69.59	84.89	113.78
技术培训费	0.12	0	0.03	0	1.01
文娱费	1.7	0.11	0.42	0.23	2.26
8.其他商品和服务	17.06	23.17	37.21	20.42	69.96

16—23续表2

指　　标	3000 | 3500元	3500 | 4000元	4000 | 4500元	4500 | 5000元	5000元 以　上
生活消费支出	**1968.25**	**2189.84**	**2054.17**	**2526.93**	**3388.26**
1.食品	1124.51	1118.72	1072.45	1213.72	1462.06
主食	290.31	318.46	275.93	284.84	407.08
副食	606.2	547.11	566.6	633	636.22
其他副食	167.68	137.51	159.71	205.33	285.51
2.衣着	114.1	84.2	124.91	185.28	225.02
3.居住	322.19	411.26	212.67	540.67	652.53
燃料	56.76	69.85	56.78	52.44	52.08
4.家庭设备用品及服务	73.45	73.9	198.67	61.53	177.83
5.医疗保健	57.07	77.05	37.95	62.86	62.12
医疗费	57.07	77.03	37.95	51.81	61.86
6.交通和通讯	96.04	104.33	124.84	199.21	314.54
交通、邮电费	49.39	53.33	84.55	98.16	199.85
7.文教娱乐用品及服务	155.06	255.9	159.24	221.4	292.97
学杂费	105.01	199.82	96.72	177.14	153.73
技术培训费	0	0	0	0	4.32
文娱费	0.22	2.75	3.69	4.72	1.59
8.其他商品和服务	25.83	64.48	123.43	42.26	201.19

16—24　按人均纯收入分组的农村住户主要消费品消费量

(2001年)

指　　标	单　位	600元以下	600—800元	800—1000元	1000—1200元	1200—1300元
粮　食	公斤	116.47	148.34	204.49	199.86	233.83
蔬　菜	公斤	51	103.64	145.92	152.29	195.9
植物油	公斤	8.4	1.83	6.33	6.57	6.83
动物油	公斤	1.53	1.81	2.02	2.02	1.82
肉禽及其制品	公斤	13.4	15.83	20.14	20.9	25.37
猪　肉	公斤	11.67	15.14	19.55	19.53	24.82
蛋　类	公斤	2.27	0.57	0.73	1.14	0.83
食　糖	公斤	0.2	0.33	0.68	0.44	0.5
白　酒	公斤	2	3.69	3.55	3.59	4.38
啤　酒	公斤	0.6	0.06	0.29	0.25	0.04
不含酒精饮料	公斤	4.8	0.04	0.17	0.65	0.02
茶　叶	公斤	0.09	0.08	0.09	0.16	0.11
水果及水果制品	公斤	12.2	2.87	7.03	5.87	4.17
棉　布	米	0.87	0	0.08	0.19	0.06
化纤布	米	0	0.02	0.02	0	0.05
煤　炭	公斤	98	21.08	185.08	195.68	207.21

16—24续表1

指　　标	单　位	1300 | 1500元	1500 | 1700元	1700 | 2000元	2000 | 2500元	2500 | 3000元
粮　食	公斤	215.37	211.82	224.58	260.17	236.15
蔬　菜	公斤	160.25	144.03	150.14	179.18	142.96
植物油	公斤	8.21	26.03	5.89	7.87	9.96
动物油	公斤	3.25	2.67	2.72	2.94	3.47
肉禽及其制品	公斤	27.88	32.08	34.7	35.02	35.56
猪　肉	公斤	26.46	24.95	32.5	32.58	32.53
蛋　类	公斤	1.51	1.8	1.04	1.85	2.74
食　糖	公斤	0.61	0.67	0.61	0.85	0.74
白　酒	公斤	5.7	4.76	5.58	5.97	7.45
啤　酒	公斤	0.46	0.65	3.14	0.96	1.01
不含酒精饮料	公斤	0.95	0.54	0.65	0.74	0.41
茶　叶	公斤	0.19	0.12	0.19	0.74	0.23
水果及水果制品	公斤	4.59	5.29	8.34	7.19	9.63
棉　布	米	0.1	0.11	0.15	0.16	0.19
化纤布	米	0.06	0.07	0.05	0.03	0.03
煤　炭	公斤	212.25	278.26	262.08	239.97	294.58

16—24续表2

指　　标	单　位	3000 | 3500元	3500 | 4000元	4000 | 4500元	4500 | 5000元	5000元 以　上
粮　食	公斤	262.02	273.43	241.03	244.07	362.59
蔬　菜	公斤	180.25	135.59	200.12	126.28	136.25
植物油	公斤	12.55	17.87	14.71	10.21	16.69
动物油	公斤	4.6	3.69	3.22	6.49	4.2
肉禽及其制品	公斤	45.88	36.39	38.86	71.07	42.7
猪　肉	公斤	42.43	31.92	34	66.65	37.94
蛋　类	公斤	3.5	2.89	8.84	4.23	4.78
食　糖	公斤	0.48	0.56	0.62	0.58	1.04
白　酒	公斤	8.6	6.03	7.09	15.42	12.13
啤　酒	公斤	1.02	4.66	0.52	3.6	3.34
不含酒精饮料	公斤	0.98	2.31	1.36	0.56	2.09
茶　叶	公斤	0.31	0.3	0.41	0.06	0.66
水果及水果制品	公斤	11.75	11.23	16.19	17.07	18.74
棉　布	米	0.18	0.16	0	0.02	0.15
化纤布	米	0.07	0.03	0.07	0.09	0.03
煤　炭	公斤	487.66	554.61	298.81	338.07	295.2

16—25　农村住户人均主要产品产量及商品率

（2001年）

单位：公斤

指　　标	产品产量	出售量	商品率（%）
粮　食	424.48	72.13	16.99
其中：小　麦	10.82	0.24	2.22
水　稻	247.69	39.99	16.15
玉　米	113.29	20.57	18.16
大　豆	8.77	1.40	15.96
薯　类	38.75	6.88	17.75
油　料	47.23	29.49	62.44
烟　叶	12.69	10.93	86.13
蔬　菜	551.07	229.99	41.74
水　果	30.75	20.46	66.54
茶　叶	1.18	0.87	73.73
出售肉猪及猪肉数量	71.61	44.28	61.83
出售菜牛及牛肉数量	1.62	1.31	80.86
出售菜羊及羊肉数量	0.26	0.15	57.69
出售、自宰家禽	5.24	2.1	40.08
禽　蛋	1.96	0.61	31.12

主要统计指标解释

城镇居民家庭可支配收入 指被调查的城镇居民家庭在支付人个所得税、财产税及其他经常性转移支出后所余下的实际收入。

城镇居民家庭消费性支出 指被调查的城镇居民家庭用于日常生活的全部支出，包括购买商品支出和文化生活、服务等非商品性支出。不包括罚没、丢失款和缴纳的各种税款(如个人所得税、牌照税、房产税等)，也不包括个体劳动者生产经营过程中发生的各项费用。农村居民家庭纯收入 指农村常住居民家庭总收入中，扣除从事生产和非生产经营费用支出、缴纳税款和上交承包集体任务金额以后剩余的，可直接用于进行生产性、非生产性建设投资、生活消费和积蓄的那一部分收入。农村居民家庭纯收入包括从事生产性和非生产性的经营收入，取自在外人口寄回带回和国家财政救济、各种补贴等非经营性收入；既包括货币收入，又包括自产自用的实物收入。但不包括向银行、信用社和向亲友借款等属于借贷性的收入。

农村居民家庭生活消费支出 指农村常住居民家庭用于日常生活的全部开支，是反映和研究农民家庭实际生活消费水平高低的重要指标。

农村居民家庭收入 指农村常住居民家庭总收入中，扣除从事生产和非生产经营费用支出、缴纳税款和上交承包集体任务金额以后剩余的，可直接用于进行生产性、非生产性建设投资、生活消费和积蓄的那一部分收入。农村居民家庭纯收入和包括从事生产性和非生产性的经营收入，取自在外人口寄回带回和国家财政救济、各种补贴等非经营性收入；即包括货币收入，又包括自产自用的实物收入。但不包括向银行、信用社和向亲友借款等属于借贷性的收入。

县域经济

17

17—1 南明区国民经济主要指标

指 标 名 称	单 位	2001年	2000年	2001年比2000年增长(%)
土地面积	**平方公里**	**89.1**	**89.1**	
年底总人口	**万人**	**48.5**	**47.5**	**2.1**
#少数民族人口	万人	3.11	3.05	2.0
出生人口	人	3748	7641	—50.9
死亡人口	人	2193	2622	—16.4
人口密度	人/平方公里	5408	5296	2.1
从业人员	**万人**	**9.8**	**9.08**	**7.9**
1.第一产业	万人	0.97	1.07	—9.3
第二产业	万人	2.72	2.55	6.7
第三产业	万人	6.11	5.46	11.9
2.在岗职工人数	万人	1.86	1.82	2.2
#国有经济单位	万人	0.75	0.72	4.2
集体经济	万人	1.11	1.1	0.9
在岗职工工资总额	万元	13906	10858	28.1
#国有经济单位	万元	6817	5315	28.3
在岗职工平均货币工资	元	7695	6175	24.6
国内生产总值(当年价)	**万元**	**565875**	**487869**	**11.9**
第一产业	万元	4640	4479	3.6
第二产业	万元	281174	245596	12.4
#工 业	万元	181519	165551	9.7
第三产业	万元	280061	237794	11.5
人均国内生产总值(当年价)	元	11565	10120	10.2
全社会固定资产投资	**万元**	**76159**	**35418**	**115.0**
#国有经济单位	万元	7881	7819	0.8
集体经济单位	万元	20138	15862	27.0
#城镇集体经济单位	万元	3238	725	346.6
农村集体	万元	16900	15137	11.6
城乡个人投资	万元	3552	1220	191.1
其他经济单位	万元	44588	10517	324.0

17—1 续表1

指 标 名 称	单 位	2001年	2000年	2001年比2000年增长（%）
固定资产投资	万元	59259	25711	192.2
基本建设	万元	17457	10577	65.0
更新改造	万元	410		
其他投资	万元	12505	9704	28.9
房地产开发	万元	28887	5430	432.0
建筑企业单位数	个	41	24	70.8
建筑业企业从业人员	人	5495	2872	91.3
建筑业总产值	万元	39308.6	7359	434.2
财政总收入	**万元**	**37328**	**28675**	**30.2**
地方财政收入	万元	23463	16530	41.9
地方财政支出	万元	22556	15534	45.2
农村居民家庭人均纯收入	元	3378	3155	7.1
乡村劳动力	万人	1.76	1.66	6.0
#农林牧渔业劳动力	万人	0.7	0.78	—10.3
耕地面积	万亩	0.37	0.41	—9.8
有效灌溉面积	万亩	0.09		
农业机械总动力	万千瓦	1.64		
化肥施用折纯量	吨	156	127	22.8
农村用电量	万千瓦时	2217.91	1329.4	66.8
农林牧渔业总产值（当年价）	**万元**	**6642**	**6461**	**4.9**
农业产值	万元	3817	3804	
林业产值	万元	3	5	
牧业产值	万元	2670	2484	
渔业产值	万元	152	168	
农作物播种面积	万亩	1.73	1.65	4.8
水果产量	吨	98	95.15	3.0
肉类总产量	吨	2943	2737	7.5

17—1 续表2

指 标 名 称	单 位	2001年	2000年	2001年比2000年增长(%)
猪牛羊肉产量	吨	2573	2400	7.2
#猪 肉	吨	2571	2384	7.8
羊 肉	吨	2	3	—33.3
水产品产量	吨	190	188	1.1
大牲畜存栏头数	头	450	454	—0.9
#牛	头	437	432	1.2
猪年末存栏数	头	11880	13411	—11.4
羊年末存栏数	头	35	83	—57.8
大牲畜出栏头数	头			
#牛	头			
猪年末出栏数	头	25714	23922	7.5
羊年末出栏数	头	75	135	—44.4
乡镇企业单位数	个	9310	7666	21.4
乡镇企业从业人员	万人	3.7	3.4	8.8
乡镇企业总产值	万元	394346	303923	29.8
#乡镇工业总产值	万元	165672	133946	
乡镇企业总收入	万元	804676	601351	33.8
乡镇企业实际缴纳税金	万元	9285	6843	35.7
乡镇企业税后利润净额	万元	8908	16364	—45.6
乡镇企业年末固定资产原值	万元	113744	81875	38.9
全部工业企业单位数	个	1494	1303	
#规模以上工业企业单位数	个	20	22	
全部工业总产值(当年价)	**万元**	**570005**	**215632**	
规模以上工业总产值	**万元**	**373719**	**72278**	
轻工业总产值	万元	167689	39810	
重工业总产值	万元	206030	32468	
内资企业	万元	371500	72278	
国有工业	万元	151667		
集体工业	万元	32377	59424	
股份合作企业	万元	1067		

17—1 续表3

指 标 名 称	单 位	2001年	2000年	2001年比2000年增长(%)
联营企业	万元	2410		
有限责任公司	万元	140711	10285	
股份有限公司	万元	19949	246	
私营企业	万元	23319	2323	
其他企业	万元			
港澳台商投资企业	万元	1653		
外商投资企业	万元	566		
规模以上工业企业增加值	万元	156321	22273	
规模以上工业企业资产总计	万元	975042	39976	
规模以上工业企业负债合计	万元	1937931	26433	
规模以上工业企业产品销售收入	万元	18800	58955	
规模以上工业企业利润总额	万元	—2088	7467	
规模以下工业总产值	**万元**	**196286**	**143353**	
社会消费品零售总额	**万元**	**158600**	**140724**	**12.7**
#贸易业	万元	144041	127645	12.8
餐饮业	万元	7058	4221	67.2
制造业	万元		7760	
其 它	万元	7501	1098	583.2
小学学校数	所	35	38	—7.9
小学在校学生数	人	24851	25793	—3.7
小学教职工数	人	1919	1860	3.2
小学专任教师数	人	1873	1605	16.7
学龄儿童入学率	%	99.98	99.99	—0.01
卫生机构数	个	6	4	50.0
#医 院	个	4	3	33.3
卫生院	个	2	1	100.0
卫生机构床位数	张	209	209	持平
#医 院	张	166	209	—20.6
卫生机构人员数	人	379	356	6.5
医院、卫生院技术人员	人	328	298	10.1
#医 生	人	196	158	24.1

17—2　云岩区国民经济主要指标

指　标　名　称	单　位	2001年	2000年	2001年比2000年增长（%）
土地面积	**平方公里**	**67.5**	**67.5**	
年底总人口	**万人**	**54.06**	**52.86**	**2.3**
#少数民族人口	万人	7.76	7.31	6.2
出生人口	人	3688	7719	－52.2
死亡人口	人	2868	4259	－32.7
人口密度	人/平方公里	8008	7831	2.3
从业人员	**万人**	**10.15**	**10.88**	**－6.7**
1.第一产业	万人	0.74	0.76	－2.6
第二产业	万人	2.09	3.21	－34.9
第三产业	万人	7.32	6.91	5.9
2.在岗职工人数	万人	2.79	3.26	－14.4
#国有经济单位	万人	0.73	0.63	15.9
集体经济	万人	1.52	2.31	－34.2
在岗职工工资总额	万元	197098	22938	759.3
#国有经济单位	万元	7081	5355	32.2
在岗职工平均货币工资	元	8139	7099	14.6
国内生产总值(当年价)	**万元**	**904177**	**797500**	**10.0**
第一产业	万元	4035	3868	4.3
第二产业	万元	490586	447395	8.3
#工　业	万元	427685	398615	6.3
第三产业	万元	409556	346237	12.2
人均国内生产总值(当年价)	元	17136	15390	8.0
全社会固定资产投资	**万元**	**138003**	**30107**	
#国有经济单位	万元	40696	6449	
集体经济单位	万元	708	488	
#城镇集体经济单位	万元			
农村集体	万元	708	689	
城乡个人投资	万元	3828	2931	
其他经济单位	万元	92771	20239	

17—2 续表1

指 标 名 称	单 位	2001年	2000年	2001年比2000年增长(%)
固定资产投资	万元	133467	26207	409.3
基本建设	万元	40584	5968	
更新改造	万元			
其他投资	万元	7316	15044	
房地产开发	万元	85567	5195	
建筑企业单位数	个	35	33	6.1
建筑业企业从业人员	人	13023	4093	218.2
建筑业总产值	万元	40122	13416	199.1
财政总收入	**万元**	**41267**	**33674**	**22.5**
地方财政收入	万元	24372	18278	33.3
地方财政支出	万元	26666	19864	34.2
农村居民家庭人均纯收入	元	3402	3148	8.1
乡村劳动力	万人	1.31	1.35	—3
#农林牧渔业劳动力	万人	0.74	0.76	—2.6
耕地面积	万亩	0.49	0.56	—12.5
有效灌溉面积	万亩	0.34		
农业机械总动力	万千瓦			
化肥施用折纯量	吨	134	134	
农村用电量	万千瓦时	1147.99	1000	14.8
农林牧渔业总产值(当年价)	**万元**	**6408**	**6149**	**4.2**
农业产值	万元	4848	4498	
林业产值	万元	13	35	
牧业产值	万元	1437	1488	
渔业产值	万元	110	128	
农作物播种面积	万亩	1.93	1.69	14.2
水果产量	吨	342	336.7	1.6
肉类总产量	吨	1627	1432.3	13.6
猪牛羊肉产量	吨	1463	1300	12.5
#猪 肉	吨	1460	1300	12.3
牛 肉	吨	3		
羊 肉	吨			

17—2 续表2

指 标 名 称	单 位	2001年	2000年	2001年比2000年增长（%）
水产品产量	吨	137	142	—3.5
大牲畜存栏头数	头	153	171	—10.5
#牛	头	114	129	—11.6
猪年末存栏数	头	14132	14120	0.1
羊年末存栏数	头			
大牲畜出栏头数	头	29	10	190
#牛	头	22	10	120
猪年末出栏数	头	16042	14070	14
羊年末出栏数	头			
乡镇企业单位数	个	4871	2608	86.8
乡镇企业从业人员	万人	2.78	2.42	14.9
乡镇企业总产值	万元	338967	270393	25.4
#乡镇工业总产值	万元	179925	142111	21.2
乡镇企业总收入	万元	838155	667000	25.7
乡镇企业实际缴纳税金	万元	13437	9202	46
乡镇企业税后利润净额	万元	19044	8780	116.9
乡镇企业年末固定资产原值	万元	105757	83727	26.3
全部工业企业单位数	个	115	46	
#规模以上工业企业单位数	个	115	46	
全部工业总产值（当年价）	**万元**	**1365728**	**256999**	
规模以上工业总产值	**万元**	**741141**	**137945**	
轻工业总产值	万元	504715	119603	
重工业总产值	万元	236426	18342	
内资企业	万元	713196	126829	
国有工业	万元	74636		
集体工业	万元	26397	82906	
股份合作企业	万元	6083		
联营企业	万元	4322		
有限责任公司	万元	385068	35439	
股份有限公司	万元	143446		
私营企业	万元	73244	8484	
其他企业	万元			

17—2 续表3

指 标 名 称	单 位	2001年	2000年	2001年比2000年增长（%）
港澳台商投资企业	万元	17912		
外商投资企业	万元	10033	11116	
规模以上工业企业增加值	万元	356231	43730	
规模以上工业企业资产总计	万元	1630254	137095	
规模以上工业企业负债合计	万元	1249351	81048	
规模以上工业企业产品销售收入	万元	712218	118006	
规模以上工业企业利润总额	万元	19664	4370	
规模以下工业总产值	**万元**	**624587**	**118518**	
社会消费品零售总额	**万元**	**281852**	**249609**	**12.9**
#贸易业	万元	210743	199120	5.8
餐饮业	万元	59967	39429	52.1
制造业	万元			
其 它	万元	11142	11060	0.7
普通中学学校数	所	1	1	
普通中学校在校学生数	人	932	965	—3.4
普通中学教职工数	人	93	83	12
普通中学专任教师数	人	93	83	12
小学学校数	所	44	44	0
小学在校学生数	人	31558	32626	—3.3
小学教职工数	人	1913	1920	—0.4
小学专任教师数	人	1906	1906	持平
学龄儿童入学率	%	99.98	99.98	持平
卫生机构数	个	53	59	—10.2
#医 院	个	4	13	—69.2
卫生院	个		6	
卫生机构床位数	张	210	200	5
#医 院	张	210	200	5
卫生机构人员数	人			
医院、卫生院技术人员	人	320	280	14.3
#医 生	人	285	243	17.3

17—3 花溪区国民经济主要指标

指 标 名 称	单 位	2001年	2000年	2001年比2000年增长(%)
土地面积	**平方公里**	**957.6**	**957.6**	
年底总人口	**万人**	**31.43**	**30.77**	**2.1**
#少数民族人口	万人	10.26	10.26	持平
出生人口	人	3278	3620	-9.4
死亡人口	人	1665	1942	-14.3
人口密度	**人/平方公里**	**328**	**321**	**2.2**
从业人员	万人	16.71	16.02	4.3
1.第一产业	万人	10.74	10.73	0.1
第二产业	万人	1.94	1.36	42.6
第三产业	万人	4.03	3.93	2.5
2.在岗职工人数	万人	0.96	0.96	持平
#国有经济单位	万人	0.86	0.85	1.2
集体经济	万人	0.1	0.11	-9.1
在岗职工工资总额	万元	8561.6	6808.4	25.8
#国有经济单位	万元	8064.4	6049.7	33.3
在岗职工平均货币工资	元	8933	6606	35.2
国内生产总值(当年价)	**万元**	**246124**	**213636**	**11.7**
第一产业	万元	41068	39451	4.4
第二产业	万元	90330	77268	15.0
#工 业	万元	66870	59320	11.7
第三产业	万元	114726	96917	12.1
人均国内生产总值(当年价)	元	7875	6936	10.0
全社会固定资产投资	**万元**	**24821**	**16067**	**54.5**
#国有经济单位	万元	13958	2528	452.1
集体经济单位	万元	4138	511	709.8
#城镇集体经济单位	万元	1150		
农村集体	万元	2988	511	484.7
城乡个人投资	万元	2913	3064	-4.9
其他经济单位	万元	3812	9964	-61.7
固定资产投资	万元	18920	13003	42.2
基本建设	万元	7082	2528	180.1

17—3 续表1

指 标 名 称	单 位	2001年	2000年	2001年比2000年增长（%）
更新改造	万元	841		
其他投资	万元	4962	4385	13.2
房地产开发	万元	6035	6090	—0.9
建筑企业单位数	个	4	4	持平
建筑业企业从业人员	人	884	2131	—58.5
建筑业总产值	万元	5401.1	4459	21.1
财政总收入	**万元**	**17211**	**13908.1**	**23.7**
地方财政收入	万元	10157	7721.2	31.5
地方财政支出	万元	17201	12388.9	38.8
农村居民家庭人均纯收入	元	2358.6	2226.22	6.0
乡村劳动力	万人	13.74	13.35	2.9
#农林牧渔业劳动力	万人	10.74	10.7	0.4
耕地面积	万亩	18.88	18.9	—0.1
有效灌溉面积	万亩	4.99	11.61	—57.0
农业机械总动力	万千瓦	6.73	6.56	2.6
化肥施用折纯量	吨	7976	5774	38.1
农村用电量	万千瓦时	1724.39	1562	10.4
农林牧渔业总产值(当年价)	**万元**	**61893**	**58103**	**5.1**
农业产值	万元	40290	36969	
林业产值	万元	546	1319	
牧业产值	万元	20739	19504	
渔业产值	万元	318	311	
农作物播种面积	万亩	41.41	42	—1.4
粮食播种面积	万亩	25.3	26.95	—6.1
#稻 谷	万亩	9.86	10.02	—1.6
大 豆	万亩	1.62	1.6	1.3
小 麦	万亩	3.2	3.74	—14.4
薯 类	万亩	2.77	0.89	211.2
玉 米	万亩	5.24	5.68	—7.7
粮食产量	万吨	8.73	9.17	—4.8
#稻 谷	万吨	5.79	5.92	—2.2

17—3 续表2

指 标 名 称	单 位	2001年	2000年	2001年比2000年增长（%）
大 豆	万吨	0.16	0.14	14.3
小 麦	万吨	0.38	0.53	—28.3
薯 类	万吨	0.48	0.23	108.7
玉 米	万吨	1.66	1.81	—8.3
油料产量	吨	2928	3882	—24.6
#油菜籽	吨	2343	3357	—30.2
烤烟产量	吨	154	169	—8.9
茶叶产量	吨	368	454.3	—19.0
水果产量	吨	2197	2582.83	—14.9
肉类总产量	吨	18222	18006	1.2
猪牛羊肉产量	吨	17025	16800	1.3
#猪 肉	吨	15853	15753	0.6
牛 肉	吨	1120	1023	9.5
羊 肉	吨	52	63	—17.5
水产品产量	吨	421	358	17.6
大牲畜存栏头数	头	75124	68159	10.2
#牛	头	66549	60628	9.8
猪年末存栏数	头	159322	158937	0.2
羊年末存栏数	头	3980	4476	—11.1
大牲畜出栏头数	头	8538	6926	23.3
#牛	头	7270	6397	13.6
猪年末出栏数	头	166323	166431	—0.1
羊年末出栏数	头	2414	2897	—16.7
乡镇企业单位数	个	13758	14245	—3.4
乡镇企业从业人员	万人	5.26	4.6	14.3
乡镇企业总产值(当年价)	万元	403721	317432	27.2
#乡镇工业总产值	万元	168442	136820	25.2
乡镇企业总收入	万元	457840	363580	25.9
乡镇企业实际缴纳税金	万元	6720	5185	29.6
乡镇企业税后利润净额	万元	26796	20451	31.0
乡镇企业年末固定资产原值	万元	94992	72825	30.4

17—3　续表3

指　标　名　称	单　位	2001年	2000年	2001年比2000年增长(%)
全部工业企业单位数	个	3393	3464	
#规模以上工业企业单位数	个	47	20	
全部工业总产值(当年价)	**万元**	**279521**	**139967**	
#国有企业	万元	154292	5325	
集体企业	万元	40460	34385	
规模以上工业总产值	**万元**	**154292**	**46193.3**	
轻工业总产值	万元	44213	25836.6	
重工业总产值	万元	110079	20356.7	
内资企业	万元	154292	46193.3	
国有工业	万元	54288	6150.3	
集体工业	万元	27574	19794	
股份合作企业	万元	739	3430.3	
联营企业	万元		1514.3	
有限责任公司	万元	31634	14404.4	
股份有限公司	万元	39017	0	
私营企业	万元	1040	900	
规模以上工业企业增加值	万元	50759	15554.9	
规模以上工业企业资产总计	万元	262925	48162.1	
规模以上工业企业负债合计	万元	150216	32585.2	
规模以上工业企业产品销售收入	万元	139107	39912.6	
规模以上工业企业利润总额	万元	4382	542.7	
规模以下工业总产值	**万元**	**125229**	**93773.6**	
邮电业务总量(90不变价)	万元	2580.41	1691.09	
本地电话用户	户	31885	18970	68.1
社会消费品零售总额	**万元**	**39156.7**	**34674**	**12.9**
#贸易业	万元	16520.8	12117	36.3
餐饮业	万元	4738.5	3513	34.9
制造业	万元	1259.4	338	272.6
其　它	万元	16638	18706	−11.1
普通中等专业学校学校数	所	5	5	
普通中等专业学校在校学生数	人	901	982	−8.2

17—3 续表4

指 标 名 称	单 位	2001年	2000年	2001年比2000年增长(%)
普通中等专业学校教职工数	人	104	126	—17.5
#教师数	人	69	95	—27.4
普通中学学校数	所	30	26	15.4
普通中学校在校学生数	人	16252	13421	21.1
普通中学教职工数	人	1228	1051	16.8
普通中学专任教师数	人	1093	929	17.7
小学学校数	所	120	134	—10.4
小学在校学生数	人	32554	32799	—0.7
小学教职工数	人	1925	1837	4.8
小学专任教师数	人	1809	1742	3.8
学龄儿童入学率	%	99	99.02	—0.02
卫生机构数	个	29	29	持平
#医 院	个	9	9	持平
卫生院	个	12	12	持平
卫生机构床位数	张	1154	1123	2.8
#医 院	张	816	792	3.0
卫生机构人员数	人	1485	1538	—3.4
医院、卫生院技术人员	人	808	838	—3.6
#医 生	人	247	320	—22.8
刑事案件发案数	件	256		
公路里程	公里	466	390	19.5
民用车辆拥有量	辆	3744	3459	8.2
客 车	辆	1559	1448	7.7
货 车	辆	2185	2011	8.7
货物运输量	万吨	2.55	2.34	9.0
#公 路	万吨	2.55	2.34	9.0
货物周转量	万吨公里	127.64	117.13	9.0
#公 路	万吨公里	127.64	117.13	9.0
旅客发送量	万人	2.86	2.67	7.1
#公 路	万人	2.86	2.67	7.1
旅客周转量	万人公里	171.6	160.3	7.0
#公 路	万人公里	171.6	160.3	7.0

17—4 乌当区国民经济主要指标

指 标 名 称	单 位	2001年	2000年	2001年比2000年增长(%)
土地面积	**平方公里**	**962.4**	**962.4**	
年底总人口	**万人**	**28.95**	**29.7**	**−2.5**
#少数民族人口	万人	5.29	4.81	10.0
出生人口	人	3130	4348	−28.0
死亡人口	人	980	1892	−48.2
人口密度	人/平方公里	300.81	308.6	−2.5
从业人员	**万人**	**15.58**	**14.4**	**8.2**
1.第一产业	万人	7.98	7.52	6.1
第二产业	万人	3.13	2.75	13.8
第三产业	万人	4.47	4.13	8.2
2.在岗职工人数	万人	1.11	1.01	9.9
#国有经济单位	万人	0.86	0.8	7.5
集体经济	万人	0.05	0.06	−16.7
在岗职工工资总额	万元	11248	7546	49.1
#国有经济单位	万元	9289	6521	42.4
在岗职工平均货币工资	元	10801	7907	36.6
国内生产总值(当年价)	**万元**	**286981**	**250182**	**14.7**
第一产业	万元	42122	40155	4.9
第二产业	万元	142448	121324	16.0
#工 业	万元	124414	116788	6.5
第三产业	万元	102411	88703	10.1
人均国内生产总值(当年价)	元	9608	8501	10.5
全社会固定资产投资	**万元**	**78680**	**42497**	**85.1**
#国有经济单位	万元	49571	7233	585.3
集体经济单位	万元	20226	25027	−19.2
#城镇集体经济单位	万元	1260	3094	−59.3
农村集体	万元	18966	18761	1.1
城乡个人投资	万元	3286	2320	41.6
其他经济单位	万元	5597	7917	−29.3
固定资产投资	万元	78680	42497	85.1
基本建设	万元	37685	7789	383.8

17—4 续表1

指 标 名 称	单 位	2001年	2000年	2001年比2000年增长(%)
更新改造	万元	14382	300	4694.0
其他投资	万元	17689	31236	-43.4
房地产开发	万元	8924	3172	181.3
建筑企业单位数	个	15	6	150.0
建筑业企业从业人员	人	928	1085	-14.5
建筑业总产值	万元	4073	8602	-52.7
财政总收入	**万元**	**23219**	**18175**	**27.8**
地方财政收入	万元	13610	9774	39.2
地方财政支出	万元	20131	13689	47.1
农村居民家庭人均纯收入	元	2491.08	2369.2	5.1
乡村劳动力	万人	13.37	12.39	7.9
#农林牧渔业劳动力	万人	7.9	7.45	6.0
耕地面积	万亩	16.05	16.3	-1.5
有效灌溉面积	万亩	6.7	8.59	-22.0
农业机械总动力	万千瓦	6.32	6.46	-2.2
化肥施用折纯量	吨	11662	11190	4.2
农村用电量	万千瓦时	3077.88	2754	11.8
农林牧渔业总产值(当年价)	**万元**	**68841**	**64082**	**7.4**
农业产值	万元	44721	41184	
林业产值	万元	1493	1401	
牧业产值	万元	21733	20456	
渔业产值	万元	894	1041	
农作物播种面积	万亩	42.49	42.99	-1.2
粮食播种面积	万亩	21.31	22.2	-4.0
#稻 谷	万亩	7.9	7.94	-0.5
大 豆	万亩	1.73	1.84	-6.0
小 麦	万亩	0.41	0.35	17.1
薯 类	万亩	4.14	3.87	7.0
玉 米	万亩	4.92	5.15	-4.5
粮食产量	万吨	7.35	7.81	-5.9
#稻 谷	万吨	4.56	4.69	-2.8

17—4 续表2

指 标 名 称	单 位	2001年	2000年	2001年比2000年增长(%)
大 豆	万吨	0.16	0.24	—33.3
小 麦	万吨	0.03	0.044	—31.8
薯 类	万吨	0.76	0.16	375.0
玉 米	万吨	1.68	1.84	—8.7
油料产量	吨	3771	4627	—18.5
#油菜籽	吨	3420	4299	—20.4
烤烟产量	吨	235	335	—29.9
茶叶产量	吨	107	116	—7.8
水果产量	吨	15830	10040	57.7
肉类总产量	吨	16079	15469	3.9
猪牛羊肉产量	吨	13426	13334	0.7
#猪 肉	吨	13066	12950	0.9
牛 肉	吨	219	297	—26.3
羊 肉	吨	141	87	62.1
水产品产量	吨	1107	1154	—4.1
大牲畜存栏头数	头	45597	45281	0.7
#牛	头	42156	41795	0.9
猪年末存栏数	头	137034	135319	1.3
羊年末存栏数	头	4779	6152	—22.3
大牲畜出栏头数	头	1614	1871	—13.7
#牛	头	1436	1773	—19.0
猪年末出栏数	头	145602	144219	1.0
羊年末出栏数	头	6321	3955	59.8
乡镇企业单位数	个	18371	16401	12.0
乡镇企业从业人员	万人	8.59	7.08	21.3
乡镇企业总产值	万元	658558	552127	19.3
#乡镇工业总产值	万元	311953	270464	
乡镇企业总收入	万元	776064	616640	25.9
乡镇企业实际缴纳税金	万元	7881	6412	22.9
乡镇企业税后利润净额	万元	62876	34946	79.9
乡镇企业年末固定资产原值	万元	316522	119482	164.9

17—4 续表3

指标名称	单位	2001年	2000年	2001年比2000年增长(%)
全部工业企业单位数	个		3393	
#规模以上工业企业单位数	个		34	
全部工业总产值(当年价)	**万元**	**451580**	**263792**	
#国有企业	万元	69869	7342	
集体企业	万元	17144	9080	
规模以上工业总产值	**万元**	**339243**	**47583**	
轻工业总产值	万元	93888	18403	
重工业总产值	万元	245355	29180	
内资企业	万元	324274	46291	
国有工业	万元	69869	7342	
集体工业	万元	17144	9079	
股份合作企业	万元	8447	2209	
联营企业	万元		11165	
有限责任公司	万元	52714		
股份有限公司	万元	150837	936	
私营企业	万元	25263	15560	
其他企业	万元		0	
港澳台商投资企业	万元	11927	0	
外商投资企业	万元	3042	1292	
规模以上工业企业增加值	万元	119040	15023	
规模以上工业企业资产总计	万元	609540	46427	
规模以上工业企业负债合计	万元	396050	20945	
规模以上工业企业产品销售收入	万元	305520	42341	
规模以上工业企业利润总额	万元	8685	157	
规模以下工业总产值	**万元**	**112337**	**216209**	
邮电业务总量(90不变价)	万元	1881.33	954.7	97.1
本地电话用户	户	32542	18410	76.8
社会消费品零售总额	**万元**	**20355**	**17663**	**15.2**
#贸易业	万元	18046	15491	16.5
餐饮业	万元	2308	2007	15.0
制造业	万元		71	
其　它	万元		93	

17—4 续表4

指 标 名 称	单 位	2001年	2000年	2001年比2000年增长(%)
金融机构存款余额	万元	171548	132164	29.8
#城乡居民储蓄存款	万元	89969	76019	18.4
金融机构贷款余额	万元	66607	73689	－9.6
普通中学学校数	所	30	29	3.4
普通中学校在校学生数	人	13362	12989	2.9
普通中学教职工数	人	1138	1082	5.2
普通中学专任教师数	人	962	932	3.2
小学学校数	所	120	119	0.8
小学在校学生数	人	28772	29367	－2.0
小学教职工数	人	1940	1810	7.2
小学专任教师数	人	1802	1717	5.0
学龄儿童入学率	%	99.73	99.6	0.1
卫生机构数	个	156	147	6.1
#医 院	个	6	6	持平
卫生院	个	13	13	持平
卫生机构床位数	张	844	844	持平
#医 院	张	274	195	40.5
卫生机构人员数	人	1105	1192	－7.3
医院、卫生院技术人员	人	1047	1066	－1.8
#医 生	人	424	419	1.2
公路里程	公里	1310.6	1260	4.0
民用车辆拥有量	辆	3081	2993	2.9
客 车	辆	188	190	－1.1
货 车	辆	2893	2803	3.2
货物运输量	万吨	320	300	6.7
#公 路	万吨	320	300	6.7
货物周转量	万吨公里	5060	4390	15.3
#公 路	万吨公里	5060	4390	15.3
旅客发送量	万人	660	650	1.5
#公 路	万人	660	650	1.5
旅客周转量	万人公里	10000	9994	0.1
#公 路	万人公里	10000	9994	0.1

17—5　白云区国民经济主要指标

指　标　名　称	单　位	2001年	2000年	2001年比2000年增长（%）
土地面积	**平方公里**	**259.6**	**259.6**	
年底总人口	**万人**	**17.17**	**16.26**	**5.6**
#少数民族人口	万人	2.42	2.42	持平
出生人口	人	3166	2427	30.4
死亡人口	人	646	964	−33.0
人口密度	人/平方公里	661	626	5.6
从业人员	**万人**	**6.51**	**5.94**	**9.6**
1.第一产业	万人	2.65	2.58	2.7
第二产业	万人	1.88	1.52	23.7
第三产业	万人	1.98	1.84	7.6
2.在岗职工人数	万人	0.8	0.94	−14.9
#国有经济单位	万人	0.49	0.49	持平
集体经济	万人	0.17	0.3	−43.3
在岗职工工资总额	万元	7704.1	6191.1	24.4
#国有经济单位	万元	5908.3	3925.5	50.5
在岗职工平均货币工资	元	9801	6661	47.1
国内生产总值（当年价）	**万元**	**359395**	**308500**	**11.7**
第一产业	万元	12558	12114	3.7
第二产业	万元	203407	176309	12.2
#工　业	万元	184610	170262	8.0
第三产业	万元	143430	120077	11.8
人均国内生产总值（当年价）	元	21657	18869	10.0
全社会固定资产投资	**万元**	**54955**	**33809**	**62.5**
#国有经济单位	万元	11171	8714	28.2
集体经济单位	万元	9462	5325	77.7
#城镇集体经济单位	万元	6612	485	1263.3
农村集体	万元	2850	4840	−41.1
城乡个人投资	万元	6126	3715	64.9
其他经济单位	万元	28196	16055	75.6
固定资产投资	万元	45979	24769	85.6

17—5 续表1

指 标 名 称	单 位	2001年	2000年	2001年比2000年增长(%)
基本建设	万元	15030	10662	41.0
更新改造	万元	4993	1567	218.6
其他投资	万元	8234	2561	221.5
房地产开发	万元	17722	9979	77.6
建筑企业单位数	个	16	16	持平
建筑业企业从业人员	人	5730	5997	－4.5
建筑业总产值	万元	538057	41824	1186.5
财政总收入	**万元**	**57803**	**42240**	**36.8**
地方财政收入	万元	18890	12729	48.4
地方财政支出	万元	19650	14070	39.7
农村居民家庭人均纯收入	元	2789	2651	5.2
乡村劳动力	万人	4.09	3.92	4.3
#农林牧渔业劳动力	万人	2.65	2.55	4.0
耕地面积	万亩	4.4	4.44	－0.9
有效灌溉面积	万亩	3.11	2.87	8.4
农业机械总动力	万千瓦	3.12	2.8	11.4
化肥施用折纯量	吨	1161	1291	－10.1
农村用电量	万千瓦时	262.92	252.7	4.0
农林牧渔业总产值(当年价)	**万元**	**21563**	**20354**	**4.6**
农业产值	万元	14237	13276	
林业产值	万元	445	611	
牧业产值	万元	6578	6176	
渔业产值	万元	303	291	
农作物播种面积	万亩	12.84	13.08	－1.8
粮食播种面积	万亩	7.5	7.94	－5.5
#稻 谷	万亩	2.35		
大 豆	万亩	0.61		
小 麦	万亩	0.2		
薯 类	万亩	1.77		
玉 米	万亩	1.48		

17—5 续表2

指 标 名 称	单 位	2001年	2000年	2001年比2000年增长(%)
粮食产量	万吨	2.24	2.32	—3.4
#稻 谷	万吨	1.29	1.3	—0.8
大 豆	万吨	0.05	0.05	0.0
小 麦	万吨	0.03	0.04	—25.0
薯 类	万吨	0.34	0.24	41.7
玉 米	万吨	0.44	0.51	—13.7
油料产量	吨	1154	1327	—13.0
#油菜籽	吨	1109	1290	—14.0
烤烟产量	吨		2	
茶叶产量	吨	26	18.88	37.7
水果产量	吨	1426.5	798	78.8
肉类总产量	吨	7346	7306	0.5
猪牛羊肉产量	吨	6158	6052	1.8
#猪 肉	吨	5894	5874	0.3
牛 肉	吨	133	52	155.8
羊 肉	吨	131	126	4.0
水产品产量	吨	303	296	2.4
大牲畜存栏头数	头	13844	12944	7.0
#牛	头	12762	11941	6.9
猪年末存栏数	头	53459	46842	14.1
羊年末存栏数	头	6010	6103	—1.5
大牲畜出栏头数	头	669	447	49.7
#牛	头	618	404	53.0
猪年末出栏数	头	54782	52863	3.6
羊年末出栏数	头	3718	4780	—22.2
乡镇企业单位数	个	7801	6940	12.4
乡镇企业从业人员	万人	2.65	2.4	10.4
乡镇企业总产值	万元	375520	297831	27.2
#乡镇工业总产值	万元	202191	162518	
乡镇企业总收入	万元	449784	346509	29.8

17—5 续表3

指 标 名 称	单 位	2001年	2000年	2001年比2000年增长(%)
乡镇企业实际缴纳税金	万元	7225	5723	26.2
乡镇企业税后利润净额	万元	30665	8259	271.3
乡镇企业年末固定资产原值	万元	101558	23530	331.6
全部工业企业单位数	个	1142	1066	
#规模以上工业企业单位数	个	62	39	
全部工业总产值(当年价)	**万元**	**607039**	**174665**	
#国有企业	万元	382390	2101	
集体企业	万元	20971	87234	
规模以上工业总产值	**万元**	**451374**	**63839**	
轻工业总产值	万元	34068	18388	
重工业总产值	万元	417306	45451	
内资企业	万元	441627	61067	
国有工业	万元	374237	2944	
集体工业	万元	20971	29228	
股份合作企业	万元	2696	817	
联营企业	万元	897	3540	
有限责任公司	万元	26250	8485	
股份有限公司	万元	2924	0	
私营企业	万元	13652	16053	
其他企业	万元		0	
港澳台商投资企业	万元	7680	2772	
外商投资企业	万元	2067	0	
规模以上工业企业增加值	万元	187045	19129	
规模以上工业企业资产总计	万元	945963	54030	
规模以上工业企业负债合计	万元	462653	8845	
规模以上工业企业产品销售收入	万元	460291	58245	
规模以上工业企业利润总额	万元	34638	332	
规模以下工业总产值	**万元**	**147158**	**110826**	
邮电业务总量(90不变价)	万元	2557	1421	79.9
本地电话用户	户	35123	26000	35.1

17—5　续表4

指　标　名　称	单　位	2001年	2000年	2001年比2000年增长（%）
社会消费品零售总额	**万元**	**40510**	**36161**	**12.0**
#贸易业	万元	19601	15988	22.6
餐饮业	万元	2957	2098	40.9
制造业	万元	1076	1012	6.3
其　它	万元	16876	17063	－1.1
普通中等专业学校学校数	所	2	3	－33.3
普通中等专业学校在校学生数	人	156	303	－48.5
普通中等专业学校教职工数	人	62	61	1.6
#教师数	人	54	49	10.2
普通中学学校数	所	17	17	0.0
普通中学校在校学生数	人	9898	11301	－12.4
普通中学教职工数	人	1078	1014	6.3
普通中学专任教师数	人	875	844	3.7
小学学校数	所	59	55	7.3
小学在校学生数	人	18258	18204	0.3
小学教职工数	人	1300	1276	1.9
小学专任教师数	人	1179	1154	2.2
学龄儿童入学率	%	99.61	99.61	持平
卫生机构数	个	7	7	持平
#医　院	个	2	2	持平
卫生院	个	5	5	持平
卫生机构床位数	张	174	176	－1.1
#医　院	张	120	125	－4.0
卫生机构人员数	人	248	235	5.5
医院、卫生院技术人员	人	214	218	－1.8
#医　生	人	119	101	17.8
刑事案件发案数	件	1037		
公路里程	公里	316	131	141.2
民用车辆拥有量	辆	3926	3280	19.7
客　车	辆	1897	1394	36.1
货　车	辆	2029	1886	7.6

17—6　小河区国民经济主要指标

指　标　名　称	单　位	2001年	2000年	2001年比2000年增长（%）
土地面积	**平方公里**	**63.1**	**63.1**	
年底总人口	**万人**	**10.95**	**10.62**	**3.1**
#少数民族人口	万人	2.35	2.2791	3.1
出生人口	人	1171	1921	－39.0
死亡人口	人	345	330	4.5
人口密度	人/平方公里	1734	1683	3.0
从业人员	**万人**	**7.76**	**8.79**	**－11.7**
1.第一产业	万人	1.23	2.00	－38.6
第二产业	万人	3.84	4.24	－9.4
第三产业	万人	2.69	2.55	5.7
2.在岗职工人数	万人	5.43	3.08	76.1
#国有经济单位	万人	3.24	2.82	15.0
集体经济	万人	0.21	0.28	－26.0
在岗职工工资总额	万元	45044	29875	50.8
#国有经济单位	万元	2106	21142	－90.0
在岗职工平均货币工资	元	8295	7582	9.4
国内生产总值(当年价)	**万元**	**127475**	**99022**	**14.0**
第一产业	万元	3921	2817	4.0
第二产业	万元	70512	54936	14.6
#工　业	万元	58285	48717	6.9
第三产业	万元	53042	41269	14.6
人均国内生产总值(当年价)	元	11226	9101	19.8
全社会固定资产投资	**万元**	**83803**	**35261**	
#国有经济单位	万元	36204	21041	
集体经济单位	万元	1529	13100	
农村集体	万元	1529	13100	
城乡个人投资	万元	1069	1120	
其他经济单位	万元	45001	0	
固定资产投资	万元	81205	30452	166.7

17—6 续表1

指 标 名 称	单 位	2001年	2000年	2001年比2000年增长（%）
固定资产投资指数	上年＝100	266.67	130.47	
基本建设	万元	25188	7631	
更新改造	万元	3132	1780	
房地产开发	万元	52885	21041	
建筑企业单位数	个	10	6	66.7
建筑业企业从业人员	人	2930	1685	73.9
建筑业总产值	万元	20141	8464.1	138.0
财政总收入	**万元**	**21300**	**15060**	**41.4**
地方财政收入	万元	12573	6546	92.1
地方财政支出	万元	12062	5510	118.9
农村居民家庭人均纯收入	元	2910	2645	10.0
乡村劳动力	万人	2.02	1.9347	4.4
#农林牧渔业劳动力	万人	1.24	1.2336	0.5
耕地面积	万亩	0.85	0.882	－3.6
有效灌溉面积	万亩	0.63		
农业机械总动力	万千瓦			
化肥施用折纯量	吨	277	688	－59.7
农村用电量	万千瓦时	820	775	5.8
农林牧渔业总产值（当年价）	**万元**	**5869**	**5661**	**4.3**
农业产值	万元	3994	3588	
林业产值	万元	20	10	
牧业产值	万元	1594	1647	
渔业产值	万元	261	416	
农作物播种面积	万亩	1.9	2.03	－6.4
粮食播种面积	万亩	0.42	0.43	－2.3
#稻 谷	万亩	0.3	0.34	－11.8
大 豆	万亩			
小 麦	万亩	0.01	0.01	
薯 类	万亩			
玉 米	万亩	0.1	0.06	66.7

17－6 续表2

指 标 名 称	单 位	2001年	2000年	2001年比2000年增长（%）
粮食产量	万吨	0.2	0.213	－6.7
#稻 谷	万吨	0.17	0.1849	－8.1
大 豆	万吨	0	0.0012	
小 麦	万吨	0.001	0.0017	－41.2
薯 类	万吨	0	0	
玉 米	万吨	0.03	0.0213	40.8
油料产量	吨	3	5.7	－47.4
#油菜籽	吨	3	5.7	－47.4
茶叶产量	吨	0	1	
茶叶产量指数	上年＝100	0	100	
水果产量	吨	379.4	302.3	25.5
肉类总产量	吨	1389	1370	1.4
猪牛羊肉产量	吨	1227	1207	1.7
#猪 肉	吨	1211	1194	1.4
牛 肉	吨	15	13	15.4
羊 肉	吨	1	4	－75.0
水产品产量	吨	220	380	－42.1
大牲畜存栏头数	头	1243	1440	－13.7
#牛	头	1188	1188	
猪年末存栏数	头	13890	13721	1.2
羊年末存栏数	头	0	0	
大牲畜出栏头数	头	108	104	3.8
#牛	头	108	104	3.8
猪年末出栏数	头	13710	13544	1.2
羊年末出栏数	头	88	85	3.5
乡镇企业单位数	个	5120	5019	2.0
乡镇企业从业人员	万人	2.57	2.3888	7.6
乡镇企业总产值	万元	217998	162374	0.8
#乡镇工业总产值	万元	56954	56490	
乡镇企业总收入	万元	338360	268700	25.9

17—6 续表3

指 标 名 称	单 位	2001年	2000年	2001年比2000年增长(%)
乡镇企业实际缴纳税金	万元	5047	4370	15.5
乡镇企业税后利润净额	万元	13382	10748	24.5
乡镇企业年末固定资产原值	万元	21945	15945	37.6
全部工业企业单位数	个	308	785	－60.8
#规模以上工业企业单位数	个	43	34	26.5
全部工业总产值	**万元**	**226800**	**212149**	**6.9**
#国有企业	万元	66899	109048	
集体企业	万元	6007	8198	
规模以上工业总产值	**万元**	**160481**	**167209**	**8.4**
轻工业总产值	万元	17582	41018	
重工业总产值	万元	142899	126191	
内资企业	万元	136032	138949	
国有工业	万元	58540	84530	
集体工业	万元	3773	8198	
股份合作企业	万元		14603	
联营企业	万元			
有限责任公司	万元	49267	8853	
股份有限公司	万元	20648	5375	
私营企业	万元	3804	17390	
其他企业	万元			
港澳台商投资企业	万元	753	182	
外商投资企业	万元	23696	28078	
规模以上工业企业增加值	万元	38245	45356	
规模以上工业企业资产总计	万元	452753	518723	
规模以上工业企业负债合计	万元	336669	288913	
规模以上工业企业产品销售收入	万元	139928	122353	
规模以上工业企业利润总额	万元	－6931	－4835	
规模以下工业总产值	**万元**		**45535**	
邮电业务总量(90不变价)	万元			
本地电话用户	户			

17—6 续表4

指标名称	单位	2001年	2000年	2001年比2000年增长（%）
社会消费品零售总额	**万元**	**81000**		
#贸易业	万元	65000		
餐饮业	万元	10000		
制造业	万元			
其它	万元	6000		
金融机构存款余额	万元	195525		
金融机构存款余额指数	上年＝100	172.1		
#城乡居民储蓄存款	万元	126386		
城乡居民储蓄存款指数	上年＝100	144.1		
金融机构贷款余额	万元	92110		
金融机构贷款余额指数	上年＝100	133.3		
普通中学学校数	所	10	9	11.1
普通中学校在校学生数	人	5942	3687	61.2
普通中学教职工数	人	508	326	55.8
普通中学专任教师数	人	445	312	42.6
小学学校数	所	25	27	－7.4
小学在校学生数	人	9514	10176	－6.5
小学教职工数	人	604	624	－3.2
小学专任教师数	人	568	591	－3.9
学龄儿童入学率	%	99.8	99.92	－0.1
卫生机构数	个	23	19	21.1
#医院	个	23	17	35.3
卫生院	个	0	2	
卫生机构床位数	张	833	741	12.4
#医院	张	833	735	13.3
卫生机构人员数	人	763	729	4.7
医院、卫生院技术人员	人	601	616	－2.4
#医生	人	262	193	35.8
刑事案件发案数	件	1302	955	36.3

17—7 开阳县国民经济主要指标

指 标 名 称	单 位	2001年	2000年	2001年比 2000年增长 (%)
土地面积	**平方公里**	**2026**	**2026**	
年底总人口	**万人**	**41.34**	**41.62**	**−0.7**
#少数民族人口	万人	4.54	4.57	−0.7
出生人口	人	3662	6324	−42.1
死亡人口	人	2207	3484	−36.7
人口密度	人/平方公里	204	205	−0.5
从业人员	**万人**	**22.42**	**22.34**	**0.4**
1.第一产业	万人	17.1	17.16	−0.3
第二产业	万人	3.06	2.89	5.9
第三产业	万人	2.26	2.29	−1.3
2.在岗职工人数	万人	2.05	2.38	−13.9
#国有经济单位	万人	1.87	2.18	−14.2
集体经济	万人	0.09	0.1	−10.0
在岗职工工资总额	万元	20553	19372	6.1
#国有经济单位	万元	19250	18356	4.9
在岗职工平均货币工资	元	9625	8142	18.2
国内生产总值(当年价)	**万元**	**161798**	**144922**	**11.0**
第一产业	万元	44215	42561	3.9
第二产业	万元	73819	65979	15.4
#工 业	万元	61764	56301	14.3
第三产业	万元	43764	36382	11.5
人均国内生产总值(当年价)	元	3778	3419	9.9
全社会固定资产投资	**万元**	**35943**	**28018**	**28.3**
#国有经济单位	万元	19404	14815	31.0
集体经济单位	万元	11726	9552	22.8
#城镇集体经济单位	万元	320	436	−26.6
农村集体	万元	11406	9116	25.1
城乡个人投资	万元	4493	3215	39.8
其他经济单位	万元	320	436	−26.6
固定资产投资	万元	14311	18252	−21.6
基本建设	万元	10755	9652	11.4
更新改造	万元	1838	5989	−69.3
其他投资	万元	320	131	144.3
房地产开发	万元	1398	2480	−43.6

17—7 续表1

指 标 名 称	单 位	2001年	2000年	2001年比2000年增长（%）
建筑企业单位数	个	5	5	持平
建筑业企业从业人员	人	1785	1079	65.4
建筑业总产值	万元	6149	4879	26.0
财政总收入	**万元**	**20211**	**16632**	**21.5**
地方财政收入	万元	11392	9839	15.8
地方财政支出	万元	19172	14823	29.3
农村居民家庭人均纯收入	元	2118	1994	6.2
乡村劳动力	万人	21.12	21.68	—2.6
#农林牧渔业劳动力	万人	17.1	17.05	0.3
耕地面积	万亩	39.36	39.43	—0.2
有效灌溉面积	万亩	7.28	11.51	—36.8
农业机械总动力	万千瓦	5.93	5.6	5.9
化肥施用折纯量	吨	21294	22861	—6.9
农村用电量	万千瓦时	1965.44	1086	81.0
农林牧渔业总产值(当年价)	**万元**	**68554**	**65739**	**4.3**
农业产值	万元	37975	37783	
林业产值	万元	807	1235	
牧业产值	万元	29441	26408	
渔业产值	万元	331	313	
农作物播种面积	万亩	77.5	77.55	—0.1
粮食播种面积	万亩	44.3	43.72	1.3
#稻 谷	万亩	13.64	13.32	2.4
大 豆	万亩	0.96	0.94	2.1
小 麦	万亩	4.36	4.31	1.2
薯 类	万亩	9.49	8.57	10.7
玉 米	万亩	14.95	15.64	—4.4
粮食产量	万吨	13.14	14.46	—9.2
#稻 谷	万吨	5.99	6.14	—2.4
大 豆	万吨	0.04	0.07	—42.9
小 麦	万吨	0.53	0.53	0.0
薯 类	万吨	1.64	1.45	13.1
玉 米	万吨	4.86	6.22	—21.9
棉花产量	吨	2	29	—93.1

17—7 续表2

指 标 名 称	单 位	2001年	2000年	2001年比2000年增长（%）
油料产量	吨	22478	22890	—1.8
#油菜籽	吨	21990	22052	—0.3
烤烟产量	吨	8693	8873	—2.0
茶叶产量	吨	263	261	0.8
水果产量	吨	2702	2662	1.5
肉类总产量	吨	27682	24600	12.5
猪牛羊肉产量	吨	26206	23400	12.0
#猪 肉	吨	25367	22662	11.9
牛 肉	吨	651	503	29.4
羊 肉	吨	188	185	1.6
水产品产量	吨	411	327	25.7
大牲畜存栏头数	头	97746	95066	2.8
#牛	头	82904	81385	1.9
猪年末存栏数	头	322413	300652	7.2
羊年末存栏数	头	23803	25963	—8.3
大牲畜出栏头数	头	6665	6570	1.4
#牛	头	6258	6016	4.0
猪年末出栏数	头	296231	265874	11.4
羊年末出栏数	头	11195	11334	—1.2
乡镇企业单位数	个	11116	11467	—3.1
乡镇企业从业人员	万人	3.33	3.02	10.3
乡镇企业总产值	万元	362036	289266	25.4
#乡镇工业总产值	万元	147491	128207	
乡镇企业总收入	万元	406210	323069	25.7
乡镇企业实际缴纳税金	万元	6734	5647	19.2
乡镇企业税后利润净额	万元	13379	10740	24.6
乡镇企业年末固定资产原值	万元	105941	71598	48.0
全部工业企业单位数	个	2824	3074	—8.1
#规模以上工业企业单位数	个	30	31	—3.2
全部工业总产值	**万元**	**216445**	**192391**	**19.8**
#国有企业	万元	70614	63939	
集体企业	万元	50555	60390	
规模以上工业总产值	**万元**	**121942**	**116574**	**18.0**
轻工业总产值	万元	3499	2828	
重工业总产值	万元	118443	113746	

17—7 续表3

指 标 名 称	单 位	2001年	2000年	2001年比2000年增长（%）
内资企业	万元	120077	115064	
国有工业	万元	70614	63939	
集体工业	万元	13921	13318	
股份合作企业	万元	686	3764	
联营企业	万元			
有限责任公司	万元	3609	3453	
股份有限公司	万元	28878	29090	
私营企业	万元	2369	1500	
其他企业	万元			
港澳台商投资企业	万元	1865		
外商投资企业	万元	0	1510	
规模以上工业企业增加值	万元	39968	37010	
规模以上工业企业资产总计	万元	307173	288143	6.6
规模以上工业企业负债合计	万元	165106	230578	—28.4
规模以上工业企业产品销售收入	万元	141236	130131	8.5
规模以上工业企业利润总额	万元	1333	—726	
规模以下工业总产值	**万元**	**94503**	**75817**	
主要工业产品产量				
原 煤	万吨	30.95	24.63	
发电量	万千瓦小时	0	781	
饮料酒	万吨	0	0.73	
化 肥	万吨	4.99	1.67	
水 泥	万吨	13.08	7.9	
邮电业务总量(90不变价)	万元	2897	2268	27.7
本地电话用户	户	20871	15444	35.1
社会消费品零售总额	**万元**	**41380**	**36966**	**11.9**
#县	万元	23897	21791	9.7
县以下	万元	17483	15175	15.2
#贸易业	万元	22699	23180	—2.1
餐饮业	万元	2620	1170	123.9
制造业	万元			
其 它	万元	16061	12616	27.3
金融机构存款余额	万元	84199	65898	27.8
#城乡居民储蓄存款	万元	51395	46214	11.2

17—7 续表4

指标名称	单位	2001年	2000年	2001年比2000年增长(%)
金融机构贷款余额	万元	59382	59299	0.1
普通中学学校数	所	29	28	3.6
普通中学校在校学生数	人	26111	25790	1.2
普通中学教职工数	人	1718	1734	—0.9
普通中学专任教师数	人	1370	1410	—2.8
小学学校数	所	199	216	—7.9
小学在校学生数	人	52139	52196	—0.1
小学教职工数	人	2433	2417	0.7
小学专任教师数	人	2166	2101	3.1
学龄儿童入学率	%	99.8	99.7	0.1
卫生机构数	个	25	20	25.0
#医　院	个	4	3	33.3
卫生院	个	16	17	—5.9
卫生机构床位数	张	601	616	—2.4
#医　院	张	425	616	—31.0
卫生机构人员数	人	849	947	—10.3
医院、卫生院技术人员	人	618	774	—20.2
#医　生	人	308	312	—1.3
刑事案件发案数	件	1048		
公路里程	公里	2371	2037	16.4
民用车辆拥有量	辆	2102	2079	1.1
客　车	辆	492	469	4.9
货　车	辆	1516	1514	0.1
其　他	辆	94	96	—2.1
货物运输量	万吨	1518	1398	8.6
#公　路	万吨	1518	1398	8.6
货物周转量	万吨公里	30371	26553	14.4
#公　路	万吨公里	30371	26553	14.4
旅客发送量	万人	841	739	13.8
#公　路	万人	841	739	13.8
旅客周转量	万人公里	33650	29570	13.8
#公　路	万人公里	33650	29570	13.8

17—8 息烽县国民经济主要指标

指 标 名 称	单 位	2001年	2000年	2001年比2000年增长(%)
土地面积	**平方公里**	**1037**	**1037**	
年底总人口	**万人**	**24.16**	**24.06**	**0.4**
#少数民族人口	万人	1.34	1.25	7.2
出生人口	人	2515	3719	-32.4
死亡人口	人	1386	2018	-31.3
人口密度	人/平方公里	233.13	231.98	0.5
从业人员	**万人**	**11.15**	**11.19**	**-0.4**
1.第一产业	万人	8.72	8.96	-2.7
第二产业	万人	0.99	0.92	7.6
第三产业	万人	1.44	1.31	9.9
2.在岗职工人数	万人	0.96	0.88	9.1
#国有经济单位	万人	0.86	0.72	19.4
集体经济	万人	0.04	0.04	持平
在岗职工工资总额	万元	9391	6710	40.0
#国有经济单位	万元	8644	5305	62.9
在岗职工平均货币工资	元	8995	7735	16.3
国内生产总值(当年价)	**万元**	**90661**	**75079**	**17.9**
第一产业	万元	23300	23179	0.5
第二产业	万元	43976	32340	34.3
#工　业	万元	38608	28200	35.7
第三产业	万元	23385	19560	11.5
人均国内生产总值(当年价)	元	3566	2997	16.2
全社会固定资产投资	**万元**	**46068**	**23556**	**95.6**
#国有经济单位	万元	8808	12805	-31.2
集体经济单位	万元	2880	3036	-5.1
#城镇集体经济单位	万元	680	67	914.9
农村集体	万元	2200	2969	-25.9
城乡个人投资	万元	1140	870	31.0
其他经济单位	万元	33240	6845	385.6
固定资产投资	万元	41883	19407	115.8
基本建设	万元	7629	3514	117.1
更新改造	万元	32925	9221	257.1
其他投资	万元	649	6672	-90.3
房地产开发	万元	680		

17—8 续表1

指标名称	单位	2001年	2000年	2001年比2000年增长(%)
建筑企业单位数	个	2	2	持平
建筑业企业从业人员	人	460	268	71.6
建筑业总产值	万元	1967	1423	38.2
财政总收入	**万元**	**13105**	**9681**	**35.4**
地方财政收入	万元	4827	4893	—1.3
地方财政支出	万元	12981	9289	39.7
农村居民家庭人均纯收入	元	1662	1567	6.1
乡村劳动力	万人	11.29	11.59	—2.6
#农林牧渔业劳动力	万人	8.72	8.96	—2.7
耕地面积	万亩	24.58	24.92	—1.4
有效灌溉面积	万亩	4.48	7.82	—42.7
农业机械总动力	万千瓦	5.74	5.38	6.7
化肥施用折纯量	吨	5944	4066	46.2
农村用电量	万千瓦时	915.64	1267	—27.7
农林牧渔业总产值(当年价)	**万元**	**35576**	**36883**	**—7.5**
农业产值	万元	23418	26072	
林业产值	万元	708	903	
牧业产值	万元	10584	9200	
渔业产值	万元	866	708	
农作物播种面积	万亩	48.82	49.61	—1.6
粮食播种面积	万亩	31.71	30.79	3.0
#稻谷	万亩	7.23	7.31	—1.1
大豆	万亩	1.28	1.03	24.3
小麦	万亩	4.74	5.41	—12.4
薯类	万亩	6.65	5.57	19.4
玉米	万亩	10.07	9.55	5.4
粮食产量	万吨	5.67	7.61	—25.5
#稻谷	万吨	2.43	3.06	—20.6
大豆	万吨	0.05	0.07	—28.6
小麦	万吨	0.69	0.72	—4.2
薯类	万吨	1.27	0.17	647.1
玉米	万吨	0.93	2.27	—59.0
油料产量	吨	8583	8766	—2.1
#油菜籽	吨	8196	8453	—3.0

17—8 续表2

指 标 名 称	单 位	2001年	2000年	2001年比2000年增长(%)
烤烟产量	吨	1192	3047	-60.9
茶叶产量	吨	39.44	49.6	-20.5
水果产量	吨	1892	1010	87.3
肉类总产量	吨	11171	10520	6.2
猪牛羊肉产量	吨	10443	9900	5.5
#猪 肉	吨	9904	9446	4.8
牛 肉	吨	323	238	35.7
羊 肉	吨	216	200	8.0
水产品产量	吨	1064	780	36.4
大牲畜存栏头数	头	47504	47591	-0.2
#牛	头	41863	41095	1.9
猪年末存栏数	头	116173	110546	5.1
羊年末存栏数	头	10009	15685	-36.2
大牲畜出栏头数	头	5293	2750	92.5
#牛	头	3957	2296	72.3
猪年末出栏数	头	103874	98809	5.1
羊年末出栏数	头	11102	14043	-20.9
乡镇企业单位数	个	5450	4580	19.0
乡镇企业从业人员	万人	2.29	2.18	5.0
乡镇企业总产值	万元	183134	143826	28.5
#乡镇工业总产值	万元	104483	73787	
乡镇企业总收入	万元	200950	160237	25.4
乡镇企业实际缴纳税金	万元	1890	1561	21.1
乡镇企业税后利润净额	万元	12393	7717	60.6
乡镇企业年末固定资产原值	万元	119185	61176	94.8
全部工业企业单位数	个	1892	1973	-4.1
#规模以上工业企业单位数	个	23	25	-8.0
全部工业总产值(当年价)	**万元**	**163164**	**97723**	**66.0**
#国有企业	万元	6522	6782	
集体企业	万元	1897	1676	
规模以上工业总产值	**万元**	**78586**	**40859**	**101.6**
轻工业总产值	万元	28185	20536	
重工业总产值	万元	50401	20323	

17—8 续表3

指 标 名 称	单 位	2001年	2000年	2001年比2000年增长(%)
内资企业	万元	78586	40859	
国有工业	万元	6522	6782	
集体工业	万元	1897	1676	
股份合作企业	万元	579	280	
联营企业	万元	1506	456	
有限责任公司	万元	37339	27363	
股份有限公司	万元	20238	867	
私营企业	万元	10505	3435	
其他企业	万元			
港澳台商投资企业	万元			
外商投资企业	万元			
规模以上工业企业增加值	万元	22878	14486	
规模以上工业企业资产总计	万元	74611	100262	—25.6
规模以上工业企业负债合计	万元	99697	66012	51.0
规模以上工业企业产品销售收入	万元	59039	44807	31.8
规模以上工业企业利润总额	万元	7374	1927	282.7
规模以下工业总产值	**万元**	**142**	**133.07**	
主要工业产品产量				
原 煤	万吨	28.53	26.44	7.9
发电量	万千瓦小时		120	
饮料酒	万吨		0.35	
化 肥	万吨	9.71	5.36	81.2
水 泥	万吨	3.72	7.91	—53.0
邮电业务总量(90不变价)	万元	1895	1617	17.2
本地电话用户	户	14599	11460	27.4
社会消费品零售总额	**万元**	**21710**	**19418**	**11.8**
#县	万元	14957	13127	13.9
县以下	万元	6753	6291	7.3
#贸易业	万元	13125	12313	6.6
餐饮业	万元	2690	2356	14.2
制造业	万元	2503	1869	33.9
其 它	万元	3392	2880	17.8
金融机构存款余额	万元	58238	41905	39.0
#城乡居民储蓄存款	万元	32847	27328	20.2

17—8 续表4

指标名称	单位	2001年	2000年	2001年比2000年增长(%)
金融机构贷款余额	万元	50009	43519	14.9
普通中学学校数	所	18	17	5.9
普通中学校在校学生数	人	14781	13378	10.5
普通中学教职工数	人	885	860	2.9
普通中学专任教师数	人	734	711	3.2
小学学校数	所	95	101	−5.9
小学在校学生数	人	27430	28352	−3.3
小学教职工数	人	1398	1486	−5.9
小学专任教师数	人	1336	1416	−5.6
学龄儿童入学率	%	99.5	99.3	0.2
卫生机构数	个	17	17	持平
#医　院	个	2	2	持平
卫生院	个	10	10	持平
卫生机构床位数	张	330	315	4.8
#医　院	张	210	210	0.0
卫生机构人员数	人	502	476	5.5
医院、卫生院技术人员	人	402	397	1.3
#医　生	人	204	175	16.6
刑事案件发案数	件	693		
公路里程	公里	1064	744	43.0
民用车辆拥有量	辆	1310	1579	−17.0
客　车	辆	266	242	9.9
货　车	辆	1044	1337	−21.9
货物运输量	万吨	186.5	108.5	71.9
公　路	万吨	182	107	70.1
水　运	万吨	4.5	1.5	200.0
货物周转量	万吨公里	9696	3126	210.2
公　路	万吨公里	9642	3120	209.0
水　运	万吨公里	54	6	800.0
旅客发送量	万人	225.2	206.15	9.2
公　路	万人	217	198	9.6
水　运	万人	8.2	8.15	0.6
旅客周转量	万人公里	7828.9	7132.6	9.8
公　路	万人公里	7781	7100	9.6
水　运	万人公里	47.9	32.6	46.9

17—9 修文县国民经济主要指标

指 标 名 称	单 位	2001年	2000年	2001年比2000年增长(%)
土地面积	**平方公里**	**1075.7**	**1075.7**	
年底总人口	**万人**	**29**	**28.95**	**0.2**
#少数民族人口	万人	2.33	2.31	0.9
出生人口	人	2822	4386	-35.7
死亡人口	人	1479	2385	-38.0
人口密度	人/平方公里	271	270	0.4
从业人员	**万人**	**15.13**	**14.85**	**1.9**
1.第一产业	万人	11.61	11.34	2.4
第二产业	万人	1.82	1.86	-2.2
第三产业	万人	1.7	1.65	3.0
2.在岗职工人数	万人	0.83	0.74	12.2
#国有经济单位	万人	0.76	0.7	8.6
集体经济	万人	0.04	0.04	持平
在岗职工工资总额	万元	8198	5769.8	42.1
#国有经济单位	万元	7751	5367.6	44.4
在岗职工平均货币工资	元	10146	7914	28.2
国内生产总值(当年价)	**万元**	**109575**	**94534**	**13.0**
第一产业	万元	36404	34973	4.1
第二产业	万元	43443	34748	22.7
#工 业	万元	27989	25978	6.8
第三产业	万元	29728	24813	11.9
人均国内生产总值(当年价)	元	3640	3187	11.3
全社会固定资产投资	**万元**	**26078**	**14192**	**83.8**
#国有经济单位	万元	13458	8542	57.6
集体经济单位	万元	3100	2872	7.9
#城镇集体经济单位	万元			
农村集体	万元	3100	2872	7.9
城乡个人投资	万元	4758	1820	161.4
其他经济单位	万元	4762	958	397.1
固定资产投资	万元	18220	9500	91.8
基本建设	万元	9355	3684	153.9
更新改造	万元	3074	2000	53.7

17—9　续表1

指　标　名　称	单　位	2001年	2000年	2001年比2000年增长（%）
其他投资	万元	4762	2858	66.6
房地产开发	万元	1029	958	7.4
建筑企业单位数	个	1	1	持平
建筑业企业从业人员	人	96	96	持平
建筑业总产值	万元	1520	1229	23.7
财政总收入	**万元**	**10018**	**8003**	**25.2**
地方财政收入	万元	5635	4854	16.1
地方财政支出	万元	9848	7023	40.2
农村居民家庭人均纯收入	元	1906	1808	5.4
乡村劳动力	万人	14.76	14.57	1.3
#农林牧渔业劳动力	万人	11.61	11.34	2.4
耕地面积	万亩	26.28	26.43	－0.6
有效灌溉面积	万亩	4.82	9.83	－51.0
农业机械总动力	万千瓦	8.88	8.15	9.0
化肥施用折纯量	吨	6428	6536	－1.7
农村用电量	万千瓦时	925.08	780.06	18.6
农林牧渔业总产值（当年价）	**万元**	**50343**	**45669**	**8.8**
农业产值	万元	27952	28519	
林业产值	万元	1077	1038	
牧业产值	万元	20737	15829	
渔业产值	万元	577	283	
农作物播种面积	万亩	53.74	54.73	－1.8
粮食播种面积	万亩	37.58	36.95	1.7
#稻　谷	万亩	9.43	9.37	0.6
大　豆	万亩	1.05	1.97	－46.7
小　麦	万亩	3.77	4.74	－20.5
薯　类	万亩	9.16	7.96	15.1
玉　米	万亩	11.27	11.08	1.7
粮食产量	万吨	8.36	8.89	－6.0
#稻　谷	万吨	4	4.09	－2.2
大　豆	万吨	0.11	0.16	－31.3
小　麦	万吨	0.5	0.68	－26.5

17—9 续表2

指标名称	单位	2001年	2000年	2001年比2000年增长（%）
薯类	万吨	1.76	1.5	17.3
玉米	万吨	1.79	2.27	—21.1
油料产量	吨	6795	9187	—26.0
#油菜籽	吨	6772	9039	—25.1
烤烟产量	吨	1667	2814	—40.8
茶叶产量	吨	36	49	—26.5
水果产量	吨	8395	2547	229.6
肉类总产量	吨	21521	17040	26.3
猪牛羊肉产量	吨	19242	15765	22.1
#猪肉	吨	17756	14248	24.6
牛肉	吨	1282	1316	—2.6
羊肉	吨	204	201	1.5
水产品产量	吨	713	303	135.3
大牲畜存栏头数	头	58256	57469	1.4
#牛	头	49358	48224	2.4
猪年末存栏数	头	182866	157128	16.4
羊年末存栏数	头	12756	12472	2.3
大牲畜出栏头数	头	14049	13113	7.1
#牛	头	12675	12403	2.2
猪年末出栏数	头	181608	142336	27.6
羊年末出栏数	头	9398	9803	—4.1
乡镇企业单位数	个	8440	8812	—4.2
乡镇企业从业人员	万人	2.6	2.48	4.8
乡镇企业总产值	万元	231381	193512	19.8
#乡镇工业总产值	万元	108188	98652	
乡镇企业总收入	万元	268882	224231	19.9
乡镇企业实际缴纳税金	万元	3003	2673	12.3
乡镇企业税后利润净额	万元	21253	15226	39.6
乡镇企业年末固定资产原值	万元	79718	110051	—27.6
全部工业企业单位数	个	2068	2648	—21.9
#规模以上工业企业单位数	个	21	17	23.5
全部工业总产值	**万元**	**109965**	**101354**	**8.5**
#国有企业	万元	2840	2701	

17—9 续表3

指 标 名 称	单 位	2001年	2000年	2001年比2000年增长(%)
集体企业	万元	4556	1546	
规模以上工业总产值	**万元**	**30365**	**11711**	**191.5**
轻工业总产值	万元	14893	1527	
重工业总产值	万元	15472	10184	
内资企业	万元	26717	8721	
国有工业	万元	1778	2701	
集体工业	万元	4556	1546	
有限责任公司	万元	14098		
股份有限公司	万元	1638		
私营企业	万元	4647	4474	
港澳台商投资企业	万元			
外商投资企业	万元	3648	2990	
规模以上工业企业增加值	万元	8516	3177.7	
规模以上工业企业资产总计	万元	46105	28909.3	
规模以上工业企业负债合计	万元	28369	15236	
规模以上工业企业产品销售收入	万元	30162	14987.8	
规模以上工业企业利润总额	万元	1005	—302.7	
规模以下工业总产值	**万元**	**79600**	**89643**	
主要工业产品产量				
原 煤	万吨	25	26.55	
发电量	万千瓦小时		16676	
饮料酒	万吨		0.99	
化 肥	万吨			
水 泥	万吨	20.51	60.62	
邮电业务总量(90不变价)	万元	4060	1361	
本地电话用户	户	17134	13010	31.7
社会消费品零售总额	**万元**	**23227**	**20555**	**13.0**
#县	万元	9760	8595	13.6
县以下	万元	13467	11960	12.6
#贸易业	万元	10818	9742	11.0
餐饮业	万元	6207	5370	15.6
制造业	万元	1917	1721	11.4
其 它	万元	4285	3722	15.1

17—9 续表4

指标名称	单位	2001年	2000年	2001年比2000年增长(%)
金融机构存款余额	万元	64081	55021	16.5
#城乡居民储蓄存款	万元	38384	33886	13.3
金融机构贷款余额	万元	50792	47279	7.4
普通中学学校数	所	23	23	持平
普通中学校在校学生数	人	18389	14984	22.7
普通中学教职工数	人	981	829	18.3
普通中学专任教师数	人	842	729	15.5
小学学校数	所	115	123	−6.5
小学在校学生数	人	33612	36339	−7.5
小学教职工数	人	1550	1503	3.1
小学专任教师数	人	1507	1443	4.4
学龄儿童入学率	%	97.34	99.55	−2.2
卫生机构数	个	22	22	持平
#医　院	个	4	4	持平
卫生院	个	10	10	持平
卫生机构床位数	张	349	349	持平
#医　院	张	182	182	持平
卫生机构人员数	人	642	643	−0.2
医院、卫生院技术人员	人	550	549	0.2
#医　生	人	259	221	17.2
刑事案件发案数	件	1334	1247	7.0
公路里程	公里	1114	1075	3.6
民用车辆拥有量	辆	1345	1262	6.6
客　车	辆	278	274	1.5
货　车	辆	1067	981	8.8
货物运输量	万吨	352	330	6.7
#公　路	万吨	352	330	6.7
货物周转量	万吨公里	14100	13200	6.8
#公　路	万吨公里	14100	13200	6.8
旅客发送量	万人	359	325	10.5
#公　路	万人	359	325	10.5
旅客周转量	万人公里	13856	12984	6.7
#公　路	万人公里	13856	12984	6.7

17—10　清镇市国民经济主要指标

指　标　名　称	单　位	2001年	2000年	2001年比2000年增长（%）
土地面积	**平方公里**	**1492**	**1492**	
年底总人口	**万人**	**50.26**	**50.02**	**0.5**
#少数民族人口	万人	10.85	9.00	20.6
出生人口	人	10764	8234	30.7
死亡人口	人	3269	4307	−24.1
人口密度	人/平方公里	337	335	0.6
从业人员	**万人**	**27.86**	**27.81**	**0.2**
1.第一产业	万人	15.82	15.83	−0.1
第二产业	万人	4.61	4.53	1.8
第三产业	万人	7.43	7.45	−0.3
2.在岗职工人数	万人	4.36	4.45	−2.0
#国有经济单位	万人	2.66	2.76	−3.6
集体经济	万人	0.27	0.28	−3.6
在岗职工工资总额	万元	48520	39035	24.3
#国有经济单位	万元	34853	27359	27.4
在岗职工平均货币工资	元	10988	8865	23.9
国内生产总值(当年价)	**万元**	**286478**	**253533**	**10.8**
第一产业	万元	41496	40058	3.6
第二产业	万元	172755	153731	10.9
#工　业	万元	149876	136850	8.5
第三产业	万元	72227	59744	15.0
人均国内生产总值(当年价)	元	5702	5095	9.7
全社会固定资产投资	万元	60138	44633	34.7
#国有经济单位	万元	24334	23261	4.6
集体经济单位	万元	7672	8888	−13.7
#城镇集体经济单位	万元	340	300	13.3
农村集体	万元	7332	8588	−14.6
城乡个人投资	万元	11740	7985	47.0
其他经济单位	万元	16392	4499	264.3

17—10 续表1

指 标 名 称	单 位	2001年	2000年	2001年比2000年增长(%)
固定资产投资	万元	41066	27760	47.9
基本建设	万元	24914	17839	39.7
更新改造	万元	4376	5473	—20.0
其他投资	万元	6945	1909	263.8
房地产开发	万元	4831	2539	90.3
建筑企业单位数	个	10	10	持平
建筑业企业从业人员	人	4770	5343	—10.7
建筑业总产值	万元	101000	41788	141.7
财政总收入	**万元**	**24352**	**21596**	**12.8**
地方财政收入	万元	12727	10938	16.4
地方财政支出	万元	20327	15375	32.2
农村居民家庭人均纯收入	元	2027	1910	6.1
乡村劳动力	万人	22.97	22.81	0.7
#农林牧渔业劳动力	万人	17.16	15.75	9.0
耕地面积	万亩	28.98	29.20	—0.8
有效灌溉面积	万亩	15.46	10.13	52.6
农业机械总动力	万千瓦	6.79	6.15	10.4
化肥施用折纯量	吨	11289	9088	24.2
农村用电量	万千瓦时	3274	2912	12.4
农林牧渔业总产值(当年价)	**万元**	**63971**	**60879**	**4.9**
农业产值	万元	35924	34907	
林业产值	万元	1657	1555	
牧业产值	万元	22332	20790	
渔业产值	万元	4058	3627	
农作物播种面积	万亩	60.09	59.17	1.6
粮食播种面积	万亩	38.51	38.42	0.2
#稻 谷	万亩	9.51	9.57	—0.6
大 豆	万亩	2.75	2.53	8.7
小 麦	万亩	3.86	3.84	0.5

17—10 续表2

指标名称	单位	2001年	2000年	2001年比2000年增长（%）
薯　类	万亩	7.67	7.88	—2.7
玉　米	万亩	11.98	11.68	2.6
粮食产量	万吨	12.88	12.98	—0.8
#稻　谷	万吨	5.06	4.98	1.6
大　豆	万吨	0.46	0.41	12.2
小　麦	万吨	0.49	0.62	—21.0
薯　类	万吨	1.28	1.36	—5.9
玉　米	万吨	5.31	5.25	1.1
油料产量	吨	8597	9273	—7.3
#油菜籽	吨	8414	9189	—8.4
烤烟产量	吨	2054	2541	—19.2
茶叶产量	吨	544.26	536.39	1.5
水果产量	吨	4701.13	4038.18	16.4
肉类总产量	吨	18986	17453	8.8
猪牛羊肉产量	吨	17216	15815	8.9
#猪　肉	吨	15610	14749	5.8
牛　肉	吨	1428	929	53.7
羊　肉	吨	178	137	29.9
水产品产量	吨	4244	3905	8.7
大牲畜存栏头数	头	83502	83128	0.4
#牛	头	74601	74264	0.5
猪年末存栏数	头	180285	173626	3.8
羊年末存栏数	头	9255	9660	—4.2
大牲畜出栏头数	头	13262	8243	60.9
#牛	头	11818	7834	50.9
猪年末出栏数	头	177878	168339	5.7
羊年末出栏数	头	9826	7842	25.3
乡镇企业单位数	个	12696	13264	—4.3
乡镇企业从业人员	万人	5.49	5.23	5.0

17—10　续表3

指　标　名　称	单　位	2001年	2000年	2001年比2000年增长（%）
乡镇企业总产值	万元	306775	260517	17.3
#乡镇工业总产值	万元	132249	113528	16.5
乡镇企业总收入	万元	393085	314335	25.1
乡镇企业实际缴纳税金	万元	6157	5443	13.1
乡镇企业税后利润净额	万元	31100	14100	120.6
乡镇企业年末固定资产原值	万元	65862	52727	24.9
全部工业企业单位数	个	3979	4300	—7.5
#规模以上工业企业单位数	个	44	44	持平
全部工业总产值(当年价)	**万元**	**403414**	**350956**	**8.4**
#国有企业	万元	185639	161346	
集体企业	万元	13498	18601	
规模以上工业总产值	**万元**	**278108**	**241690**	**4.4**
轻工业总产值	万元	8608	10053	
重工业总产值	万元	269500	231637	
内资企业	万元	276808	241690	
国有工业	万元	191363	161346	
集体工业	万元	2000	5452	
股份合作企业	万元	689		
联营企业	万元	568	223	
有限责任公司	万元	65697	56937	
股份有限公司	万元	14679	16626	
私营企业	万元	1810	1106	
其他企业	万元			
港澳台商投资企业	万元	1300		
外商投资企业	万元			
规模以上工业企业增加值	万元	98695	93421	
规模以上工业企业资产总计	万元	714428	754606	—5.3
规模以上工业企业负债合计	万元	670962	657251	2.1
规模以上工业企业产品销售收入	万元	235662	230026	2.4

17—10 续表4

指 标 名 称	单 位	2001年	2000年	2001年比2000年增长(%)
规模以上工业企业利润总额	万元	—10541	5213	—302.2
规模以下工业总产值	**万元**	**125305**	**109266**	
主要工业产品产量				
原 煤	万吨	38.94	46.55	—16.3
发电量	万千瓦小时	757176	690548	9.6
饮料酒	万吨		0.7	
化 肥	万吨	3.04	6.94	—56.2
水 泥	万吨	22.77	19.92	14.3
邮电业务总量(90不变价)	万元	2950	2258	30.6
本地电话用户	户	25500	18169	40.3
社会消费品零售总额	万元	40902	36856	11.0
#市	万元	25825	23857	8.2
县	万元			
县以下	万元	15077	12999	16.0
#贸易业	万元	31225	27822	12.2
餐饮业	万元	3714	3400	9.2
制造业	万元			
其 它	万元	5963	5634	5.8
金融机构存款余额	万元	137188	121981	12.5
#城乡居民储蓄存款	万元	85363	73242	16.5
金融机构贷款余额	万元	84489	75636	11.7
普通中等专业学校学校数	所	1	1	持平
普通中等专业学校在校学生数	人	1311	809	62.1
普通中等专业学校教职工数	人	194	159	22.0
#教师数	人	112	85	31.8
普通中学学校数	所	29	27	7.4
普通中学校在校学生数	人	24920	22585	10.3
普通中学教职工数	人	1481	1364	8.6
普通中学专任教师数	人	1254	1156	8.5
小学学校数	所	271	285	—4.9

17—10 续表5

指 标 名 称	单 位	2001年	2000年	2001年比2000年增长(%)
小学在校学生数	人	62118	62379	—0.4
小学教职工数	人	2690	2556	5.2
小学专任教师数	人	2631	2487	5.8
学龄儿童入学率	%	99.5	99.58	—0.1
卫生机构数	个	365	273	33.7
#医 院	个	11	11	持平
卫生院	个	10	10	持平
卫生机构床位数	张	984	968	1.7
#医 院	张	696	458	52.0
卫生机构人员数	人	1799	1510	19.1
医院、卫生院技术人员	人	1096	1054	4.0
#医 生	人	917	859	6.8
刑事案件发案数	件	2001	1911	4.7
公路里程	公里	1900	1900	0.0
民用车辆拥有量	辆	3551	2781	27.7
客 车	辆	808	564	43.3
货 车	辆	2743	2217	23.7
其 他	辆			
货物运输量	万吨	1014	1014	持平
公 路	万吨	1014	1014	持平
水 运	万吨			
货物周转量	万吨公里	25350	25364	—0.1
公 路	万吨公里	25350	25364	—0.1
水 运	万吨公里			
旅客发送量	万人	569.26	654	—13.0
公 路	万人	515.26	606	—15.0
水 运	万人	54	48	12.5
旅客周转量	万人公里	16452	28207	—41.7
公 路	万人公里	15472	27247	—43.2
水 运	万人公里	980	960	2.1

全国省会城市主要指标

18

18—1 全国省会城市主要指标

(2001年)

城市	年末总人口(万人)	位次	人口自然增长率(‰)	位次	国内生产总值(亿元)	位次	2001年比2000年±%
北京	1364.80		0.8		2817.60		11.0
上海	1327.14		—2.7		4950.84		10.2
天津	913.98		1.6		1826.67		12.0
重庆	3097		2.8		1749.75		9.0
昆明	487.52	15	6.8	7	673.06	15	8.5
成都	1019.90	1	1.6	23	1490.86	3	13.1
贵阳	**335.81**	**18**	**6.3**	**8**	**302.75**	**22**	**11.2**
南宁	294.56	21	7.2	6	324.79	20	9.8
西安	694.84	7	4.7	15	733.85	13	14.0
兰州	296.51	20	7.5	4	348.75	19	10.0
乌鲁木齐	169.03	24	6.2	9	315.00	21	9.4
呼和浩特	211.83	22	7.5	5	211.12	23	19.9
银川	103.91	25	8.3	2	104.82	25	9.5
西宁	200.20	23	10.7	1	104.49	26	12.5
拉萨	50.34	27	6.2	10	47.00	27	16.5
广州	712.60	5	4.2	16	2684.83	1	12.7
福州	594.14	11	4.8	14	1074.23	9	9.4
杭州	629.14	10	2.9	20	1568.01	2	12.2
南京	553.04	14	1.6	24	1154.44	6	11.2
海口	60.20	26	8.2	3	145.65	24	10.4
沈阳	689.34	8	0.9	25	1236.47	5	10.1
哈尔滨	941.10	2	3.7	19	1120.10	7	11.2
长春	705.73	6	2.6	21	1003.00	11	13.4
石家庄	895.94	3	—5.7	26	1085.43	8	9.1
太原	315.31	19	5.9	11	386.34	17	10.5
合肥	442.16	16	5.4	13	363.44	18	12.5
南昌	440.16	17			485.62	16	12.1
济南	569.00	13	3.8	17	1066.16	10	12.1
郑州	638.91	9	4.5	12	828.20	12	10.9
武汉	758.23	4	2.5	22	1347.80	4	12.0
长沙	587.10	12	3.8	18	728.08	14	12.1

注:1.产值类指标绝对数按当年价格计算,增长速度按可比价格计算;

2.各城市部分数据为年快报数,与实际数可能有差异。

18—1续表1

城　市	第一产业（亿元）	第二产业（亿元）	第三产业（亿元）	人均国内生产总值（元）		
					位　次	2001年比2000年±%
北　京	93.00	1063.70	1660.90	25300		10.2
上　海	85.50	2355.53	2509.81	37382		9.6
天　津	78.56	891.51	856.60	19986		11.6
重　庆	293.00	726.64	730.11	5655		
昆　明	53.97	312.71	306.39	13900	12	6.9
成　都	132.54	676.13	682.19	14665	10	12.9
贵　阳	**25.09**	**152.69**	**124.97**	**9073**	**25**	**8.8**
南　宁	49.52	93.43	181.84	11086	21	8.5
西　安	45.87	326.42	361.56	10620	22	
兰　州	16.89	181.31	150.55	11877	18	7.9
乌鲁木齐	4.06	114.50	196.44	16500	9	5.0
呼和浩特	25.24	95.37	90.51	9902	24	18.8
银　川	11.46	45.05	48.32	10233	23	5.5
西　宁	8.61	43.96	51.92	5239	27	
拉　萨	6.00	11.40	29.60	11539	19	15.5
广　州	95.73	1136.51	1452.59	38000	1	10.5
福　州	132.64	505.63	435.95	18034	6	8.4
杭　州	111.46	793.58	662.98	25074	2	11.1
南　京	58.75	557.61	538.08	20671	4	7.5
海　口	3.59	40.27	101.78	24782	3	3.0
沈　阳	76.63	542.28	617.56	17992	7	9.6
哈尔滨	186.10	393.10	540.90	11900	17	12.1
长　春	135.90	443.60	423.50	14300	11	21.6
石家庄	153.63	501.87	429.92	12157	16	
太　原	14.94	189.60	181.80	12381	14	7.8
合　肥	38.09	179.16	146.19	8256	26	9.8
南　昌	47.94	231.16	206.52	11129	20	
济　南	97.17	443.15	525.84	18842	5	11.0
郑　州	45.31	404.78	378.10	12335	15	
武　汉	85.03	594.84	667.93	17882	8	
长　沙	78.36	297.09	352.62	12436	13	11.4

18—1续表2

城市	农林牧渔业总产值（亿元）	位次	2001年比2000年±%	规模以上工业总产值（亿元）	位次	2001年比2000年±%
北京	214.10		9.7	2833.40		16.1
上海	227.61		7.1			
天津	169.50		8.0	2852.09		15.2
重庆				1062.34		14.3
昆明	85.86	13	5.4	411.00	15	10.0
成都	212.14	5	7.3	707.70	10	11.9
贵阳	**38.97**	**20**	**4.1**	**258.85**	**20**	**10.1**
南宁	77.79	15	2.1	133.78	22	9.3
西安	76.75	16	2.8	581.42	12	8.0
兰州	27.99	21	4.3	411.92	14	11.7
乌鲁木齐	8.18	25	10.0	251.82	21	11.6
呼和浩特	41.23	19	0.5	124.52	23	31.9
银川	18.80	23	5.4	87.18	25	9.0
西宁	15.32	24	8.2	84.64	26	2.3
拉萨	7.72	26	−9.2			
广州	167.05	6	1.6	2822.00	1	15.8
福州	215.39	4	0.8	787.44	7	13.7
杭州	165.00	7	7.9	1919.51	2	19.3
南京	113.29	12	6.5	1773.60	3	10.7
海口	5.55	27	11.7	100.13	24	20.1
沈阳	141.35	9	4.5	757.19	9	7.0
哈尔滨	295.44	2	5.2	527.6	13	9.3
长春	223.82	3	13.3	954.45	5	24.3
石家庄	307.00	1	4.2	860.87	6	10.2
太原	23.34	22	−5.2	332.13	18	10.9
合肥	67.03	18	2.1	355.34	17	19.2
南昌	74.21	17	4.5	285.16	19	13.2
济南	162.30	8	5.2	786.70	8	16.1
郑州	78.73	14	5.7	640.10	11	10.1
武汉	133.78	10	5.6	1020.84	4	14.8
长沙	124.00	11	5.9	370.03	16	14.9

18—1续表3

城　市	全社会固定资产投资总额(亿元)	位　次	2001年比2000年±%	社会消费品零售总额(亿元)	位　次	2001年比2000年±%
北　京	1530.50		18.0	1593.50		10.4
上　海	1994.73		6.7	1861.30		8.1
天　津	705.10		15.8	832.70		13.0
重　庆	801.82		22.3	699.33		8.7
昆　明	263.91	14	10.4	265.28	15	10.7
成　都	582.21	3	22.3	627.52	3	13.2
贵　阳	**155.42**	**17**	**36.8**	**121.66**	**22**	**12.1**
南　宁	104.00	21	8.5	163.44	18	9.3
西　安	288.00	11	23.8	365.90	13	11.4
兰　州	172.42	16	12.2	173.88	16	8.9
乌鲁木齐	140.50	19	16.3	134.60	21	9.5
呼和浩特	95.31	23	38.5	79.87	24	15.0
银　川	52.96	26	9.0	45.47	26	9.5
西　宁	69.27	25	28.7	57.60	25	9.3
拉　萨	48.54	27	45.3	24.00	27	17.5
广　州	964.08	1	4.4	1243.00	1	11.0
福　州	257.06	15	8.2	386.28	10	9.8
杭　州	629.27	2	22.1	458.82	7	13.6
南　京	464.90	5	12.8	465.83	6	11.0
海　口	72.10	24	11.2	81.03	23	9.4
沈　阳	302.81	9	15.5	623.50	4	10.2
哈尔滨	311.80	8	22.9	503.00	5	10.6
长　春	285.00	12	21.2	385.00	11	12.5
石家庄	380.87	6	5.5	369.10	12	11.6
太　原	122.71	20	17.1	161.13	19	9.1
合　肥	142.54	18	8.9	164.60	17	11.0
南　昌	96.87	22	21.3	160.81	20	11.4
济　南	344.20	7	12.5	397.50	8	12.1
郑　州	295.70	10	14.4	386.50	9	11.8
武　汉	508.44	4	10.1	685.00	2	13.0
长　沙	279.80	13	38.3	344.97	14	12.1

18—1续表4

城　　市	进出口贸易总额（万美元）	位　次	2001年比2000年±%	实际利用外　资（万美元）	2001年比2000年±%	国际旅游者人数（万人次）
北　　京	5154000		3.9	401000	33.2	285.80
上　　海	6089800		11.3	741000	37.5	204.26
天　　津	3237100		8.6	329700	16.7	42.14
重　　庆	183389		2.7	42442	22.9	31.33
昆　　明	134097	13	16.5			59.08
成　　都	189528	9	28.0	30972	17.0	34.60
贵　　阳	**49428**	**22**	**0.9**	**5941**	**12.1**	**5.95**
南　　宁	53733	21	—18.5	11269	34.0	5.67
西　　安	169914	10	—2.2	17687	13.1	67.20
兰　　州	46000	23	13.1	11000	54.9	3.90
乌鲁木齐	63142	20	—29.5	1690	2.9倍	11.51
呼和浩特	7580	26	8.3	3600	3.3	2.03
银　　川	27900	24	9.4	976	62.1	0.49
西　　宁	18309	25	35.6	456		1.20
拉　　萨	1300	27	16.4			2.63
广　　州	2303700	1	—1.4	332700	6.8	
福　　州	537892	4	5.6	100198	25.1	28.88
杭　　州	1129800	2	7.8	50324	16.8	81.94
南　　京	958834	3	5.4	95207	—3.5	46.98
海　　口	91382	19	73.8	21349	—38.5	11.20
沈　　阳	279178	5	4.0	85217	19.6	17.70
哈 尔 滨	126578	14	4.6	22384	10.2	16.97
长　　春	229986	6	33.5	50666	39.5	6.69
石 家 庄	94219	18		16701	12.5	4.31
太　　原	118386	15	—12.7	6920	—4.9	4.37
合　　肥	205419	8	7.0	17600	33.9	3.92
南　　昌	97169	17	—12.9	12767	2.9倍	4.14
济　　南	150143	12	4.3	42520	33.0	9.75
郑　　州	99377	16	10.4	7140		8.95
武　　汉	215648	7	6.2	72223	—4.2	28.59
长　　沙	165100	11	0.4	26527	49.8	23.52

18—1续表5

城市	旅游外汇收入（万美元）	财政总收入（亿元）	2001年比2000年±%	地方财政预算内收入（亿元）	位次	2001年比2000年±%
北京	295000			507.70		27.4
上海				620.24		24.6
天津	28000	304.50	24.4			
重庆	16341			126.41		21.0
昆明	15824	123.02	3.0	57.90	10	6.2
成都	11700	145.32	22.5	71.90	6	31.4
贵阳	**1633**	**63.51**	**12.4**	**27.97**	**17**	**15.8**
南宁	1340	38.53	27.2	24.30	19	40.1
西安	29000	83.00	20.3	51.45	12	9.6
兰州	821	34.70	26.9	19.61	22	18.1
乌鲁木齐	3159	34.84	24.2	31.48	16	20.4
呼和浩特	390	22.91	13.6	13.67	23	10.7
银川	215	17.48		10.17	24	32.4
西宁	150	10.82	23.4	6.52	26	16.8
拉萨				2.11	27	14.1
广州	165200			246.19	1	23.1
福州	20800	91.11	21.7	58.62	9	19.0
杭州	37300	188.46	31.9	104.28	3	50.7
南京	24400	204.77	24.4	112.64	2	21.7
海口	2645	22.27	24.4	7.75	25	22.9
沈阳	10589	154.06	28.7	76.65	5	31.4
哈尔滨	6701	103.10	19.4	65.40	7	19.6
长春	3072	97.42	28.1	36.26	15	19.4
石家庄	2609	71.86	16.5	44.33	13	17.5
太原	1811	35.16	12.9	24.16	20	12.5
合肥	2317	49.29	17.6	27.69	18	13.6
南昌	2913	52.43	17.6	21.41	21	17.0
济南	3374	201.87	18.9	59.61	8	21.5
郑州	5013	157.00		51.98	11	19.1
武汉	12138	150.18	21.8	86.16	4	28.7
长沙	13500	63.04	23.4	42.16	14	22.4

18—1续表6

城　　市	地方财政支　　出（亿元）	位　次	2001年比2000年±%	金融机构存款余额（亿元）	比年初±%	金融机构贷款余额（亿元）	比年初±%
北　　京	612.50		24.9	12223.00	25.2	7203.00	19.9
上　　海	726.38		16.6	9584.22		7187.90	
天　　津				2562.55		2159.86	
重　　庆	255.92		22.6	2294.05	20.4	1871.98	
昆　　明	70.64	8	2.7	1295.21	13.8	943.77	11.3
成　　都	100.29	5	26.7	2257.12	19.4	1762.27	18.5
贵　　阳	**36.17**	**16**	**16.5**	**645.22**	**21.7**	**486.31**	**20.2**
南　　宁	25.74	22	19.2	672.66	4.9	490.94	10.1
西　　安	54.21	14	4.5	1629.70	22.1	1186.00	22.0
兰　　州	31.48	17	8.7	802.00	19.4	649.50	10.3
乌鲁木齐	25.00	23	19.6	772.95	16.8	658.13	13.4
呼和浩特	27.22	21	38.6	368.90	18.4	287.60	10.1
银　　川	13.00	26	36.5	266.84	23.4	225.40	16.2
西　　宁	13.86	24	34.0	279.65	30.3	236.18	28.3
拉　　萨	7.89	27	33.3	147.28	55.9	68.93	19.8
广　　州	292.63	1	21.6	6228.04	12.6	4336.50	11.8
福　　州	55.17	13	13.6	1251.02	21.0	1157.15	31.0
杭　　州	104.93	4	42.9	2621.51	25.5	2087.70	23.8
南　　京	117.72	3	16.2	2293.02	16.8	1962.27	15.1
海　　口	13.82	25	25.3	531.80	—5.8	607.61	56.0
沈　　阳	99.30	6	17.0	1907.00	12.1	1547.30	11.1
哈 尔 滨	93.60	7	20.2	1495.40	17.2	1466.60	9.1
长　　春	58.97	12	15.4	1158.40	14.3	1344.80	8.1
石 家 庄	59.42	11	18.2	1470.74	10.6	1349.27	17.3
太　　原	29.74	19	21.0	1121.61	22.5	820.94	25.9
合　　肥	31.02	18	20.3	710.94	26.3	705.10	18.0
南　　昌	28.16	20	18.5	791.05	18.1	517.72	18.9
济　　南	70.37	9	28.6	1457.50	14.3	1292.00	20.8
郑　　州	59.71	10	21.9	1627.3	23.6	1256.80	26.3
武　　汉	119.60	2	34.3	2014.86	19.8	1518.73	13.8
长　　沙	52.33	15	26.3	986.85	19.4	778.28	23.2

18—1续表7

城市	居民消费价格总指数(%)	位次	城镇居民人均可支配收入(元)	位次	农民人均纯收入(元)	位次
北京	103.1		11578		5099	
上海	100.0		12883		5850	
天津	101.2		8958		4825	
重庆	101.9		6721		1971	
昆明	100.6	11	7790	11	2318	22
成都	100.8	9	8128	7	3111	11
贵阳	**103.2**	**2**	**6909**	**15**	**2229**	**23**
南宁	102.8	3	7906	8	2321	21
西安	98.7	22	6705	18	2490	20
兰州	102.1	5	6325	23	2134	24
乌鲁木齐	105.0	1	7897	9	3580	5
呼和浩特	100.4	12	6182	26	2561	18
银川	101.4	7	6257	24	2852	14
西宁	103.2	2	6041	27	1671	27
拉萨	101.8	6	7869	10	1816	26
广州	98.9	20	14694	1	6446	1
福州	98.7	22	8675	5	4015	4
杭州	99.5	17	10896	2	4896	2
南京	99.9	15	8848	3	4311	3
海口	98.8	21	7755	12	3539	6
沈阳	100.0	14	6386	21	3230	7
哈尔滨	101.2	8	6407	20	2618	17
长春	102.3	4	6339	22	2785	15
石家庄	99.8	16	6805	17	3149	10
太原	99.0	19	6500	19	2738	16
合肥	99.4	18	6817	16	2032	25
南昌	100.6	11	6206	25	2517	19
济南	100.3	13	8607	6	3216	9
郑州	100.7	10	7266	14	3068	13
武汉	99.5	17	7305	13	3100	12
长沙	98.4	23	8704	4	3218	8

全省地(州、市)信息资料

19

19—1 全省各地、州、市交流年报资料

（2001年）

地、州、市名称	总人口（万人）		国内生产总值（万元）		第一产业（万元）		第二产业（万元）	
	绝对数	同比±%	绝对数	同比±%	绝对数	同比±%	绝对数	同比±%
贵 阳 市	335.81	1.3	3027470	11.2	250919	3.8	1526873	11.7
六盘水市	286.27	1.0	905076	9.1	137862	4.4	491289	9.3
遵 义 市	697.41	1.0	2525677	8.6	826572	—0.9	911930	15.2
铜仁地区	371.30	0.9	672807	8.1	384642	0.2	133332	21.5
黔西南州	295.88	1.1	672053	9.4	228981	3.3	228436	15.4
毕节地区	692.05	0.9	1271620	10.0	542246	2.2	363800	20.6
安顺地区	246.67	1.0	635033	9.4	189223	1.7	230440	15.7
黔东南州	411.66	0.8	859138	9.3	356926	3.0	249542	12.6
黔 南 州	373.16	0.8	1060257	8.0	349459	1.8	412107	8.6

19—1续表1

地、州、市名称	第三产业（万元）		农林牧渔业总产值（万元）		农业产值（万元）		林业产值（万元）	
	绝对数	同比±%	绝对数	同比±%	绝对数	同比±%	绝对数	同比±%
贵 阳 市	1249678	12.1	389659	4.1	237175	1.4	6769	—16.0
六盘水市	275925	11.4	207819	2.5	144329	2.5	4882	—21.1
遵 义 市	787175	13.1	1277528	7.1	805502	—4.90	41670	4.2
铜仁地区	154883	20.7	600652	0.2	392976	—2.8	16259	—25.5
黔西南州	214636	10.3	393934	3.4	233639	1.8	19061	3.3
毕节地区	365574	17.3	839316	1.6	573633	1.5	11970	—7.5
安顺地区	215370	10.1	265804	1.2	168792	1.2	10009	—6.8
黔东南州	252670	15.7	560466	3.1	364865	5.4	25753	—26.7
黔 南 州	298691	15.7	545443	—0.3	345875	0.2	34590	—6.1

19—1续表2

地、州、市名称	牧业产值(万元)		渔业产值(万元)		全部工业总产值(万元)		规模以上工业产值(万元)	
	绝对数	同比±%	绝对数	同比±%	绝对数	同比±%	绝对数	同比±%
贵阳市	137845	8.7	7870	12.5	3206431	10.5	2588494	10.1
六盘水市	58396	5.8	212	-45.6	954897	8.9	654406	5.0
遵义市	418512	7.8	11844	8.1	1810267	13.4	1218984	12.2
铜仁地区	181735	9.9	9682	27.2	242319	6.8	155345	11.3
黔西南州	137913	6.3	3321	2.9	538919	14.7	435640	6.1
毕节地区	251910	2.7	1803	2.6	672120	10.9	392120	24.8
安顺地区	84519	2.2	2484	2.5	610277	12.6	514363	14.3
黔东南州	153247	7.8	16601	11.5	385866	26.7	275044	26.7
黔南州	161282	0.1	3696	3.5	823541	11.1	503441	9.7

19—1续表3

地、州、市名称	全社会固定资产投资(万元)		基本建设投资(万元)		更新改造(万元)		房地产(万元)	
	绝对数	同比±%	绝对数	同比±%	绝对数	同比±%	绝对数	同比±%
贵阳市	1554183	36.8	555418	46.4	394201	27.1	433327	39.6
六盘水市	378888	13.8	139434	1.5	148452	16.0	15899	3.2倍
遵义市	815227	35.8	236448	45.9	250477	30.2	106171	91.1
铜仁地区	267053	44.1	155282	35.5	30614	36.7	20854	110.8
黔西南州	211476	36.4	62318	4.1	62667	11.2	7011	3.8倍
毕节地区	400518	64.8	226409	126.1	43212	18.0	12838	-32.5
安顺地区	303370	35.5	75760	-1.6	50959	76.6	25817	23.7
黔东南州	388685	42.9	178398	88.6	98673	1.6	28269	88.5
黔南州	244670	12.2	72369	1.0	74022	78.9	30449	5.9

19—1续表4

地、州、市名称	邮电业务总量（万元）	社会消费品零售总额（万元）		财政总收入（万元）		地方财政收入（万元）	
		绝对数	同比±％	绝对数	同比±％	绝对数	同比±％
贵阳市	169577	1216553	12.1	635145	12.4	279687	15.8
六盘水市	17100	199189	7.6	95278	11.7	54114	14.3
遵义市	68650	595140	12.6	268797	11.3	124652	7.5
铜仁地区	22553	187839	8.2	58143	14.3	40395	11.0
黔西南州	19880	188881	7.20	77338	12.0	45903	10.1
毕节地区	25503	207465	7.0	153640	11.0	88709	16.6
安顺地区	24534	231547	9.1	74942	19.4	42419	16.5
黔东南州	45989	225069	10.0	73219	8.6	51659	7.2
黔南州	36047	289618	7.1	112168	8.20	60304	8.9

19—1续表5

地、州、市名称	地方财政支出（万元）		金融机构存款余额（万元）		城乡居民储蓄存款余额（万元）		金融机构贷款余额（万元）	
	绝对数	同比±％	绝对数	同比±％	绝对数	同比±％	绝对数	同比±％
贵阳市	361699	16.5	6452190	21.7	2401281	21.5	4863088	20.2
六盘水市	120670	19.5	863751	12.8	389997	14.5	746562	19.7
遵义市	281214	26.4	2062409	23.7	1170426	15.8	1560012	7.9
铜仁地区	147196	36.9	491852	20.9	326875	21.4	547839	6.5
黔西南州	122484	32.6	602395	28.4	307194	19.3	478609	7.3
毕节地区	213757	32.1	667779	30.5	397231	23.3	807058	5.6
安顺地区	114718	31.2	687158	14.8	394305	19.9	690570	17.3
黔东南州	194754	40.7	789755	18.7	517651	17.0	785643	9.1
黔南州	180056	34.2	783453	18.5	512702	14.6	754037	3.3

19—1续表6

地、州、市名称	居民消费价格指数(%)		乡镇企业总产值(万元)		乡镇企业营业收入(万元)	
	绝对数	同比±%	绝对数	同比±%	绝对数	同比±%
贵阳市	103.2	3.2	3472436	24.9	4934006	26.9
六盘水市	100.9	0.9	999822	15.8	1107469	24.0
遵义市	100.3	0.3	3100082	15.3	3546001	11.1
铜仁地区	99.6	—0.4	836189	22.0	963207	22.6
黔西南州	100.7	2.3	469552	14.1	498418	11.5
毕节地区	101.6	1.6	2047963	13.0	2161266	14.2
安顺地区	101.6	1.6	923958	15.3	1257803	19.2
黔东南州	97.9	2.1	869562	19.2	877904	17.8
黔南州	99.9	—0.1	1424910	14.4	1435037	15.4

19—1续表7

地、州、市名称	在岗职工年平均工资(元)		城镇居民人均可支配收入(元)		农民人均纯收入(元)	
	绝对数	同比±%	绝对数	同比±%	绝对数	同比±%
贵阳市	10611	20.8	6909	7.1	2229	5.9
六盘水市	9028	15.3	5146	7.0	1360	3.6
遵义市	8750	25.0	5540	6.3	1744	2.3
铜仁地区	8225	32.0	5337	11.5	1306	2.4
黔西南州	8047	26.3	5785	22.4	1407	3.2
毕节地区	7872	27.8	4401	16.1	1292	0.6
安顺地区	9000	39.3	4839	4.5	1382	1.6
黔东南州	7668	30.1	5240	7.2	1326	3.2
黔南州	8077	25.8	5589	13.6	1428	0.8

主要年份经济指标

20

20—1 全市从业人员年末数

单位:万人

年 份	从业人员	其 中			其 中	
		第一产业	第二产业	第三产业	城镇私营（含个体）	农村从业（人员）
1978	102.69	51.33	32.04	19.29	0.66	52.19
1979	104.70	50.97	34.61	19.12	0.72	51.89
1980	107.94	52.12	35.59	20.23	0.98	53.15
1981	111.82	53.12	35.86	22.84	1.37	55.13
1982	114.92	54.69	36.30	23.93	1.56	56.81
1983	116.09	54.72	36.65	24.72	1.86	58.29
1984	125.17	55.84	39.67	29.66	2.59	60.93
1985	133.41	56.89	46.75	29.77	2.92	63.98
1986	139.64	59.57	45.85	34.22	5.02	65.97
1987	143.07	62.16	48.69	32.22	3.71	68.55
1988	146.47	67.70	48.51	33.26	3.96	71.50
1989	152.09	68.67	48.95	34.47	4.98	76.61
1990	159.57	71.50	49.99	38.08	5.15	80.89
1991	164.06	72.42	52.77	38.87	5.44	81.25
1992	169.85	74.77	52.20	42.88	5.24	83.76
1993	173.71	76.93	53.00	43.78	6.06	88.46
1994	181.94	79.11	56.28	46.55	4.11	90.63
1995	184.28	78.07	56.29	49.94	9.02	84.96
1996	189.73	78.85	56.00	54.88	17.28	94.71
1997	195.86	77.79	59.96	58.11	18.78	96.98
1998	200.35	77.24	63.27	59.84	19.82	98.95
1999	200.58	79.32	59.40	61.86	19.66	99.73
2000	204.29	87.01	53.70	63.58	24.55	116.83
2001	202.75	79.52	52.21	71.02	27.83	105.69

20—2 全市年末职工人数与工资总额

年份	职工人数（万人）	国有经济	集体经济	其它经济	全部职工工资总额（万元）	国有经济	集体经济	其它经济
1978	49.84	37.01	12.83		29466	23411	5876	
1979	52.10	38.58	13.52		33116	26859	6089	
1980	53.80	40.30	13.50		39884	32369	7419	
1981	55.32	42.46	13.86		41777	33352	8298	
1982	56.55	43.53	14.02		43699	34756	8967	
1983	55.94	42.77	14.17		45583	35490	9730	
1984	56.79	43.18	14.53	0.08	53492	41153	12160	
1985	60.05	43.12	16.43	0.50	64125	51292	12833	
1986	61.61	45.53	16.02	0.06	73409	59618	13748	43
1987	63.26	46.90	16.34	0.02	82510	67533	14929	48
1988	63.77	48.05	15.59	0.13	97748	107830	16819	98
1989	64.32	49.25	14.87	0.20	109392	91423	17662	306
1990	68.31	50.68	17.23	0.39	134771	109630	24155	985
1991	70.33	51.67	18.28	0.38	149080	119246	28633	1200
1992	71.22	51.78	18.79	0.65	173728	137969	33572	2186
1993	72.71	52.92	18.83	0.96	209844	16713	41114	4016
1994	70.75	52.84	16.95	0.95	280397	228097	47217	5083
1995	66.60	51.85	12.64	1.98	316787	263713	41337	11736
1996	68.32	52.23	13.20	2.89	366122	296943	50759	18420
1997	69	52.76	13.29	2.95	397699	324947	50808	21944
1998	60.99	42.58	10.45	7.96	397802	284117	51178	62507
1999	55.55	38.82	8.57	8.16	419681	308397	47082	64202
2000	53.62	38	7.44	8.18	473641	351290	46795	75556
2001	50.11	36.09	5.57	8.45	525095	404655	39109	81331

注:1998年以后年份的职工人数工资为在岗职工口径。

20—3　全市国内生产总值

（当年价）

年份	国内生产总值（万元）	其中			三次产业构成（%）		
		第一产业	第二产业	第三产业	第一产业	第二产业	第三产业
1949	5444	4005	492	947	73.6	9.0	17.4
1952	9338	5084	2303	1951	54.4	24.7	20.9
1957	19240	7464	7925	3851	38.8	41.2	20.0
1962	25554	5916	13340	6298	23.2	52.2	24.7
1965	4220	8944	24324	8952	21.2	57.6	21.2
1970	68494	9653	45160	13681	14.1	65.9	20.0
1975	65602	10563	40071	14968	16.1	61.1	22.8
1978	107690	14397	70431	22862	13.4	65.4	21.2
1980	141506	17245	95319	28942	12.2	67.4	20.5
1981	147901	21118	93196	33587	14.3	63.0	22.7
1982	164450	24851	102662	36937	15.1	62.4	22.4
1983	203635	26134	129612	47889	12.8	63.7	23.5
1984	254855	33954	154675	66226	13.3	60.7	26.0
1985	321865	33546	203833	84486	10.4	63.3	26.3
1986	357145	39171	223663	94311	11.0	62.6	26.4
1987	403620	47769	250578	105273	11.8	62.1	26.1
1988	451562	60834	266003	124725	13.5	58.9	27.6
1989	536413	65565	328769	142079	12.2	61.3	26.5
1990	602246	61985	349856	190405	10.3	58.1	31.6
1991	711129	76889	401664	232576	10.8	56.5	32.7
1992	833254	79843	458544	294867	9.6	55.0	35.4
1993	981275	92664	531798	356813	9.4	54.2	36.4
1994	1236708	142405	664107	430196	11.5	53.7	34.8
1995	1491181	173209	806196	511776	11.6	54.1	34.3
1996	1711880	206626	856467	648787	12.1	50.0	37.9
1997	1975101	222737	1010865	741499	11.3	51.2	37.5
1998	2195496	228142	1140795	826559	10.4	52.0	37.7
1999	2375921	236325	1213454	92141	9.9	51.1	39.0
2000	2648113	241762	1346890	1059461	9.1	50.9	40.0
2001	3027470	250919	1526873	1249678	8.3	50.4	41.3

20－4　全市国内生产总值指数

（以上年为100）

年　份	国内生产总值指数（%）	第一产业	第二产业	第三产业	人均国内生产总值 当年价（元）	人均国内生产总值 指数（%）
1952	112.1	105.9	130.9	136.4	93	110.5
1957	110.8	106.2	120.9	112.1	156	104.9
1962	90.4	112.1	78.6	87.7	169	94.1
1965	122.9	117.3	128.9	118.5	257	117.9
1970	151.0	110.3	184.6	132.7	359	147.2
1975	136.6	106.7	157.0	123.4	296	133.3
1978	127.7	102.3	143.2	105.0	464	125.9
1980	108.1	110.7	108.6	102.2	592	106.7
1981	99.1	100.7	97.2	107.4	610	97.7
1982	113.4	117.6	113.3	108.8	667	111.6
1983	116.9	106.4	118.1	124.8	816	115.5
1984	115.5	110.3	114.7	125.2	1011	114.4
1985	115.4	97.5	118.8	118.5	1261	113.9
1986	106.4	107.1	104.6	114.0	1379	104.8
1987	109.3	105.5	109.2	112.6	1533	107.5
1988	111.8	101.7	108.1	133.8	1683	109.7
1989	107.9	99.6	105.9	119.2	1965	106.1
1990	107.1	85.8	104.5	124.4	2161	104.9
1991	108.9	126.6	105.2	112.3	2499	106.7
1992	110.7	106.8	102.1	131.4	2889	109.2
1993	107.1	106.3	103.9	113.0	3361	105.8
1994	111.8	107.2	112.2	112.3	4157	109.7
1995	109.8	100.6	115.9	102.2	4913	107.6
1996	112.9	101.4	117.6	107.4	5560	111.3
1997	112.4	107.5	112.3	113.4	6354	111.2
1998	111.6	103.6	112.7	111.3	7002	110.6
1999	109.7	103.6	109.4	111.7	7457	107.9
2000	110.6	102.3	110.8	112.0	8110	108.0
2001	111.2	103.8	111.7	112.1	9073	108.8

注：本表资料指数均按可比价格计算。

20—5 全市工业总产值

（当年价）

单位:万元

年 份	工 业 总产值	按经济类型分			按轻重工业分		按企业规模分	
		国 有	集 体	其 他	轻工业	重工业	大 型	中 型
1949	1316							
1952	5442	709	516	4217	3842	1600		
1957	17986	4249	3410	10327	11857	6129		
1962	32666	14844	17760	62	19932	12734		
1965	52893	28933	23960		26473	26420		
1970	105844	70628	35131	85	38605	67239	23371	27613
1975	88241	69142	18994	105	35253	52988	11551	40606
1978	151375	130770	20322	283	56277	95098	25820	44307
1980	183355	160364	22135	856	77788	105567	33256	45584
1981	178432	152973	23794	1665	85743	92689	33016	38268
1982	203633	175057	26146	2430	94709	108924	38895	56832
1983	255259	221377	31874	2008	113453	141806	50857	102222
1984	302965	259671	38975	4319	134338	168627	56374	125484
1985	383948	329526	48346	6076	170212	213736	87874	154720
1986	414655	350412	57583	6660	183643	231012	104403	165847
1987	472758	420788	45117	6853	201231	271527	180035	152303
1988	602424	511527	71047	19850	263817	338607	266186	139746
1989	742651	626715	78621	37315	327172	415479	357204	169243
1990	850041	719735	97229	33077	365057	484984	424666	177852
1991	925912	770874	123053	31985	373502	552410	462941	184998
1992	1118424	914383	119968	84073	430291	688133	663206	136173
1993	1318135	1024279	159044	134812	324109	994026	751980	163528
1994	1636509	1250835	199322	186352	470380	1166129	921134	201360
1995	1785515	1306931	199098	279486	524788	1260727	996878	240860
1996	2188705	1301683	384868	502154	714934	1473771	1092746	240437
1997	2542035	1394016	513556	634463	874346	1667689	1250940	210769
1998	2769327	1395723	482735	890869	960099	1809228	1322251	174196
1999	3217288	1534955	494503	1187830	1151949	2065339	1396605	167483
2000	2496275	1065299	236397	1194579	834876	1652399	1431631	168111
2001	2588494	1035899	135286	1417309	902276	1686218	1448460	155085

注:2000年以后数据为规模以上企业。

20—6 全市农林牧渔业总产值

（当年价）

单位：万元

年份	农林牧渔业总产值	农业	#种植业	林业	牧业	渔业
1949	5519	4531	3217	89	891	6
1952	6955	5688	4101	127	1131	8
1957	10271	8136	6523	315	1811	9
1962	8246	6858	5508	230	1144	14
1965	12477	10400	9298	387	1638	52
1970	13558	11090	9410	450	2003	14
1975	15080	11872	9871	427	2763	17
1978	20394	16714	14538	528	3127	25
1980	22427	17882	15721	650	3851	43
1981	27815	21299	18738	722	5750	43
1982	34372	27362	24269	1122	5839	50
1983	35441	27113	23954	1631	6601	97
1984	43753	34835	27225	1418	7353	146
1985	45351	30964	28087	1966	11913	508
1986	51032	35060	31728	1636	13648	688
1987	62352	40370	23457	1865	19657	460
1988	82895	50676	45443	1849	29230	1140
1989	91274	55190	51080	1813	33366	906
1990	89660	57196	52893	3366	28128	1270
1991	107985	73751	69828	2983	29871	1380
1992	116180	77572	72342	3461	32744	2403
1993	133030	87928	78291	4101	41239	2762
1994	207946	136776	129369	4339	63429	3402
1995	263352	171414	163235	5867	79997	6074
1996	311117	205301	195636	7217	91948	6651
1997	340619	217209	206892	7168	108391	7851
1998	347982	213746	201028	8717	117443	8076
1999	362061	218136	206334	8500	12938	8487
2000	369939	230774	215146	8170	123709	7286
2001	389659	237175	221221	6769	137845	7870

20—7 全市乡镇企业基本情况

年份	从业人员（人）	营业收入（万元）	乡镇企业总产值（当年价）	其中			总产值（90不变价）	固定资产原值（万元）
				工业	交通运输	商业服务业		
1978	39698	1989	4812	3469	413	259	7837	1269
1979	42382	2309	6013	3667	585	373	9336	817
1980	43537	5650	6891	4840	624	511	11437	2993
1981	46618	6036	8115	5308	730	551	12413	2729
1982	52904	7401	8883	5862	823	521	13493	3191
1983	63505	9661	11197	6963	1083	853	16972	3486
1984	91937	18138	22877	12750	2845	2002	35572	5020
1985	111165	27422	30524	17183	3903	3529	47887	6273
1986	127839	37366	40641	22924	5100	5227	64182	14091
1987	112104	45166	48797	27583	6099	6583	77729	20961
1988	137357	60947	60807	36179	7529	9352	91889	23568
1989	141725	78688	75606	46043	9723	10477	100751	32257
1990	138989	86736	93096	58972	11036	8583	116051	40017
1991	138395	107428	105873	69060	12662	9919	125478	46141
1992	147607	167652	154731	96132	16162	15551	169885	57292
1993	170826	282726	247747	156087	26202	32511	254379	76608
1994	189804	406228	346532	225785	35956	50057	349897	128804
1995	199266	640934	540610	333607	60893	94941	468454	185478
1996	241042	1156909	921365	519034	113350	133591	874886	268746
1997	298364	1758856	1339902	725025	158247	293955	1263647	380233
1998	317695	2372469	1808654	917872	213684	427462	1725651	455325
1999	341322	3040553	2235954	1100264	272583	538446	2170671	568994
2000	352316	3885652	2853576	1378898	330508	712641	2716108	811258
2001	392207	4934006	3472436	1577548	365610	899732	3392914	1125224

20—8 全市固定资产投资总额

年份	固定资产投资完成额(万元)							
	合计	基本建设	更新改造	城镇		农村		房地产开发
				集体	私人	集体	私人	
1978	10786	8311	2333	120		22		
1979	21627	18394	2980	187		66		
1980	41012	36638	3600	474	85	88	127	
1981	65288	57397	6643	833	187	33	195	
1982	42500	28098	12026	736	359	473	808	
1983	42395	22092	13725	471	421	2969	2717	
1984	54330	31023	17975	1000	717	2151	1464	
1985	89290	50756	26987	2058	1379	4774	3336	
1986	98639	51661	31584	3360	2854	5403	3777	
1087	108224	57513	35408	2138	1848	6880	4437	
1988	124772	59615	43211	3149	2775	9580	6442	
1989	137602	73779	46871	3642	1154	10000	2156	
1990	157925	86087	46673	5470	1061	8128	4041	6465
1991	180523	89077	66329	2331	1933	6045	4689	10119
1992	241952	114434	92331	5476	4028	7193	2368	16122
1993	283349	111001	110993	8581	5611	9190	3937	34036
1994	380076	138859	153192	6843	5435	20685	4897	50165
1995	535496	187730	177928	6565	6922	23100	6620	126631
1996	574771	211436	169314	7779	9189	44002	9120	123931
1997	619664	198609	225042	2810	6718	44277	20164	122044
1998	778072	303380	258299	1839	11840	55389		147325
1999	954297	359440	260774	32068	15919	61219		225549
2000	1136510	379377	310039	34803	19337	68502		310516
2001	1554183	555418	394201	29781	25253	70352	16157	433327

20—9 全市社会消费品零售总额及构成

单位:万元

年 份	社会消费品零售总额	按行业分				按经济类型分			
		批发零售贸易业	餐饮业	制造业	其它行业	国有经济	集体经济	私营经济	个体经济
1952	6904	5838	406	583	77	2412	294		4099
1957	14341	12101	788	1200	252	10479	3041		571
1965	25924	23333	1290	858	443	1948	5716		364
1970	29528	26655	1447	652	774	24339	4814		57
1975	38462	34669	1492	747	1554	30859	5897		111
1978	48458	41758	1890	1536	3274	38317	8549		213
1979	55731	48078	1982	2469	3202	43248	10688		364
1980	67017	56552	1994	3624	4847	51150	12116		614
1981	75482	63364	2580	5177	4361	61222	9100		1891
1982	81863	68013	3383	5034	5433	63498	10451		3965
1983	90399	70413	3544	6476	9966	62154	16407		5334
1984	107105	84343	4664	7133	10965	60451	28322		10294
1985	132380	103240	5398	8494	15248	69741	37325		15589
1986	153254	117811	5823	11340	18280	77451	41541		22626
1987	180877	134597	6508	11133	28639	90080	45055		28907
1988	231322	169728	6974	16452	38168	121535	55202		33277
1989	240265	182066	7699	15652	34848	121679	55684		39833
1990	249475	184414	10842	17290	36929	121945	57562		42397
1991	274794	204460	11953	18091	40290	127882	59944		58042
1992	328166	237398	15549	23183	52036	153991	72235		67300
1993	414257	323267	15919	21651	53420	145609	97406		104209
1994	476925	374886	29596	26723	45720	197728	95441		155843
1995	592299	475173	37121	32146	47859	252923	116758		205867
1996	729769	579308	60212	32893	57356	261921	132798	1797	301614
1997	827542	618287	76196	5080	82251	240009	162489	5245	322727
1998	895491	694543	94278	35032	71638	181124	213340	12968	379204
1999	970716	744288	118770	35382	72276	259547	176803	14500	423407
2000	1085266	824684	144132	38250	78200	156400	309700	65500	497200
2001	1216556	876012	219144	38190	83210				

20—10 全市地方预算内财政收支及构成

单位:万元

年份	财政收入	企业收入	工商税收收入	农业税收入	财政支出	经济建设费	文教卫生费	行政管理费
1952	740	43	354	165	477	83	137	213
1957	5640	374	4748	266	1701	654	606	393
1962	7499	982	6035	347	1870	361	847	542
1965	6645	671	5429	440	2442	459	1176	607
1970	12844	—270	12481	541	4486	1942	1653	704
1975	11352	—1964	12822	424	4692	1035	2172	943
1978	25761	2445	22503	473	8984	4033	3032	1069
1980	29851	1477	27648	447	10041	4318	3193	1403
1981	31420	261	30435	398	11065	4690	3517	1411
1982	37437	3080	33288	473	13492	6199	4042	1777
1983	44177	3359	39350	608	16541	7098	5292	2321
1984	51016	3576	45674	603	26067	13631	6314	3410
1985	60780	2877	56614	493	26930	8989	9437	4360
1986	72490	2053	69110	629	33082	13955	8258	4036
1987	82370	—1271	81739	742	38224	14885	8851	4502
1988	96507	—1224	95941	806	44953	14612	10353	4468
1989	118124	—4984	20477	1173	67982	17604	12533	5327
1990	136291	—7734	138566	947	71991	20392	13927	6244
1991	149939	—6245	150309	1091	73851	22827	14640	6856
1992	155344	—6145	154796	1386	81143	28409	17597	9184
1993	172183	—3276	167953	1927	92093	32280	20635	11548
1994	64040	—2619	51919	5337	105844	29362	27950	9665
1995	86341	550	70126	5648	131104	44185	30598	15957
1996	113498	4016	88225	9091	147782	50625	25182	18868
1997	130506	5952	106952	9878	166153	56063	26616	216987
1998	167353	10257	131391	7809	207261	75142	46985	26311
1999	197907	18642	137270	6859	261554	48800	56095	29842
2000	241483	35108	151656	10539	310569	107069	62536	35932
2001	279687	49575	167385	10365	361699	101781	79961	44501

注:从1994年起为新口径。

附:贵阳市统计局关于2001年国民经济和社会发展统计公报

贵阳市2001年国民经济和社会发展统计公报

贵阳市统计局

2002年3月16日

2001年，全市人民在市委、市政府的正确领导下，围绕"开拓创新、强市升位"的总目标，紧紧抓住西部大开发和国家实施积极财政政策的机遇，努力克服国内外经济发展的不利因素，大力推进经济结构战略性调整，加快城市化进程，扩大投资，促进消费，真抓实干，锐意进取，国民经济保持了快速健康发展，经济运行总体质量不断提高，社会事业全面进步，实现了"十五"计划的良好开局。

一、综　合

国民经济持续快速增长，综合经济实力进一步增强。全年实现国内生产总值302.75亿元，比上年增长11.2％。其中：第一产业增加值完成25.09亿元，增长3.8％，第二产业增加值完成152.69亿元，增长11.7％，第三产业增加值完成124.97亿元，增长12.1％；三次产业比重分别为8.3％、50.4％和41.3％，一、二、三产业对经济增长贡献分别为0.4、6.0和4.8个百分点。从总量上看，国内生产总值突破了300亿元大关，标志着全市经济迈上了一个新台阶；从发展速度上看，经济增长分别高于全国3.9个百分点和全省2.4个百分点，经济增长幅度实现了连续七年高于全国平均水平，连续八年高于全省平均水平，经济增长进入了快速稳定增长阶段，为全市实现社会生产力跨越式发展奠定了良好基础。

国民经济和社会发展中存在的主要问题是：经济结构不合理的矛盾依然存在；企业经济效益有待进一步提高和改善；需求不足对经济增长的制约尚未根本缓解；农业基础仍然薄弱，农民增收相对缓慢；城乡居民收入差距有所扩大。

二、农　业

全市农村工作围绕农业增效、农民增收两大目标，面向市场调整优化农业产业结构，农业生产稳步发展。全年实现农林牧渔业总产值38.97亿元，比上年增长4.1％。农林牧渔业结构由2000年的62.4：2.2：33.4：2.0调整为60.9：1.7：35.4：2.0，农业比重下降1.5个百分点，林业比重下降0.5个百分点，牧业比重上升2.0个百分点。

主要农产品产量：

	2001年	比上年增长％
粮　食	58.56 万吨	−7.7
蔬　菜	70.41 万吨	10.5
油菜籽	5.22 万吨	−9.5
烤　烟	1.37 万吨	−21.3
水　果	3.80 万吨	55.5

茶　叶	0.14 万吨	－6.9

林业生产继续发展。全年完成造林面积7691公顷，幼林抚育面积8359公顷。主要林产品产量，生漆26.23吨，比上年减少3.7％；油桐籽343吨，减少5.5％。

畜牧业和水产品生产稳定发展。全市生猪出栏头数增长，各种家禽喂养增多，肉类总产量增长。

主要畜产品和水产品产量：

	2001年	比上年增长％
肉类总产量	12.7 万吨	9.8
牛奶产量	1.59 万吨	14.1
禽　蛋	1.05 万吨	11.9
大牲畜年末存栏数	42.34 万头	2.9
猪年末存栏数	119.15 万头	5.9
羊年末存栏数	7.06 万只	－12.4
水产品产量	0.88 万吨	12.5

农业生产条件和农村基础进一步改善。年末全市拥有农业机械总动力53.53万千瓦，比上年增长6.1％，其中：农用排灌动力机械7.45万千瓦，增长14.8％；农产品加工动力机械7.01万千瓦，增长25.4％。拖拉机、农用载重汽车等农村运输工具也有较大幅度增加。全年实现机耕面积17886公顷，占耕地面积的16.5％。农用化肥施用量(折纯)6.63万吨，增长2.2％。农村用电量15511.7万千瓦时，增长13.4％。

三、工业和建筑业

随着工业结构调整的深入开展，国有企业改革力度加大，非公有制经济快速发展，工业在国民经济中的主体作用得到巩固和加强。全市工业重点行业中的医药、交通运输设备制造、化学原料及制品、橡胶制品等行业实现了高速增长；海信、西洋肥业、主力电器、电池等产品产量增长较快。全年规模以上工业总产值完成258.18亿元，增长10.1％；规模以上工业增加值完成88.36亿元，增长8.9％。其中：轻工业增长5.3％；重工业增长11.1％；国有及国有控股企业完成工业增加值66.27亿元，增长4.8％；中央省属驻筑企业完成工业增加值48.77亿元，增长4.3％。主要工业产品受市场供求变化的影响，产量有增有减。

规模以上主要工业产品产量：

	2001年	比上年增长％
焦　炭	55.25 万吨	15.3
发电量	91.41 亿千瓦时	－0.7
铝	24.93 万吨	3.7
成品钢材	13.64 万吨	－13.2
铝　材	6235 吨	－10.9
铁合金	7.35 万吨	13.1
轮胎外胎	279.30 万条	9.5
磷矿石	389.85 万吨	2.8
黄　磷	10.86 万吨	8.0
化　肥	20.79 万吨	50.4

挖掘机	219	台	−30.7
内燃机	10.17	万千瓦	9.4
汽车配件	10.51	亿元	77.8
改装汽车	4096	辆	−11.5
工业轴承	150	万套	15.4
磨　料	14.00	万吨	−4.7
钢芯铝绞线	1.65	万吨	−15.1
水　泥	262.55	万吨	21.1
卷　烟	79.60	万箱	−5.3
啤　酒	2.65	万吨	−20.5
中成药	4820	吨	7.4
布	2488.11	万米	32.5
纱	6176	吨	5.3

工业经济效益进一步改善，国有企业改革发展“三年两目标”的成果继续得到巩固。2001年，全市规模以上工业企业实现利润6.58亿元，比上年增长7.8%，其中市属工业实现利润2.44亿元；市属扭亏增盈考核的国有及国有控股企业实现利润0.3亿元，亏损企业亏损额下降13.6%，亏损面下降4.6个百分点。

建筑业持续发展。全市建筑业完成施工产值113.50亿元，比上年增长64.0%；完成增加值29.86亿元，增长27.5%。

四、固定资产投资

由于实施西部大开发战略，加大基础设施建设力度，全市固定资产投资高速增长，投资增长已成为全市经济增长的主要推动力。全年完成全社会固定资产投资151.13亿元，比上年增长32.9%，其中：基本建设投资51.73亿元，增长36.4%；更新改造投资37.76亿元，增长21.8%；房地产开发投资40.38亿元，增长30.0%。投资直接或间接的带动了建筑业、相关工业快速增长和城乡居民收入增加。从全年GDP支出结构看，由于投资增长所形成的固定资本对经济增长贡献率为43.7%，拉动经济增长4.6个百分点。

五、交通和邮电业

交通运输业稳定发展。全市各种运输完成货物运输量4880.96万吨，比上年增长5.2%。其中：铁路902.10万吨，增长1.4%；公路3978万吨，增长6.1%；航空0.86万吨，增长42.2%。完成客运发送量17272.01万人次，增长5.2%，其中：铁路641.54万人次，下降7.1%；公路16555万人次，航空75.47万人次，分别比上年增长5.7%和9.3%。

邮电部门全年完成邮电业务总量16.97亿元，比上年增长12.2%。年末电话总用户130.69万户，比上年增长51.9%，其中：城乡居民住宅电话46.52万户，增长17.1%；移动电话用户67.67万户，比上年增长90.3%。全市电话普及率38.9部/百人，移动电话普及率20.2部/百人。城乡居民住宅电话普及率53.4部/百户。计算机互联网用户89599户，比上年大幅度增长。

六、国内贸易和市场物价

在扩大内需方针和积极财政政策的引导下，消费品市场平稳增长，住房、旅游、教育、汽车、假日经济等新的消费热点逐步形成，消费已成为经济稳定增长的主要因素之一。全年社会消费品零售总额完成121.66亿元，比上年增长12.1%。从城乡看，城市消费品零售额111.41亿元，比上年增长12.0%，占零售总额的91.6%；县及县以下消费品零售额10.25亿元，比上年增长13.1%，占零售总额的8.4%。从行业看，批发零售贸易业零售额87.60亿元，比上年增长6.2%；餐饮业发展快、增幅大，餐饮业零售额21.91亿元，比上年增长52.0%，增幅高于批发零售贸易业45.8个百分点，餐饮业占全社会消费品零售总额的比重由上年的13.3%上升为18.0%。

全年市场物价基本稳定。居民消费价格指数为103.2，商品零售价格总指数为96.3。

七、对外经济和旅游

对外贸易和对外开放继续扩大。据贵阳海关统计：全年外贸进出口总额为4.94亿美元，比上年增长0.9%，其中：出口总额3.31亿美元，比上年增长8.3%；进口总额1.63亿美元，比上年下降11.3%。全年引进外商投资项目37项，项目投资总额达7.64亿元。实际利用外资5941万美元，比上年增长12.1%。

旅游开发建设力度不断加大，旅游基础设施进一步完善。全年共接待海外旅游人数5.95万人次，创汇1632.57万美元，分别比上年增长19.9%和10.0%；接待国内旅游人数999.49万人次，旅游总收入达34.67亿元，比上年增长18.6%，其中：旅游企业营业收入5.86亿元，比上年增长21.3%。

八、财政税收、金融保险和证券业

财税收入稳定增长。全市财政总收入63.51亿元，比上年增长12.4%，其中：地方财政收入27.97亿元，增长15.8%；财政支出36.18亿元，增长16.5%。全市税收收入完成63.82亿元，比上年增长12.9%，其中：国税收入42.77亿元，增长11.2%；地税收入21.05亿元，增长21.2%。

金融运行平稳，各项存贷款保持较大增幅，货币回笼速度有所减缓。年末全市金融机构各项存款余额645.22亿元，比年初增长21.7%，其中企业存款余额295.89亿元，增长18.6%；城乡居民储蓄存款余额240.13亿元，增长21.5%。金融机构各项贷款余额486.31亿元，比年初增长20.2%，其中：短期贷款231.15亿元，增长0.6%；中长期贷款218.94亿元，增长58.6%。全市金融机构现金收入1015.53亿元，现金支出980.36亿元，收支相抵，净回笼现金35.17亿元，比上年少回笼现金5.31亿元。

保险业稳步发展。全市全年保费收入9.52亿元，增长48.6%，其中：财产险保费收入3.54亿元，人寿险保费收入5.98亿元，分别增长15.3%和46.9%。全年共赔付金额1.89亿元，其中：财产保险赔付1.68亿元，人寿保险赔付0.21亿元。

证券业在规范中发展。年末全市共有上市公司8家。股票交易户数为15.37万户，比上年增长18.1%，股票交易额为320.56亿元。

九、科学技术和教育

科技事业进一步发展。继续实施“科教兴市”战略，加大科技创新和科技投入的力度，科技进步总体水平不断提高。逐步建立了科学研究、技术开发、社会生产与市场需求、社会投入、政府支持之间的良性机制，形成科学技术与生产之间的有机联系。加强贵阳软件园区的建设，发挥专业孵化器的作用，促进信息产业的快速发展。现代化农业科技示范园区建设已全面启动。国有科研机构转制按企业管理体制运行继续顺利推进。

各级各类教育事业继续发展，高等教育规模进一步扩大。年末全市在学研究生1254人，增长56.0%。普通高等学校13所，在校学生7.65万人，增长17.2%；中等专业学校41所，在校学生5.13万人，增长4.7%；普通中学274所，在校学生19.15万人，其中初中在校生15.72万人，占全部中学生的82.1%；职业中学48所，在校学生2.05万人；普通小学1187所，在校学生36.78万人，学龄儿童入学率达100.0%。成人高、中等专业学校在校学生4.82万人，比上年减少8.0%，全年扫除青壮文盲7439人。

十、文化、卫生和体育

文化事业蓬勃发展。全市共有艺术表演团体10个、群众艺术馆2个、文化馆10个、公共图书馆9个。图书馆藏书量305.3万册，比上年增长2.7%。全年出版各类图书896种，各类报纸31种，各类杂志85种。各艺术团体演出1000场次，观众89.6万人次。全市有广播电台2座，电视台3座，广播人口覆盖率99.1%，电视人口覆盖率95.7%。

卫生事业健康发展。年末全市有乡卫生院以上的卫生机构295个，其中：医院97个、卫生院80个、卫生防疫机构22个、妇幼保健机构9个。卫生机构有病床13771张，其中医院、卫生院12710张。全市卫生技术人员16244人，其中医院、卫生院13292人。平均每千人拥有卫生技术人员和医疗床位4.84人和4.1张。农村有医疗点的村1328个，设置医疗点1274个。医疗卫生基础设施不断完善，医疗、医药、卫生市场管理逐步规范。

体育事业发展较快，竞技水平不断提高，群众体育意识不断增强。全市大力开展全民健身活动，组织承办了第六届中国国际风筝节、第十一届全国风筝赛和2001年国际围棋文化节，举办了环城跑、冬泳表演、网球赛、游泳赛、高尔夫球赛、乒乓球赛等社会体育活动。2001年，在全国少儿游泳赛中获3枚金牌、2枚银牌。

十一、城市建设与环境保护

城市基础设施建设步伐加快，居民生活环境明显改善，城市综合服务功能进一步增强。

年末市区道路总长度800公里，道路面积631.54万平方米，桥梁116座，其中立交桥11座。公交运营车辆1921辆，折合标准运营车辆2241标台，其中：公共汽车806辆，中巴车1115辆。运营线路网长度1166公里，公交客运总量4.31亿人次。市区每万人拥有公交标准运营车辆14.31标台。城市出租汽车2199辆。

城市供水能力进一步增强。全社会自来水综合生产能力122.4万吨/日，供水管道长度1634公里。全年供水总量26043万吨，其中生活用水11257万吨。自来水普及率达97.5%。

城市供气能力不断提高。年末有煤气用户19.87万户，液化气用户17万户。全年煤气供气量8321万立方米，其中家庭用气4567万立方米；液化气供气量21000万立方米。

城市环境质量继续改善，大气环境质量进一步好转，大气污染得到有效控制，全市空气质量污染指数降至69；市区大气总悬浮微粒年平均值为0.158毫克/立方米；二氧化硫年平均值为0.107毫克/立方米，酸雨污染得到有效控制。地面水环境质量进一步提高，地面水水质达标率为94.4%；全市饮用水源保护进一步加强，饮用水源水质达标率100%。城市区域环境噪声和交通干线噪声平均值分别为55.3dB(A)和69.3 dB(A)。加强对废水、废气、废渣和噪声等污染源的治理，新增工业废水处理能力16944吨/日和工业废气处理能力46.64万标立方米/时，环保基础工作进一步加强，中日环境合作示范城市项目进展顺利。

年末园林绿地面积4279公顷，其中：建成区园林绿地面积3442公顷。绿化覆盖面积4764公顷，其中：建成区绿化覆盖面积3540公顷。公共绿地面积1665公顷，建成区绿地率32.3%，绿化覆盖率33.3%，人均公共绿地面积12.41平方米。

十二、人口与就业

全市人口总量低速增长。根据公安部门户籍统计，全市人口出生率11.37‰，人口死亡率5.11‰，人口自然增长率6.26‰。年末全市总人口335.81万人，比上年增加4.24万人，增长1.3%。其中：非农业人口156.56万人，增长2.7%。

劳动就业工作取得新进展。年末全市在岗职工50.11万人，在岗职工年平均工资10611元，比上年增长20.8%，扣除价格因素，实际增长17.1%。下岗职工实现再就业9974人，下岗职工转岗培训1.01万人；建立再创业组织277个。年末城镇登记失业率3.9%。

十三、人民生活、社会保障福利

城乡居民生活水平继续提高。全年城镇居民人均可支配收入6909元，比上年增长7.1%。居民人均消费性支出5776元，比上年增长4.1%。居民食品消费支出占消费性支出的比重(恩格尔系数)由上年的39.8%下降为37.5%。农民人均纯收入2229元，比上年增长5.9%。农民人均生活消费支出1532元，比上年增长5.4%。

居住条件继续改善。城市居民人均住房使用面积15.8平方米，与上年持平；人均居住面积13.5平方米，比上年增加0.1个平方米。农民人均住房面积达23.6平方米。

社会保障稳步发展，福利事业进一步加强。年末全市参加企业职工基本养老保险统筹的职工24.96万人(不含省劳动厅统筹部分)，全年发放国有企业下岗职工基本生活费6840万元。全市城乡各级办有社会福利院、敬老院68个，共有床位1820张，收养人员1412人。已建立城镇社区服务设施1206个。6.71万城乡居民得到最低生活保障，发放最低生活保障资金1685.9万元。接受社会捐赠现金33.10万元，捐赠物资衣被价值45.20万元。

注：1. 公报中所列数据为初步统计数；

2. 产值类指标绝对数均为当年价格，增长速度按可比价格计算；

3. 人口为公安户籍统计数；

4. 城乡居民住房面积均为住户调查数。

贵 阳 市 地 税 局

2001年，我局在省地税局和市委、市政府的领导下，以江泽民总书记"三个代表"重要思想为指导，认真学习贯彻党的十五大、十五届六中全会精神和中央、省、市经济工作会议、全省地方税收工作会议精神，以组织收入为中心，以整顿和规范税收秩序为着力点，积极做好信息化建设基础性工作，根据全市经济运行形势、经济结构和产业结构调整以及税源变化情况，重视税前管理，搞好税中征管和服务，强化税后稽查，加强精神文明建设、干部队伍建设和作风建设，层层落实目标管理责任制和党风廉政责任制，严格执行责任追究制，坚持依法治税，确保了全年收入目标的实现和各项工作任务的顺利完成，为平衡财政收支，促进我市经济的发展和实现"强市升位"目标，做出应有的贡献。

收入完成情况喜人

2001年，全市地税系统共组织中项收入入库220,907.8万元，为年计划的107.71%，超收15,807.8万元，为上年同期的119.58%，净增36178.7万元。超额完成了省地税局和市政府下达的全年税收目标任务。分预算级次看，2001年，全系统共完成省级收入19,611.7万元，为上年同期的96.05%完成市级收入108,279.4万元，为上年同期的109.22%，增收9,138.4万元，完成区(县)级收入93,016.7万元，为上年同期的142.73%，增收27,846.5万元。

2001年，我局收入任务超额完成，从外部看，主要是由于政府重视我市经济的发展，采取了一系列促进经济发展的有效措施：一是今年我市继续大力推进国有企业改革的步伐，进一步加快经济结构调整和产业布局调整，使全市工业生产持续稳步增长，企业市场前景看好，生产竞争能力增强，经济效益提高。企业所得税与去年相比，有大幅增长。元至12月，全市地税系统入库企业所得税35,339.2万元，比上年同期增长86.34%，增收16,374.3万元。二是政府利用"西部大开发"的有利时机和优惠政策，引进了不少有实力，有潜力的企业，为我市税源注入了新鲜血液。全市经济规模扩大并持续增长为税收增长增收奠定了坚实的基础。三是城市形象工程的运作、投资环境的改善以及区域经济的较快发展促进了我市地税收入的增长。四是经济产业结构调整及假日经济的出现，促使第三产业特别是交通运输业、餐饮业以及各种与之相关的各类服务业较快发展，所实现的地税收入和所占比例逐渐增加。元至12月，服务业营业税入库比上年同期增长16.32%，增收3,543万元，其它服务业营业税入库比上年同期增长21.83%，增收4,842.6万元，交通运输业营业税入库比上年同期增长47%，增收2,869.6万元。

2001年，我局收入任务超额完成，从内部看，主要是全市地税系统干部职工紧紧围绕组织收入这个中心，采取一系列行之有效措施，充分执行国务院、国家税务总局颁布的各项税收政策、法规，努力做到勤征细管、应收尽收。

整顿和规范税收秩序

为建立健全科学、规范、有效的发票管理秩序，针对我市地方收入特点和实际情况，经过多方考察研究，我局决定从发票管理上入手，以发票"双奖"工作为契机，把发票"双奖"活动作为整顿和规范的一个重要措施，通过严厉打击各类发票违法违章行为，维护正常的税收秩序，达到公平税负、推动我市经济健康发展的目的，最终实现发票管理规范化、信息化，实现"以票管税"，查帐征收的科学、公平、合理、有效的税收征管模式。在省地税局和市政府的大力支持下，2001年10月1日发票"双奖"活动正式启动，经过三个月的运行，我市发票使用环境和发票管理秩序得到大大改善。税收收入呈良好、稳定的增长态势。尤其表现在我市主体地方税种--营业税以及同经营者、消费者紧密相关的个人收入调节性税种--个人所得税上。据我们对全市地税系统11月、12月税收收入的统计分析,11月份,与发票“双奖”活动有直接联系的交通运输营业税、服务行业营业税、娱乐业营业税、文化体育业营业税及人个所得税收入比去年同期增长52.61%,增收3,067万元;12月份,相应的几项税收入也比去年同期增长61.19%,增加2,501万元,剔除不可比因素。仅11月和12月两个月,就为我市地方税收收入增收4,000万元以上,这样大的税收增长额是令人鼓舞和欣慰的。

目前,已查处950起,处罚780户,罚款346,613.38元,奖励举报人528人/次,发放奖金84,920元,已初步达到了发票管理社会化、以票控税群众化的目标。

鉴于一部分高收入者个人财富积累过快,已形成了高收入者阶层,然而高收入者个人目前尚未受到有效的税收调节,社会分配不公的矛盾已成为影响改革发展和稳定全局的问题。为此,我局按照国家税务总局和省局的安排布置,对个人所得税的征收管理进行了调研,在个人所得税的征收管理上采取了一系列措施:一是建立高收入行业和个人档案,执行扣缴义务人支付个人收入明细表制度,建立高收入行业扣缴义务人台账,做好跟踪管理工作,加大监控管理力度。到目前为止,已对293户企业建立了高收入台帐,2,000余人建立了个人档案。二是根据我市具体情况,各征收单位对征管范围内的高收入者建立个人所得税“重点纳税人”申报制度,要求这些重点纳税人在单位代扣代缴的基础上,必须定期到税务机关自行申报应税收入。三是进行大量的宣传辅导工作,特别是对重点行业和党政部门加强了宣传辅导,取得他们的配合和支持。四是在全市范围内开展个人所得税专项检查,在专项检查中,将高收入行业几个人作为检查的重点,同时加大对纳税人和扣缴义务人违反个人所得税法律法规行为的惩处力度,严厉打击偷抗税的违法犯罪活动。至今,我市地税系统累计查处个人所得税案件121件,查补税款463万元。五是同企、事业单位、行政部门普遍签订个人所得税代扣代缴协议,并利用新办企业在“一站办”地税室统一办理税务登记手续的便利,在企业办理税务登记证时,我局同他们同时都办理了个人所得税代扣代缴手续,明确责任,通过源泉控管,防止个人所得税的流失。截止12月31日,全市累计入库个人所得税24,503万元为年度计划的120.11%,比上年同期增长5012%增收8,180万元。这是我局建局以来,个所税收入首次突破2亿元大关,创历史最高。

在整顿和规范税收秩序中,我市地税系统充分发挥税务稽查的职能作用,以大案要案为突破口,从重、从严、从快打击各种偷、逃、抗、骗税违法行为。强化内部管理,突出强调了税务重大案件的查处时限、结案率和入库率,要求重大案件的处理一般应在1个月内完成,案情特别复杂的案件,可适当延长时间,但最长不得超过40天。严格执行滞纳金制度和罚款规定,对构成犯罪的涉税案件,严格按照规定移送司法机关。今年全市地税系统稽查系列共检查企业3,378户,其中有问题的1,942户,结案1,939户,立案1,937户,查补税款共计7,696万元。通过稽查的重拳出击,有力地打击了偷逃税行为,震慑了犯罪,改善了纳税环境。

2001年我局从清理漏征漏管户,加强催报催缴和规范纳税申报行为,提高申报质量,防欠压欠等方面入手,夯实征管基础,进一步解决“疏于管理,淡化责任”等问题。依托已建立的全市地税系统城域网,加大征管质量“七率”考核力度,强化责任,全市地税系统基层税务机关通过交叉划片检查,普遍深入到辖区内的街道,集贸,专业市场进行认真的清理,发现在我市仍然存在一定的漏征漏管现象,共清理漏征漏管户2,100余户,查补税款(含滞纳金、罚款)27.18万元并将其纳入正常管理。我局对不按时到税务机关申报纳税的1,000多户纳税人进行了处理,处予罚款和加收滞纳金共计12万余元。

2001年,为加强税源管理与监控,全局各征收单位确定了本局的重点税源户,健全和完善了重点税源户档案，对全市数百户重点税源户全部实行跟踪管理，有针对性地加强了临时劳务发票的管理，加强了个体户定期定额管理，加强了对交通运输、建筑安装、饮食娱乐等行业的管理，将原来数十种发票简化成8种，并将所有发票纳入计算机管理，此外，我局还认真执行《欠缴税金核算管理暂行办法》，制定实施考核办法，从严控制和管理欠税，今年共计压欠1,637万元。

信息化建设进入新阶段

2001年，我局根据《国家税务总局关于加速信息化建设推进征管改革的工作意见》的精神，新《征管法》的要求和国家税务总局关于"十五"期间税务信息化建设规划的意见，认为发票"双奖"控税系统的建立是新世纪我局税务信息化的近期目标，即：以发票管理为突破口，通过在全市范围内开展发票"双奖"活动，建立全市地税系统城域网络。并在此基础上，逐步实现税务信息化的长远目标，即：通过建立大型数据库 ORACLE 8.1.7为核心，以联通2M光纤为传输介质的市局网(LAN)与区（市）、县局网(LAN)连接形成城域网(MAN)构筑高效、安全、可靠、稳定、技术成熟、先进的贵阳市地税局信息主干网络系统，能满足发票抽奖与发票有奖举报的要求，满足我市地税系统征管改革上一个新台阶，有一个质的飞跃，满足以信息化建设为突破口的征管改革的第三次革命。本着"一个网络、一个平台、四个系统"的税务管理信息系统一体化建设要求，在逐步解决现存在应用系统不统一，软件功能交叉的状况，在统一平台的基础上实现数据充分共享，达到多业务集成的目的。支持机构改革中专业化机构设置的要求，满足"信息化支持下的专业化"管理需要；同时各业务子系统能适应市局集中征收和一级稽查的需要；在行政管理子系统中落实规范化管理思想达到强化管理的目的；在市局的综合数据库之上，建立科学决策分析系统，为税务管理层的科学、有效的管理决策提供支撑。利用外联网技术，与省局、市政府、国税、工商、银行、财政、金库、审计等及政府相关部门外部机构的联网，实现数据充分共享，各单位协同作业；同时实现为纳税人提供多元化、方便快捷和优质服务的目标。

通过市政府在财力上的大力支持，经过近半年的努力，目前我局已构筑成以全市各局局域网为基础，以市局为中心，以联通的工作光纤为主干，以电信的PSTN为备份，向各区县（市）局辐射的全市地税系统广域网络平台，以通过近四个月的发票管理软件和发票抽奖程序的运行和考验，达到了预期目标。这就为明年争取成为国家税务总局和省地税局信息化建设试点单位创造了良好的条件，另外，我局还正将全市地税系统尚未统一的征管软件中的征管数据全部导入 ORACLE 数据库，进行统一、集中管理，为统一征管软件作好准备。

机构改革工作圆满结束

按照省局党组的统一部署，贵阳市地税系统的机构改革工作从2001年11月开始，分市局和各区县局两步进行，现已基本结束。

市局党级非常重视这次机构改革工作，专门成立了由市局党组书记任组长的贵阳市税务机构改革领导小组及办公室；市局和各区县局党组反复学习了党和国家有关机构改革的方针政策，真正地把思想统一到党中央和省委的重大决策上来。严格按照省委、省政府和省局党组关于机构改革的文件精神，深入实际调查研究，广泛征求各方面意见，认真制定了机构改革各项方案和机改时间表。在组织实施各项机构改革方案的过程中，党组始终坚持严格按程序、严肃认真、一丝不苟；始终坚持公开、平等、竞争、择优的原则，坚持民主集中制；注重做好耐心细致的思想政治工作，全面准确地贯彻落实上级文件精神，使全系统广大干部群众从开始担心、疑虑机构改革工作到后来理解、积极参与支持，拥护机构改革工作，从而确保了我局这次机构改革工作的顺利开展和圆满完成。在整个机改过程中，没有一个不服从安排，更没有出现矛盾集中激化的情况。

通过机构改革，使贵阳市地税系统各级、各部门的关系得以理顺，机构设置得以规范，特别是通过竞争上岗，公开选拔了一批年富力强的科股级领导干部充实基层，加强了全市地税基层局的领导班子建设，较好地改善了基层局领导班子的年龄结构和文化知识结构，增强了基层局领导班子的活力，为全系统下一步各项工作的开展打下了良好的基础，其中，最年轻的处级领导干部38岁，科级领导干部32岁，副科级领导干部26岁。此次机改全市地税系统共提任正副科级干部39人，其中正科级10人，副科级29人，交流科级以上干部33人。

"从严治队"措施有力

我局始终坚持"两手抓、两手都要硬"的方针，大力抓好精神文明建设工作。我局始终以人为本，开展干部政治素质教育、职业道德教育、"三个代表"重要思想教育、廉洁勤政教育、狠煞"两风"，认真组织全体干部职工学习江泽民总书记"七一"讲话精神、党的十五大十五届六中全会精神，通过开展一系列精神文明创建活动，进一步加强干部队伍建设，不断增强干部的责任感和使命感，提高做好新形势力的地方税收工作的能力，为完成收入任务提供有力的组织保障和思想保障。

根据省局和市委、市政府关于开展机关作风教育整顿活动的精神，市局党组及时拟定了《关于开展机关作风整顿活动的意见》，从指导思想、主要任务、方法步骤、组织领导等四个方面对我局机关作风教育整顿工作作了规定和安排，确定我局机关作风教育整顿活动。针对在工作作风上存在的进取心不强，工作懒散，宗旨意识不强，对待纳税人生、冷、硬的现象时有发生；工作效率低、缺乏主动性，没有开拓创新精神；管理不严、制度执行不规范、不严格；税容税貌不整，整个机关脏、乱、差较为严重等现象，市局党组采取措施迅速整顿；一是从自身工作作风抓起，尤其是领导干部要起到模范带头作用、身先士卒，自觉廉洁自律，全心全意为税收事业工作；二是坚持民主集中制原则，敞开大门，听取群众对机关作风建设方面的意见；三是认真学习，对照检查，迅速整改。首先从着装开始整顿，局领导带头，要求上班时间所有干部一律着装，不准着便服或混装，从着装上，首先改变精神风貌。市局党组在调研中发现整个市局的办公条件较差，办公室的光线不好，甚至不通风，办公用的桌椅还是94年分设机构时就开始使用的，局党组已经将办公室的改造列入议事日程，争取尽快改造，让大家有一个舒适的办公环境。

紧紧围绕"抓文明，促税收"这一中心环节，在全系统组织开展了创建"文明单位"为主要内容的精神文明和"三优一满意"活动，为内抓落实，外树形象的新税收工作而努力。一是抓窗口建设，树地税新形象，坚持"纠风"与"创建"并举，"服务"与"管理"结合，"治税"与"治队"并重的方针；二是规范行业服务标准，一是向全社会推出"七务"服务公约，实行服务承诺制；二是在全系统推行"首问责任制"，在市政府设立"一站式"服务地税工作室；三是为纳税人提供优质，快捷文明办税服务。

我局认真贯彻全省党风廉政建设会议精神，把税收工作和党风廉政工作列入重要日程，同部署、同检查、同考核。明确目标，层层建立党风廉政责任制，人人签订责任书。坚持每月"纪检日"活动制度，开展党风廉政建设教育，增强广大干部职工廉洁从政、为民服务的意识。坚持开展警示教育活动，积极组织党员干部深刻批驳"法轮功"的伪科学和反动本质。加强行风建设，支持"纠、建"并举的方针，以税务机关和税务人员的作风纪律为突破口，在巩固深化上下功夫。如南明区地税局在三定工作中，从十个方面提出要求，开展"优质服务月"活动。

贵阳市房地产管理局

2001年是进入新世纪和实施我市"十五"计划的开局年，一年来，我局在市委、市政府的领导下，坚持高举邓小平理论伟大旗帜，认真贯彻落实党的十五大和十五届五中、六中全会精神，以江泽民总书记"三个代表"重要思想为指导，以发展房地产业为核心，围绕市委、市政府下达的年度目标任务，采取积极有效的措施，克服困难，转变工作作风，真抓实干，有力地推动各项工作顺利开展，保持了经济建设持续健康发展，精神文明建设进一步加强，圆满和超额完成了全年目标和各项任务，取得了一定的成绩，受到了上级部门的表彰：产权产籍档案管理达科技事业单位国家一级标准：拆迁管理二作被建设部评为"全国房地产拆迁管理工作先进单位"，"全国拆迁委员先进会员单位"；一帆中介公司被建设部评为提供"放心中介"活动履行承诺单位；荣获"市目标管理优秀组织奖"，建设系统"优秀的思想政治工作研究会"，"贵阳市'三五'保密法制宣传教育工作先进单位"。现将一年来的目标执行情况总结如下：

一、业务工作目标完成情况

(一)房地产交易鉴证金额5.49亿元，完成年计划的137%；代征契税、印花税1337万元，完成年计划的133.7%。

(二)房地产抵押登记5162宗，完成年计划的129%；产权登记、验、换、发证28910户，完成年计划的144.6%。

(三)计划完成一个物业管理小区标准化、规范化的试点工作，实际完成两个物业管理小区标准化、规范化的试点工作，超额完成目标任务。今年经过实地考察，确定银佳花园、栖霞小区作为试点，工作从规范管理、提高服务质量着手，开展了制定"贵阳市物业管理行业服务规范标准"、指导小区成立业主委员会、建立健全规章制度、实行物业管理成本核算等一系列工作。两个小区物业管理标准化、规范化管理试点工作已通过省建设厅、市政府目标办的检查验收，取得了89.7分的较好成绩。

(四)完成直管公房租金收缴任务1135.7万元，完成年计划的103%。

完成房屋修缮投资400.45万元，完成年计划100.11%。

安置廉租住房"双困户"50户的工作，符合廉租住房申请条件的对象已经市廉租住房领导小组审批，房源落实。

(五)加强拆迁监督力度，控制强拆率、拆迁资金监管率。全年拆迁安置7992户，拆除房屋面积611476平方米，执行行政强拆3户，司法强拆4户，低于建设部规定强拆率3‰的标准；拆迁资金监管69个单位，除政府重点工程外，监管资金8981.19万元，拆迁资金监管率达100%。

(六)落实私房政策31户，完成年计划的155%；办结历史遗留案52户，完成年计划的104%；圆满完成落实私房安置50户。

完成危旧房改造开工面积15.9万平方米(含接转工程)，完成年计划的113.6%；竣工6.2万平方米，完成年计划的103%。

拆危房建绿地工作，今年拆危房建绿地目标任务原定为2万平方米，后根据财政资金安排，市政府调整拆危房建绿地任务为6500平方米，已如期完成。

(七)计划完成房地产法律法规培训五期，实际完成六期。举办的培训有：

1、房地产行业执法人员培训；

2、全国物业管理企业经理贵阳培训班；

3、房管系统财务人员会计电算化培训；

4、房管系统财务人员《会计法》知识培训；

5、房管系统人事干部微机学习培训；

6、房地产地籍测绘培训。

（八）成功举办2001年房地产交易会。房交会期间，预、销售房屋605套，建筑面积7.19万平方米，成交金额1.86亿元，房交会的圆满成功，充分证实了我市住房消费日益兴旺，市场渐趋成熟，房地产业为带动相关产业的发展起到了积极的推动作用。

（九）落实安全工作"包保"责任制。我们做到了坚持把安全工作作为一项重要的日常工作来抓，层层落实安全工作主要领导负责制和安全生产一票否决制。按"包保"责任制要求，落实了拆迁安全技术方案审批率100%、安全责任书签订率100%。

二、完成市政府工作报告和市政府第五次全体会议重大工作部署的情况

按照2001年《政府工作报告》和市人民政府第五次全体会议重大工作部署的安排，属于我局承办的有两项，完成情况如下：

（一）关于搞活住房二级市场，促进已售公有住房和商品房的有序流通工作，属于政府工作部署中要进一步扩大投资总量，在增加财政投入的同时，运用利益新机制，积极引导社会资金投向各领域，促进三产发展类中的第3项，由我局与市房改办共同承办。我局对该项工作负责人：原副局长翟非，承办单位：市场管理处，责任人：产权处处长胡元华。根据政府的安排，结合我市的实际情况，拟订了《在新的形式下大力培育和发展房地产二、三级市场的意见》（附后），已呈报市政府、省房改办，待房改办批准。

（二）关于继续培育和规范人才、劳务、产权交易、房地产等市场，引导第三产业、中介组织健康发展的工作，属于政府，部署中必须把市场建设放到超前的位置，通过市场机制促进结构调整，推动经济快速发展类中第2项，主要承办其中涉及房地产市场的小项。总负责人：原副局长翟非，承办单位：市场管理处，责任人：市场处处长李秀英。结合本部门、本行业工作特点，我们把这项任务的重点放在支持鼓励有条件的区、县（市）建立房地产有形市场，举办各种交易活动，搞活流通市场，拉动位宅消费市场，推动房地产的发展，以实现使住宅产业消费作为我市国民经济新的增长点为目标。2001年建立了白云、花溪、清镇的房地产市场，积极支持、协助、配合小河开发区、白云区举办房地产交易会，以及贵州商报组织的"住宅精品展销会"等。小河开发区房交会认购商品房2147套，预售617套，面积60984.62平方米，金额8262.69万元。白云区房交会共销售商品房167套，建筑面积16218.21平方米，销售金额达1447.97万元，认购商品房508套，建筑面积51937.45平方米，认购金额达4281.37万元。

小河开发区、白云区房交会的成功举办，不但给城市建设和房地产业带来了巨大的商机，扩大了知名度，而且引进了先进的房地产发展理念，有利促进两区房地产业扩大规模，提高档次，加快经济发展，实现新的飞跃。

三、新增目标完成情况

（一）按时完成政务公开工作

为了认真贯彻落实市目标办、市人事局《关于进一步做好政务公开工作的通知》，结合我局机构改革和行政审批制度的改革，克服自身办公环境和条件有限的困难，通过总的政务公开栏将新"三定方案"所确定的职责、办公地点、负责人和岗位人员张榜公布，同时在具体的职能处室公开办事时限、收费项目及标准、办事条件、办事程序、办事纪律、办事结果，接受群众监督，督

促加强自身管理，政务公开的工作落到了实处。

（二）深入开展机关作风整顿教育活动

按照《中共贵阳市委、贵阳市人民政府关于在市、区（市、县）党政机关深入开展作风教育整顿活动的意见》切实解决好我局机关在思想作风、工作作风、生活作风、领导作风及学风上存在的问题，采取“一学、二查、三改、四建”的办法，认真组织开展了机关作风教育整顿活动。

“一学”，学习注重“两个”结合，抓实“三个”层次，即注重集中学习和个人自学、支部学习和党小组学习相结合；抓实党委中心学习组、机关支部、党小组三个层次的学习，做到了“三有”，即有学习计划、有读书笔记、有讨论心得。

“二查”，局党委中心组召开专题会，严格对照“八个坚持、八个反对”和“六查”的具体要求，局党委书记和领导班子成员带头自查，局属各单位总支（支部）书记对局机关在思想作风、工作作风、生活作风、领导作风和学风上存在的问题提出了意见和建议。

“三改”，对查找出的问题，局党委高度重视，从五个方面着手抓整改：一是清理各项规章制度，根据形势发展的要求，作好修改完善和进一步的建立健全；二是整治劳动纪律，加强职工职业道德教育，树立机关工作新形象；三是改变精神面貌，鼓励干部职工开拓创新意识，振奋精神，提高工作质量和办事效率；四是加强反腐倡廉教育，落实党风廉政建设责任制；五是转变学风，克服学习上的形式主义，领导班子成员带头结合工作实际，学习政治理论，学习党的方针政策、国家的法律法规及业务知识理论，促进机关形成一个良好的学习氛围。

“四建”，为了把整改措施切实落到实处，机关在进一步建立健全加强管理制度的基础上，各处室结合自身的工作特点，制定和完善了处室职责、岗位职责，有效地提高职工的责任意识和服务意识。

通过上述四个阶段的工作，局机关加强作风教育整顿活动收到了明显成效，迟到早退的现象大大减少，工作责任心明显增强，接待来访做到热情周到、耐心细致，为基层办事更注重时间和效率，广大干部职工通过改变自身的工作作风，树立起了新的机关形象。

四、积极稳妥推进局机关机构改革

推进机构改革是党的十五大提出的一项战略任务，为了贯彻落实市委、市政府关于实施党政机关机构改革的统一部署，如期完成机关机构改革的任务，我局把该项工作作为今年的一项重要目标，局党委以高度的政治责任心，精心制订方案，认真组织实施。工作中做到：坚持公开、公平、竞争、择优的原则，按照工作需要、群众参与、综合考评、组织决定的方式，开展宣传动员、审查考试、竞争上岗、双向选择等每一个阶段的具体工作，得到全局上下广大干部职工的赞同与支持，不但积极稳妥地完成了机关机构改革，同时，进一步实现了机关干部的年轻化、知识化，机关中层干部平均年龄由原来的42.8岁降到40.67，轮岗率达37.5%，而且，通过竞争，合理定岗，优化人员结构，发挥个人所长，更进一步加强了干部、职工的工作责任心，激发出积极向上的进取精神，使机关工作面貌焕然一新，工作质量和效率明显有所提高。

五、精神文明建设共性目标执行情况

为了保证年度目标任务的顺利完成，局党委围绕市委、市政府精神文明共性目标，结合本部门的工作实际，认真开展精神文明建设工作，为推进经济建设持续健康发展提供了有力保证。一年来，我们主要抓了以下工作；

（一）领导班子团结，党性观念强，对党的路线、方针、政策和省、市的各项决议、决定，坚决认真贯彻落实，做到有令就行，有禁就止，确保了政令畅通。

（二）坚持从严治党，抓党风廉政建设，落实这项工作，一是利用宣传媒介曝光的重大典型案件,对广大党员、干部和职工进行警示教育;二是认真学习汪洋湖的先进事迹,提高为人民服务的思想意识;三是认真贯彻执行上级部门关于党风廉政建设的一系列文件精神,用有关规定规范党员干部的行为,增强党员干部自觉遵纪守法的意识,一年来未发生重大案件和事故;四是结合房管局实际,组织实施《狠煞官僚主义和形式主义"两风"的意见》,开展行风整顿和民主评议行风的活动,改善了服务质量,收到了良好的社会效益。

(三)坚持抓好理论学习,局党委中心组坚持两月一次的学习制度,各单位坚持每周五下午的学习时间,认真学习党的十五大和十五届五中、六中全会精神,学习江泽民总书记"七·一"讲话和党的方针、政策、提高了广大党员、干部和职工思想素质。

(四)认真办理人大代表建议、批评意见和政协委员提案,以及市长专线电话交办事项,提高承办质量,按时完成任务,做到件件有答复,事事有交代,书面答复率达100%。2001年办理人大代表建议和政协委员提案7件,办理市长专线电话及批办件170件次,处理群众来信59件。

(五)认真贯彻落实《中国共产党和国家机关基层组织工作条例》,提高机关党建工作水平,做到了四个坚持:一是坚持党内民主生活会,开展批评与自我批评;二是支持"三会一课"制度,加强党员的思想教育;三是坚持对发展党员、干部队伍的考核制度,做到有计划、有安排、有检查落实、四是坚持搞好党员发展工作,全年发展了新党员29名,使党的组织建设得到不断的加强,党的领导核心工作得到了充分体现。

(六)在坚持正常开展社会治安综合治理的基础上,进上一步完善有关的规章、制度,建立健全工作档案,自觉接受所在片区办事处的指导,积极参与所在片区的综合治理、治安联防,受到当地政府的表彰,使广大干部职工法制观念得到加强,遵纪守法逐渐成为自觉的行动。一年来,我局尚未发现违法犯罪行为。

(七)坚持领导干部下基层不少于三个月的制度,做到工作有计划、有记录,并把理论结合实际,完成了两篇以上的调查报告和学习心得。对基层反映的问题,及时协调和解决,促进了全年目标任务的顺利实施。

(八)维护社会政治稳定,成立了一把手为组长的维稳领导小组,落实稳定工作领导责任制;加强情报信息、信访工作,做好预警信息的收集、处理、上报工作,对上访事件及时赶赴现场,作好处理与疏导。

(九)重视计划生育工作,在职工中没有发生违反计划生育现象,同时采取积极措施,认真落实帮扶工作责任制,在落实帮扶措施、帮扶项目和帮扶资金方面开展了切实有效的工作。坚持签订拆迁片区计划生育管理合同,促进拆迁安置的顺利开展。

认真贯彻执行全民健身纲要,积极开展职工文体活动,组织职工运动会,举办职工拔河、球类、棋类比赛等,开展小型多样的文艺活动,大大增强了党组织的凝聚力和广大职工的向心力。

(十)认真分解,层层落实市委、市政府下达的目标。局主要领导挂帅,成立目标考核领导小组,坚持月检查、季汇报、半年小结、年终总结的考核制度,实现了目标考核管理科学性和严肃性的重要作用。

(十一)抓好普法宣传教育。一方面是通过用法律、法规知识"光盘"教材,对职工进行广泛的普法教育;另一方面是积极参加承办开展"放心房"的活动,还利用节假日,上街宣传《商品房预售管理办法》、《贵阳市房屋拆迁管理办法》等房地产法律法规,收到了很好的宣传效果。

六、存在的问题

一年来,通过全局上下的共同努力,我们的工作虽然取得了一定有成绩,但是仍然存在一些问题，主要是：(1)廉租房安置资金与所需安置户存在一定的差距，尚需政府扩大资金投入。(2)物业管理市场需进一步规范，服务质量有待提高。(3)对拆迁单位公开办事的监督管理力度需进一步加强。(4)房屋租赁市场的开发有待于进一步探索和实践。(5)需进一步加大培育房地产二级市场力度。这些问题，我们将在下步工作中采取积极措施，加以解决。

七、明年主要工作目标任务

为了确保市委、市政府2002年全市经济社会发展主要目标的全面完成，按照市委七届六次全会精神，以"三个代表"重要思想为指导，紧扣市委、市政府实现我市强市升位、跨越式发展的战略目标，结合本部门的职责，我局2002年的工作目标以全力推进房地产业的发展为主题，主要目标任务是：

1、完成《贵阳市房屋拆迁评估管理办法》的制定，报政府审批；

2、拆迁强拆率控制在3‰，拆迁资金监管率100%(不含市政工程)；

3、完成5个办事处片区房屋产权验、换证任务；

完成房屋产权转移、变更登记和验、换、发证(含省市房改房办证)1.6万户；

4、完成各类房地产鉴证金额6亿元，完成抵押登记5000宗；

5、代征契税、印花税2000万元；

6、完成直管公房租金收缴1000万元；

7、落实私房政策20户，完成私房落实政策安置25户，办理历史遗留案50户；

8、完成5个住宅小区达贵阳市物业管理市级标准；

9、完成茅草房改造36户；

10、根据廉租住房资金到位情况，完成安置"双困户"廉租住房；

11、完成房地产法律、法规及业务培训5期。

八、主要职责

根据以上职能的调整，市房地产管理局的主要职责是：

(一)贯彻执行国家、省、市有关房地产管理和住房制度改革的法律、法规、规章和政策，研究拟定房地产市场、房产管理、住房制度改革和住宅建设的政策、法规、规章以及相关的中长期规划并组织实施。

(二)指导和督促区(市、县)城镇住房制度改革工作；负责公积金和其它房改资金管理工作的监督、检查与指导。

(三)负责监督、检查、指导协调房屋产权产籍及其档案的管理工作；负责房屋权属证书的登记核发；负责商品房市场准入的管理；负责房地产转让、租赁、抵押、登记管理；负责房地产中介机构的管理；负责房屋的测绘工作；负责房地产评估的指导管理。

(四)负责房屋的拆迁执法监督、协调指导管理工作；负责拆迁单位的资质审查、核准工作。

(五)负责房屋租赁合同的登记备案；拟定廉租住房管理的法规，政策并组织实施，负责廉租住房的管理工作，受理廉租住房的社会捐赠，并办理相关的接收手续。

(六)负责房屋安全管理工作；负责房屋安全鉴定单位和鉴定人员资质的管理；指导全市白蚁防治工作。

(七)负责物业管理工作，指导和规范物业管理市场。

(八)负责公房的资产管理；负责落实私房政策的工作。

(九)负责房地产有关法律、法规、规章赋予的行政执法监督检查和区(市、县)房地产行政复议工作。

(十)承办市委、市政府和上级业务部门交办的其他事项。

二00二年一月二十二日

贵阳市仲裁委员会

贵阳仲裁委员会是根据《中华人民共和国仲裁法》的规定，由贵阳市人民政府批准成立。依法对平等主体的公民、法人和其他经济组织之间发生的合同纠纷和其他财产权益纠纷进行仲裁的专门机构。

贵阳仲裁委员会由法律、经济贸易等方面的专家和知名人士组成，包括主任一人，副主任四人和委员十人。贵阳仲裁委员会从仲裁、经济贸易、金融、保险、城建等专业领域内聘请100多名具有高等专业水平和良好道德素质的知名人士担任仲裁员。为保证办案质量，还设立了专家咨询委员会和仲裁员监察考核委员会。

贵阳仲裁委员会受理案件的范围是：国内合同纠纷、房地产纠纷、建筑纠纷、金融纠纷、知识产权纠纷等。

贵阳仲裁委员会的宗旨：保证公正及时地仲裁经济纠纷，保护当事人的合法权益，保障社会主义市场经济健康发展。

贵阳仲裁委员会的职责：以仲裁的方式解决平等主体的公民、法人和其他组织之间发生的合同纠纷和其他财产权益纠纷。

贵阳仲裁委员会将以事实为根据，依照法律规定，独立、公正、及时地解决纠纷，维护当事人的合法权益，保障社会主义市场经济健康发展。 ……

一、仲裁的含义：

仲裁，俗称公断，是指民事、经济纠纷的当事人按事先或事后达成的协议，自愿将有关争议提交仲裁机构，仲裁机构以第三者的身份对争议的事实和权利义务作出判断和裁决，以解决争议维护正当权益，当事人有义务履行裁决的一种法律制度。

二、仲裁的协议及其内容：

仲裁协议是双方当事人表示愿意将他们之间可能发生或已经发生的争议提交仲裁机构进行仲裁的协议。

仲裁协议包括下列内容：

1.请求仲裁的意思表示；

2.仲裁事项；

3.选定的仲裁委员会。

三、仲裁的特点：

(一)公正性。仲裁委员会依法独立行使仲裁权，不受行政机关、社会团体和个人的干涉。

(二)自愿性。仲裁纠纷实行自愿原则和或裁或审制度。既当事人采用仲裁方式解决纠纷，应当双方自愿，达成仲裁协议；没有仲裁协议，一方申请的，仲裁机构不予受理；当事人达成仲裁协议，一方向人民法院起拆的，法院不予受理。在仲裁过程中，当事人可自愿选择仲裁员、开庭方式和审理方式。

(三)保密性。仲裁一般不公开进行，可以更好的为当事人保守秘密，维护当事人形象和声誉。

(四)权威性。仲裁实行一裁终局，不实行级别管辖和地域管辖。

四、仲裁的受理范围：

平等主体的公民、法人和其他组织之间发生的合同纠纷和其它财产权益纠纷，可以仲裁。

本会不受理下列纠纷：

A　婚姻、收养、抚(扶)养、监护、继承纠纷；

B　依法应当由行政机关处理的行政争议；

C　劳动争议；

D　农业集体经济组织内部的行业承包合同纠纷。

五、当事人的权利和义务：

(一)当事人的权利；

1.当事人有权选择仲裁员及约定仲裁庭组方式；

2.当事人有权申请财产保全和证据保全；

3.当事人可以委托律师和其它代理人进行仲裁活动；

4.当事人有权放弃或者变更仲裁请求，提出反请求；

5.当事人有权提出仲裁员回避；

6.当事人在仲裁过程中有权进行辩论，陈述最后意见；

7.当事人申请仲裁后可以自行和解；

8.当事人有权申请人民法院执行仲裁裁决；有权提出证据证明裁决违法并申请撤销裁决；

(二)当事人的义务；

1.当事人应当按照规定交纳仲裁费用；

2.当事人应当对自己的主张提供证据；

3.当事人有出庭的义务；

4.当事人有自觉依法履行仲裁调解书及仲裁裁决书的义务。

六、申请仲裁必须具备的条件：

(一)有仲裁协议；

(二)有具体的仲裁请求和事实理由；

(三)属于仲裁委员会的受理范围。

七、仲裁申请书的内容：

仲裁申请书应载明下列事项：

1.当事人的姓名、性别、年龄、职业、工作单位和住所，法人或者其他组织的名称、住所和联系电话，法定代表人或主要负责人的姓名、职务；

2.仲裁请求和所依据的事实理由；

3.证据和证据来源、证人姓名和住所。

申请书应当由申请人或申请人授权的代理人签名或盖章。

八、当事人申请仲裁、应提交下列证据、材料：

(一)仲裁申请书；

(二)仲裁协议；

(三)当事人主体资格的证明文件；

(四)合同文本及其附件；

(五)支持其仲裁请求的证据材料；

1.与本案有关的票居、信函、材料；

2.违约或侵人权事实及其损害后果的证明材料；

3.其它与案件有关的证据材料；

(六)当事人委托代理人办理仲裁事项或参与仲裁的，应当提交书面授权委托书。

贵阳市乌当区统计局

乌当区属贵州贵阳市城区，始建于1958年2月，现全区总面积964.79平方公里，形成两个片区，位于贵阳市东北部和西北部。所辖13个乡镇(6镇7乡)，119个行政村，34个居委会，950个村民组，辖区内有新天高新技术园区和金阳园区。2001年末总人口30.4万人，人口密度为每平方公里315人。

乌当区自然条件好、资源丰富、交通发达、全区经济和社会快速、健康发展。据2001年底统计，GDP比上年增长12.1%，高于全国平均水平4.8个百分点，高于全省平均水平3.3个百分点。农业总产值比上年增长5.4%，工业总产值比上年增长33.9%，全社会固定资产投资比上年增长66.9%。财政总收入实现“双过亿”，比上年增长27.8%。农民人均纯收入达2491元，比上年增长5.1%。城镇居民人均可支配收入5762元，比上年增长8.7%。

乌当区具有优越的投资环境和优惠政策，又具有旅游观光的优越环境。2001年仅情人谷、鱼洞峡、香纸沟、百花湖、相思河、金螺湖等自然风景区就接待游客近40万人。佈依三月三、苗族跳场节等民族风情文化更是多姿多彩。欢迎各方人士到乌当区投资、观光旅游。

贵州省移动通信公司贵阳市移动通信营运中心

贵阳市移动通信营运中心于2002年1月正式成立，隶属中国移动通信集团贵州移动通信公司。中心全面负责贵阳地区的移动通信业务推广、市场拓展、客户服务等工作的同时还致力于合理、科学地规划贵阳地区移动通信网络，迅速、有效地配合上级部门进行网络建设，不断优化网络，以严格、高水准的维护水平为贵阳地区移动通信提供高效、优质、安全、稳定的通信网络。

到2001年底贵阳地区的网上用户已达到54万。并为用户提供了移动话音、移动数据与传真、语音信箱、移动秘书、来电显示、呼叫转移、呼叫等待、呼叫限制、短消息、手机银行、手机炒股、信息点播、 WAP手机上网等多项业务服务。在城区繁华地段和市属各郊县设立了众多营业厅，方便客户办理业务，开通1860/1861咨询服务热线及1258/1259寻呼热线，并实现客户通过公司网站WWW.gz139.com.cn办理部分业务。同时中心拥有世界一流的数字移动通信设备，在交换、传输和基站等方面都占有较大的优势。截止2002年3月份贵阳市基站总数达509个，载频4341个，折合信道31262个，交换机容量95万门，贵阳移动关口局容量达70万门，端局总容量95万门。

中心现有员工269人，平均年龄32岁。这是一个年轻又富有活力的集体，中心每一位员工仍在不断钻研移动通信先进技术和提高移动通信业务水平，力争成为我省移动通信栋梁和先锋力量。

在2002年贵阳市移动通信营运中心将继续坚持“改革、开放、建设、服务”的总思想，以“追求客户满意服务”为企业宗旨，进一步树立“改革创新、艰苦奋斗、只争朝夕、团结协作”的精神，树立员工的“紧迫感、危机感、使命感、责任感”，以卓越的实力和坚定的信心，持续为企业、为社会创造更大的价值，不断向世界一流通信企业迈进！

贵阳市文化局

贵阳市文化局(贵阳市新闻出版局、贵阳市版权局)是贵阳市人民政府主管全市文化艺术、新闻出版、文物保护、文化市场、电影事业和著作权工作的职能部门,内设9个职能处室:局办公室、人事处、艺术处、社会文化处、文物保护管理处、文化市场管理处、新闻出版管理处、计划财务处、纪检监察室。局机关定编人员38人。

贵阳市文化局下属有16个基层单位,分别是:市歌舞剧院、市艺术中心、市京剧团、市杂技团、市文艺创作研究室、市文化市场稽查队、市图书馆、市群众艺术馆、市文物管理所、市电影公司、市文化旅游中心(市文化旅行社)、市美术广告公司、市演出公司、市文物商店、甘荫塘影剧院、市艺术表演团体离退休职工管理处。全系统现有在册职工879人,其中各类专业技术人员526人(高级职称人员43人,中级职称人员225人,初级职称人员258人)。

贵阳市艺术院团拥有一批卓有才华的艺术表演人才和文艺创作人才。这些年来,在专业文艺队伍的业余工作者的共同努力下,创作演出了一批优秀剧(节)目和艺术精品。以京剧《范仲俺》、《巾帼红玉》、歌曲《最亮的星、最好的人》、方言喜剧《酸酸甜甜的杨梅》为代表的一大批优秀剧(节)目先后荣获中宣部、国家文化部等颁发的“五个一工程奖”、“文华新剧目奖”、“中国京剧艺术节优秀剧目奖、优秀演出奖”、“全国蒲公英奖”、“群星奖”及省、市各项重要文艺大奖。

各艺术院团的节日演出与日常演出每年超过600场,其中到农村、下基层演出不少于120场,演出的剧(节)目内容丰富,推陈出新,阵地演出与下农村到基层演出,形式多样、好戏连台。每逢节日、纪念日、庆典期间,市文化局都组织了内容丰富,异彩纷呈的大型主题文艺演出,开展送文化下乡活动,为广大城乡群众提供了健康的精神食粮。

近几年,我市的对外文化交流活动取得显著成绩。市文化局先后组织民族艺术团、市杂技团、市京剧团等我市专业、业余和民间文艺表演队伍分赴美国、日本、法国、希腊和台湾、香港等地演出。同时,市文化局也多次引进俄罗斯、美国、巴西等国外高水平艺术团体到贵阳演出。这些对外文化交流活动,打开了我市对外文化交流的大门,并为我市高雅艺术的发展起到了良好的推动作用。

贵阳市群众文化事业经过多年努力,在全市范围内已经形成纵横交错的群众文化网络。在已建成的四级群众文化网络中,有市图书馆、市群众艺术馆,有区(市、县)图书馆8个、文化馆9个、有乡(镇)文化站98个,街道办事处文化站34个及703个村级文化室。我市已建立了一个国家级农村儿童文化园(花溪区青岩镇农村儿童文化园)和1个市级农村儿童文化园及一大批有地方特色的民族、民间文艺表演队伍。三年一届的“花溪之夏”艺术节、两年一届的“全市群众文艺调演”成为有一定影响的贵阳艺术盛会。各类“歌咏比赛”、“文艺调演”、“舞蹈大赛”、“消夏纳凉晚会”、“民族节日活动”等基层文化活动丰富多彩。农历“三月三”、“四月八”、“六月六”等民族节庆，都要举办“耍龙舞狮”、“秧歌大赛”、“民族歌会”等大型群众文化活动。群众文艺创作和群众文艺队伍建设也有了很大的发展，社区文化、校园文化、村镇文化、企业文化多姿多彩，我市群众文化活动呈现出蓬勃发展的良好态势。

随着经济和社会的发展，我市文化市场发展很快。歌舞厅、卡拉OK厅、录像厅、保龄球馆、高尔夫球场、书市等，已成为广大群众喜爱的文化生活场所。目前，我市已有各类文化经营户4000余户。市文化局在对文化市场的管理中，抓导向、抓规范、抓秩序、抓繁荣，做到了“管而不死”、“倡而不纵”、“治而不乱”。在文化市场管理中坚持“一手抓繁荣、一手抓管理”，经常开展一些导向性的文化活动，如评选“文明书店”、“音像图书”等。“扫黄打非”工作卓显成效。全市文化市场朝着健康、繁荣、有序的方向发展。2000年，市文化局（市新闻出版局）被中宣部、文化部、公安部等部委授予“全国扫黄打非先进集体”荣誉称号。

这些年来，我市文物保护与利用工作取得了可喜成绩。到甲秀景区、扶风山（阳明祠）景区观光、瞻仰的中外游客常年不断。驰名中外的息烽集中营旧址，达德学校旧址，修文阳明园，青岩古镇、开阳张学良将军幽禁处等历史文物古迹相继修复开放，成为我市爱国主义教育基地。文物的征集与发掘工作也在大力开展。文化基础工作得到大力加强，全市77个市级以上文保单位也划定了保护范围，文物建档工作的力度加大。在保护文物的前提下，文物景区的利用进一步加强，甲秀楼、阳明祠等一批重点景区已成为贵阳市文化的亮点。

我市现阶段的文化产业主要由文化娱乐业、演出业、文化旅游业、影视业、民族民间工艺业、图书文献信息业、文博业、艺术培训班、美术品业、文化用品业等构成，已呈现出蓬勃发展的良好态势。市文化局正努力使其成为全市经济发展中的一个重要的增长极。

贵阳市文化局目前正通过引资联建和资产置换等方式加紧建设我市文化设施，如贵阳大剧院、艺术中心大厦、图书城、国艺大厦、电影城等。这些文化设施建成后，将大大改变我市文化设施“破、旧、少”的现状，使布局进一步合理，形成北有国艺大厦、中有小十字文化中心区、南有贵阳大剧院的格局。

在发展文化事业的同时，以市歌舞剧院为试点的文艺体制改革取得了阶段性成果，市歌舞剧院成功地完成了人员定编定岗与精减。体制和机制改革也取得突破。在市杂技团成功推行了团长负责制并完成了相关的制度改革。

贵阳市文化局于1995年被国家文化部授予“全国文化先进集体”称号，1997年、1998年、2000年、2001年均被市委、市政府评为全市目标管理先进单位。

贵阳市开阳县人民政府

一、概况

开阳县位于贵州省中部，地处乌江南岸，距离省会贵阳市86公里，东与翁安县、福泉市接壤，南与龙里县、乌当区毗邻，西与息烽县、修文县交界，北隔乌江与遵义市相望，全县总面积2026平方里，其中耕地2.63万公顷，林地97.8万亩(森林覆盖率40.2%)，矿产资源丰富，有磷、煤、铝、重晶石等30多种、仅磷矿石储量就达6亿吨，有“高原磷”之誉。县辖6个镇、10个乡、113个行政村、11个居委会，2159个村民组。2001年末总人口41.34万欠，其中农业人口36.67万人。

二、2001年主要经济指标完成情况

2001年，我县以建设经济强县为中心，抢抓西部大开发历史机遇，充分发挥市带县体制的优势，调整结构，扩大投资，促进消费，国民经济持续快速健康发展。全年实现国内生产总值16.33亿元，增长12.29%；其中第一产业增加值4.39亿元，增长3.75%；第二产业增加值6.2亿元，增长14.3%；第三产业增加值4.46亿元，增长13%。财政收入实现"双过亿”，财政总收入2.02亿元，比上年增长21.51%；其中，县级地方财政收入1.14亿元，增长15.77%；财政支出1.92亿元，增长2.99%；固定资产投资总额3.59亿元，增长28.21%；社会消费品零售总额4.08亿元，增长10.3%；农民人均纯收入2118元，增长6.2%；城镇居民可支配收入6346元，增长5.7%；全县计生率达89.6%，比上年增长3个百分点。

三、2002年全县经济社会发展的主要预期目标

国内生产总值增长12%，其中，第一产业增长4%，第二产业增长15.9%，第三产业增长13.5%；县级地方财政收入增长12.99%，固定资产投资总额增长35%，其中强县口径增长25%；社会消费品零售总额增长10%；乡镇企业营业收入增长25%；招商引资增长12%；农民人均纯收入增长6%，城镇居民可支配收入增长8%，计生率达89%以上，人口出生率控制在15.5‰以内。

办好10件实事：

1、完成“两改一气”工程5000户

2、实施农村饮水解困工程17处，解决1.7万人饮水困难；完成双流、马场、宅吉三个乡镇“大地之爱，母亲水窖”工程；完成360户特困农户建新房和294房特困农户消除茅草房建新房。

3、完成县城“两场三路”建设。

4、完成久铜线开阳县城绕城线建设和3个乡镇通乡公路硬化。

5、完成5个乡镇卫生院新建业务楼建设(双流、冯三、永温、高寨、米坪)。

6、完成永温109户以工代赈异地扶贫搬迁及金中桐梓园21户地质灾害搬迁工作。

7、积极实施旅游国债项目，完成哨上至锣鼓冲四级油路改造南江停车场1万平方米，改扩建、塘上营至一龙广桥6.5公里公路、田坝至九股井6公里四级油路新建和秭妹井至天龙4.5

公里四级油路建设。

8、以资信卡形式发放农村小额贷款6000万元。

9、完成青少年学生校外活动中心建设。

10、完成4个乡镇(龙岗、高寨、毛云、马场)精神文明活动中心内部设施建设。

开阳县2001年规模以上企业(500万元以上)产品产量情况

单位	主要产品	产品产量(吨)	销售收入(万元)
开磷集团	磷矿石 黄磷 化肥	2567003 5059 233383	62868
开阳三聚磷酸钠厂	三聚磷酸钠	27248	7182
供电局	电力供应	108243万度	18605
开阳县磷肥厂	化肥 硫酸 磷矿石	36651 16335 271127	2605
开阳县双流茶场 棕刚玉厂	磨料	11552	1812
开阳县油脂化厂	菜油	6126	1087
磷城黄磷厂	黄磷	3764	1964
双流乡镇企业开发公司	磷矿石 黄磷	175153 6089	4418
金中镇矿产品经营公司	磷矿石	170044	1682
开阳磷化工有限公司	化肥 磷矿石	12686 39141	992
南桥水泥厂	水泥	64000	1132
双流黄磷厂	黄磷	45297	28670
安达磷化工有限公司	黄磷	5224	2373
磷源矿业有限责任公司	磷矿石	142861	504
宜宏股份合作公司	水泥	34400	635
开磷宏盛实业有限公司	磷矿石 编织带	240052 1027	2694
金中黄磷厂	黄磷	3433	2255

贵阳市乡镇企业局

2001年，我市始终把上规模、抓特色、促创新作为促进乡镇企业大发展、大提高的基本思路，使乡镇企业发展初期傻、大、黑、粗的状况得到明显改变，创建一批适应贵阳资源优势的乡镇企业，企业的整体素质和经济效益都得到了提高，全市乡镇企业完成营业收入493.40亿元，为年计划的105.81%，比去年同期增长26.98%；乡镇企业总产值(90价)339.29亿元，比去年同期增长24.92%；乡镇工业总产值(90价)150.31亿元，比去年同期增长19.44%；乡镇工业增加值85.70亿元，为年计划的105.4%，比去年同期增长18.3%，乡镇工业增加值41.98亿元，为年计划的105.93%，比去年同期增长16.58%，对全市工业增加值增速贡献5.28个百分点，贡献率为61.36%；实交税金6.74亿元，为年计划的114.63%，比去年同期增长24.35%；实现乡镇出口产品交货值2.84亿元，实现了"十五"计划开门红。新增亿元乡、村9个，10亿元乡镇6个，为农民增收和农村稳定作出了贡献，成为实现"强市升位"目标的重要支撑。今年，全市乡镇企业的发展有以下主要特点：

一、认清形势，抢抓机遇上水平。把握机遇与挑战，紧紧抓住国家实施西部大开发战略发展的机遇，把乡镇企业作为全市社会生产力跨越式发展的战略重点，制定优惠政策措施，进行重点扶持，把乡镇企业做大做强；围绕"强市升位"目标，结合资源优势强化企业规模布局。今年，市委、市政府在制定"十五"计划中，把乡镇企业作为全市社会生产力跨越式发展的战略重点，纳入"强市升位"目标，提出了明确要求。按照"统一征地、统一标准、统一基础设施配套建设、统一管理"和扩大对外开放，落实优惠政策的原则，加快乡镇工业小区建设，在保证稳定发展速度的同时，进行新一轮的布局和结构调整，初步形成乡镇企业发展的区域特色和全市社会生产力实现跨越式发展的重要支撑。修文县、息烽县、清镇市调整布局结构兴建医药工业园区，息烽县、开阳县利用区域和资源优势筹建双流磷化工工业园区和哨上农副产品和食品工业园区，布局优化对推动乡镇企业发挥聚集效应，加快小城镇建设和劳动力的就地转移起到了积极作用。本年度，乡镇企业营业收入达1000—5000万元的企业164家，上亿元的企业21家；出口创汇企业46家，其中出口交货值100万元以上的企业39家，"老干妈"辣椒厂产品已打入国际市场，成为品牌，年利润达到3000万元以上。

二、突出特色，结构调整成效凸现。今年，我市乡镇企业高举邓小平理论伟大旗帜，以江泽民同志"三个代表"的重要思想为指导，认真贯彻落实党的十五届五中、六中全会精神，按照市委、市政府《关于加快乡镇企业结构调整的意见》(筑党发〔2001〕13号文件)的要求：以结构调整为主线，以深化改革和体制创新的动力，以增加农民收入为根本出发点，加大改革改制力度，加快改造传统产业；积极发展高新技术产业和优势特色产业；大力发展第三产业；放手发展非公有制经济，全面提高乡镇企业的整体素质和效益，为农业发展、农民增收、农村稳定和全市社会生产力的跨越式发展作贡献。各级乡镇企业主管部门适时调整工作思路，选准工作的着力点和突破口，抢抓机遇，工作扎实，努力推进乡镇企业的结构调整和体制创新。制药业快速发展，现价产值已突破19亿元，占工业总产值的12.22%，益佰、宏宇等15家企业已通过了GMP认证，开始成为我市新兴的支柱产业。受制药业发展的影响，带动一批中药材种植基地的发展，促进了结构调整。

三、围绕发展农业产业化经营，大力培育龙头企业。调整优化产业结构和区域部局，以特色农业、精品农业、观光农业为重点，积极扶持一批龙头企业建立“产、供、销”一条龙，“贸、工、农”一体化的产业经营，拓展乡镇企业的发展空间；以提高农产品商品率为目标，重点扶持辣椒、玉米、洋芋、萝卜干、猕猴桃等农产品加工企业上规模、创品牌；采取利益联结机制，抓好规模集约型种养殖基地建设，搞好农副产品精深加工、保鲜、贮藏、运销等，发展优势特色产业。目前初步建成了兰地20万羽蛋鸡养殖场，贵州原野生态养殖园10万只草食养鹅场等企业。龙头企业长入农村经济，带动了当地农户生产方式和经营观念的转变。

四、围绕科技进步和体制创新，加快传统产业向高新技术产业和优势特色产业的转变。主要抓了以下几个方面：①加快改造传统产品，依靠科技进步，推动磷化工、磨料、磨具、铁合金、建材等传统支柱行业优化升级；利用新技术对传统建材业中的久长、南桥、荣利达水泥厂和金龙建材厂等20家企业进行技改，使其上规模，上水平；扶持有条件的企业围绕大企业、大集团搞好配套和专业化协作，向“专、精、新、特”方向发展。②积极开发高新技术产品，利用资源，开发出石油高铝支撑剂、饲料级脱氟酸三钙、赤磷等一批市场前景好、技术含量高的新产品。其中，贵州林海新材料制造有限公司的石油高铝支撑剂替代了进口产品，并批量生产，赤磷已批量进入国际市场。③积极实施品牌战略，鼓励支持优势骨干企业开发特色产品和出口创汇产品；扶持有条件的企业从产品质量、档次、包装等方面开发一些名、特、优、新产品占领市场。

五、围绕小城镇建设发展第三产业，加快农村富余劳动力向非农产业转移。积极支持乡镇企业抓住加快西电东送工程上马和加快小城镇建设的机遇，参与基础设施建设、开发房地产业，吸纳农村富余劳动力。围绕小城镇建设，加快农副产品批发市场和各类工业品市场建设，拓展农村贸易业。依托丰富的旅游资源，积极参与旅游景点的开发建设，大力发展旅游业，旅游产品加工业、旅游客运业、饮食服务业和文化娱乐业，使全市乡镇企业第三产业的比重提高到40%以上。

六、围绕实施“走出去”战略，加大招商引资力度。一是认真用好、用活国家关于“西部大开发”的有关政策，搞好引资项目的研究、论证、立项等基础工作，适时筛选补充项目，抓好项目库建设。二是认真落实《中共贵阳市委、贵阳市人民政府关于改善投资环境扩大招商引资的决定》，大力整治投资软环境，实行“一站式”优质服务，全方位展示贵阳的招商形象。同时积极创造条件，接纳沿海地区劳动密集型、资源加工型产业的转移。三是广泛开展各种形式的大型招商活动，精心组织重大招商项目，赴香港、新疆、云南等地开展招商引资，组织上百家企业参加省外各种形式的经济贸易洽谈会。全市共引进资金19.69亿元，同比增长62.73%，为乡镇企业持续发展增强后劲。

七、加大扶持力度，营造良好环境促发展。制定优惠扶持措施，建立发展资金、财政贷款贴息等，加大对特色产业和支柱产业，对农业产业化重点龙头企业的扶持力度。市政府从市财政新安排1000万元经济强县贴息资金扶持乡镇企业结构调整，从价格调节资金中安排500万元，对选定20家制药企业、27家农业产业化龙头企业及17家出口创汇企业进行重点扶持，使用725万元市级乡镇企业发展资金为5家企业贷款担保，为63家企业发放了贷款贴息485万元，其中制药企业22家，共贴息241万元，占49.7%；农副产品加工企业14家，共贴息57万元，占11.8%；出口创汇企业13家，共贴息111万元，占22.9%。使用价格调节基金110万元为6家企业进行扶持。同时，各级人民政府及有关部门切实转变作风，加强协调服务，帮助企业解决实际困难。

新华社贵州分社

2001年,新华社贵州分社积极参与新华总社经营管理体制改革试点工作,紧扣"培养一支好的队伍、树立一个好的风气、创造一笔优良资产"的工作思路,初步实现了制度创新和机制创新,报道业务、经营管理、干部人事、行政后勤、党的建设、党风廉政建设等各项工作取得了显著成绩,新闻报道数量和经营效益均创历史新高。

党组重视,领导带头,"抓作风,改文风",以内参报道为突破口,文字、摄影、网络、视频报道同步拓展,新闻产品的影响力明显提高。

据统计,2001年贵州分社发稿总量达2725条,比上年增长94%,与总社下达的考核任务相比,内参超额55%,通稿超额203%,体育超额141%,对外超额151%,图片超额212%,信息超额72%,网络稿由发稿不多到发稿740稿,音像稿超额55%,部级好稿超额341%,获中央领导批示稿13条,比上年增加3条。新华网贵州频道新闻日更新量达150条以上。

按照总社2001年工作会议的总体要求和改革试点方案精神,分社党组加强了对报道工作的领导,社长将主要精力用于抓报道,采编主任、副主任全力以赴抓报道,坚定不移地走向采编业务第一线,组织协调和带头采写重点稿,保持常年有一名分社领导、采编主任、副主任牵头的调研小分队在第一线。围绕深化改革、加快发展等重大问题,对省委抓的重点工作展开调查研究。记者中开始出现深入基层搞调研和关心实际工作、学习实际工作、研究实际工作的好势头。结合贵州实际,把握正确舆论导向,重点抓了配合全国"两会"召开和"十五"计划开局年、西部大开发、纪念建党80周年等方面的报道,以及人民群众关注的党风廉政建设、打黑除恶、企业破产等社会热点、难点问题和洪家渡水电站移民闹事等重大突发事件的报道。

针对分社目前的内参稿与总社要求差距拉大、中青年记者采写内参的基本功不扎实的现状,分社党组把加强内参报道作为突破口,由领导和离退休老同志向采编人员进行新华社传统和作风教育,深入开展马克思主义新闻理论的再教育,增强记者采写内参稿的政治责任感。举办了一次内参研讨会,增强采编人员的"耳目"意识,对贵棉破产、移民搬迁、危困企业职工生活困难引发的群体事件和一家大型国企破产前核心技术严重流失、烂土乡政府私刻印章冒领扶贫贷款、卷烟制假向西部转移、库区疾病、地质灾害、林区禁伐林木后面临三大难题等重要动向、重大问题和突发性事件,作了及时、准确的报道,为中央提供了有价值的参考材料,提高了内参报道的整体水平。

2001年,分社党组花更多精力用于组织策划和指挥报道,对稿件结构和发稿内容加以调整,增强了社会新闻和背景性、服务性新闻的报道,加强了经济信息和网络新闻的报道,减少了一般性经验和工作性报道。围绕中央和省委关心、群众关切的重要问题,加强舆论监督,对虚假数字、"三长"售假、省领导督办为何不办、一房为啥售二主、石漠化的警示、城市近郊的极贫问题、瓮安强迫干部职工买"爱州烟"等报道,引起了较强的社会反响。对加强党的作风建设、西部大开发、西电东送、生态建设、扶贫攻坚、城市基础设施建设、住房制度改革等省委抓的主要工作，组织力量并带领记者通过内参、公开、对外、社办报刊等渠道，进行浓墨重彩的宣传报道。社长和采编主任、副主任带头抓文字、摄影、电视组合报道，对中国贵阳国际围棋节、中国西部、从江椪柑节、贵阳市城市建设等一些重点报道，组织、带领文字、摄影、电视记者和网络技术人员，协同采访和报道，在《内部参考》、《经济参考报》、《新华每日电讯》、《了望》、《新华纵横》、《每日财经》、新华网贵州频道等媒体上分别作报道，使地方党政主要负责同志和有关部门充分感受到新华社多层次、多角度、多渠道整体报道的影响力。

深化经营管理体制改革，理顺关系，规范行为，组建两大平台，开创新闻信息产品营销工作新局面，实现经济效益和社会效益同步增长。

严格贯彻执行总社关于经营管理体制改革的实施方案和相关规定，从分社实际出发，积极、稳妥地推进改革，年初将分属于原新闻信息中心的供稿、网络、信息（决策参考、税务信息）和电视社的音像业务集中起来，组建新的新闻信息中心。停止画册、路牌等业务，撤销中亚广告公司，将与中央电视台合办的《关注西部》栏目转入善后工作。按照总社清理整顿公司的精神，将所有公司妥善处理；新华驾校7月份与分社脱钩；到年底，经过严格的内部审计，将《贵州内参》纳入新闻信息中心；撤销新闻发展公司；新华实业公司与分社脱钩；在此基础上，不失时机地将新华公关公司与《参考消息》贵州广告版整合以后，纳入新闻信息中心。到此，将所有经营业务由新闻信息中心集中统一管理，建立了统一、规范的新闻信息产品营销平台，为深化经营管理体制改革奠定了坚实基础。

经营工作突出抓管理。进一步扩大新闻信息产品占领市场的份额，进一步抓提高经济运行质量和效益。《贵州内参》在全省县级机构精减涉及面达1/4的情况下，仍保持历史最高水平；《决策参考》发行达378份，创历史最高纪录；文字、图片有效新闻用户均超额完成总社下达的任务；音像营销业务圆满完成总社下达的任务，受到音像中心的书面表扬；网络向总社上交25.8万元，是第一家向总社交钱的地方频道；《参考消息》贵州版受到参编部和社会各界的好评，参编部在贵州召开了现场会议，对《参考消息》贵州版的工作给予充分肯定。

按照《会计法》规范财会行为，加强预算管理、资金管理和审计监督，做到依法纳税。总社计财局、纪检组、监察局前后三次派人到分社财会中心查账、审计和指导工作，对分社的财务管理作了比较充分的肯定。

经营工作更加健康有序地向前发展，新华社的资源得到优化组合，采取脱钩、撤销、合并等方式，驾校、实业公司与分社脱钩，新闻发展公司、分社总经理室撤销，贵州内参、公关公司（参考消息贵州版）整合纳入新闻信息中心，精减了机构，精减了人员，不含上半年与分社脱钩的驾校在内，仅年底以来就精减了22人。营销人员的行为较过去规范了，经营业绩创历史新高：2000年是分社收入最高的一年，2001年按同比口径统计又有增长。2001年总社用分成制代替买断制，上交总社的比重增加，按上交分社和上交总社之和的同口径来与上年对比：2000年上交分社、上交总社合计399.4万，2001年上交分社、上交总社合计471万，同比增长18%。

进一步深化干部人事制度改革和管理，使干部人事制度更加规范化和制度化；加强了行政后勤管理工作，增强了大局意识、服务意识和责任意识。

一年来，先后有一名副局级党组成员提任党组副书记，5名正、副处级干部和一般干部分别担任副局级干部、党组成员、正处级和副处级干部，有一名副高专业职务人员晋升正高专业技术职务，受到提拔、晋升的干部共计7人，干部考察、选拔、晋升的力度之大是少有的。干部选拔、任免工作，在总社人事局的示范和指导下，分社党组严格按组织程序办事，基本做到了民主推荐、民意测验、民主评议和让职工享有知情权、参与权、选择权和监督权，努力做到用好的作风选人，选作风好的人。走上新的领导岗位的同志基本做到作风正、表现好。分社的干部考察、选拔工作，做到公开、公平、公正，符合组织原则和组织程序，干部考察、选拔工作运作规范，为今后深化干部人事制度改革打下了坚实的基础。研究、修改、补充、完善选人、用人机制，加大了从高校挑选应届毕业生到采编业务岗位考核试用的力度，及时挑选、补充了5名文字、电视记者。贵州频道、新闻信息中心也严把进人关，加大了考核、试用的力度，并且着力建立和完善"能进能出"的用人机制。分社还编制了定编、定岗、定员的方案，在1998年开始进行干部人事制度改革的基础上，试行全员岗位聘用制，新进人员一律实行聘用制。

进一步完善了分配机制和激励机制。按政策及时调整了事业编制人员工资标准，增加了离退休人员的离退休费，理顺和调整了企业编制人员的工资。制定了加强主体业务管理和队伍建设的措施，建立完善了有效的激励机制和人才评价机制。制定并开始试行记者按季度考核，前位奖励和末位警告的制度。制定和完善了聘用人员考核管理办法，聘用人员区别不同情况，分别实行服务期限1年、3年和5年的管理办法，积极探索靠事业留人、待遇留人、感情留人与靠制度和具有法律效应的合同留人相结合的新办法。

加强了技术管理。按照总社要求，做到了"统一规划、统一标准、统一建设、统一平台、统一管理"，落实了技术服务责任制，提高了技术水平和服务质量。尽管因基建需求而搬迁了技术室，同样保证了内部网络系统的安全，基本做到全天候稳定运行。为全体采编人员和管理人员配备了手提电脑和内部联网台式电脑，还配备了照相机和MD收、录、放等采访设备；贵州频道、新闻信息中心、技术室、财务中心等有关部门，电脑、打印机、复印机、扫描仪等现代化办公条件，有了较大改善；为了缩短基建周期，职工搬迁到过渡办公室办公，为了改善职工办公条件，作到每位记者办公桌上都安装有市话和内部电话，每个办公室都安装了空调；适当提高了采编人员的出差住宿费和补贴标准，提高了通讯费、交通费标准；为了节省时间、提高效益，适当放宽了到省外出差乘飞机等现代交通工具的条件，省内出差允许乘支线飞机。

关心职工健康，为老干和高知进行了两年一次的例行体检。认真抓了落实离退休干部职工的政治和生活待遇，对分社的主要工作，适时向离退休干部通报；推荐、选拔干部，选购住房等涉及分社长远建设和职工切身利益的大事，按规定范围征求离退休老干部的意见，必要时请他们参与工作，听取他们的意见和建议，使方案的制订和实施更加周全；确保了"两费"按时、足额发放，组织老同志就近参观经济社会建设发展成就，加强了对离退休干部职工的日常管理和思想政治工作，注意发挥他们在分社事业发展中的积极作用。

党的思想建设、组织建设、作风建设得到加强；政治理论学习、党的组织生活和党风廉政建设走向制度化、规范化；思想政治工作有所加强，民主空气日渐浓厚；“护牌”、“强牌”活动深入展开；“讲政治、讲学习、讲正气”，顾大局、干事业、谋发展的良好风气正在形成。

加强了党的思想建设，组织建设和作风建设。从党组中心学习小组做起，基本上做到每个季度学习一次；党组成员结合分管工作加强自身的理论学习，认真抓好分管部门的理论学习，并且将理论学习与日常工作紧密相结合，提高了理论学习的自觉性。党支部做到按期过组织生活，加大了对青年入党积极分子进行党的基本知识培训的力度，入党积极分子已达 18 人，其中 10 人是 2001 年递交的入党申请，已送 9 名青年到省直机关工委去参加党课培训，进一步开展无产阶级世界观、人生观、价值观的教育。对 2 名具备党员条件的入党积极分子，已经发展为预备党员，已按期为 5 名预备党员办理了转正手续。工会会员已达 96 人，其中 2001 年新吸收会员 13 人，除利用“三八”、“社庆”开展集体活动外，还以小组开展工会活动，既增强分社的凝聚力，又让职工充分享有自已的合法权益。

从分社党组领导班子作起，进一步牢固树立“政治意识、大局意识、责任意识”。无论报道业务、经营管理、行政后勤、党群或其它岗位的工作，无论是领导干部、共产党员还是工作人员，都把是否树立“三大意识”作为检查干部和部门工作做得好不好的重要标准，作为衡量干部是否称职的重要条件。分社党组提出“培养一支好的队伍、树立一个好的风气、创造一笔优良资产”的目标，正在稳步实现。

圆满完成了建党 80 周年和新华社建社 70 周年开展纪念活动的重要任务。通过广泛深入地进行无产阶级新闻观的再教育，把新华社的优良传统、江泽民总书记强调的“五种精神”与时代精神紧密结合起来，增强了做一个合格的新华社职工的荣誉感、责任感和自豪感，提高了队伍的整体素质。分社举行的纪念大会，省委书记、省长、省委常委、宣传部长、省人大副主任、省政协副主席和不少厅局的主要负责同志出席纪念大会，省委书记作了充分肯定新华社工作成绩和号召全省各级党委、政府都要支持新华社工作的重要讲话，增强了新华社在地方的影响力。

认真落实党风廉政建设责任制，认真抓好廉洁自律和纠正行业不正之风的工作，两次在《参考消息》贵州版和《贵州内参》、新华网贵州频道等媒体上刊载护牌公告，多次召开“护牌”会议，进行“护牌”教育，规范采编人员、经营人员两支队伍的行为，规范了名片制作，对经营人员不准以记者、编辑身份从事经营活动，不准以“了解情况”、“调查研究”等模糊语言误导客户，严肃查处了违规的人和事，决不能以牺牲“护牌”来换取暂时的经济利益，谁毁新华社的牌子，就砸谁的饭碗，决不手软，动了真格。对个别违反纪律的聘用人员作了严肃处理。重点抓了维护政治纪律和宣传纪律的教育，加大从源头上防治腐败的力度。深入开展了党性、党风、党纪的教育，巩固和扩大了警示教育的成果。加大了对各有关经济实体内部审计和对党组领导班子成员、企业法人和干部职工监督管理的力度，以及执纪检查和执法监察工作的力度，做到警钟长鸣。

贵阳市司法局

贵阳市司法局恢复重建于1980年。近20年以来，在市委、市政府和上级业务部门的领导、关心和支持下，工作职能逐步扩大，业务发展取得了长足进步。在县乡机构改革中，对其职能作了相应调整，主要职责是：承担市依法治市工作领导小组的具体工作，指导全市法制宣传教育工作和各行业的依法治理工作。领导、监督市属劳动教养所的工作。监督、管理全市的律师和法律援助工作，综合管理社会法律服务机构；监督管理公证机构及公证业务活动；监督指导市律师协会的工作；参与组织司法统一考试的考务工作。监督指导全市的“148”(要司法)法律服务专线电话建设，协调“148”法律服务工作；指导下级司法行政机关管理人民调解工作和基层司法所、司法助理员及法律服务工作；参与社会治安综合治理工作。监督指导全市面向社会服务的司法监定工作。指导全市对刑满释放人员、解除劳教人员的安置帮教工作。承办市委、市政府和上级业务部门交办的其他事项。

市司法局内设政治部、依法治市领导小组办公室、法制宣传处、律师公证工作管理处、基层工作处、法规处、劳教管理处、办公室、计划财务装置处等机构。系统内有市公证处、市三江劳教管理所和11家直属律师事务所。全市10个区、县(市)均设有司法局。各区、县(市)司法局在职能配置上，除没有劳教管理工作处，和市局大体一致。

据统计，截止2001年底，三江劳动教养管理所在册劳教员1863人。全市律师共办理各类案件3348件，其中办理法律援助案件393件。全市共办理各类公证16835件。全市各级调解组织共调解民间纠纷3654件。刑释解教人员帮教率达85%。“148”法律服务专线共接待群众来访829人(次)。为配合“严打”整治斗争，全市司法行政机关在各宣传点共发放各种宣传资料142270份，展出宣传展板139块，出动宣传车98台次。全市司法行政系统各单位的共同努力，为我市的社会稳定和经济发展作出了积极贡献。

贵阳市老龄委员会

贵阳市老龄委从人口老龄化发展和社会发展的整体要求出发，以邓小平理论和江泽民总书记“三个代表”重要思想为指导，根据市委、市政府的要求和全省老龄工作2001年工作安排，认真贯彻落实《中共中央、国务院关于加强老龄工作的决定》和全国老龄工作以及全省老龄工作会议精神，紧紧围绕党的中心工作，服务于党的中心工作为宗旨，本着老龄事业和老龄工作与社会协调发展的客观要求，以“老有所养、老有所医、老有所教、老有所学、老有所为、老有所乐”为工作目标，大力弘扬中华民族尊老、敬老传统美德，动员社会各界为老年人办好事、办实事，进一步加强老年思想政治工作，倡导和丰富健康文明的老年文化生活，较好地维护老年人合法权益等方面做了大量的工作。同时，我委在自身建设方面也取得一定的进展。主要做了以下几方面的工作：

一、在新的世纪之交，按照社会发展要求和全国老龄工作会议精神，以及市委、市政府年初工作要求，市老龄委拟制了《贵阳市第十个五年老龄事业发展规划》，并于5月14日报市政府。各区、县(市)也拟制出各自的规划。

二、进一步加强老年思想政治工作。根据中央和省、市有关文件精神，要求各区、县(市)老龄委及各工作部门老龄委认真组织离退休老同志、老年人学习党的方针、政策，坚定马列主义信念，树立科学的人生观和唯物主义世界观，深入开展揭批“法轮功”的滔天罪行。市老龄委、市精神文明办、市老体协联合于2月16日在人民广场举办了“崇尚科学、抵制邪教”万人签名活动，市政府唐光族副市长参加了签名活动。这次活动的开展对引导广大老年人自觉抵制各种封建愚昧思想的侵蚀起到了积极的作用。

三、积极开展老年文艺活动，倡导和丰富健康文明的老年文化生活。我委于元月17日在市委会场举办了“老年人迎新世纪庆新春联欢会”，6月22日与市级机关工委、市精神文明办、市文化局联合在市青少年宫举办了“贵阳市老年人庆祝建党八十周年文艺演出”。充分展示广大老年人朝气蓬勃，健康向上的精神风貌，展现了广大老年人歌颂党、歌颂社会主义事业的美好心声，对丰富和带动全市老年精神文化活动起到了积极的推动作用。据反映，全市老年人各种健康的文化活动得到了普及，跳舞、舞剑、下棋、登山、各种球类等活动成为广大老年人每天必不可少的日常生活内容。每天清晨各个公园、街道景点的老年人晨炼队，更是成为全市精神文明建设一道亮丽的风景线。

四、大力弘扬中华民族敬老尊老的传统美德，动员社会力量为广大老年人办实事好事，推动“银发工程”的深入开展。中华医学会贵阳分会联合黑龙江参美集团公司、北京育华医用设备有限公司分别为全市老年人开展义务心脑血管检测活动；大连飞索保健品公司贵阳办事处为全市老年人开展免费保健知识讲座，并组织部份离退休老同志到市三医进行义务身体体检，为老年人配发“银发健康爱心卡”。今年“银发工程”活动的特点是：社会参与面和老年人受益面得到逐步扩大。特别是市级医疗部门对持优待证老年人免排队看医、取药的举措已形成制度；市公交公司把为高龄老人办理免费乘车证列入公司的日常工作，定期为老年人办理换证手续。但由于多种因素的影响，“银发工程”活动在内容和形式上难以有较大突破，参与单位特别是个体参与单位活动有所中断，一些企业参入了商业行动，带来了负面影响。如何推动“银发工程”的持续开展，确保为老服务活动质量的提高，是今后活动开展的根本保证。

五、进一步推动老年法的贯彻落实，切实保障老年人的合法权益。随着人口老龄化比例在总人口中比例的逐渐加大，随着社会体制和家庭结构的不断变化，用法维护老年人的合法权益,依法促进老龄事业的全面发展,成为当前老龄工作的重要内容。市老龄委不断加大老年法的宣传力度,通过宣传提高全社会对老年法的认识,增强广大老年人用法维护自身合法权益的意识。加强与司法、法院、公安、工、青、妇等单位的联系和合作,与市法律援助中心建立联合对特困老年人的合法权益受侵犯实行转办联办,提供义务咨询和法律服务。在今年共接待老年人受侵犯来信来访40多件中,涉及经济待遇、打伤索赔、房产纠纷、家庭矛盾等,在各有关部门的配合下,大部分都得到了协调解决。

今年是《中华人民共和国老年人权益保障法》颁布实施五周年,为了总结经验,找出差距,促进宣传贯彻实施老年法的工作向深度和广度发展，结合省老工委今年工作意见和老年节活动安排,市老龄委于8月2日向市人大常委会提出《关于贵阳市各区、县(市)人大进行“老年法”执法检查的建议》,此项工作得到市人大的大力支持,市人大内务司法委即时对检查工作进行全面安排布置,并吸取市老龄委参加检查,着重检查宣传贯彻的执行情况,存在问题、继续贯彻实施意见等。此次检查分为两个阶段,今年九月各区、县(市)在本区域内进行自查并将检查结果上报。在此基础上,市人大内务司法委组成检查组由市人大常委会张学武副主任带队,于10月8日至12日对全市贯彻执行情况进行检查,重点抽查了清镇、息烽、南明,实地查看了部份老年公寓、社区服务中心、社区医疗中心的情况。并召开有市民政、城管、劳动、卫生、司法、工会、妇联、法院等有关部门参加的座谈会,听取了各单位贯彻执行老年法的情况汇报。通过这次检查反映出,在各级政府的重视和有关部门的努力下,以及全社会的共同参与下,老年法的宣传贯彻得到广泛的开展,老年人的合法权益得到较好的保障,依法促进了老年人的养、医、教、学、为、乐,我市老年服务、社区为老福利设施、老年人社会保障制度、老年医疗服务体制等得到较大发展。但仍然存在一些不足和问题:一是宣传力度不够、针对性不强;二是社会化养老体系极需进一步完善,社会助老服务需进一步加强;三是社会化养老保障体制不够健全;四是老年人医疗保障难以有较大突破,困难企业和农村老年人医疗困难;五是老年人受侵犯事件时有发生,维法工作力度不够。今后应加强以下几方面的工作:1是加大宣传力度;2是将老年事业纳入国民经济和社会发展规划,加强老年福利设施建设,动员全社会多渠道多形式兴办老年服务设施,加大社会化养老保障的覆盖面,进一步做好社保工作,推进医疗保障制度改革,确保老有所养、所医的落实;3是加大老年法的执法力度,及时查处侵害老年人权益的违法犯罪事件,努力形成全社会共同参与共同维护老年人合法权益的良好社会氛围。在开展执法调查的基础上,完成了《全市老年法执法情况调查》,于11月初报省老工委。

六、开展丰富多样的活动,庆祝我省第十四个老年节,推动全市老龄工作的深入开展。今年10月1日是第十一个国际老人节,也是《中华人民共和国老年人权益保障法》颁布五周年,10月25日是我省第十四个老年节,根据全省老工委的统一安排,10月份为全省敬老、养老、助老宣传活动月。今年的老年节活动以大张齐鼓开展老年法的普法教育活动和尊老、养老、助老的宣传活动为主要内容,结合全省老工委《关于组织亿万老年人开展健身活动的通知》精神,市老龄委于8月上旬下发《关于庆祝老年节活动的通知》,要求各区、县(市)结合各自的实际情况,本着隆重热烈,俭朴求实的原则,开展各种庆祝活动,丰富广大老年人的节日生活,让广大老年人感受到党和政府的温暖,强化老龄意识,养老意识和法制观念,弘扬中华民族敬老、养老、助老的传统美德。市老体协、市老龄委、市体育局联合于10月15日至20日开展全市近5百多名老年人参加的台球、门球、乒乓球及各种棋类比赛。在全市开展老年法检查的基础上,各区、县(市)在老年节期间广泛开展宣传咨询等活动。省、市和云岩、南明两城区和市第三人民医院联合于10月25日(老年节当天)冒着大雨在大十字、人民广场、河滨公园、紫林庵、喷水池等闹市区设点开展老年法宣传及健康咨询服务活动,这次活动散发老年法宣传资料上万册,两城区各办事处出黑板报36块、展板8块,大幅标语71条,小标语1956条。

老年节期间,各区、县(市)以市委、市政府名义慰问百岁老年人42人。市级各单位、各区、县(市)各种老年人协会广泛开展座谈慰问,及各种丰富多彩的文体活动,云岩、南明、白云、小河、修文等区、县对90岁以上老年人进行慰问,云岩区组织500老年人开展老年法知识竞猜及游艺活动,南明区组织登山活动;花溪、修文召开老年人座谈会,区(县)委、政府领导参加了会议;花溪在老年节当天举办老年人沿街文艺表演,乌当区、修文举办老年人文体比赛;白云区在白云报上刊登致全区老年朋友的节日慰问信,协办了第十届老年人运动会和广场交谊舞会;开阳县在节日期间召开了“敬老好儿女金榜奖”、“老有所为奉献奖”、“重视老龄工作功勋奖”表彰会;清镇市举办老龄工作总结及表彰会。市属各单位如市城管委、卫生局、建委等开展各种座谈慰问活动,为老年人送去祝福,送去党和政府的温暖,让广大老年人分享改革开放的成果。

为了总结这次老年节活动,推动老龄工作的发展,市老龄委于11月1日召开了“老年节”工作总结会,对这次活动情况进行全面总结。这次活动的特点:一是各级党政领导高度重视大力支持,有的区、县(市)领导亲自安排,亲自参加;二是早安排,早准备,有组织、有计划、有总结;三是老年法的宣传贯彻得到进一步落实;四是“三个代表”的实践得到深化和发展,老年节活动月既朴实又热闹,为老年人办好事、办实事形成风尚。

七、出刊“老龄工作简讯”两期和“老龄情况反映”一期。花溪老年康复公寓撤迁的调查和反映,以及提出的建议得到市委、市政府及花溪区委、区政府的高度重视,及时协调有关部门妥善解决了该公寓的撤迁问题。

八、参加9月中旬在沈阳举办的全国26城市第14次老龄工作联席会议,完成大会交流材料《广泛开展助老服务,不断提高老年人生活质量》;9月初参加在南宁市召开的西部地区及五自治区老龄工作联席会。

九、完成对百岁老年人的统计。目前全市百岁老年人42人,大都身体较好。

十、其他工作:

1、在自身建设方面,认真贯彻市委、市政府的有关文件精神,进一步深化学习贯彻“三个代表”和十五届六中全会的讲话精神,及时完成市委,市政府的各项工作布置。上半年根据市委、市政府及机关工委对扶贫工作的要求,对花溪区青岩镇摆早村贫困户进行扶贫,捐赠衣物,协助解决该村饮水灌溉工程万元资金困难。

2、优待证的发放情况:今年截至11月中旬全市共发放优待证6359个,其中省证6329个,市证20个。

3、老年学会工作:出刊《老龄问题研究》一期,举办“网络知识”讲座一次,召开常务理事会安排2001年工作要点。

4、老年企业目前在册有12家,营业额720万元,上交税收6万元,缴纳管理费9千多元。

贵阳市老龄工作在市委、市政府的高度重视和大力支持下,在全社会的共同努力和积极参与下取得了一定成绩。但由于多种因素的影响,当前老龄机构亟待进一步健全和完善,老龄事业十五发展规划急需列入社会整体发展规划。老龄工作任重而道远。在新的形势下如何推动全市老龄事业适应人口老龄化和社会整体发展的需要,也成为老龄工作面临的重要工作,老龄工作急待加强,老龄事业急待发展。

中国太平洋人寿保险股份有限公司贵州分公司

中国太平洋保险(集团)股份有限公司是全国性、综合性的商业保险集团,注册资本50亿元,资产总额378亿元,现有877个分支机构遍布全国。在境内设有太平洋人寿保险、太平洋财产保险、太平洋安泰保险三个专业公司,在境外设有纽约和香港两家海外子公司及伦敦办事处。

1995年、1999年、2000年,公司被标准普尔公司评为世界大型保险公司200强之一,分别列第104位、48位、45位。公司还被“商业创新方向”国际组织授予2000年度“国际质量金星奖”、2001年度“国际质量白金奖”。

中国太平洋人寿保险股份有限公司贵州分公司是经营寿险业务的专业公司,目前下辖遵义、安顺、六盘水、毕节、铜仁、黔南、黔西南、黔东南等8个中心支公司以及仁怀支公司。贵州分公司以“一流的服务质量、一流的工作效率、一流的公司信誉”为宗旨,推进各项寿险业务稳步前进,2001年保费收入达17622万元,连续三年保持两位数的增长。

贵阳市农业学校

贵州省贵阳农业学校创建于1979年，是贵阳市唯一具有一定规模的多学科综合性普通农业中等专业学校。

学校现址位于贵黄、贵遵高等级公路交叉口，贵阳市三桥黄花街50号。与贵阳金阳新区毗邻，离市中心区仅两公里，交通十分方便。学校占地面积148亩，实验实习农场64亩，教学及辅助用房建筑面积17407平方米。学校有化学、物理、园艺、植保、绘图、农化分析、组培、财会模拟等实验室14个，微机200余台，温室、观赏植物园各一个。学校有图书资料阅览室550平方米，藏书计四万余册，中外期刊200余种并与国内外有关院校、科研单位、科技情报所有资料往来。

在新的世纪里，学校根据实际情况，为就读本校的学生提供优厚待遇：

1、新生进校后，在攻读中专的同时，可以选择适合自己的专业和形式攻读专科或本科。

2、学校对品学兼优的学生可推荐保送到高校学习，实现接受高等教育的愿望。

3、学校与省、市劳动就业局建立了合作关系，学生毕业后，学校负责推荐就业。

4、学校对学习成绩优异的学生可适当减免学费。

5、就读本校的学生每月享受一定数额的奖学金。

6、学生住宿实行公寓化物业管理。学费和住宿费收取标准由贵州省物价管理部门核定，低于同类中专的收费标准。

招生对象：具备初中及其以上学历的应、往届毕业生

学校校址：贵阳市三桥黄花街50号

报名时间：5月10日—10月20日

报名地点：贵阳市农校招生就业办公室（也可采取电话报名）

报名电话：0851—4820945　　0851—4842765

联系人：张老师、林老师、王老师

贵阳市工商业联合会

贵阳市工商业联合会(贵阳市总商会)是党领导下由工商界人士组成的,以统战性为主兼有经济性,民间性的人民团体和民间商会。工商联的主要工作对象是私营企业、个体工商户、三胞(港澳同胞、台湾同胞、海外侨胞)投资企业和部份乡镇企业。工商联的主要工作是:做非公有制经济代表人士的思想政治工作,对私营企业主、个体工商户、港澳同胞、台湾同胞、海外侨胞投资者介绍党的方针、政策,进行爱国、敬业、守法教育,并维护他们的合法权益,反映他们的正确意见和要求,是党和政府联系非公有制经济人士的桥梁,政府管理非公有制经济的助手。

贵阳市工商业联合会(总商会)自1950年9月成立以来,在市委、市政府的正确领导下,在省工商联、市委统战部的指导下,认真履行职能,为非公有制经济的发展作了大量卓有成效的工作。特别是改革开放以来,党中央、省、市都先后制定了一系列鼓励扶持非公有制经济发展的方针政策。我市非公有制经济得到长足发展,截止至2001年12月底,全市个体工商户68481户,注册资本金168158万元,从业人员105485人,私营企业9144户,注册资本金651350万元,从业人员81370人,外商投资企业418户,注册资本金53538万元,GDP总值超过100亿元,占全市GDP总量的35%,上缴税金66167万元。已成为我市国民经济的一支重要力量和新的经济增长点,为全市的经济发展和社会进步作出了重要贡献。随着党的十五大进一步明确了非公有制经济是我国社会主义市场经济的重要组成部分,江总书记的"七一"重要讲话指出非公有制经济从业人员是有中国特色社会主义的建设者,非公有制经济及其人士的地位和作用都发生了显著变化。为了适应新的形势,贵阳市工商联不断加强自身建设,健全组织机构和工作网络。本会下设会员部、经济部、宣教部、研究室、对外联络部、咨询培训部、办公室七个职能工作机构。贵阳市辖的十个区、县(市)成立了工商联(商会),乡镇成立商会(分会)95个,有8000多会员。今后全市各级工商联组织将更好地为非公有制经济发展服务,为兴筑富民作出新的更大的贡献。

贵阳华正联合会计师事务所

贵阳华正联合会计师事务所是经贵州省财政厅黔财会(2001)1024号文件批准,并注贵阳市工会行政管理局云岩分局批准登记成立的合伙制会计师事务所，执行合法企业事务的合伙人为杨洽忠。

贵阳华正联合会计师事务所位于贵阳市中华中路与延安路交汇的喷水池,拥有虹祥大厦10FBI座120M^2的豪华办公场所及全套崭新的现代化办公设施。下设审计一部和二部、基建审计部、资产评估部以及综合部等业务部门。现有注册会计师13名,注册评估师4名,注册税务师4名,注册工程造价师4名,注册土地估价师2名,组成一支年龄结构合理,以中青年为主的业务熟练,经验丰富,整体结合素质较好的专业队伍,以优质、高效、热情服务为宗旨,独立、客观、公正地为社会界提供优质服务,仅四个月,已实现高值40余万元。

新体制、新机制使贵阳华正联合会计师事务所充满生机,并以强劲的态势稳步发展。贵阳华正联合会计师事务所的队伍建设与其服务群体均呈正比增长,华正人执业水准与其服务优质也是正比增长,深信贵阳华正联合会计师事务所的明天将更加美好。

地址:贵阳市喷水池延安东路1号,虹祥民族大厦10B1座,

电话:5213331　　5213034　5213090

传真：　5213331

邮编：　550001

执行合伙企业事务的合伙人,杨治忠

贵阳友谊(集团)股份有限公司

贵阳友谊(集团)股份有限公司，是原由贵阳华侨友谊股份有限公司承担债务式兼并贵阳市两个中型商业企业和收购两个小型商业企业、按照市政府优化资本结构的原则实施战略性资产重组而建立起来的。以商贸为主,集房地产、娱乐餐饮为一体的贵阳友谊(集团)于1998年挂牌,是贵阳市重点培育的商贸企业集团之一。

集团公司2001年末总资产36,591万元,净资产6,880万元,股本总额为4,758.6万股,其中国家股1,754万股,占总股本37%。集团公司拥有座落在中华中路的时代广场以及分别座落在延安东路、西路的友谊大楼、友谊大厦三幢商业网点。公司下设全资商品经营分公司4个,独立核算,自负盈亏的控股公司2个,总营业面积66,100m²,经营品种5万余种,现有职工1984人,其中,具有初级职称以上的各类专业人员170人,高级管理人员10人。

贵阳市疾病预防控制中心

贵阳市疾病预防控制中心是根据市编委《关于组建贵阳市疾病预防控制中心的批复》(筑机编办[2001]6号文件)精神,在撤销原贵阳市卫生防疫站、贵阳市职业病防治研究所、贵阳市皮肤性病防治研究所、贵阳市健康教育所、贵阳市结核病防治研究所五个机构,将职能合并,按照"精简效能、政事分开、预防归口、机构重组"的原则,在已组建贵阳市卫生局卫生监督所的基础上,重组建立的。

贵阳市疾病预防控制中心隶属于贵阳市卫生局,是其直属县(处)级事业单位。行使贵阳市人民政府和市卫生局疾病预防控制职能。其主要职责是:对全市影响人群生存环境卫生质量及生命质量的危险(害)因素进行食品、职业、环境、放射、学校卫生等卫生学监测分析;对传染病、地方病、寄生虫病、慢性非传染性疾病、职业病、公害病、学生常见病及意外伤害、中毒、水源和食品污染等发生、分布、发展的规律进行流行病学调查、监测、分析;制定符合市情的疾病预防控制对策和防止规划;拟订、指导下级实施全市疾病预防控制工作方案,并对方案实施进行质量和效果评估;大力开展预防医学科研课题研究。是全市疾病预防控制业务技术指导中心。

中心有人员编制185人,设行政管理科室4个,疾病预防控制所(科)9个,卫生检验实验室和预防医学综合门诊各1个。中心拥有气相色谱仪、高效液相色谱分析仪、原子吸收分光光度计、原子荧光分光光度计、光栅分光光度计、紫外分光光度计等一大批高档仪器设备和500多万元固定资产。中心建有食品、水质、公用设施的卫生理化、毒理和微生物检验室、艾滋病、结核病、职业病、性病等疾病确认实验室。中心将为社会提供全方位的疾病预防保健、公共卫生、心理等方面的技术咨询、技术服务;为社会提供各类产品的卫生检测、出证、技术仲裁、消毒杀虫服务和各类人群健康检查服务;参与社区卫生服务和给予卫生监测技术支持;中心下设预防医学门诊,为社会提供传染病、结核病、地方病、职业病、皮肤性病等诊疗服务和预防疾病、心理保健咨询。面向社会团体和公众提供上门服务。中心将进一步贯彻党的卫生工作方针,认真履行政府赋予的疾病预防控制职能,推动全市卫生防病事业发展,重点抓好严重危害人民健康的重大传染病的预防控制,保护全市人民健康,为维护贵阳社会稳定、促进经济健康发展保驾护航,为预防保健事业发展再立新功。

法定代表人:石作宏　5822619

联系人:办公室主任　袁敏伦　5822743

地址:瑞金中路69号

长虹公司、长虹贵阳公司

长虹公司始建于1958年，二十世纪八十年代以来，公司由单一的彩电产业发展为拥有电视、空调、视听、电池、器件、通讯、小家电及可视系统、娱乐科技、液晶显示、应用电视等产业的多元化、综合型跨国企业集团。

公司总部位于中国西部新兴科技城——四川省绵阳市。长虹彩电市场占有率连续十余年位居行业榜首；“精显王”背投彩电技术达到国际先进水平，逐渐成为全国最大的背投基地。到2001年，长虹公司品牌价值达261亿元，居全国电子行业前列。是国家确定的六家技术创新试点企业之一。公司拥有国家级的技术中心和博士后科研流动站，与中科院、清华大学等国内著名的科研院所建立了密切的技术合作关系，并先后与松下、东芝、飞利浦、汤姆逊等国外著名企业建立了多个联合实验室，与国际家电同行站在了同一起跑线。

新世纪，新长虹。坚持“速度领先，规模取胜”的经营理念，坚持“创世界名牌，树百年长虹”的发展战略，公司囊获了国家对彩电颁布的所有奖项。独家荣获“中国彩电大王”称号长虹电器股份有限公司贵州销售分公司是长虹公司在贵州成立的分支机构，分公司地处青云路83号（贵龙饭店对面环南巷内），长虹公司把贵州作为长虹的重点市场，为了长期为贵州消费者服好务，公司不惜花巨资购买门面设立了经营部和售后服务部，确保以最快的速度为客户服好务，让消费者买长虹产品不论多长时间都能得到长虹公司的优质服务。分公司经营长虹公司的所有产品，价格从优，欢迎消费者选购。长虹公司现主流产品有：精显王背投、四季风空调。

最新推出HP精显示王系列

HP4368　HP4388　HP5168　HP5188

★75Hz数字智能变频+双逐行扫描(PAL/NTSC)

★1520线变频逐行扫描(60Hz/75Hz)

★多媒体SVGA(800×600的分辨率)电脑输入端子

★超级三维(3D)数字梳状滤波器　双高频画中画

★运动补偿　8倍精密显象　HI-FI高保真音响运动补偿

温度四季如春　空气四季长新

·独立空清运行

所有空气清新功能可以单独运行、一键控制、一年四季给您带来新空气。

·离子运行，低噪节能

离子清新功能单独运行时，噪音仅为23分贝(挂机)，每小时仅耗电8w(挂机)。

·超强空气清新功能

电子集尘、光再生除臭网、三防过滤网联合出击，真正的健康全能冠军。

·大奖造型，冠军风范

FS系列柜机室内造型荣获首届中国外观专利大赛一等奖。

分公司联系电话：0851-5569339　服务电话：0851-5560266

中国有色第七冶中学

中国有色第七冶中学建于1972年,是一所企业创办的完全中学,校址设在白云区艳山红长山路49号。学校占地面积2.8万平方米,教学楼、办公楼三栋。学校地理环境优越,场地开阔,校舍整齐;校园绿树成荫,鸟语花香,环境优美。有足球场一个和300米的环形跑道;篮球场6个,排球场2个,单、双杠各6副,以及其它体育设施。学校有图书室、阅览室各一个。收藏图书15000余册,年订报刊杂志200余种。

学校教学设施齐备,拥有目前最先进的多媒体教室、语音室、微机室,有按国家一级标准扩建的化学、物理及生物实验室以及相关的仪器室。有与贵州师大联办的英语班。

学校师资力量雄厚:有大专以上学历的教师92人,中高级教师88人,2名省级骨干教师,2名在职研究生。学校以教师的敬业爱岗、开拓进取、顽强拼搏、自强不息的精神而远近闻名。

教学成果丰硕:1992年至2001年10年间, 高考录取率平均达到70.25%。2000届高考及格率和平均分超过贵阳市属中学,部分学科超市重点中学,高三补习班近五年录取率在83.5%,1999年达到100%。近十年考上清华、北大、南京大学、中国科技大学等名牌大学达到60余人。1994年刘渤以总分672分的成绩夺得贵州省理科状元桂冠。我校高中教育质量及升学率逐年提高,近三年来已为社会输送了初、高中毕业生近30000人。为国家输送大专以上合格人才2000人左右。其中白云区的子弟占五分之二。这些毕业生中的一部分分布在白云区各行各业的岗位上,也不乏有在重要岗位上的,他们为白云区的建设发展做出了积极的贡献。建校以来,共有50人左右考入清华、北大、中国科技大、复旦、南京大学、上海交大等名牌大学。其中读硕士研究生、博士生的有200余人,部分学生还出国留学深造。

中考成绩连年名列区属中学前茅。2001年又夺得白云区中考第一的好成绩。500分以上的人数占我校考生的31.5%,白云区500分以上的为8.4%,贵阳市500分以上的为11.1%。600分以上白云区6人,我校有4人。自1995年开始创办封闭班以来,市统考科目,各科及格率平均达到98%以上,平均分达到80分以上。2001

年体育中考满分率达69%,近4年获得学科竞赛奖项计165人次,教师撰写教学论文50篇,分别在省市级以上刊物上发表并获奖。

发展思路及远景规划

1、七冶中学属厂矿学校,今后的发展思路是根据公司职代会“扶强而非扶贫”的政策,我们将竭尽全力减轻公司的负担,采用滚动发展的方式,走产业化道路,使学校朝着一流学校发展。

2、远景规划:

①加强师资队伍建设,强化师德师风建设,提高教师队伍的政治思想素质,抓好教师现代教育技术的培训,建设一支适应改革要求的高素质园丁队伍。在近两年内,学校在职人员寒暑假参加计算机课程学习,逐步完成计算机操作、课件操作、设计等培训。

②继续开展课题研究工作, 学校还将要求教师人人参加教学科研,1-3年做到“四个一”:定一个课题、读一本教学论文专著、上一堂研究课、写一篇论文。为国家培养人才打下坚实的基础。

③在近3年内建立校园网络,实行班班通。

④继续与贵州师范大学联合开办英语班,请外籍教师来校上课,提高学生的听说能力。继续开办音、体、美特长班,加强素质教育,培养和提高学生的综合素质能力。

⑤继续扩大生源,今年将达到1500人,以后逐年递增。

⑥办学目标:一流的管理、一流的设备、一流的师资、一流的质量、一流的服务。

形成的特色:学校全面有特色、管理科学有特效、规范有特点、教改合格有特长。

争创示范:办学质量示范,教改科研示范。

⑦管理目标:依法治校、以德治校、决策科学、贯彻有力、监督民主。

学校实行奖学金制度:

①对学年统考成绩列年级优秀者、参加竞赛获奖者,学校分别给予奖励。②对中考成绩突出者,学校分级奖励:600分以上三年全免5400元(七冶子弟3000元);500分-599分按级别档次分别给予奖励。③对家庭确有困难者,减免有关费用。

贵阳市省府路小学

贵州省贵阳市省府路小学，创建于1912年，前身是志道学校，是贵州省有一定名气、办学历史悠久的学校。

解放后，省府路小学在党的领导下，在上级的关怀下，以严格的管理，严明的纪律，严谨的学风和优良的教育教学质量于1958年定为贵阳市重点小学，十一届三中全会后又再次被定为贵阳市重点小学。现在学校有25个教学班1400余名学生。学校教师中有特级教师1人、小学高级教师33人，具有大学本科专科学历的教师30余人。学校全面贯彻党的教育方针，全面提高教育质量，在社会上享有较高声誉，受到上级的肯定、社会的认可、家长和学生的爱戴。现为中国教育学会书法教育专业委员会实验小学，中国少年科学院授予的科技教育活动示范基地，贵州省普及中小学实验教学示范性学校，贵州省现教育技术实验学校。

学校全面实施素质教育，坚持“科技兴校，科研兴教，”承担了“九五”国家级重点课题“整体构建学校德育体系的研究与实验”的子课题，承担了市级“创新教育”科研课题、区级“小学生主体性发展”科研课题的实验，注重教师队伍建设，注重学生主体性发展。

至今为止，学校获国、省、市、区级奖励100多项，教师发表在国、省、市、区级刊物上的学科论文和文章300多篇，教师400余人次，学生2240余人次获国、省、市、区级奖励和表彰。

学校设施为省级一类配备，按九年义务教育的办学必备条件，学校设有电化教学总控室、多媒体微机教室、多功能演播厅、双向闭路电视教学系统(三机一幕进入教室)、语音室、自然实验室、自然陈列室、图书室、乒乓球室、音乐教室、书法教室等。

在学校进行整体改革实验中，拟订了“建设乐园育新人，全面提高学生素质”的《学校整体改革实验方案》，方案以邓小平同志教育要“三个面向”的批示为指针，根据“整体优化，全面育人，和谐发展，培养特长，办出特色”的办学思路，制订了“探索面向21世纪的教育特点、规律和途径，以改革总揽全局，充分发挥全校教工的积极性，同心同德，把我校办成贵州省‘三个一流’，‘三个满意’，有‘三个特色’的学校，对学生提出“全面发展有特长，智能并举有个性”的培养目标，全面实施素质教育，培养具有创新精神和实践能力的跨世纪人才。

“科教兴国”是党中央的战略部署，21世纪是高科技时代，迈进21世纪的省府路小学，将以现代教育的思想去播种新的希望，再创明天的辉煌。

贵阳市儿童福利院

我院座落在贵阳市百花山路27号，始建于1950年，我院占地面积2258m^2，房屋建筑面积3731m^2，编制50人，实际在册职工48人，临时工26人，内设行政管理部门五个，院内收、代养孤残儿童360人，其中残疾儿童78人，代养儿童11人，床位设置200张，床位使利用率135%。建院已来，在各级政府和国内外友好人士的关心和支持下，已收养孤残儿童8000余人。

我院是一所以收养贵阳地区孤残儿童为主的福利机构，我院的服务宗旨是为孤残儿童营造一个幸福快乐的大家庭，上为党和政府分忧、下为民解愁，以实际行动迎接西部大开发。本着这一目标，我院在全面做好收养工作的同时，积极开展了面向社会代养、寄养、代教、送养和康复工作，取得了一定的成绩，得到了各级政府和人民的肯定。

儿童是祖国的花朵，二十一世纪的希望，50年来，在各级政府的领导和关心下，在社会各界和国内外友好人士的支持下，我院的基础设施得到了很大的改善，儿童的生活得到了不断的提高，孤残儿童得到了良好的教育，他（她）们虽然失去了父母，政府并没忘记他们，社会各界友好人士并没有忘记他们，而是时时刻刻在关心着他们。

随着改革开放的不断深入，人口的不断增长，西部大开发战略的实施，我院的服务设施、服务手段已远远不能满足需要，现我院床位只有200张，孤残儿童已达到360人，照这样发展下去，儿童福利院也无能力再接收新的“三无”对象、弃婴和遗弃的残疾儿童。为此贵阳市政府已批准新建一个环境优美、僻静、依山傍水、适合儿童生活、学习和成长的儿童新村，新建儿童福利院是政府的一项社会公益事业，是完善城市功能的重大举措，现已开始建设，希望社会各界和国内外友好人士一如继往支持儿童福利事业的发展，我们相信有各级政府重视和关心，有社会各界和国内外友好人士的支持，有我们不懈的努力，一定能实现我们的目的，建成一所为儿童服务的儿童新村。

都拉布依族乡人民政府

都拉布依族乡人民政府乡长　王永柱

抢抓新机遇　展现新形象

地处市北郊14公里，总面积34.5平方公里的都拉布依族乡是一个世居的布依族民族山乡。这里人杰地灵，孕育了15887的人口。党的十一届三中全会以来，全乡人民在乡党委、政府的领导下，自强不息，开拓进取，全乡经济发展、社会稳定、民族团结，乡村面貌日新月异，农民生活水平不断提高，社会各项事业呈现了蓬勃发展的新局面。

2001年，在江总书记"三个代表"的重要思想的指导下，都拉乡立足乡情，发挥三大优势（丰富的旅游资源、背靠大厂、交通运输便利），抢抓三大机遇（城镇建设、杏花公园和北郊水厂建设）。以城镇建设、旅游开发、特色经济发展为重点，大力调整农村经济结构，两个文明建设取得长足的发展，2001年，实现工农业总产值30790万元，乡镇企业总产值60180万元，乡镇企业营业收入70180万元，财政收入600万元，农民人均纯收入2880元。精神文明也取得丰硕的成果，先后被评为"全国体育先进乡"、"贵州省先进文化乡镇"。

都拉乡旅游资源十分丰富。这里青山环抱，溪水纵横，景色秀丽，保存着明清两代的古老营盘和布依、苗家古朴浓郁的风土人情，蕴藏着丰富的旅游资源，当前，上水村境内规划建设贵阳市六大主题公园之一的杏花公园，与乡毗邻的长坡岭森林公园列为国家级公园，贵阳北郊水厂生态走廊建设正在进行，这一切给我们带来了开发旅游业的大好机遇。

都拉乡在乡党委、政府的领导下，在巩固小康成果的基础上，正大步向宽裕型小康迈进。

都拉乡欢迎八方宾朋

都拉乡位于贵阳市北郊14公里，白云东南部12公里。交通便利，川黔铁路与贵阳铝厂、贵阳车辆厂铁路专用线在都拉营火车站交汇。建设有200万吨左右的客货站台，贵阳东北环城高速公路、盐沙路、二都路、新都路经乡而过，形成相互交错的公路网络。全乡有七个村庄，风光美丽，风景独特。有维妙维肖的天然石佛；有清澈碧透、温柔秀美的沙老河；有10平方公里的绿色林带；有浓郁淳朴的布依、苗家风土人情；赏心悦目的花卉基地。乡内驻有贵阳北郊水厂等国有大中型企业。这里与有名的乌当区香纸沟、修文县高尔夫球场相邻近，旅游业发展很快，是一个招商引资的好地方。

这是一方热土，也是一片静怡的天空，它为各方宾客营造飞扬个性天空，来吧朋友！都拉乡欢迎你！！

贵州海天房地产资产评估事务所有限公司

贵州海天房地产资产评估事务所有限公司成立于1997年4月。是贵州省建设厅与贵州省国有资产管理局批准成立,并在贵州省工商行政管理局登记注册的中介服务机构。

公司地址:贵阳市醒狮路25号。

主要业务范围:房地产评估、机器设备评估、流动资产评估、无形资产评估、长期投资及其它资产评估、整体资产评估、国有资产和非国有资产评估。

贵州海天房地产资产评估事务所有限公司拥有一支具备丰富评估经验和良好执业道德的高素质专业队伍。包括中国注册房地产估价师11名,中国注册资产评估师4名,土地估价师2名。另外,本公司还拥有相关专业各种技术人才。如:经济师、会计师、高级建筑师、高级工程师等。

我所在2001年对贵阳建工集团下属十个企业的评估中，保质保量的完成了评估任务,评估总资产达4.9亿;顺利地通过了国资局评估处的确认。国资局有关部门、建工集团各企业均感到非常满意。

本公司一贯秉承公正、公平、公开的执业原则,针对客户的具体要求,提供各种具备合法性,权威性,效益性的评估认证与咨询服务。在我们几年的操作过程中,未涉及任何纠纷、未出现任何评估质量事故。受到了新老客户的一致好评。

在新的一年中,我所要以更优质的服务态度、更良好的职业道德、更先进的技术水平来为新老客户服务,我所真诚欢迎新老朋友的合作。

中国统计出版社最新资料书简目

中国统计年鉴-2002
中国统计摘要-2002
2002 中国发展报告
中国城市统计年鉴-2001
中国农村统计年鉴-2002
中国劳动统计年鉴-2002
中国人口统计年鉴-2002
中国人口统计资料-2001
中国工业经济统计年鉴-2001
中国市场统计年鉴-2002
2001 中国城市发展报告
中国建筑业统计年鉴-2001
中国固定资产投资统计年鉴-2002
中国价格及城镇居民家庭收支调查统计年鉴-2002
国际统计年鉴-2002
中国西部统计年鉴-2001
中国对外经济贸易统计年鉴-2001
中国商品交易市场统计年鉴-2001
中国基本单位统计年鉴-2001
中国食品工业年鉴-2001
中国民政统计年鉴-2002
如何使用统计年鉴
中国市民的经济观
北京统计年鉴-2002
天津统计年鉴-2002
河北经济年鉴-2002
山西统计年鉴-2002
内蒙古统计年鉴-2002
辽宁统计年鉴-2002
吉林统计年鉴-2002
黑龙江统计年鉴-2002
上海统计年鉴-2002
江苏统计年鉴-2002
浙江统计年鉴-2002
安徽统计年鉴-2002
福建统计年鉴-2002
江西统计年鉴-2002
山东统计年鉴-2002
河南统计年鉴-2002
湖北统计年鉴-2002
湖南统计年鉴-2002
广东统计年鉴-2002
广西统计年鉴-2002

贵州统计年鉴-2002
云南统计年鉴-2002
海南统计年鉴-2002
四川统计年鉴-2002
重庆统计年鉴-2002
西藏统计年鉴-2002
陕西统计年鉴-2002
甘肃年鉴-2002
青海统计年鉴-2002
宁夏统计年鉴-2002
新疆统计年鉴-2002
新疆生产建设兵团统计年鉴-2002
石家庄统计年鉴-2002
唐山统计年鉴-2002
保定统计年鉴-2002
邯郸统计年鉴-2002
张家口统计年鉴-2002
伊克昭盟统计年鉴-2002
太原统计年鉴-2002
临汾年鉴-2002
呼和浩特经济统计年鉴-2002
沈阳年鉴-2002
大连统计年鉴-2002
吉林市社会经济统计年鉴-2002
四平统计年鉴-2002
延吉统计年鉴-2002
哈尔滨统计年鉴-2002
齐齐哈尔经济统计年鉴-2002
黑龙江垦区统计年鉴-2002
牡丹江统计年鉴-2002
上海浦东新区统计年鉴-2002
连云港统计年鉴-2002
南京统计年鉴-2002
苏州统计年鉴-2002
无锡统计年鉴-2002
常州统计年鉴-2002
徐州统计年鉴-2002
南通统计年鉴-2002
盐城统计年鉴-2002
杭州统计年鉴-2002
宁波统计年鉴-2002
绍兴统计年鉴-2002
台州统计年鉴-2002
舟山统计年鉴-2002

温州统计年鉴-2002
福州年鉴-2002
厦门经济特区年鉴-2002
福州经济技术开发区年鉴-2002
南昌统计年鉴-2002
九江统计年鉴-2002
河池地区年鉴-2002
青岛统计年鉴-2002
天水统计年鉴-2002
泰安统计年鉴-2002
昆明统计年鉴-2002
济南统计年鉴-2002
郑州统计年鉴-2002
洛阳统计年鉴-2002
十堰统计年鉴-2002
三门峡统计年鉴-2002
平顶山统计年鉴-2002
南阳经济统计年鉴-2002
武汉统计年鉴-2002
宜昌统计年鉴-2002
广州统计年鉴-2002
深圳统计信息年鉴-2002
惠州统计年鉴-2002
珠海统计年鉴-2002
东莞统计年鉴-2002
南宁统计年鉴-2002
南宁地区统计年鉴-2002
桂林经济社会统计年鉴-2002
柳州经济统计年鉴-2002
柳州地区统计年鉴-2002
贵阳统计年鉴-2002
海口统计年鉴-2002
成都统计年鉴-2002
广安统计年鉴-2002
攀枝花统计年鉴-2002
西安统计年鉴-2002
兰州年鉴-2001
西宁统计年鉴-2002
乌鲁木齐统计年鉴-2002
巴音郭楞统计年鉴-2002
吐鲁番统计年鉴-2002
石河子统计年鉴-2002
庆阳年鉴-2002
银川统计年鉴-2002

编辑部电话:(010)63262276　63266600-30607
欲购以上图书请与中国统计出版社发行部联系。电话:(010)63459084　同榍行书店电话:68585978
通讯地址:北京市西城区三里河月坛南街 75 号。邮政编码:100826

《贵阳统计年鉴》特邀编委名单